现代广告案例丛书

丛书主编 杨海军 李 慧

网络广告案例评析

王成文 莫 凡 编著

Modern advertisement

WUHAN UNIVERSITY PRESS

武汉大学出版社

图书在版编目(CIP)数据

网络广告案例评析/王成文,莫凡编著. —武汉: 武汉大学出版社,2011.11

现代广告案例丛书/杨海军　李慧丛书主编

ISBN 978-7-307-09263-1

Ⅰ.网…　Ⅱ.①王…　②莫…　Ⅲ.互联网络—广告—案例—分析—汉、英　Ⅳ.F713.8-39

中国版本图书馆 CIP 数据核字(2011)第 206443 号

责任编辑:高　璐　　　责任校对:黄添生　　　版式设计:马　佳

出版发行: **武汉大学出版社**　(430072　武昌　珞珈山)

(电子邮件: cbs22@ whu. edu. cn　网址: www. wdp. com. cn)

印刷:湖北恒泰印务有限公司

开本: 720×1000　1/16　印张:22　字数:392 千字　插页:1

版次:2011 年 11 月第 1 版　2011 年 11 月第 1 次印刷

ISBN 978-7-307-09263-1/F · 1592　定价:35.00 元

序 言

高校广告专业教育的目的，就是为广告行业培养富有专业理想和充满创造力的广告专业人才。20余年来，高校秉承这样一个崇高而伟大的理想，充分利用高校的优势资源和业界的精英力量，精心打造广告教育平台，向业界输送了大批生力军，改善了整个广告行业的人才结构，激发了广告行业的创造激情，推动了广告行业的升级换代和广告产业的创意转型，促进了广告事业的快速向前发展。从20世纪80年代初广告专业教育起步至今，中国广告专业教育已走过20余年的发展历程。伴随着广告业的兴衰和持续繁荣，其主体地位得到强化，在和业界的多元互动中，其教育理念不断更新，教育品质不断提升，在业界的紧密观照下，其实践性和应用性的特点日益凸显，呈现出独特的发展态势和发展规律。具体来说，高校广告专业教育呈现出以下发展规律及特点。

一、顺应时代，高速发展渐成规模

作为一个新兴的、面向市场培养人才的应用型专业，广告学很早就被纳入了教育部高等教育专业目录设置之内，以一个独立学科的身份出现在高等学府，这在改革开放之初和由计划经济向市场经济转换的进程中，似乎是一个具有远见卓识的举措，正是这样一个带有浓厚行政色彩的规划就此奠定了中国广告专业教育快速发展的方向。在美国、法国、日本等广告业比较发达的国家，广告教育多是作为下设在新闻、艺术或商学下面的依附专业或专业方向而出现的。如美国的广告专业大多设在商学院或新闻学院，法国则大多设在艺术学院，日本的大学大多没有设立正式的广告专业，只是在大学开设广告讲座。而中国的广告专业教育大多依托独立的新闻传播院系或广告院系进行，专业设置则涉及工商、营销、经济管理、美术设计等诸多板块。因而中国高校广告专业教育一开始就具有独立的学科平台，其发展空间十分宽广，发展速度也十分惊人。但在20世纪80年代初期，中国广告业尚处于起步阶段，广告市场化程度并不高，高校全面开展广告教育的环境也不成熟，因此，整个20世纪80年代，在全国100余所高校中，仅有少数学校开设了广告学专业，中国高校广告专业教育的总体数量和规模均有限。20世纪90年代是中国广告教育大发展时期。伴随着市场经济体制的逐步确立和推进以及业界对广告专业人才的大量需求，广告专业教育真正受到高校的重视并进入一个全新的发展时期。1996年，我国开设广告学系、广告学专业的高等院校已达49所。21世纪初，随着市场经济的深入发展，广告学专业作为一个应用专业进一步受到大多数高校的关注。2001年全国高校开设广告学专业的院校已达110多家，2003年全国高校中开设了广告专业的院校已达近200家，2005年开设广告学专业的院校已达232家，而到2008年开设广告学专业的院校已达330余家，发展速度极快，规模效应显著，呈现出面向时代、面向社会、面向业界的鲜明特色。高校广告专业教育也逐步成为中国广告专业人才培养的主体。

二、板块凸显，人才培养不拘一格

各高校广告学专业在创办之初，专业设置不尽相同。有的设置在新闻传播系下，有的设置在艺术系下，另外，设置在企管、工商、中文、经济等院系的广告学专业也不在少数。多年来，广告的科学和艺术之争从来就没有停止过。有人认为广告是一种传播，有人认为广告是一种艺术，有人则认为广告是一种营销，因此设置在相关院系或挂靠在相关专业均有其学理见解；同时，广告学专业创办之初所依赖的学科背景不尽相同，广告学专业所依托的院系和相关相近专业的差异，也导致广告学专业设置的差异，很多院系是借助原有优势专业的师资和设备来开办广告学专业。这种情形促使中国高校广告专业教育呈现出百花齐放、百家争鸣的繁荣景象。20世纪90年代末期，许多高校根据教育部下发的相关文件精神和专业设置规定，纷纷成立新闻与传播学院，将广告学专业归口到新闻与传播学一级学科之下。在这样的情形下，中国高校广告专业教育的板块结构逐渐显现，即在综合类院校里，广告学专业多归口在新闻与传播院系内，而在艺术设计院校内，广告专业的发展方向多以广告设计或创意为主，其归口多为美术系、设计系或艺术学院；另外，也有不少院校的广告学专业仍保留在原有的工商、财经、企管院系内，形成中国高校广告专业教育的第三大板块。专业归口的规范和广告专业教育的板块凸显，使得中国广告教育的区域特色、院校特色、专业特色都在不同程度上得到张扬，而这些特色的形成，不仅有利于高校打造品牌，更有利于高校多渠道地为业界输送不同类型的人才，以满足业界对广告人才多元化需求的需要。

三、打造品牌，学科建设方兴未艾

教育品牌也同产品品牌一样，有其成长过程和发展特性，中国高校广告专业教育品牌的打造也印证了这一过程。厦门大学是我国高校最早开办广告学专业的院校，20余年来，厦门大学以其丰厚的学术积淀和优秀毕业生在业界的突出表现，成为国内广告专业教育的第一品牌；武汉大学凭借其广告学专业的综合学术优势，在短短的十年内，完成了从广告学本科教育、硕士教育和博士教育的三级跳，在学科建设和专业发展的平台上塑造了又一品牌；中国传媒大学（原北京广播学院）广告专业教育在20世纪90年代表现十分抢眼，其独特的资源优势、地域优势、人才优势及专家型学者办学模式和理论与实际紧密结合的办学特色，也使其成为国内广告教育界具有影响力的品牌；而北京大学广告学专业以百年名校雄厚的人文基础为底蕴，搭建了一个以业界学者型精英为基本师资队伍的教育平台，使北大的广告专业教育团队在诸多的竞争对手中脱颖而出，成为中国广告教育品牌中最具特色的一个品牌。这些院校的经验也给我们很多启示，这就是品牌的成长和坚持不懈的学科建设密切相关。品牌打造需要学科的支撑、学科的积淀和学科的凝练，而学科建设则涉及教育观念的更新，师资队伍的建设，实验设备的投入，实习基地的打造，课程体系规划，教材建设等。其中，教材建设就包括规划教材建设、试验教材建设和案例教材建设诸多内容。

四、双重观照，学界业界互动有序

广告学专业是一个多学科交叉、多知识交融的综合性边缘学科。广告学专业培养的学生不仅要求其专业基础知识牢固，专业技能熟练，还要求其具有较为宽泛的人文社科基础知识，以应对业界对复合型专门人才的特殊要求。广告学专业的学生如果过分强调“厚基础、宽口径”，就会失去专业品质，广告学专业的特殊性和广告行业的特殊性，决定着广告学专业的学生必须要接受专业的熏陶，具备专业的水准，这样才能在社会上立足。在高等教育体系中，“厚基础、宽口径”代表的是一种教育思想，这种教育思想与广告学专业的专业理论灌输与专业技能培养并不矛盾，也符合我国高校现行教育体制下的办学现状。多年来，高校虽然一直是广告学专业教育的主体，但实际上，广告学专业学生的培养大多是在学界和业界的双重观照下，由高校和广告业界共同完成的。近三十年来，业界参与高校广告学专业人才培养主要有这几种形式：一是专题讲座不定期进课堂。业界精英直接把一线鲜活的知识和实战经验面对面传授给学生。二是师资培训进高校。日本电通公司曾在国内选择7所高校，每年出资赞助每所高校的2名教师赴日本电通公司或其他公司接受培训。近年来，日本电通公司还通过中国教育部，每年邀请学界和业界精英对中国200余所高校的广告学专业年轻师资进行培训。三是教学团队走进高校。许多高校依托教学平台把一批业界专业人士请进高校，聘为讲师，作为一个基本教学队伍或师资的补充。四是高校的广告学专业学生在广告公司或媒体广告部门进行不定期的实习，直接学习业界的工作经验。五是在校大学生参与企业的项目提案或参加各类广告大赛，亲身感受竞争的气氛与创意的乐趣。

五、供需平衡，面对挑战充满活力

广告学专业是面向市场培养专业人才的新兴专业，课程设置应用性较强，实用性强；专业师资队伍普遍年轻化，他们思维活跃，创新能力强，理论联系实际较为紧密，所授课程普遍受到学生欢迎，教学效果良好；同时，广告学学科领域较为宽泛，学生在校期间所受的专业教育比较全面，知识结构也较为合理；另外，学生就业形势比较乐观，不管是潜性就业还是一次性就业，广告学专业的学生一旦进入社会，只要个体不存在问题，一般维持生存和找到较为理想的就业单位都没有问题。再加之广告业的快速发展，也使广告市场中多角关系逐渐成熟，广告市场中各个链条对广告专业人才的需求均有一定的容量，所以，近年来高校广告学专业学生生源情况较好，就业虽然有压力，但广告学子们面对挑战的释放能力也较强，诸多的青年学子用专业知识和青春激情铺就了广告创业之路，他们用鲜活的激情创意和经典的营销策划为企业创造丰厚的利润，他们用网络广告的新形态和品牌营销的新进路来诠释、弘扬企业文化，在证明自身价值的同时也为中国高校广告教育的成果做了最好的佐证。这也是为什么高校广告学专业能够快速增长，并成为新闻与传播学学科领域内最具活力的专业的原因之一。

广告专业教育的发展规律和特点决定着新时期的广告专业教育更应该关注时代发展，更关注业界的最新变化，更关注新媒介技术的革新与发展，更加关注业界与学界的交流融合，更加关注学生理论和实践相结合能力的培养，校企联合办学、开放式办学、案例教学、网络教学、多媒体教学、专家平台教学、业界平台教学等成为高校教育改革的必由之路。为此我们编写了这套“现代广告案例丛书”，包括《广告营销案例评析》、《广告创意案例评析》、《网络广告案例评析》等。案例教学是高校广告教学的重要组成部分，是顺应广告教育发展规律而逐渐与业界人才需求相对接的一种新型教学形式。其核心内容便是在教师的精心策划和指导下，运用典型案例，将学生带入特定事件环境，引导学生体验式学习和自主性学习的一种教学方式。本套案例教程的基本思想不仅是“授人以鱼”，更重要的是“授人以渔”。教程每一章节均由专业导航、经典案例、小结和课后习题构成，使理论与实践得到紧密的结合，书中引文可在后面参考文献中查找，学生通过该书可做进一步延伸阅读。案例教学具有高度概括性、理论针对性、实践应用性等特色，不仅使专业理论教学形象化和具体化，而且能够推动教学模式的创新。我们希望通过这样一个工作，一方面为学生走向市场竞争提供一个开阔的社会视角，另一方面为业界人士走入专业领域提供一个理论与实践相结合的窗口，进而为广告专业人才的培养、广告事业的发展尽一份绵薄之力。

杨海军

2009 年 3 月 18 日于复旦大学北苑

目　录
CONTENTS

第一章　官方网站广告

专业导航：官方网站

官方网站是指主办者为网上办公、维系客户和宣传形象而建立的专门性网站。在信息社会，官方网站是主办者信息化、网络化和虚拟化的存在形式，也是主办者网络化生存的支撑平台和行为基点，因此，官方网站可以被称为是主办者的“The second life”。

根据主办者社会角色的差异，官方网站可以分为政府类官方网站、企业类官方网站和个人类官方网站三种类型。这三类网站的模块构成、功能定位和运作模式大致相同，因此，这里以企业类官方网站进行阐释。

一、官方网站的功能

第一，官方网站是企业办公的平台。随着网络技术的不断创新和通信成本的持续下降，企业依托官方网站进行网络办公自动化，逐渐成为现代办公方式的主流。这种办公方式不仅提高了企业的办公效率，降低了企业的办公支出，而且使企业运作不再受时间和空间的限制，从而创新了企业运作模式和经营模式，使各种新型企业层出不穷。

第二，官方网站是企业客户关系管理的平台。在经济全球化背景下，伴随着企业生产技术创新、管理方式创新和盈利模式创新，现代企业已经逐渐由生产型企业向营销型企业转变，营销行为已经成为企业最为重要的组织行为，而企业营销的根本是企业客户管理。依托企业类官方网站，不仅可以使企业客户关系管理走向互动化、个性化和即时化，而且为企业在风险社会降低企业运作风险提供了平台。

第三，官方网站是企业宣传的起点和终点。营销界有句俗语：三流企业卖产品，二流企业卖服务，一流企业卖文化。企业文化营销和品牌建设，已经成为企业运作的核心。而企业文化的塑造本质上是一个沟通与认同的过程，这其中企业形象宣传是形成企业文化的基础。官方网站是企业官方信息的实时发布平台，消费者通过超级链接访问官方网站，可以加深对企业文化的理解，甚至可以形成及时购买行为。

第四，官方网站是企业开展电子商务的基础。B2C模式、B2B模式和C2C模式是企业常用的三种网络营销模式，由于网络营销的诚信体系始终没有完善，B2C模式越来越来受到企业欢迎。B2C模式与官方网站的联姻，不仅可以通过官方网站的权威性与消费者建立信任关系，而且可以减少营销渠道的建设费用和营销终端的维护费用。更重要的是，通过官方网站开展营销活动，可以使企业及时调整企业产品战略和宣传策略，牢牢掌握营销的主动权，减少渠道商和终端商对企业营销行为的威胁。

二、官方网站的构成

第一，企业域名。企业域名是企业官方网站的网络地址，由中文域名和英文域名共同构成。企业域名具有唯一性、永久性、全球性和指向性等特征，是企业重要的虚拟资产和无形资产，也是企业知识产权的重要组成部分。企业域名是企业品牌构成的重要组成部分，也是企业商标保护的主要内容。近年来，企业域名在企业网络营销中的重要性越来越突出，这导致企业之间的域名争夺战此起彼伏。一般来说，各个国家都对企业域名进行立法保护，但也需要企业提高域名保护意识。

第二，内部办公专区。网络化办公是企业信息化战略的重要组成部分，也是优化企业组织结构和业务流程的重要技术平台。官方网站是企业网络化办公的核心，官方网站使企业与员工之间的联系超越八小时工昨日和固定的工作场所，这符合企业组织全球化、扁平化和虚拟化的发展趋势，从而使企业与员工之间的联系更加紧密。

第三，电子商务专区。随着由卖方市场向买方市场的结构性转型，渠道商和终端商等下游企业对上游企业生产商和营销商的控制力越来越强，这使得生产商和营销商的利润不断下降，从而形成了“渠道为王”和“终端制胜”的市场竞争格局。而电子商务的发展，恰恰可以使上游企业摆脱下游企业的控制，重新掌握对整个产业价值链的控制权。另外，全球生产市场和消费市场的形成，加大了企业渠道建设的成本与风险，而电子商务的全球性和即时性特征，恰好消弭了经济全球化的弊端。

三、官方网站的运作

一般来说，官方网站是由企业投资建立和维护的，其运作成本由企业来承担。因此，企业类官方网站的盈利模式相对比较单一，产权清晰，这有助于企业对官方网站的管理和控制。

官方网站作为企业网络信息的发布平台，越来越多的企业正在建立网络发言人制度，这有助于减少竞争对手的信息干扰和假冒企业的信息误导。官方网站的信息是企业 CIS 建设的重要组成部分，官方网站的域名信息和识别标志，已经成为企业的广告宣传和产品包装的重要组成部分。

1999 年 1 月 22 日，中国电信和国家经贸委经济信息中心联合 40 多家部委（办、局）信息主管部门共同倡议发起了“政府上网工程”。2000 年 7 月 7 日，由国家经贸委和信息产业部指导，中国电信集团公司与国家经贸委经济信息中心共同发起的“企业上网工程”正式启动。2001 年 12 月 20 日，由信息产业部、全国妇联、共青团中央、科技部和文化部主办的“家庭上网工程”正式启动。“政府上网工程”、“企业上网工程”和“家庭上网工程”的正式启动，推动越来越多的政府机构、社会团体、企业组织和社会个人建立其官方网站，从而使官方网站建设成为我国国民经济和社会信息化的重要组成部分。

第一节 科比入主新浪

2009 年 1 月，新浪网与美国著名篮球明星科比·布莱恩特正式签约，建立“科比中文官网”，这是科比第一次正式进入中国市场。“科比中文官网”利用科比拜年、葱动篮球争霸赛等一系列推广活动，仅用 5 个多月的时间，就使科比的“中国之家”访问数量累计超过 5800 万人次，创造了体育明星中文官网的最火爆成绩。

明星创造商业价值

NBA 是全球最具影响力的体育联赛之一，其独特的赞助商、篮球明星和篮球联赛“三位一体”的交互式营销策略，使三者紧紧捆绑在一起，赞助商获得了品牌知名度和市场销售份额，篮球明星获得了高额薪酬和广告代言费，而 NBA 联赛则获得了巨额的电视转播费、广告赞助费和门票收入。乔丹、耐克与 NBA 的营销神话至今被奉为经典案例。在乔丹退役之后，NBA 联盟也一直在寻找新一代“球王”，以延续其商业模式。

科比·布莱恩特是美国职业篮球运动员，现在效力于 NBA 洛杉矶湖人队，司职得分后卫。科比是现役 NBA 最好的得分手，突破、投篮、罚球、三分球他都驾轻就熟，几乎没有进攻盲区，单场比赛81分的个人记录就有力地证明了这一点。除了疯狂的得分外，科比的组织能力也很出众，经常担任球队进攻的第一发起人。另外，科比还是联盟中最好的防守人之一，贴身防守非常具有压迫性。科比过人的篮球天赋和独特的个人魅力，使其成为NBA最具传播力和影响力的篮球巨星，这也使得科比成了新一代“球王”的最佳人选，他不仅成为NBA联赛的代言人，也获得了大量的广告代言收入。

明星官方网站是明星社会影响力在网络媒体上的延伸，具有较高的传播价值和营销价值。2009年1月16日，NBA巨星科比的个人中文官方网站（kobe. sina. com. cn）正式开通。“科比中文官网”不仅成为科比个人品牌建设与维护的重要平台，而且成为NBA联盟品牌推广的重要窗口。

首先，它成为球迷与明星沟通的窗口。“科比中文官网”涵盖了科比最新动态、训练情况、专访、图片、赛事新闻、视频、历史战绩、技术统计、球迷俱乐部等多个栏目，可以让中国球迷在第一时间了解科比的赛事动态、生活方式和心情状况。“科比中文官网”不仅是中国球迷了解科比的重要窗口，而且成为科比与中国球迷交流的重要平台。“科比中文官网”通过运用多种技术手段和方式搭建交流平台，此前，科比对于中国球迷来说是那么遥不可及，远隔重洋和10多个小时的时差，使中国球迷的热情很难得到科比的及时回应；如今，利用互联网技术平台，新浪网让中国球迷可以在第一时间了解科比在美国的动态、生活和心情，甚至实现了科比与中国球迷间的互动问答。互联网，让粉丝与偶像的沟通跨越时空，更加真实，更加扁平化。

其次，它成为球迷与球迷交流的阵地。“科比中文官网”由新浪团队进行维护，该团队通过充分整合线上线下资源，利用各种互动方式和渠道，让科比的“中国之家”真正成为其与中国球迷交流的阵地，它也是中国球迷欢聚的网上家园。这不仅有助于形成球迷对科比的“群体认同”，而且有助于提升新浪体育的知名度和美誉度。

最后，它成为广告代言产品展示的平台。“科比中文官网”的建立，也在一定程度上宣传了科比所代言的明星产品——耐克。在该网站的首页可以看到“御用装备这个小模块”，显示的是耐克品牌的体育产品。这也是“科比中文官网”一个非常重要的功能。通过“科比中文官网”的宣传展示，不仅提升了耐克的知名度，而且使耐克成为热销产品。

“科比中文官网”的运作模式

对于“科比中文官网”的建设和营销思路，新浪并不是简单地将其英文官网进行汉化，而是在保持科比篮球运动精神的前提下，将网站的内容、栏目设置、风格设计、活动策划、广告宣传等进行了中国元素和中国文化的巧妙融合，从而为科比打造了一个真真正正的“中国之家”。“科比中文官网”通过中国元素的融入，也更容易引发中国球迷的共鸣。新浪团队将“家”作为“科比中文官网”的运营和宣传策略。在科比“中国之家”，巨星对粉丝们敞开心扉，热烈拥抱每一个访客。球迷们不仅可以了解作为NBA篮球明星的科比如何练球、如何挑战自我、如何看待比赛，还能最直观地了解到科比的喜好和业余生活，甚至可以接触到他美国式的幽默和极富爱心的一面，从而拉近中国球迷与偶像之间的距离，让科比走下神坛，真正走到中国球迷的身边。

2009年1月16日，科比身着唐装召开发布会，宣布正式签约新浪网，开通个人博客并全力打造个人中文官网网站。科比也在现场给中国球迷送上了新年祝福“牛年我们一起牛”。2009年1月24日，科比通过自己的中文官网向中国“科蜜”（科比球迷）拜年：“又到了科比博客时间。我知道过两天就将是中国新年，我想对大家说一声：牛年我们一起牛。我知道很多中国朋友都想要我的亲笔签名，好吧，如果中国球迷想要赢得我签名的礼物，那就请多上新浪网吧，并且让你们的朋友们也多来逛逛科比中文官网、参加他们的竞猜活动吧。我刚刚寄了一大堆签过名的礼品给新浪网，这些礼品将送给我最忠实的中国球迷。我迫不及待的想知道谁最后赢得了这些礼品，谁是我最忠实的粉丝，哈哈。”科比通过现场给球迷拜年，亲和力大增，拉近了与中国球迷的距离。科比在自己的中文官网上对球迷的拜年不仅宣传了他的中文官网，吸引了大批中国球迷，而且也宣传了新浪网，使更多球迷将目光投向新浪网。

如前所述，“科比中文官网”涵盖了最新动态、训练情况、图片、视频、历史战绩、技术统计、球迷俱乐部等多个栏目，下设访宗师、博真迹、视频酷、盖世图、宗师谱、晓天下、粉丝阔论和信徒殿堂等几个模块。访宗师模块介绍了科比的个人信息，包括科比档案、科比的成长历程以及科比近期的活动，让粉丝们能够及时而全面地了解科比，得知科比的最新动态。在博真迹模块，发表的不仅有科比的个人博文，而且也有粉丝们的回应。科比在博文中将自己最近的心态、想法告诉粉丝们，增进了粉丝们对他的了解，也加深了彼此的感情。视频酷模块，是有关科比的视频，不仅涵盖了科比各种精彩的球技场面，而且也展示了科比拍摄的商业广告。盖世图模块，粘贴了科比打球的经典动作，使大师在球场上的风姿得以再现。宗师谱模块，详细地介绍了科比的成长历程，提供了非常详细的科比生涯数据，使粉丝们能够更深入地了解科比。

“谁是科比大弟子·新浪葱动篮球争霸赛”

喜欢崇尚个性以及敢于拼搏、敢于付出努力、敢于表达自己的想法的生活态度，被大学生概括为“葱动”。2009年，全球经济危机的冲击让大学生面临着严峻考验。新浪网发起“青葱计划”，倡导“快乐成长与自我成就”，打造“葱动族”的大学生形象，与大学生一起重拾信心，迎接挑战。

2009年4月7日，“谁是科比大弟子·新浪葱动篮球争霸赛”在北京、上海、广州、成都、武汉、济南、郑州、长春、南京、西安和合肥全国11个城市全线启动。根据赛事安排，11个城市通过比赛决出的11支冠军队的队长，将模仿科比体育生涯中的经典动作，现场拍摄后制成视频，再上传到“科比中文官网”。追溯科比当年获得职业篮球生涯的第一枚总冠军戒指时，也是正值21岁的青葱岁月。科比曾感言：“艰苦的努力后才有回报。”这种追求、拼搏和实现自我的精神，将推动国内的“科比弟子”们，不断在体育赛场和人生赛场上拼搏前进。综合线上展示评选和线下3V3篮球葱动争霸，打造拼搏奋斗、勤奋努力、积极行动的“葱动族”，“拼搏，不畏难”的科比精神将引导活力十足的年轻人积极面对挑战，抓住每一个机遇，以行动赢得未来（图1-1）。

为了实现更生动的传播影响，新浪网在各个学校招募“篮球线人”，充分调动学生的创造力和策划能力，使线上的宣传内容更加丰富、新颖。在传播执行中，新浪网重点挖掘聚焦信息，爆料现场美女、帅哥、赛场动态，提升关注度，并迎合年轻群体口味策划了创新的宣传方式，如科比快闪、定格等，以前卫的形式带动传播，强化活动亲和力，使大学生始终保持高涨的参与热情。在科比“81精神”的激励下，全国大学生篮球精英将展开线上线下综合比拼，历经“广收门徒-校园海选”、“城市战团-城市复赛”和“谁是大弟子-全国总决赛”三个阶段的激烈搏杀，最终胜出

图 1-1 科比官方网站截图

的冠军队伍将受封“科比大弟子”，并有机会在美国或中国当面与科比举行拜师仪式，亲身接收科比的言传身教。科比全程关注比赛的进展，并通过“科比中文官网”与参赛选手进行交流。科比希望在青葱赛事的进行过程中，通过其个人官网了解和帮助中国的篮球爱好者提高球技。

“葱动篮球争霸赛”自开展以来，近100万人次参与线上“篮球争霸赛”游戏的互动；全国11个城市44所高校3369支球队超过13500余人报名参加了“葱动篮球争霸赛”，直接影响人数超过60万人，取得了极大成功。在活动过程中，大学生参与活动的热情高涨，在西安、济南、成都等地争霸赛恰逢下雨，但许多学校的大学生仍然坚持冒雨打比赛。根据第三方市场监测机构摩瑞咨询的统计数据，73.7%的校园用户听说过“科比大弟子葱动篮球争霸赛”，26%的学生参加了“科比大弟子葱动篮球争霸赛”，35.1%的学生表示非常关注该比赛，同时有80%的学生表示对比赛非常感兴趣和比较感兴趣。

科比征服广大球迷的除了其高超的球艺外，还在于坚持、不认输和勇于拼搏的“科比精神”赢得了大众尤其是中国年轻人群的共鸣。网友对“科比精神”接力棒的热传、大学生对“葱动”高校赛的热情，都是这种共鸣的体现。而新浪网也在这种精神布道中吸引了更多年轻用户，将精神力量转化为信仰优势，进一步巩固了自身品牌的龙头地位。

2009年“科比中文官网”的营销无疑是个突破，它并不满足于独家地位所带来的公众吸引力，而是为这个“明星品牌”注入了强大的精神力量，通过精神的传递使品牌得到升华，找到品牌与消费者之间感情的共鸣点，从而形成品牌独一性的核心着力点。而此次品牌升华的基点就是新浪网。无论是年初洛杉矶盛大的充满“中国风”的新闻发布会，还是农历新年科比的中文网络拜年视频；无论是网络征集，发起线下活动“葱动篮球争霸赛”，还是武林风的栏目设置，新浪人将“科比中文官网”营造成了科比的“中国之家”，引起中国球迷和网友的极大共鸣。到2009年6月底，官网页面访问总数已达5852万次，而论坛为网友设置的“向科比提问”快速通道受到持续关注，页面访问总数达930万次。科比的“中国之家”真正成为其与中国球迷交流的阵地，更是中国球迷欢聚的网上家园。

小结

如何将“科比中文官网”做得独具特色，吸引更多的中国粉丝在这里与科比交流互动，新浪团队进行了深入的思考和规划。中国元素贯穿始终，中文官网极具中国特色，容易让中国球迷接受，引发共鸣。通过举办高校篮球赛，精准触及目标人群进行“科比中文官网”的宣传，使“科比精神”得到极大宣扬，同时也有效提升了新浪品牌在高校学生群体中的好感度。结合中文官网开通、科比拜年、“葱动篮球争霸赛”等推出系列网络广告，进行官网品牌及活动的持续宣传，新浪强有力的团队力量以及创作精神是“科比中文网”网络营销成功的一个重要原因。科比所做的一系列形象宣传，如建中文网、写博客搭建与中国球迷的互动平台，拉近了与中国球迷的距离，提高了其中文博客的知名度；通过新浪网向广大中国球迷拜年，利用中国传统节日拉近与中国球迷心与心的距离；参与举办“葱动篮球争霸赛”等活动，充分调动了学生的创造力和策划能力，使“科比精神”激励着大学生勤奋、拼搏、不畏艰辛，不仅宣传了科比自己，也极大地宣传了新浪网。

（王曼）

◎思考题：

1. “科比中文官网”是如何运作的？
2. 如何评估名人官方网站的传播价值和营销价值？

第二节　世界上最好的工作

2009年网络上的一个招聘广告无疑吸引了所有世人的目光，它就是被称为“全世界最好的工作”——澳大利亚昆士兰大堡礁看护员的招聘广告。由于当时社会经济的特殊背景，整个活动的精细策划，各种网络资源的充分利用和众多民众的踊跃参与，使这次全球范围内的招聘活动取得了巨大的成功，达到了澳大利亚昆士兰旅游局“醉翁之意不在酒”的目的，提升了外界对澳大利亚以及昆士兰地区旅游价值的关注度。在这次有目的的广告活动中，澳大利亚昆士兰旅游局选择了官方网站作为其信息的主要传播渠道。主办方在官方网站上发布招聘信息，跟踪报道招聘进程，全方位与网民互动，招聘之后还运用博客维系相关工作的后续报道，可谓利用官方网站的多方面优势取得了不可估量的成绩。如何利用政府官网更好地推出信息？如何最大限度地提升官方网站的影响力？这些问题值得深思。

“选秀”式招聘

2009年1月10日，全世界各大媒体几乎在同一时间报道了这则消息：澳大利亚昆士兰旅游局将在全球范围内招募一名大堡礁看护员，工作时间自2009年7月1日开始，为期半年，薪水15万澳元（约合人民币70万元）。在经济危机的浪潮席卷全球的当时，这样一个工作惬意、环境优美的工作是多少人梦寐以求的，所以消息发布的同时便在全球范围内掀起了一股“世界上最好工作”的浪潮。昆士兰为此而搭建的官方网站在活动第一周便有来自世界各地的访问者共计20多万人，网站还曾一度瘫痪，主办方不得不临时增加数十台服务器。

招聘流程十分简单，要求申请人先上网填写申请表，并制作一个长度不超过60秒钟的应聘视频，于2009年2月22日之前上传。这样的招聘条件，可以说是没有学历要求，没有年龄限制（需要年满18周岁）。低门槛的要求引来了大范围的关注者，这也可以说是为它的宣传推波助澜的条件之一。与此同时，官方网站与全球影响力极大的视频网站YOUTOBE合作，选手视频都通过YOUTOBE上传，这无疑又扩大了宣传范围，增强了影响力。

在评选阶段，组委会根据网络投票，初选出50名候选者，然后再联同国际市场的代表在其中挑选出10位最佳人选，再加上1位由招募网站访客投票选出的“外卡”候选人。2009年5月初，这11名候选人再前往澳大利亚参加面试，最终决出一名优胜者。

在这样的评选过程中，我们不难看出网络媒体的使用优势。首先是官方网站，因为其官网的全球性——共设立了英语、日语、韩语、中文

（简体和繁体）和德语5个版本的活动网站，这次活动无疑在全球范围内引起了广泛的关注。因为它不是面向国内或地区的旅游宣传，而是全球旅游宣传，这样一来网络的无边界性优势就明显地突出了。而且官网作为信息源有着不可忽视的权威性，所以在此发布信息可信度高、访问量大。其次便是其他网络资源的综合利用。官方发布广告的同时，各大门户网站、论坛、社区网站、博客都统统转载，这样广泛、密集的信息在网络上铺天而来，再加上众多网民的参与，又大大扩散了受众面，信息像病毒一样在网络上迅速传播，达到不可限量的效果。最后就是注重网络互动。从上传视频与博客便可得出，整个事件从一开始便意识到互动的重要性，投票阶段，网民的自主参与，还有主办方为每一个投票者发布的邮件都很大程度上为此造势，增强了宣传的影响力。

最终，2009年5月6日，历经数月层层选拔，英国慈善工作者本·绍索尔从3万多应聘者中脱颖而出，获得了这份负责看护澳大利亚大堡礁的工作，他的职责包括探访大堡礁附近的诸多岛屿，亲身体验各种探险活动（包括扬帆出海、划独木舟、潜水、海岛徒步探险等），以及担任兼职信差（借机从空中俯瞰整个大堡礁），并把自己的亲身经历以文字和视频的方式记录下来，上传至博客。如今本·绍索尔已经在大堡礁工作期满，由于其出色的表现，旅游局已经和他续签了工作协议。

据昆士兰旅游局称，这个有组织、有目的的"宣传活动"，公关价值已经超过7000万美元，可谓是是典型的小成本大收益。同时，这个全球著名的活动获得了戛纳广告节首次设立的公关类（PR Lions）的全场大奖（Grand Prix）和"直效行销"全场大奖。在这次政府公关活动中不难看出官方网站的利用取得了巨大的成功。挖掘其深层次的原因便在于"世界上最好的工作"的概念创造，制造噱头；以官网为主多种网络方式的整合营销；信息时效的更新以及网络互动性的充分利用（图1-2）。

官网营销"全垒打"

官网营销可以说是网络营销中的一种主流模式。在众多的官方网站中如何使自己的名声大噪，亦或是如何在具有政府性质的官方网站上发布信息，从这个事件中可以得到不少启发。

首先，概念转移，制造噱头。这个事件的策划重点在于主体概念的转移和热点问题的炒作。原本是一个旅游宣传广告，可是主办方不是单单地

图 1-2 世界上最好的工作

从宣传旅游本身出发，而是将它转变成为一个招聘工作的广告，不仅针对单单的旅游对象，而且将受众层面扩大。这样一来无论老少，不分性别，不分职业所有人都成了合格的对象，大大地增加了它的宣传范围。概念的转移使其本质发生了巨大的变化，可以说这是一次成功的“嫁接”，取得了累累硕果。同时在经济危机的大背景之下，抓住“世界上最好的工作”这一热点问题进行炒作，可谓是深得人心。时机的把握就如借了一股东风，使人们对该工作的追捧达到了狂热的状态。由此可见此次事件前期策划的高明之处：昆士兰旅游局成功地将推广的主体——大堡礁延伸到大堡礁看护员身上，再借助金融危机这一千载难逢的机遇，将看护员工作塑造成“世界上最好的工作”这一概念。它对吸引受众眼球的作用是无以伦比的。也正是这样一个概念，吸引了各大传统媒体的关注，它们不惜使用大量的版面和时间，把这次世界性的招聘活动当做新闻事件进行报道。这些媒体的“义务劳动”，也印证了整个事件策划的巧妙性之所在，噱头的制造为活动木身节省了大量的经费。酒香也怕巷子深，官方网站不能坐等别人的光顾，特别是在这样一个具有政府性质的官方网站上，由于其职能性所在，内容涉及范围窄，没有很大的吸引力。如何使其发布的信息最大限度地传递给受众，如何打败门户网站、论坛和博客，取得最大的受关注度，选择制造噱头无疑是聪明之举。从此次事件的整体策划来看，精华也在于此，一个能够人人传颂并关注的话题——“世界上最好的工作”至今仍然无法使人忘怀。由前期策划出的这个噱头，便是整个事件的制胜点，贯穿于整个营销活动并具有重大的作用。

其次，网络整合营销。这次活动的成功离不开网络整合营销的各个方面。如果没有网络，这次招聘活动不会变得如此疯狂。“我们所有的关键环节都在网上展开，这也是今后市场推广的方向。”昆士兰旅游局有关人员这样透露。从开始建立官方网站，与 YouTube 合作，到网络投票环节，再加上各阶段的大量 BBS、博客以及网站的自发讨论，为本次海选活动挣够了人气。在中国，很多的人也纷纷登录各大校园论坛、天涯等社区发帖，让消息在网友中利用“复制、粘贴”病毒式扩散。这种无孔不入、铺天盖地的信息充斥着整个互联网络，使成千上万的人们了解并参与其中，大大地加强了其宣传力度，提高了宣传效果。这种力量是传统媒体所不能及的，只有网络可以让这样的宣传如火山一样爆发。由此看出，仅仅依靠官网营销以及打造最受关注的话题，尚不能达到最佳效果。如何使信息大量传达给受众，这就需要有效地整合网络资源，运用各种渠道，进行多角度、多视野传播，使受众对此事件有个全方位的了解，更深入的理解意味着更深入的参与。从这个活动来看，它利用了大量的宣传方式，包括论坛发帖、门户网站宣传、电子邮件等，而且带动了传统媒体的宣传，综合了各方面的力量，把宣传做得有声有色。官方网站本身的力量是有限的，声势浩大的传播往往带来非同凡响的宣传力，多种网络宣传方式增强了官网的综合实力。官方网站就好比是夜晚的月亮，虽然明亮，但是也需要无数璀璨的星光去构成一个迷人的夜空。

再次，官方网站的时效性。时效性是网络的特点，互联网让我们的地球从一个辽阔的土地变成一个地球村，在互联网上更是如此，没有时间的延迟，一件事，往往一晚上或者一刻就在全球引起轰动，这种没有区域与时间限制的特点增强了网络的优势，同时也增强了官方网站的优势。官方网站的时效性体现在信息的及时更新上。从“世界上最好的工作”来看，时效性增加了官网的可读性，主办方根据整个活动的进程及时地予以信息更新，及时提供最新资讯，更新选手的信息，使参与者对活动有了清晰的认识，让他们可以掌握第一手资料，做出相应的行动。这对活动的整个进程与选手的参与都提供了极大的便利。这样的时效性是其他媒体所达不到的。举一个商业官网之中的优秀案例，就是日本化妆品品牌 DHC 的官网营销。DHC 是一个迅速崛起的化妆品牌，它以免费索取试用装的噱头吸引了大量的会员，并坚持用线上与线下相结合的模式维持对会员的吸引与关注。由于化妆品牌的季节性因素，DHC 在官方网站上及时推出新的产品与打折信息，线下运用短信的方式对会员及时地传递促销信息，极大地满足了消费者的心理，从而达到及时营销的效果。不管是企业官网还是政府官网，任何信息都不能是一成不变的。死板的东西总是会容易让人遗忘，受众需要的是不间断的冲击，所以在官方网站上发布的信息需要及时更新，以满足受众不断变化的心理需求，这样才可以吸引受众，维持受众的关注度。

最后，互动式营销。主办方利用网络的互动性，使整个事件的影响力达到了高潮。首先，60 秒宣传视频的上传，使选手在全球影响力巨大的视频网站 YouTube 上全方位展示自己。应聘者完全的自主性以及网友的互动，为事件本身进行了形象的宣传。接着为了进行网络造势，主办方设计了经网络投票决出“外卡选手”环节，入选 50 强的选手会不断拉票，而关注活动的人会为心仪的选手投票。在投票过程中，投票者要先输入邮箱地址，然后查收一封来自昆士兰旅游局的确认邮件，确认后再行使投票权。在通过确认的过程中，参与投票的网民都会好好浏览一下这个做得很漂亮，实质上是旅游网站的照片邮件，大堡礁的旖旎风光马上就开始让人心旷神怡。更重要的是，投票者的邮箱此后会不定期收到来自大堡礁的问候。这一举措让每一个参与其中的人都会进一步了解大堡礁的情况，从而达到宣传昆士兰旅游资源的目的。不得不提的是在活动过程中以及活动结束以后，不管是参与应聘的选手还是得到工作的 Ben，他们都利用博客记录下自己的参赛历程和工作日记，这一对博客的充分利用，使每一个关注该活动的人都对整个活动有一个连续的认知和全面的了解。互动性在这个事件中可谓是运用到了极致。相对于只传送信息的网站，人们更愿意与这种互动性的网站打交道，因为这不仅仅只有网站自身，而且受众也参与其中，极大地提升了受众的兴趣。一般来说，在浏览官方网站的同时你总会发现这样一个版块：互动区或留言区，亦或是自己的论坛。这表示注重受众的反应是不可或缺的。互动是为了更好地宣传，不能一味地盲目宣传。人与人面对面交流的时候会达到很好的效果，其原因就在于，宣传者可以第一时间得到受众的反馈，可以及时地调整战略，运用最有效的宣传方式，达到最好的宣传效果。信息在于互动，如何更好地宣传就要学会更好地互动。官网网站往往能从此获益匪浅。

小结

作为信息的载体，官方网站拥有其不言而喻的作用。要发扬它的优势——权威性、时效性，也要注意新时代下官网营销的创新所在，不断地改进，综合利用互动营销、话题营销，整合其他网络资源，多管齐下，共同渲染，综合多方面优势使其宣传工作做足、做全、做广。

（周璐）

◎思考题：

1.“世界上最好的工作”事件是如何炒作的？

2. 政府类官方网站营销推广有哪些方式？

第三节 多芬百万女性真美大调查

多芬，联合利华旗下众品牌之一，也是联合利华最有价值的品牌之一。多芬的英文名字是 Dove，“鸽子”的意思，但它也有温和、可爱、自然的寓意，因此，多芬用一只淡蓝色的鸽子作为其标识，象征着希望、快乐、和平。而 Dove 正好和德芙巧克力的英文名字一样，所以它就更需要在品牌的印象上区别于德芙。各种各样的护肤品都想要争取到更多的青睐者，而五颜六色的包装往往让人无从选择，怎样让多芬突出自己的独特性，这是必须要解决的问题。在长期的探索中，多芬最终提出了对于“真美”追求的新概念，从品牌理念上建立起独特的品牌个性。

《丑女无敌》植入式广告

在多芬推广过程中，联合利华采取了电视广告与网络广告相结合的宣传方式，将电视媒体的广众性与网络媒体的互动性紧密结合起来。

湖南卫视是中国国内比较大的几个地方电视台之一。湖南卫视收视率连续几年居中国地方卫视第一、全国总收视第四的成绩（前三位均为央视）。《丑女无敌》是湖南卫视翻拍《丑女贝蒂》的自制励志偶像剧，它是一部丑女大翻身的电视剧，也是广告业职场的电视剧，因此在其中植入广告是自然而不留痕迹的。

联合利华携手湖南卫视，将包括多芬在内的多个品牌广告植入《丑女无敌》的剧情之中。该电视剧与多芬的美丽理念相结合：每个女性都是一个充满个性的特殊存在，真正的美丽存在于不同的外形，身材，年龄和肤色之中……像无敌一样真诚，不做作，顾全大局，那么外形也不再重要。

电视媒体是一个较为广泛的媒体，但也是一个被动接受的媒体，通过电视媒体可以提高多芬的品牌认知度，但它却缺少和受众的沟通，不能很好地满足受众的需求，而网络已经成为最方便、最快捷的沟通媒体之一。近年来，日化行业已经把网络作为新兴的营销渠道，不少企业通过网络平台发布企业形象广告和新品广告。此外，不少企业通过论坛发帖，开通或借势各种类型的博客，直接面向目标人群，而这样的沟通方式成本更低，却更具亲和力。因此，我们需要将受众的注意力从电视媒体引入更加活跃的媒体——网络媒体。在多芬的电视广告中，提出“登录多芬网站，加入多芬真美大调查，与百万女性发现美的真相”，从而将消费者吸引到网络媒体上。

美丽没有标准

中国女性到底对美丽有着怎样的理解，她们对自己的容貌到底满意度有多少呢？通过多芬 2005 年进行的一项相关调查的结果显示：仅有 4% 的中国女性会用美丽来形容自己，绝大多数的女性都没有看到自己的美丽。中国女性对于自己的容貌过于苛求，大部分女性都希望能像广告牌上的那些美女模特一样，但是实际上这也是一个遥不可及的梦想。

那么到底什么是美丽？我们需要每个人都那么美丽吗？从社会学的角度来说，社会是由各种社会角色组成的，职业角色只是其中的一种，模特以“美丽”为职业，不美的模特就是失败的；假如消费者将来不是成为模特，那么消费者的职业就不是“美丽”。所以，人们对我们的社会期望也不是“美丽”。虽然大多数都市女性的职业不是“美丽”，但她们却都把这当成了最重要的行为标准。“纤瘦白皙”作为美的狭隘化标准被普遍追随，支配和误导了各种身材、年龄和肤色的女性。这种行为不是展示自我，而是丧失自我，丧失了自己的角色，丢掉了专属于自己的美。从心理学的角度分析，女人的美丽是由内而外散发出来的，自信乐观、自我欣赏的态度才是一个女人保持恒久美丽的秘方，内心的本我认同才是美丽的源泉。

多芬由此提出了自己区别于其他品牌的独特理念。多芬相信美丽的定义不应当局限于狭隘的标准，每个女性都是一个充满个性的特殊存在，真正的美丽存在于不同的外形、身材、年龄和肤色之中。因此，多芬为广大女性提供了展现美的各种产品，从清洁到护发，从护肤到瘦身……多芬，从产品到每一项行动，都不断致力于激发女性深层次美的潜能，享受呵护，宠爱自己的过程，让美真实呈现。

多芬，自信才是最美的

多芬让越来越多的女性加入到真美的讨论中，摆脱狭隘审美观的束缚。多芬百万女性真美大调查，与百万女性一起，发现美丽的真相。

参与者通过两个场景的六个问题发表对于美丽的理念，同时还要拉自己的死党来参加这个活动，提交真美调查问卷后可以通过评比来赢取令人心动的大奖。百万女性真美大调查将女性分成三种类型：

一是自信快乐型。这部分女性认为自信比美丽更重要，美丽只是一个形容词。有自信的女人确实最美，但是这个社会中有多少是自信的女人呢？是先天的自信还是后天的自信？前者让人习惯成自然，后者却要经过一番磨砺与思考。后者要么在沉默中爆发，要么在沉默中灭亡。

二是追求完美型。这部分女性一直追求完美，却忽略了很多美丽的事物。这种类型的女生总是拿自己和别人作比较，然后破天荒地发现自己的缺点，优点在缺点的阴影下，严重者自信会慢慢被覆盖，以至于完全丧失了自信。

三是渴望认同型。这部分女性希望得到更多的认同。这种类型的女生生活得很累，总以别人的观点作为肯定或否定自己的价值坐标，把自己快乐的权力让给别人来为自己操作，看别人的脸色，只会越活越痛苦。

比较完上述三种类型的女性，你会发现，还是做自信快乐型的女性最容易达到，因为这个类型需要的只是得到自己的认同就可以了，适当地以自我为中心一点也无所谓，塑造自信美丽的自我，由内而发的人格魅力才会经久不衰。

多芬的美丽测试看似与美丽无关，但其实它暗含了外表与自信的搏斗。最终问卷结果显示：自信的女人是最美丽的。乐观自信及自我欣赏的态度是女性肯定自己美丽的重要因素。其实，美是一个人的整体印象由内而外散发出来。当女性会心微笑与体验喜悦时，美丽便从内心散发出来。每个女人都有美丽的潜质，只要你愿意，你就是最美的。

最近的一次调查活动是从 2009 年 8 月 25 日至 2009 年 10 月 25 日，在这两个月内有 11775 人参加。在此活动结束之后，多芬官网也对调查结果进行了总结，提高了广大女性对美的认识。

相对于早先的调查结果，调查者发现中国女性对美丽的认知已经发生了变化，超过半数的女性认为自己比其他女性“更漂亮”，只有3%的女性认为自己不如别人，70%的女性认为自信是美丽的最重要因素，65%的女性选择“身体滋润产品”来提高自己的美丽。虽然大多数女性不会用美丽来形容自己，但是她们对于自己的外貌，还是比较倾向于满意的，现在的女性认为自信是最美丽的因素。同时多芬在阐述“真美”理念的同时，也希望融入多芬优越的产品功能，把消费者对品牌的偏爱转化成有效的购买。

多芬告诉中国女性：审美观千变万化，内心本我的认同，才是美丽的源泉。要经常夸赞自己和欣赏自己，昂首挺胸告诉自己是最美丽的。经常夸赞、鼓励朋友，朋友在得到肯定的同时也会同样鼓励、赞扬你。爱护身体，保持运动，给自己增添健康的气息，率性地做真实的自己，坦然地享受生活（图1-3）。

图1-3　多芬百万女性真美

不完美的大调查

多芬的这次调查是在探索中前进的，且实施过程有其相对的独特性，既有其优点，也有其缺点。

其一，由于多芬百万女性真美大调查是伴随着电视剧《丑女无敌》而实施的，一部季播的电视剧没有很好的连贯性，那么调查的进行也相对不够紧凑。

其二，虽然湖南卫视在全国收视率有一定的保证，但它的观众也有相对的选择性，主要集中在13～29岁的年轻观众中。相对年长的观众并不喜欢它过于娱乐的节目方式。因此，这次调查并没有吸引到所有的目标消费群。

其三，此项调查随着《丑女无敌》的完结，也画上了句号。时代在变，女性对美丽的看法也在改变，尤其是在当今网络文化快速侵蚀着我们的观念的时代，希望真美大调查能够好好地持续下去，成为联合利华的标志性举措。

其四，百万女性真美大调查虽然在业内产生了不错的反响，但是它的整个调查步骤过于形式化，它应该将一些好玩、有吸引力的游戏如拼图、多分娃娃大收集等，藏在调查项目里，增添它的情趣性。

其五，官方的调查结果过于笼统化，如"33%的女性一年没有听到过赞美，70%的女性认为自己30岁之前最美，45%的女性觉得自己体重超标"，似乎跟多芬的"自信"观念有一些距离，它是不是应该能够更详尽地得出各种不同的结论，来让百万女性审视自己？

在实施大调查之前，据Euromonitor International估计，宝洁公司在中国规模达17亿美元的洗浴用品市场上居主导地位，而联合利华的多芬产品在这一市场的占有率还不足2%。联合利华不得不重新反思自己的品牌推广策略。

联合利华采取的行动是独家冠名湖南卫视的电视剧《丑女无敌》，以及配合多芬百万女性真美大调查。由WPP旗下调研公司Millward Brown调查显示，此次多芬百万女性真美大调查之后知晓多芬品牌的人比原来增加了两倍多。2008年11月，多芬沐浴乳的内部发货量较2007年同期增加了21%。

多芬百万女性真美大调查，相比传统的调查方式，调查结果更具有准确性，因为只有热心此道的人，才会对它进行关注，才会给以真实的答案，因为身份具有保密性，参与者才会更加流露真心。

小结

此次网络调查相对于传统的调查节约了成本，覆盖面广，信息量大，对受众的回馈较为方便，并且发动其他好友参加的方式可以让了解它的人以2的n次方的速度传播。该调查向百万女性证明，每个女性都有美的闪亮点，只是我们缺少发现自己美的眼睛。它表面上是一个对于美的调查，而实际上是一个证言式广告，通过对美的认证，提高了多芬品牌的认知率。证言式广告一直大行其道，因为它以消费者、专家、名人或著名公司的身份来证明产品或服务优良。证言式广告语具有很高的说服力，就在于人们的心理倾向于“眼见为实”，人们宁可相信自己亲耳所听，亲眼所见。如“神州行，我看行”，“奶茶，我喜欢优乐美”等。如今多芬将传统的广告形式与最热络的媒体结合起来，不再是由他人向你证明一个道理，而是由你自己亲自参与到证明的活动中来，亲自证明一个事实，这还不足以令人相信吗？在这次调查活动中，多芬，没有正面去推销自己的产品，而是通过提高女性的观念来实现自己对消费者人文关怀的精神，这种潜移默化的精神占领比纯粹的叫卖要好得多。

（王贺）

◎思考题：

1. “多芬百万女性真美大调查”是如何改变消费者的产品价值判断的？
2. 市场调查活动在与消费者的沟通中起到什么作用？

第四节 《快乐女声》立体网络推广

湖南卫视和天娱传媒继 2004 年、2005 年和 2006 年举办《超级女声》大众歌手选秀赛之后，又于 2009 年 5 月举办了《快乐女声》，在全国再一次刮起了一阵选秀之风，《快乐女声》在经过统一的资源整合后，形成了全民参与的热潮，产生全民同乐的收视效应。合适的媒体排期以及媒体的综合运用，对事件新闻的稳妥处理，“快女”现象成了网络营销的经典案例。

《快乐女声》，快乐营销

2009 年《快乐女声》璀璨落幕，中国的选秀节目再创新高。2009 年《快乐女声》官方网站（湖南卫视金鹰网）、《快乐女声》吧（百度贴吧）、官方歌迷俱乐部（My space 聚友网）、新浪、腾讯和百度等各大网站的热点新闻、重点新闻、头条消息和独家新闻无一例外都是与“快女”有关的新闻和话题讨论。《快乐女声》从最初的地方海选到最后的决赛争冠，从娱乐点评到评委换场，都成了网民观众关注的焦点，各种评选调查、网络投票、名人和草根博客，各式各样的新闻话题都成功地推动了这场娱乐盛宴达到高峰。其中仅仅“快女”吧就有关于“快女”主题

534295个，贴子6721099篇，“快艇”27409位，而“快女”们的博客网更是网民与“快女”们互动的主要平台。

2009年，由于中国广播电视总局对娱乐节目下达的通知，使《快乐女声》在节目进程上较以往有了很明显的变化，那就是更加重视网络的作用。“今年的选秀将和过去任何一次的选秀活动截然不同。”湖南娱乐频道总监张华立在《快乐女声》的发布会上如是说。《快乐女声》突破以前只有5个分赛区的做法，把全国赛区分成18个“地面快乐联盟”赛区和6个“网络快乐联盟”赛区。以往网络只是配合电视节目起配角的作用，现在，网络也作为分赛区之一，为节目输送选手。《快乐女声》充分利用了网络的平台，从而弥补了《快乐女声》品牌因限制而带来的缺陷。《快乐女声》与网络的合作，实现了双方利益的最大化和平台充分使用的最大化。

如何使《快乐女声》这个娱乐节目引起受众的关注？如何让潜在的受众群体提升认知度，成为忠实的观众？如何让已有的观众加深忠诚度？这将是《快乐女声》网络营销尽显魅力的地方。在网络营销时代里，信息传播呈“集市式”，信息多向，互动式流动，声音多元。网络媒体带来了多种“自媒体”爆炸式增长，《快乐女声》正是运用了网站建设、搜索引擎营销、网络社区营销和论坛贴吧等网络营销方法将品牌信息巧妙置入传播计划中，扩大了《快乐女声》品牌的知名度。

门户网站，新闻超市

门户网站是指通向某类综合性互联网信息资源并提供有关信息服务的应用系统。门户网站由于其业务的包罗万象，成为网络世界名副其实的“百货商场”。从现在的情况来看，门户网站主要提供新闻、搜索引擎、网络接入、聊天室、电子公告牌、免费邮箱、影音资讯、电子商务、网络社区、网络游戏和免费网页空间等网络服务。

作为当今最火爆的草根娱乐精神代表的《快乐女声》，无论哪家媒体赢得其“粉丝”的专注，都必将赢得海量的人气，因此各家媒体也会抢资源，抢先机，都只为得到第一手新闻。在2009年夏，新浪、搜狐、网易和腾讯等各大门户网站的头版头条无一例外全都是关于“快女”的，哪家媒体都不甘落后。门户网站不仅时刻为网民提供有关“快女”的各种信息，而且还能获得网民用户的各种关于“快女”的反馈信息，从而满足网民的新闻性阅读和延伸阅读。

官方网站，个性张扬

打开“快女”官方网站，清新明丽的紫色充分表现出《快乐女声》受众群个性张扬的特点。《快乐女声》通过统一的视觉识别，传播《快乐女声》的营销理念，吸引公众的注意力并产生记忆，使观众形成对《快乐女声》的品牌认知，从而实现提升受众的品牌忠诚度。《快乐女声》的官方logo，用充满激情活力、张扬自我的标准色和名称，以及“想唱就唱，唱得响亮”的充满个性的娱乐口号彰显了“快女”的个性和身份，这与那些怀揣梦想前进和固执追求理想的选秀歌手的心境不谋而合。《快乐女声》logo具有的强烈的识别性、系统性、形象性和时代性，形成了观念的认同和归属，迅速塑造了“快女”的品牌形象。《快乐女声》网站以梦幻音乐符号为背景，页面上幕后视频、金鹰独家、名人评“快女”等栏目图文俱佳，常换常新，使其意趣盎然，也有了不尽的炒作题材和诱人之处。

《快乐女声》是一场大众歌手选秀比赛，其网页设置也应符合大众的趣味审美观念。尤其是当这些草根成为明星，势必会引起一些观众的好奇。而诸如“江映蓉欣然接受与春春的良性比较”、“快女幕后视频花絮全记录”、“组图：揭秘三强快女私下好玩趣事”等文图既满足了观众的新奇心理，也对应了《快乐女声》的比赛规则，网友可以在网上给自己喜欢的《快乐女声》投上自己的一票，网站还设有专门的博客论坛以及调查表，“粉丝”对自己喜欢的《快乐女声》的评价也可以显示出来，名人论坛更是让网友从另一层次和深度来认识“快女”，这一方面提高了网友的参与度和互动性，另一方面也对《快乐女声》公正、公开等美誉度的形成起到了很大作用。在浓重的音乐背景下，营销策略被烘托得十分清楚，使网站达到很好的宣传效果。

在《快乐女声》的前期选拔赛宣传方式中，金鹰网直通区的作用也不容忽视。《快乐女声》金鹰网直通区吸引了1万多名参赛者，占到《快乐女声》网络报名总人数的半壁江山。经过海量参赛者中依赖人气和专业实力决胜负，以网友支持和专业评审的点评综合选拔，从网络区中选出的10位选手代表金鹰网参赛，成功晋级全国300强，众多亮点吸引人们将目光投向这个特别的赛区。金鹰网直通区这种独具特色的互动模式其实是最为接近2009年《快乐女声》全国总决赛评比模式的。

社交网络，粉丝联盟

“快乐女声官方歌迷俱乐部”是由聚友网联手天娱传媒共同举办的。MySpace聚友网是以SNS为基础的娱乐平台，是全球最大的在线交友平台MySpace的中国本土化网站，它提供免费的微博客、个人主页、个人空间、电子相册、博客空间、音乐和视频。《快乐女声》和聚友网合作，是电视节目和网络合作的一个典范。《快乐女声》的“粉丝”们聚集在聚友网里，既可以找到和自己志同道合的网友，又可以关注最新的《快乐女声》动态。在聚友网的平台里，“粉丝”与《快乐女声》不仅可以进行互动，还可以直接链接到“快女”们的空间微博，看到《快乐女声》最新的视频剪辑，还可以在线点评《快乐女声》，在论坛里讨论《快乐女声》。在《快乐女声》的官方歌迷俱乐部里，免费注册后，即可随时关注“快女”们的独家动态、心情日记、最新照片和视频，为她们打气加油。

《快乐女声》和聚友网的合作是一个双赢的结果。聚友网为《快乐女声》的“粉丝”们提供了一个信息交流平台，将不同时空的人、事结合起来，充分利用各种各样的信息资源。目前，社交类网站竞争已经日趋白热化，聚友网和《快乐女声》合作，利用《快乐女声》的观众大多是社区网站的常客这个优势，来提高自己的注册人数，既为自己的网站赢得了一定的知名度，又为《快乐女声》做足了宣传，也赢得了相当数量的广告收入。

在《快乐女声》的官方歌迷俱乐部里，还提供了不少有关注册成为“快女俱乐部”成员的“诱惑”，诸如赢取《快乐女声》直播现场门票、《快乐女声》签名、与偶像面对面交流等，这都在不同程度上提升了网站的知名度和点击率。聚友网中关于《快乐女声》的新闻讨论视频较有可信度，因为它是合作的官方网站；而另一个不容忽视的群体就是聚友网里没有参加《快乐女声》的那些网友们，他们会因为聚友网成为《快乐女声》的官网而去关注《快乐女声》，点击《快乐女声》的官网信息。这一群体此前或许不是“快女”的目标对象，但是由于合作的原因“被迫”去关注这些“快女”信息。

在聚友网里，还能看到“快女”们的博客微博、“快女”空间以及她们近期微博和人气的排行榜，也为《快乐女声》这个电视节目评委评分提供了一个依据。聚友网和《快乐女声》的合作，具有较高的整合性，使双方的信息传递都在不知不觉的过程中完成，完全没有硬性强加的感觉，更加互动和人性化。

网络论坛，自娱自乐

百度贴吧是2009年《快乐女声》最火热的一个贴吧。百度贴吧的更新频度在《快乐女声》决赛时几乎每秒钟都有新的帖子发出。由于贴吧中话题的开放性，企业大多数的营销诉求都可以通过论坛传播得到有效的实现，最终达到《快乐女声》品牌认知度的加深。在贴吧中，不免会看到很多对《快乐女声》具有争议性的标题，能激起网友的好奇心，提高帖子的浏览量，把那些路过的坛友也拉进来看帖子，因而宣传了《快乐女声》，提高了知名度。有些帖子既有图片，又有视频，能比较直观地引起网友的注意，吸引读者。

在论坛中，“快女”信息的传播者往往也是信息受传者，他们自发地口碑传播，在网络论坛上利用快速复制的方式将信息传给数以百万计的受众。百度贴吧更是为这些目标群体提供了一个自己明星评判的平台，任何人都可以发表言论，形成了独特一族。

从另一个方面讲，中国的娱乐节目还没有形成一个比较成熟的运营模式，当前只是遵循着没有丑闻，没有争论，就不会有新闻，不会有炒作，不会有收视率和关注度的提高，平平淡淡没有新闻，也就失去了娱乐节目的风采。《快乐女声》也不例外，有人甚至会为了某些评委的离席而去关注某些“快女”，也有人会为了看清某些内幕，从而去进一步了解“快女”，观看其比赛。这些现象都毫无例外地为《快乐女声》赢得了口碑传播的优势，提高了受众的参与度，势必会引起关注度的提升，他们因为有了参与的乐趣，才会更加热情地去了解这个节目的其他一些内容。

话题炒作，赚足人气

网络炒作是指信息传播者利用网络媒体，通过推手或者幕后人，发动网络写手对某个人物或者公司、机构进行正反两个方面的评论，从而引起网友的关注，增加人气，当人气达到一定高度的时候，这些个人或者公司、机构就会被网络关注，从而将其炒红。比如，《快乐女声》中与明星张柏芝长相很像的贡米，由于张柏芝在这几年受关注度较高，因此，贡米也相应地在“快女”网上红了起来。不管人们对贡米的评价是正面的还是负面的，宣传的目的都已经达到了。在娱乐节目或者娱乐网站推广中，利用或者制造一些正面的或负面的消息来炒作自己，只要做到不伤大雅，同样可以达到一定的炒作目的。一旦超过这个度，不但达不到炒作的目的，还容易让受众产生反感。

当今娱乐界可以说是一个炒作的圈子，谁炒得热炒得火，谁就有可能赢得成功，这恰恰迎合了青少年群体的某些心理特点——八卦，随波逐流，他们喜欢戏谑，他们对其他人的生活关注得一塌糊涂，而对自己的生活总是安排得不尽合理。2009年《快乐女声》也不乏炒作的因素。从选手曾轶可的绵羊音到郁可唯的年龄门，从评委包小柏的离席门到黑楠、高晓松的中途退场，观众都不知道是有意而为之，还是现场自身就是那个状况，是评委选手们自发的行为，还是湖南卫视故意“折腾”的，总之，种种炒作或者新闻事件都为“快女”赚足了眼球和关注度。

病毒式营销，无限扩张

病毒式营销是最近几年才兴起的新兴网络营销方式。为何取名病毒式营销呢？因为从发起人发出产品的最初信息到用户，再依靠用户自发的口碑宣传，它的原理跟病毒的传播类似，所以经济学称为病毒式营销。它依靠通过论坛、社区、BLOG和播客等手段把话题推介给目标网民，再依靠目标群体自发的激荡式口碑传播，从而促进目标品牌的销售。调查数据显示，病毒式营销的效果非常好而且成本低廉，因而迅速成为一种重要的网络营销方式，被越来越多的商家和网站成功运用。例如，与贡米同样惹人争议的就是“快女”曾轶可——“曾哥”，她曾引起了不少人的好奇心，他们想看看这位被称为“哥”的女生到底是怎么回事，于是开始自发地在网上搜索、传播关于她的一切。而有些新闻标题如“包小柏放狠话愤怒离场”、“沈黎晖一笑而过不反击”、“曾轶可不在乎包小柏离开”、“选手支持包小柏离场”等都成为大家关注的焦点，瞬时，曾轶可的网易博客点击量达到842282，其搜狐博客点击量为686599，其新浪博客点击量为859041。

互动营销，交互娱乐

互动营销是指企业在营销过程中充分利用消费者的意见和建议，用于产品的规划和设计，为企业的市场运营服务。企业的目的就是尽可能生产消费者需求的产品，但企业只有与消费者进行充分的沟通和理解，才会有真正适销对路的商品。互动营销的实质就是充分考虑消费者的实际需求，切实实现商品的实用性。互动营销能够促进相互学习、相互启发、彼此改进，尤其是通过“换位思考”带来全新的观察问题的视角。

毫无疑问，《快乐女声》在互联网上获得了极大的关注，并且在吸引主动参与性受众方面取得了空前的成功，举办此次活动的电视台对受众的定位非常明确——青少年群体，这个阶段的人群大部分都喜欢这样的节目，而这类节目的参与度又非常高，所以收视率也很高。同时，这一群体又是互联网用户的中坚力量，对娱乐的兴趣，对偶像的崇拜，他们当领风骚。他们追求刺激新鲜，追逐自我，时尚而有个性。这个目标群体渴望自己话语权的表达，他们在贴吧里，在论坛中，或者在“快女”的官网里发表自己的言论，履行作为网民的责任。而《快乐女声》也尽可能满足网友的各种需求，成立了“快女”官网、“粉丝”官网以及论坛官网等，广泛吸取网民的意见，对节目及时调整，以适应大众的眼球审美和精神娱乐。

小结

《快乐女声》无疑是电视节目和网络媒体联合举办并推广的一场选秀盛宴。通过和各大门户网站的合作，大面积地传播《快乐女声》的新闻信息。《快乐女声》又通过建立专业、正规的官方网站，凸现其对网民的亲善和节目举办方的实力。同时，网络论坛也为《快乐女声》的粉丝们提供了一个资源共享平台和话题链接，提高了《快乐女声》的品牌形象传播和节目的观众维系度。电视媒体和网络媒体的联合是《快乐女声》成功的一个重要影响因素，这也必将是未来电视节目发展前景的一个折射。互联网在为受众提供娱乐享受平台的同时，也提供了互动参与体验的平台，电视节目运用综合的多媒体维系越来越多的目标群，向其传达更多有效的信息，这或许会是电视节目发展的新方向。

（王鸽子）

◎思考题：

1. 《快乐女声》的成功给选秀类电视节目的网络推广带来了什么启示？

2. 如何评价网络炒作行为？

第二章　网络论坛广告

专业导航：网络论坛广告

网络论坛的英文全称是 Bulletin Board System，简称 BBS，翻译为中文就是"电子公告牌"。伴随着"躲猫猫事件"、"王帅事件"、"周老虎事件"和"俯卧撑事件"等网络事件的爆发和解决，网络论坛作为社会公共空间，其扩音效应越来越受到人们的关注。同时，网络论坛作为企业营销平台和公关平台的功能，也被越来越多的人所认知。

一、网络论坛的媒体特征

第一，公共性。在万维网出现之前，电子邮件和电子公告牌就已经出现。由于电子邮件的不公开性，许多公共议题没有办法在网络上进行公开讨论，为了打造网络公共话语空间，技术人员设计产生了电子公告牌。因此，网络论坛本身就具有公共空间的开放性特征。网络论坛议题广泛，网民可以围绕从政府政治到私人生活等各类议题进行交流和讨论。在参与性方面，由于网络媒体具有全球性和共时性特征，网民可以在任何时间、任何地点选择有兴趣的话题参与讨论，并且网民可以选择潜水、灌水、拍砖、留言、贴图和投票等形式多样的参与方式，这极大地了提高了网民的参与热情。

第二，多对多。相对于传统媒体的单向性线性传播特点，网络论坛具有高度交互性特征，网民不仅可以参与任何话题的讨论，而且可以创造新话题供他人进行讨论，因此，网络论坛使网民掌握了充分而自由的话语权。相对于"一对一"和"一对多"等其他网络传播模式，网络论坛是一种典型的"多对多"媒体，其优势是网络议题的广泛性和网民参与的平等性，而其缺点则是网络信息的泛滥性和不可控性，当某些极端信息和极端情绪积累到一定程度时，甚至可以演化成网络暴力行为。

第三，异步性。从传播时间上来说，论坛既是实时性媒体，又是延时性媒体，因此，网民可以选择即时参与在线讨论，也可以选择延时参与，这为网络论坛带来了海量内容。而这些海量内容在经过搜索引擎的索引和推荐后，可以实现跨时间传播，这为网络论坛带来巨大的网页浏览量。

二、网络论坛的运作模式

马尔科姆·格拉德威尔在其《引爆点》一书中，将产品爆发流行的现象归结为“个别人物法则”、“附着力因素法则”及“环境威力法则”三种营销模式。

“个别人物法则”是圈层营销或者说窄众营销的理论基础，马尔科姆·格拉德威尔认为营销的关键是寻找到目标消费者中的“意见领袖”，他们一般拥有非凡的人际交往能力，是产品的传播员、内行与推销员，他们的消费态度、消费行为和消费经验是“引爆点”形成的首要因素。在网络论坛中，网络编辑和论坛版主等意见领袖在网络论坛议题的形成、演变和消失的过程中起着重要作用，他们往往可以通过议程设置的方式对网络论坛舆论走势加以引导和控制。

“附着力因素法则”解决的是信息传播方式问题，马尔科姆·格拉德威尔认为企业营销应该在产品和服务的诸多卖点中提炼出高质量的信息，并寻找一种简单的信息包装方法，使信息变得不可抗拒。在网络论坛中，为了能够吸引网民的参与，提高帖子的点击率，发帖者往往把标题和正文处理得非常具有煽动性，甚至出现了所谓的“标题党”。这些标题党是指为了追求精神刺激或提高帖子的访问量，而把标题处理得非常夸张的一部分网民。经过标题党处理的标题，虽然具有一定的幽默性，比如把《水浒传》写成“3 个女人和 105 个男人的故事”等，但这些标题往往充斥着性、暴力、丑闻和罪恶等夸大其词的恶俗语言，甚至有时与正文没有太多的联系，造成语言欺骗。

“环境威力法则”认为发起流行的环境极其重要，马尔科姆·格拉德威尔认为一个微小外部环境的变化，就能决定产品和文化的流行与否。在网络论坛中，网民经常利用一些重大公共事件作为发文语境，比如“三聚氰胺事件”、“毒大米事件”和“汶川大地震”等时下非常具有影响力的热点事件，在标题和正文写作上常与这些事件作类比，有时一些谣言会引起社会恐慌，从而导致政府部门不得不正面解释。

三、网络论坛的广告传播

网络论坛是网民参与开放式议题的首要平台，也是企业营销的利器。网络论坛的广告形式很多，如旗帜广告、赞助广告、弹出广告和软文广告等表现形式。但就网络论坛的传播特性而言，为企业或产品制造话题，引起网民的广泛参与和充分讨论，才能充分利用网络论坛的平台性特征。

首先，选择一个合适的网络论坛。网络论坛发展到今天已经走向多元化，既有专业性网络论坛，也有综合性网络论坛，企业要围绕目标消费群对网络论坛的使用习惯，有针对性地选择网络论坛，只有在适合的网络论坛上发帖才能产生良好地话题效益。盲目发帖，胡乱灌水，只能引起网民的反感。

其次，制造一个有创意的话题。在注意力经济时代，只有引起网民的注意，才有可能关注到企业产品。因此，围绕产品和服务，制造事件话题和互动话题，从而引起网民的参与兴趣。但是在制造话题时，一定不能利用消费者的恐慌心理，恶意攻击竞争对手。2010 年出现的“蒙牛陷害门事件”，其结果只能是自取其辱或两败俱伤，伤害整个行业品牌的信誉。

再次，打造一套系统的传播监控体系。网络论坛是一把双刃剑，制造一个有吸引力的话题并不是企业网络论坛营销的终点，企业仍需做好两方面的工作：一是跟踪控制话题的舆论走势，防止话题转向或偏向；二是防止竞争对手恶意攻击，做好危机公关的准备。

最后，营造一套完整的整合营销传播体系。一个成功的话题虽然可以给企业带来较高的关注度，但是企业如果没有有效地进行线下引导，把注意力转化成购买力，会影响到消费者对该企业品牌的消费体验。因此，网络论坛营销要融入企业的整合营销传播中，从而实现虚拟结合和线上线下相配，并形成现实购买力。

从 2009 年 5 月 1 日起，杭州实行新的互联网管理新条例。新条例规定，网络论坛、博客、网络游戏和其他即时通信实行实名登记，并且“严禁恶意评论”。该条例颁发后，引起了网民对网络实名制的极大关注。网络匿名制曾是网络媒体吸引网民的重要特征，但网络匿名制所带来的负面效应越来越突出，恶搞文化横行网络媒体，甚至危害到网民的切身利益。但网络实名制是不是一剂良药，会不会引起网民对网络媒体参与热情的消退，仍需继续观察，网络实名制和网络匿名制的讨论也将持续下去。

第一节 iPhone girl

在苹果公司即将进入中国市场之际，iPhone girl 却恰逢其时奇迹般地出现了，并传奇般地红遍全球。是被误留？还是有蓄谋？但快乐而美丽、调皮而可爱的 iPhone girl 却着实让苹果公司火了一把。

iPhone girl的美丽错误

整个事件安排得似乎真的很有传奇色彩。一位英国用户 markm49uk 打开他的新 iPhone，发现有几张照片已经在他的电话里了。2008 年 8 月 20 日，好奇心驱使他在“苹果”产品爱好者论坛上发帖：“我不知道这是否正常，我在英国的家里收到崭新的 iPhone 手机，刚在 iTunes 上把它激活，就看见已经有人设定了图片作为壁纸。可能是生产线上的人图个好玩吧，有没有其他人发现过这种情况?”他随后还贴出了 3 张所提到的照片，画面中央都是一位脸蛋圆润、笑容可爱的亚洲女孩，她身穿工作服，头戴工作帽，工作服上的粉红色条纹似乎更衬得她活泼可人。这些也许是为了测试摄像头而拍摄的照片，但忘记删除了。美女从来都是宣传的最好手段。美是一种享受，很少有人都抗拒美丽。美女的宣传让人们很舒服地去接受信息，并很容易形成谈论的话题。

在该事件信息的酝酿阶段，根据苹果公司 iPhone 手机的特点和品牌的诉求，策划这一苹果女孩事件，将企业的要素融入核心信息中。酝酿信息的关键是要创造具有新闻性的事件，同时完美融入企业的内容。这则信息的难度在于，在保证故事本身的新闻性和传奇性的同时，还能够将富士康厂商信息体现得特别自然且合乎逻辑。在这里，iPhone 直接体现在关键词中，而 iPhone girl 本身就是富士康生产线的员工，这一植入非常巧妙。而在这之前，富士康 2006 年因工人高强度的劳动，被《第一财经日报》曝光。iPhone girl 灿烂的笑容有利于让人们对富士康产生好感，传递富士康工作环境、工人状态的正面信息，逐步改变其“血汗工厂”的不良形象。

iPhone girl的传奇之始

iPhone girl 的成功体现了故事的传奇性。iPhone girl 与常规认知形成三大落差，从而具备了传奇特质。落差之一：中英两国，远隔万里，这台 iPhone 和这位东方女孩因而具有浓厚的戏剧色彩，有的新闻报道甚至将这台 iPhone 称为“现代漂流瓶”。落差之二：iPhone 作为高科技、时尚的象征，与朴实的打工妹身份之间差距悬殊。落差之三：习惯被认为是“血汗工厂”、“庞大的代工机器”的富士康形象，与 iPhone girl 的活泼可爱、笑容灿烂形成巨大反差，给人一种清新活泼的形象。

在英国，有人注册了域名为 www. iphone girl. net 的博客，名为“iPhone girl Blog”，宣称“本博客搜集全世界 iPhone 上出现惊奇照片的消息”，博客搜集了此前曾出现的苹果产品“附赠照片”，包括一些流水线和工厂厂区的场景，后来又新添上了两条最新消息：一个是“本博客登上了中国新闻”，另一个是“荷兰也知道 iPhone 女孩的博客了”。在中国，中文版的 iPhone 女孩博客也随即诞生。中文版博客中介绍了事情的来龙去脉，汇总了网络信息，并实时发布最新消息。

此事经英国媒体报道后，迅速传回了国内，中文 Google 搜索引擎甚至出现了 iPhone girl 的查询结果近两千万页。和讯网广东版迅速出现了号召人肉搜索的帖子，“这是一个如此可爱的笑容，美丽的 iPhone 就产生在这样的女孩手中，这个女孩是这世界工厂工业链条上的一分子，微小但却伟大，我们不知道她的年纪，她的经历。我们设想当时的情形，这个女孩非常喜欢 iPhone，她虽然是 iPhone 生产线上的一环，却不能拥有一部这样的手机。童心未泯的她让工友拍下了这些照片。你如果认识这个普通的女孩，请留言提供线索。”在很短的时间内，有数百条留言围绕 iPhone 手机里的女孩进行了热烈讨论。

短短几天时间，这名被称作“中国最美打工妹”的无名女孩迅速走红互联网，并有网友在留言中开玩笑说，他们在考虑将自己的手机退回厂家，因为他们的手机上没有这名女孩的照片。互联网上长久热门的话题，背后一般都蕴含着较为深刻的社会背景，iPhone girl 的大背景正是全球化这一宏大话题。互联网作为全球化的利器，以扫荡的姿态，让我们体会到世界是联通的。而苹果公司的 iPhone，本身就是全球化大生产的产物，是象征全球化的标志物。一台 iPhone，通过互联网引发这样一个故事，是全球化剧本中的一幕典型话剧。iPhone girl 事件由一个英国网友在国外苹果爱好者论坛发照片而开始，并利用最流行的网络博客和论坛平台传播 iPhone girl，无论是角色设计，还是平台选择都属于一流水准。发生在国外的故事更容易引起大家的好奇心，也容易进行后续报道，同时由于信息源远在国外，也避免了媒体和公众刨根问底的麻烦。

iPhone girl 的传奇历程

只用了六天时间 iPhone girl 便奇迹般迅速走红网络，为什么 iPhone

girl能够如此迅速窜红？她是如何传播到互联网的每个角落的？让我们来回望这一事件的传播路径。事实上，iPhone girl从国外传到国内，只用了一天时间，而她在国内迅速蹿红，也不过两天时间而已。

网友markm49uk于美国时间2008年8月20日11：43发布了第一篇帖子。美国时间2008年8月20日13：30，国外IT博客网站www.gizmodo.com收录该帖。第二天，也就是北京时间2008年8月21日22：12，中国“月光博客”转载了这个故事。如果将时差计算进来的话，距离gizmodo转发该照片还不到24小时。

而iPhone girl在国内的红火，始于2008年8月22日网易科技频道启动的一轮传播热潮。当天14：27，网易以《英国iPhone惊现中国打工妹照片，网民人肉搜索》发文，许多网友加入人肉搜索，引爆网友关注，后来媒体反复引用的“网易广东深圳罗湖网友说：‘我们流水线上的QC小李！’”也就出自该人肉搜索帖。而人肉搜索的过程本身，也成为新闻的一部分。

启动第二轮传播热潮的，则是《南方都市报》一篇名为《iPhone girl六天火遍全球》的报道，由南方报业网于2008年8月26日9：51刊发。值得注意的是，网易在当天就刊发了完全相同的文章。这篇文章开启了第二轮的传播热潮。经过百度新闻检索显示，和迅网、21CN、MSN中国、搜狐网、新华网、中华网、中国新闻网、赛迪网和中国经济网等102家媒体跟进。主流网络媒体的报道，带动了新一轮平面媒体的跟进，一些区域性平面媒体和影视媒体开始炒作此事件，国内媒体对此事件的报道达到了一个高潮，iPhone girl真正火了起来。

2008年8月30日，《华盛顿邮报》介入，以一篇《iPhone girl在产线上收获的是名声和恐惧》的报道，试图总结并刹住这一轮传播浪潮。该报道称：iPhone girl希望过平静的生活，请媒体不要打扰她的正常生活。对于这一传播路径，《青年周末》认为，“从苹果女孩首次在网上露面，到媒体纷纷报道，其间几次转移战场。苹果女孩先是‘出口转内销’，并且在火遍中文网络论坛后，再次‘内销转出口’，引起国外老牌媒体的进一步重视。当事件在网络上形成了相当热度的时候，通过可信度更强的传统媒体转载，将其推向下一个高潮”。借助新颖的传播途径，将这一传奇故事大范围传播，充分利用了网络中各种新颖潮流网络媒体，利用更多的渠道去吸引网民，覆盖范围广。

在网友得知苹果女孩身份后，人们又开始转移注意力，女孩的命运又成为大家关注的焦点——她是否会被开除？富士康科技集团媒体部门明确表示，这只是个美丽的瑕疵，不会对苹果女孩作出处罚。相关人员向记者透露，苹果女孩的事情已是公司员工人所共知的新闻，他证实该员工目前没有被公司开除。有消息称，富士康公司不会追究苹果女孩的责任，并考虑近期将发布一个公告来解释，相关方面正在改进工作以避免再出现类似事件（图2-1）。

图2-1 iPhone girl照片

iPhone girl成功启示录

这是一个有创意的传奇故事，企业将已经炒热的关注度，引入到企业自身。随着网络传播的日趋成熟，人们往往并不寻求直接曝光企业，因为这样做广告味道太浓，而是寻求从侧面展示企业信息，所以网络传播出现的新的趋势就是预先包装并传播与企业密切相关的另一事物，等到这一事物在看似非功利的环境中达到一定的知名度之后，通过加入企业相关信息的方式，逐步将前期传播积累的势能嫁接到企业品牌或产品上来。

iPhone girl 案例给予我们的启发是多方位的，它在不同传播阶段，对论坛、博客、门户、新闻和平面媒体的娴熟运用，都体现了幕后操刀者对各种网络媒介形态有着充分而深刻的认知。而纵观 iPhone girl 传播案例的成功信息，我们发现在网络上成功推广的重要因素有故事性和可信度等六大要素。

其一，事件具有传奇性。只有吸引了人们的注意，事件才会受到关注，产品信息才会得到充分的宣传，才能提高品牌的认知度和知名度。其二，事件具有真实性。真实的故事才可能使人们相信，并使人们针对故事本身进行谈论和传播，这样才有可能把品牌营销出去。iPhone girl 故事真实地呈现了苹果公司 iPhone 手机的制造环境，真实地呈现了一个美丽可爱的富士康工厂女工在手机生产一线上，给人一种真实可信的感觉，这才有了后续的成功。其三，有一个好的广告创意。在一夜之间，好的创意就可以传遍大江南北，好的企业宣传方案可以在短时间内进行病毒式的传播，粘贴和复制是最好的传播方式。其四，巧妙利用大众心理。通过软性的八卦新闻来做企业的宣传，同样可以达到极佳的效果。其五，传播信息的多样化。单纯的硬性广告，目前已经非常不受大众欢迎，例如，大多数弹出广告都被用户屏蔽，那么就需要采取多样的传播手段，目前常见的就是企业通过一些活动来达到宣传的目的，线上推广和线下推广相结合。其六，制造“意见领袖”。通过“意见领袖”把信息传播出去，以达到更好的传播效果。网络传播环境易于产生“意见领袖”，要充分利用他们在网络上推动事件发展，引起更火爆的讨论，控制舆论。

由于网络媒体是集人际传播、群体传播、组织传播与大众传播几种传播形式于一体的一种综合媒体，在网络环境下，大众传播与人际传播是相互交织的，而在议程设置方面，人际传播对大众传播是一个有力的补充。并且，网络传播的主体网民数量巨大，但是呈现出分散性特征，这样就很容易造成个体观点淹没在汪洋的“自由市场”中。而网络“意见领袖”经常活跃在不同的人际传播圈子，比如在不同的聊天室和网络论坛，通过推荐首页、制作专题、加精华、置顶和标题加色等各种手段，长久保持议题的广泛关注度，不至于被其他观点和议题所淹没。

小结

苹果公司根据 iPhone 品牌的诉求及相关核心信息，创造性地策划“iPhone girl”网络事件，完美地表达了 iPhone 品牌诉求，达到了很好的品牌宣传，收获了美誉度和知名度。而iPhone girl灿烂的笑容有利于让人们对富士康产生好感，传递富士康工作环境、工人状态的正面信息，逐步改变“血汗工厂”的不良形象。

（符方微）

◎思考题：

1. iPhone girl是如何在网络媒体上走红的？
2. 企业如何利用网络媒体的匿名性进行广告宣传？

第二节 联想酷库熊

联想在网络营销上一直很拿手，可谓久经沙场。2008年，作为联想最新产品ideaPad营销活动的重头戏之一，ideaPadS9/S10的代言人是由台湾陈果设计工作室出品的“酷库熊”，一时风靡网络。在网络上出道最晚的酷库熊，相对于同时期代言摩托罗拉的兔斯基、因特尔的张小盒，获得了较高的关注度。

联想酷库熊成名之路

很多人都还记得联想曾利用“红本女”事件，在网络上推销它的ideaPad U10笔记本电脑。这是一场失败的策划，首先，人人都能一眼看出它是个策划，功利性太强；其次，给人的感觉不佳，如果用户用红本，似乎就会有被变态男跟踪的可能；最后，该策划居然强调一款笔记本电脑是女性专用，人为地去掉一半市场。

2008年8月联想再次卷土重来，重新用网络营销工具向网民推销它的ideaPad S9/S10系列笔记本。

2008年8月，在搜狐ChinaRen社区中出现了一个名为《漂亮学姐竟是恋熊女孩，我来冒死揭她老底》的帖子，楼主称该文章是其校花学姐的私人博文，讲述了一个精致而悲伤的爱情故事，文章的纯美内容和精美插图立刻受到网友追捧。而在该故事插画中第一次出现了酷库熊的卡通形象和名字。

此后不久，搜狐ChinaRen社区再次贴出了《三十五中校花拍酷库熊真人照片》：一个美丽的女孩和一只守在她身边的玩具熊。随后作为爱情象征的酷库熊推出了系列卡通表情，从而转化成为一个网络卡通形象。

有猫扑网友将酷库熊的故事拍成图片视频《恋熊女孩劲爆视频》，该帖在论坛受到热捧，除了网友自发的转帖外，陆续有各种专业人士和知名网站加入其中，制作各种宣传品。首先问世的是一套酷库熊的爱情熊样，其设计精良，绝对出自大公司手笔。腾讯更以官方姿态，紧接着为这个感人至深的故事推出了酷库熊系列 QQ 表情下载，将这个火爆话题推向了高潮。

2008 年 9 月 1 日，神秘发帖人曝光，有人砸千万巨资将该故事改编成电影，并发布 30 秒宣传片花，称其为国内首部胶片互联网电影，正式版将于 2008 年 9 月 4 日网络上映。

2008 年 9 月 4 日，电影《爱 · 在线》以联想 ideaPad 冠名的方式正式上映，谜底终于揭晓，联想在搜狐 IT 频道以报道专题的方式首次将产品结合到网络电影中，并在各大网络媒体上强力放送，带给网友们一场视觉盛宴。联想决定由林俊杰演唱主题歌《爱 · 在线》，并宣布酷库熊成为联想新系列笔记本卡通形象代言人。

“润物细无声”的营销方式

首先，联想利用了社区营销，并有效利用了精致而悲伤的爱情故事来引起网民的关注，这就是在 ChinaRen BBS 上的《漂亮学姐竟是恋熊女孩，我来冒死揭她老底》。这个故事的核心就是酷库熊始终陪伴在“学姐”身旁，比起来男友竟不如酷库熊。

随后，网络上又出现了《三十五中校花拍酷库熊真人照片》，为此次营销活动推波助澜，让原帖中抽象的文字和图片转化为具体的一个美丽女孩和一只不离不弃的酷库熊，成功地使酷库熊变成爱情象征。随后出现了这只熊的卡通形象，设计出了 QQ 表情，从而有利于在即时通信工具上病毒式传播。

最后，联想强力出击，宣称出资 1000 万元人民币，由 ideaPad S9/S10 冠名赞助，把整个故事拍成短片，由林俊杰演唱主题歌《爱 · 在线》，并宣布酷库熊成为联想新系列笔记本卡通形象代言人。

Web2.0 最为重要的特征是互动性，在酷库熊营销中，联想更多地考虑到了网民的参与性，让网民参与其中，由网民决定故事的发展和走向，这极大地提高了该事件的影响范围，并且有网友参与事件中的自拍，更加增添了酷库熊卡通形象的亲和力。

拍短片取悦网民，推出酷库熊表情，发布精致的自拍图，邀请林俊杰献歌，这些都明显地暴露了联想的网络营销企划，但最后这样的结合方式，让人觉得恰到好处，没有“红本女”事件中的强迫感。

如果说10年前，一个帖子可以在48小时内传遍整个网络，一小群人就可以控制整个网络的话，那么10年后的今天，任何一个写手在面对增长了数万倍的网民时，都有一种被孤立化和精英化的危险。网络红人之所以能脱颖而出，和平面媒体分庭抗礼，原因是他们为大众说话，为草根发言。联想在这次营销活动中，恰恰利用了平民大众的力量（图2-2）。

图2-2 联想酷库熊笔记本

联想酷库熊的营销启示

在网络传播背景下，企业必须采取一些新的元素和新的手法，才能达到强悍的跨界营销效果，使原本毫不相干的元素相互渗透、相互融会，从而制造非凡的消费体验。而这种跨界营销，正在成为一种制造新奇体验和新鲜感受的核心武器。

联想酷库熊事件，是一次有预谋的精巧营销策划。从一开始，酷库熊的故事就在计划之中，制作动漫原型，编写故事，拍摄网络电影，发布主题曲，直至后来大范围的网络灌水，都在有条不紊地实施。酷库熊幕后的操盘手是联想大中华区及俄罗斯区副总裁刘杰，关于酷库熊的初衷，刘杰认为就是挖掘欲望：“新兴的Netbook更多的是满足用户的精神需求和心理欲望，而不是简单的功能需求。在我们所处的这个‘欲望’滋生的时代，在Netbook这个洋溢着‘欲望’的精灵上，如果企业继续走传统的笔记本需求营销的老路，不仅难以引爆用户的激情和欲望，甚至会因产品定位的错位，使Netbook沦为低端笔记本。”从营销“产品”到营销“欲望”，联想在网络营销上的理念、战略和执行已经进入高手之列。

一个酷库熊的走红，还体现了对细分市场的把握和挖掘。ideaPad的目标市场聚焦在大学生和年轻白领身上。经过分析发现这个群体有一些共同点：对网络的依赖、对动漫的痴迷和对真挚感情的渴望。所以酷库熊体现了联想跨界营销的几个关键词：网络、动漫、感情。酷库熊带来的促销效果也不错，在2008年“十一”期间卖出了10万台之多。

跨界营销重要的一点是跟设计有关，要选好“邻居”。坦率地讲，联想这个“邻居”酷库熊很一般，不算是全球顶级设计，不过联想有自己的想法，可以力捧这个“邻居”，达到无声营销的目的。跨界营销的最高境界是忘掉营销，制造一种有趣好玩的体验，这种兴奋的体验会产生一种巨大的推力，真正引爆网络的力量。

该案例的成功不仅仅是跨界营销的成功，还是建立在恰当的口碑传播主题基础上，以搜狐博客和搜狐社区中的口碑营销为核心，扩展到搜狐媒体频道乃至传统媒体传播领域的一次整合营销的胜利。在口碑营销中，传播主题的设置是最为关键的一环，甚至是最终决定营销成败的核心。传播主题要兼顾媒介受众的自发需求和企业的营销诉求，片面强调媒介受众的自发需求，会导致最终的传播主题分散无方向，难以走向营销终点；过于强调企业营销诉求，则会导致过度商业化，在口碑传播伊始就遭到受众的抵制，从而不能迅速自发扩散。

在联想的酷库熊案例中，搜狐为客户制造出一个逐层深入、引人入胜的系列主题，通过论坛、博客和网络媒体的议程设置，将一个单一的事件在几股力量的合力推动下，在一段时间内成为网络的核心话题。因此，口碑营销说到底还是考验网络媒体的媒介策划能力，即能否推出一个既能吸引网友眼球同时又与企业产品或品牌有很高关联度的事件以及事件本身的张力。

联想的酷库熊口碑营销不是一个孤立的营销过程，通过搜狐这样的权威网络媒体乃至其他传统专业IT媒体在口碑营销后期的强势介入，将前期的人际传播成果自然过渡到权威媒体的信息中，随着企业产品与虚拟形象的结合，将品牌传播从人际传播的职能自然而然地“接力”到媒体传播的职能上，充分利用了媒体的影响力和权威性，不但达成了新的“二次传播”效应，还通过搜狐的媒体平台对于事件定性定调，然后再次返回到社区中产生新的营销议题，这种循环往复的动力是单独的口碑营销所不能达到的。

小结

从搜狐与联想合作的“酷库熊”口碑营销实战的成功中可以看出，门户主导型的网络论坛营销更具优势。门户网站成熟而庞大的社区，是网络论坛营销能够在短时间内获得广泛关注的重要保证。搜狐的 ChinaRen 社区是中国互联网最早的社区，数以千万计庞大而稳定的校友网民为营销活动奠定了能够一呼百应的基础，联想 ideaPad 酷库熊营销案例就是以 ChinaRen 社区作为发源地，通过酷库熊关键字、酷库熊图片和玩偶形象，配合唯美的恋熊女孩故事，网友对酷库熊的关注度持续升温，随后顺利达成酷库熊形象与联想 ideaPad 品牌挂钩，最终实现联想产品的大范围传播。另外，平台作为营销载体的基础作用固然重要，但更为重要的是能创造具有引爆流行潜质的事件的能力，以及高效寻找到那些愿意传播此类事件的 Web2.0 用户的手段，再加上优质的广告客户愿意积极尝试。

（冼钰涵）

◎**思考题：**

1. 联想酷库熊事件是如何走向成功的?
2. 企业如何在网络营销中进行“隐蔽营销”?

第三节 《麻辣鲜妻》四格漫画

近几年，网络热点事件风起云涌，层出不穷，可谓五花八门，十分显眼。这些事件有商人预谋的，也有民众自发的；有媒体策划的，也有个人发起的。在 2009 年由天涯社区发起的《麻辣鲜妻》就是一次成功的网络营销案例。

《麻辣鲜妻》的“麻辣”写照

2009 年 3 月 13 日，一名重庆地区的普通英语女老师章小画，网名为“I 画皮”，在天涯社区的“贴图专区”上上传了自己手画又用电脑简单着色的四格漫画。漫画很快引来了几百条跟帖，网友们对该漫画大加赞赏，并认为这些反映80后小夫妻生活琐事的搞笑场景很像他们自己的生活，表示将会持续关注。随后几天，“I画皮”又不断上传漫画，引来了更多的跟帖和关注。2009年4月中旬，作者为这组漫画取名为《麻辣鲜妻》，并对其中漫画人物做了简单交代：“I画皮”就是章小画自己，属于80后一族；“猪头”就是章的老公，70后一族。

截至2010年1月20日，天涯社区上的访问量已达到753419，其他网站也相继为章小画开通了链接和博客等，腾讯、起点、新浪和搜狐等10个知名网站的访问量都在万人以上。由于网络的迅速走红，该系列漫画受到各地报社、电视台和文化公司的关注，2009年9月9日，中央电视台《人与社会》栏目第216期采访了章小画夫妇。随后，《人民日报（海外版)》、《长江日报》、《重庆晨报》、《扬子晚报》和《上海新闻晚报》等对此事件做了报道。多家出版社同作者联系，欲将此系列漫画出书。经过竞争，一家文化公司拿到了出版此书的版权，《麻辣鲜妻》漫画书现已面市。

短短几个月的时间，这组漫画作品在网上共发表了120篇，赢得了近百万网民的追捧和跟帖，并实现了从网络向传统媒介的蔓延和渗透。审视整个事件的传播机制，我们可以看出，《麻辣鲜妻》与2009年的众多网络热点事件相比最为突出的一点是蕴含在事件中的积极性，因而，可以将其定位为一则网络中的积极事件。

对于网络中积极事件的理解，目前尚没有确切的界定。对于“积极”一词，《现代汉语词典》的释义为：“①正面；值得肯定的（跟“消极”相对)。②热心的，上进的。”对于网络中积极事件的界定，可从传播内容和受众解码两方面进行区分。在内容层面，网络事件中传播内容的价值指向需是正面的、积极的；在受众解码过程中，受众对传播内容的解读，价值取向与传播内容的导向基本一致，均为正面的。这二者的交集即为积极事件，如网络上企业投放的成功广告、内容健康的网络小说、网络漫画和网络歌曲等均属于积极事件。

具有积极意义的网络作品，更能得到传统媒体的青睐。网络媒体和传统媒体在传播网络积极事件方面已经充分融合，各自发挥着独特的优势，实现了优势互补。例如，网络媒体传播速度迅捷，传播成本低廉，因而《麻辣鲜妻》首先在网络上蹿红，但网络的受众群多为年轻人，要想占据中老年市场就得拓宽到报纸和电视的传播。此外，网络对受众的设备要求和技术要求，已将一部分无法上网的人群隔离在外，对于他们来说，传统媒体还是其获取信息的主要渠道，这也需要网络媒体与传统媒体的融合。当然，网络资源浩瀚，网民不可能个个都能找到自己感兴趣的内容，这时，传统媒体可以起到引导和补充的作用，不排除一部分网民是通过传统媒体的引导又回到网络来查找这个作品的（图 2-3）。

图 2-3 《麻辣鲜妻》封面

拉斯维尔模式解读

传播者——质朴的平民明星。在《麻辣鲜妻》网络事件中，传播者是章小画本人，她自身有着很多特点。首先，身份普通，是个没有漫画技艺的普通英语教师，对于很大一部分网民来说，这个身份类似于网民自身，他们认为这个平民明星更缺不了他们的关注和支持，甚至是他们的支持才造就了章小画这个明星。不知不觉中，很多人将自身的期待“移情”到了章小画身上，并投注了很多精力来关注章小画的一举一动。其次，她热情乐观，总是将自己所有的漫画打包发给留下邮箱的网友们分享，在漫画确定出版成书时，仍然坚持这么做，让很多网友非常感动。再次，她善于在平淡的生活中发现乐趣，并能够用自己的方法画成独具特色的、简洁明了的漫画，很有新意。因而，这个传播者比那些死板的权威更加亲切，更加生活化，更能够赢得网民的支持。

传播内容——令人捧腹的平民生活。漫画里的内容多是小夫妻二人世界中的点滴乐趣，轻松而又契合事实，非常生活化和平民化，总能让人莞尔。可爱搞笑的内容也为现代人的紧张生活增添了些许乐趣，使人能够轻松一刻，无形中接受了这组作品。再者，漫画的搞笑特质顺应了当前的文化风气。漫画中“画皮”根据艺术创作的需要对老公“猪头”的轻微恶搞，迎合了目前我国年轻人群亚文化的特质——贱客文化。在纯粹娱乐的层面上，与胡戈的《一个馒头引发的血案》和芙蓉姐姐等有着相似之处。但是，在内容的价值指向层面，《麻辣鲜妻》又是正面的、和谐的、积极的，这与那些纯粹的恶搞文化完全不一样。它的“恶搞”没有扭曲和失真，只是80后、70后这一代人寻找和发现生活乐趣的内心特质的写照。而“恶搞”也是现今社会上的一种风气，它不仅流行于网络上，甚至在电视剧、电影中更是发挥得淋漓尽致，《麻辣鲜妻》正是以漫画的形式对这种风气的一种反映。

传播渠道——自由的平民空间。《麻辣鲜妻》最早起源于天涯论坛，之后迅速获得传统媒体的青睐，电视、各大报纸争相报道，其他网站也纷纷转载，文化公司更是将其出书，甚至手机媒体也加入其中，将其以手机漫画的形式进行传播。《麻辣鲜妻》不仅得到各种媒体的报道和转载，也得到了网友们的大力支持，他们将压缩包一而再、再而三的转发给好友们。这种网络时代新型的人际传播也介入其中，并实现了口碑传播。相较之下，传统的漫画都是通过出书、拍电视或者拍电影才会取得巨大的认知度和影响力，而《麻辣鲜妻》则是普通平民对生活的发现，对绘画的摸索创新，在网上贴图就迅速蹿红，并延伸至传统领域中，实现跨媒介传播。不得不承认，网络这种传播工具的独特性不容忽视，最主要的有以下几点：其一，网络的传播便利性和传播成本的低廉；其二，网络的使用主体，特别是论坛的参与者大多是年轻人，与漫画的目标受众群体相吻合；其三，网络传播的交互性和即时性，通过网络传播，信息发送方可以和信息接收方进行实时的相互交流。正是网络这个新型数字化传播媒介造就了《麻辣鲜妻》等众多网络作品和网络事件前所未有的传播效果，这个新型媒介的传播特性也正被越来越多的人所关注。

受众——庞大的平民群体。《麻辣鲜妻》的受众非常广泛，年龄跨度很大，有70后、80后，还有90后；知识层面也不一，有高中生、大学生，还有在职者、无业者；有男性有女性。据2008年的数据统计显示，中国超过30%的网民年龄都在35岁以下，他们渴望这种轻松愉快的爱情生活，所以这种小夫妻温馨生活的内容会得到如此广泛的关注。以80后这一代年轻人为例，他们生在改革开放之后，成长于新的社会环境中，他们的观念比上一代的人们更活跃、更乐观和更开放，以他们的婚后生活为题材的作品目前还不多，所以《麻辣鲜妻》反映了这一代人的心声，填补了他们精神食粮的空缺。另外，受众的从众心理也促使其“人气”聚集。由于人们的好奇心和从众心理，最初几百人关注和跟帖的状况，后来就成倍地增多，像滚雪球一样，越来越多的人们点击和观看这个系列漫画。

传播效果——平民生活的舞台化。网络、报纸、杂志、电视，新媒体和传统媒体的共同参与，能够营造信息传播的遍在性、一致性和共鸣性，取得更强的传播效果。《麻辣鲜妻》在不到一年的时间内，就在网上取得了近百万人的点击率，再加上各种传统媒体的广大受众量，这种传播效果在非网络时代是难以想象的。

积极事件的健康传播

媒介生态包含诸多因素，主要是一定时期的政治文化氛围、经济发展水平、社会生活形态和媒介本身的属性、话语立场、人文精神以及受众方面的教育水平、文化境界、身份背景等。因此，媒介生态环境不仅涉及社会生活的宏观方面，还关乎微观层面。从宏观上来说，社会的进步和网络的普及，人们对网络媒体态度的逐渐开放和主流媒体对网络上积极内容的鼓励和引导，使这类有着积极意义的网络内容有了更大的生存空间。如对网络上关注度高的游戏或小说作品进行改编，拍摄成电视剧和电影等，就是网络媒体与传统媒体相融合的例证，也是网络媒体越来越被人们广泛接受和广泛关注的佐证。另一方面，在现阶段，我国的报刊、广播和电视等传统媒介的信息发布权几乎很难受到普通民众的影响，而网络相对开放和自由的交互式传播方式，就成为广大民众发布信息和传播信息最为方便快捷的媒介方式。这两方面就是《麻辣鲜妻》能够在网络上迅速传播开来的根本原因。

网络积极事件相较于其他网络事件，有着独特的传播优势。首先，能够更容易得到传统主流媒体的支持，如得到中央电视台和《人民日报》

的正面报道，这最重要的是由于《麻辣鲜妻》的基调与时代主旋律保持了一致，其次才是它的影响力和传播范围。这表明，关注时代动态，紧跟时代脉搏，有着鲜活内容，具有积极意义的网络作品有着更长久的生命力，并且能够实现跨媒体发展。而《一个馒头引发的血案》和“贾君鹏”事件等没有核心内容或内容苍白的事件则只能是昙花一现，不会得到可持续发展。

其次，网络积极事件的传播者多透明、公开和主动。由于其传播内容和价值取向的积极性，《麻辣鲜妻》的传播者章小画从一开始就没有隐藏自己的身份，到后来走进公众视野，整个过程都是公开透明的。而其他网络丑闻事件的主角，多是网民通过“人肉搜索”或网警从黑暗处将其曝光出来的。当然，一些自我炒作的网络事件主角也可能会相当主动，但他们不会像积极事件的主角一样得到人们的认可和尊重。

最后，网络积极事件的价值指向是正面的，受众的态度也指向正面，因而对社会的影响效果更加趋向正面。以《麻辣鲜妻》为例，其内容为夫妻间和谐共处的点滴乐趣，这也许在潜移默化中调解了一些家庭的夫妻矛盾，让人们看到了普通家庭恩爱夫妻的日常生活，可能还会化解一些家庭的危机。这当然比“艳照门”等事件带给社会的影响要积极正面，无疑更能得到广泛的支持和传播。

小结

《麻辣鲜妻》四格漫画在与近两年众多网络大事件的横向对比中，最突出的一点就是本文一再强调的“积极事件”属性。与“贾君鹏”事件、“寂寞党”事件等相比，它是网络上正面的、进步的、积极的事情。心理学认为：“否定效应是指人们对他人的否定信息比肯定信息更加关注的倾向。有研究表明，与同等程度的积极信息相比，消极性的信息在信息整合中往往被给予更大的权重。”而对于《麻辣鲜妻》这类积极性事件，网民们给予了如此大的热情，说明年轻网民们已经越来越成熟、理性，能够对网络内容进行一定的判断和思考，不再一味地愤青和迎合低俗。因而，网络上传播的内容要想具有长久的生命力，首先必须具有充实的内容，在此基础上打造出新颖、独特的个性，才能在激烈的竞争中体现出核心竞争力。否则，一味空洞、虚无的热点事件只能吸引网民们一时的眼球，最终还是会淹没在更新的无聊文化之中。

（陈娇丽）

◎思考题：

1. 如何评价网络事件的积极性与消极性？
2. 网络事件如何才能形成持久的影响力？

第四节　雅客百度明星贴吧

福建雅客食品有限公司是目前中国最大的糖果和巧克力专业厂商之一。雅客糖果品类众多，价位属中高档，在竞争日益激烈的糖果市场，雅客可以说并不是独一无二的，而且地位岌岌可危。但其分别在2004年11月和2005年10月开办的代言明星的雅客DIDADI系列Twins贴吧和雅客益牙木糖醇系列S. H. E贴吧，使得雅客有了独特之处。在此之前，雅客百度贴吧在众多的糖果品牌中并不是特别出众，它的主题数与帖子数很平常，也不及徐福记、大白兔和金丝猴等糖果品牌的贴吧。但是雅客在竞争严峻的形势下很聪明地利用了S. H. E和Twins这样的广告明星来为其贴吧吸引眼球，值得欣喜的是这样的决策也给雅客带来了预期的效果。

雅客品牌之威胁

作为贴吧活动的传播者，雅客在众多的糖果品牌中，虽然排名或者销量较好，但是仍然存在着很大的威胁。例如，大白兔是陪伴了几代人成长的奶糖，在消费者心目中属于比较忠实、具有亲切感的品牌。金丝猴奶糖也是较早就打响了自己的品牌，在消费者心目中产生了很深的影响。诸如此类的品牌比如阿尔卑斯、喔喔、徐福记等这样的品牌也已经深入人心，它们已经具有很高的知名度，是完全可以和雅客这样的品牌相匹敌、相竞争的。雅客可以说是在与千军万马一起争夺这片市场，竞争十分激烈。

雅客的视频与平面广告仅并不是特别独特，在众多的糖果品牌中雅客的广告仅是平平而已，就如雅客木糖醇的太空篇广告一样，其他的糖果品牌也有推出这样的广告。所以说无论在平面广告还是视频广告上，雅客都并没有取胜的把握。如果雅客不能在其他方面以新、奇取胜的话，推出别出心裁的明星贴吧也未尝不是取胜之一技。

雅客品牌之名人代言

雅客在2004年选用Twins作为雅客DIDADI系列的广告代言人，究其原因Twins这个组合有其独特的优势和力量，在很多大牌明星十年磨一剑的娱乐圈还算是新人的Twins，在唱工、长相、气质、演技和经验等各方面并没有什么优势，她们的优势大概就是青春。但如今的娱乐圈越来越低龄化，比她们更青春的新人也是不乏其人，但为什么Twins能在这激烈竞争的娱乐圈中脱颖而出？原因在于除了她们形象健康和青春可爱之外，最大优势就是她们搭配得天衣无缝。正是因为她们的团结能够在娱乐圈取得一席之地，雅客当时选用Twins的原因可能正是出于她们较好的评价与较大的影响力。

雅客DIDADI系列的贴吧是在2004年11月15日推出的，但无论从影响力、知名度或者传播效果方面都有些不尽人意，它吸引的只是很少数的Twins粉丝，在贴吧里的发帖主题很少而且质量很低，没有引起人们的多大兴趣，既然要作为明星贴吧来做，就应该在明星身上多下点功夫，用最新、最有吸引力的明星资讯来吸引粉丝关注，然而在雅客Twins贴吧里我们丝毫没有看到Twins的有价值信息，也没有能够引起人们共鸣的帖子，而这样的贴吧怎么能提高关注度，怎么能让那些粉丝时时刻刻去关注这样的一个贴吧，怎么能让更多的粉丝甚至并不是特别钟爱那些明星的消费者去购买产品呢？

雅客在2005年选用S. H. E作为益牙木糖醇系列的广告代言人。S. H. E的定位是“可爱偶像组合”，这个结合她们自身特点的定位使S. H. E成为组合中的“天后”。S. H. E组合已经红遍亚洲，她们青春靓丽、活泼可爱，使得每个年轻女孩男孩都喜欢上她们，也梦想有一天能够成为像她们一样的明星。她们的粉丝是庞大的群体，她们的促销作用不可小觑。她们各有所长，既有女性的美，也有中性的风采。雅客选用S. H. E作为其益牙木糖醇的代言人，也具有一定的针对性。年轻的一代是雅客益牙木糖醇的主要消费群体，所以针对这样的情况活泼可爱的S. H. E组合首当其选。

雅客明星贴吧之缺陷

在S. H. E和Twins的贴吧当中我们可以清楚地看到有关其为雅客代言的广告视频和图片，当然，在贴吧发帖和回帖的绝大部分是喜欢S. H. E和Twins的忠实粉丝，他们的特点就在于他们首先考虑的是明星本身而并不是她们所代言的产品。我们也清楚地看到这样的贴吧的特点，粉丝是贴吧的主要力量。Twins贴吧和S. H. E贴吧都表现出了它们的不足之处，但是更多的不足之处恰恰就表现了其发展空间、发展潜力的巨大。

雅客在贴吧里上传有Twins和S. H. E的平面广告和相应的视频广告，但是也并没有完全上传在贴吧里，有的粉丝仍会在贴吧上问“在哪里可以下载”、“我还没有看到”等这样的话语。我们由此可以意识到雅客在这方面做得还远远不够，它在贴吧里发布的仅仅只是一小部分信息而已，而且它的更新几乎没有。明星贴吧本身就是要用明星吸引这部分喜欢明星的网友，但是雅客并没有完全做好。究其原因与它的贴吧内容有很大的关系。内容的匮乏与内容的更新慢、陈旧都使得粉丝们对这样的贴吧失去了信心、失去了兴趣，从而也不可能达到预期的效果。雅客要真正利用好这样一个机遇，能够将自己独特的明星贴吧发挥得淋漓尽致。在自己的贴吧里发表吸引观众的更多精彩内容应该是雅客要孜孜不倦追求的目标图（2-4）。

图2-4　雅客she宣传广告

网络广告之贴吧特点

在网络日益发达的今天，不仅仅是糖果行业，所有的行业都在利用网络无孔不入地进入“平常人家”，以网络论坛为载体的广告形式层出不穷，网络论坛广告具有独特的传播特性。

网络贴吧拥有海量的广告信息、多样化的广告信息来源、多样化的表现形式、多种多样的传播渠道和即时的信息传递等特点。在新媒体传播过程中，搜索引擎使人们在广告信息获取和接受中的的角色发生了转变，即从信息的被动接受者到主动搜寻者的角色转变。但搜索引擎目前还难以高质量地满足这方面的需求。百度贴吧是人工信息聚合方式对搜索引擎的补充，对于那些基于信息搜索的需求而找到贴吧的人来说，获得某个主题的信息往往是他们的一个基本目标。贴吧可以使人们从机器的搜索过渡到人工的信息整合中。拥有不同资源的人们，在这里实现信息的分享，而且信息需求与供给关系更明确，这样获得的信息针对性往往更强。贴吧成为对百度这样的搜索引擎的一个有益补充。

“粉丝文化”的催化剂，百度贴吧的迅速走红，是与“粉丝”及“粉丝文化”的流行紧密相关的。雅客明星贴吧就是这样一个“粉丝文化”的运用，在雅客贴吧中，受众的参与性更加强烈，他们要发表自己的言论，可是有时候话题是需要有人来提供的，雅客要充分运用好这两种信息的发布方式。首先，雅客应该充当好“主动发布者”这样的一个角色，让粉丝能够紧随明星的动态关注企业的相关产品。其次，雅客要充分利用网民的自发性，能够利用网民的言论，给予网民充分的言论自由，可以使网民在这样的一个气氛融洽的环境下发表自己的言论，说不定会给雅客带来出其不意的效果。所以，雅客应该很好地充当这样一个角色，让受众在一个自由的平台上对自己喜欢的明星做出讨论，引领贴吧这样一种网络广告的潮流，也会使得粉丝更全面地了解自己的偶像，同时，也更全面地了解雅客。另外，贴吧还是共同兴趣爱好者的快捷聚集地，封闭式交流话题带来了深度互动。

雅客明星贴吧之推广

雅客贴吧的网络营销方式其主要目的还在于提升品牌形象，提高品牌知名度，进而增加其产品的市场销售。而在运用这样一种广告传播方式的时候，雅客需要从以下几个方面进行运作。

首先，以凸现明星形象来提升受众的忠诚度和粘连性。在雅客明星贴吧里要时时发布有关明星的最新动态来吸引粉丝的持续关注。狂热的粉丝持续关注贴吧，会大大增加贴吧的回帖数，同时也会引起更多粉丝的关注。雅客在其间也可以宣传自己的产品，传播自己的广告语。

其次，进行巧妙的品牌植入式广告，提升企业品牌形象。贴吧提供的关于某个明星的信息的集中度，也往往是其他地方不能比拟的。所以雅客提供的信息一定要有吸引力和针对性。可以增加一些雅客的广告链接等，以此来丰富雅客贴吧内容。要注意明星与产品的巧妙结合，在发布明星最新动态的时候一定要与产品有关联性，但是不能强加，一定要保持贴吧的好感度。在吸引粉丝的同时也要使其产品或者广告词在粉丝中间广为流传并且具有一定的好评，使其产品能够吸引消费者去购买，使消费者不仅对贴吧保持好感度，而且对雅客品牌和雅客糖果都保持好感。

最后，雅客要丰富推广方式，在贴吧上有时候要发布一些社会事件，或者征集一些文章等，以此丰富贴吧的内容，吸引更多人去了解雅客。如果雅客能够正真做到这几点，相信一定可以在明星贴吧上大有可为。

小结

网络贴吧是一种网络社区、BBS的变异，它们都是在一定的平台上聚拢具有某种相关联的人，从而进行信息交流。在这种网络空间，通过有组织的设计、宣传，在一定程度上不但可以成为言论的自由地带，还可以为普通网民提供各方面的服务，真正发挥网络贴吧贴近民心的功效。

（张明艳）

◎思考题：

1. 雅克百度明星贴吧存在什么问题？
2. 如何在明星贴吧上推广企业产品？

第三章　门户网站广告

专业导航：门户网站广告

门户网站是指提供多元信息服务和多种网络应用的网站。门户网站最早仅提供目录索引和搜索引擎服务，但随着新型网络应用形式不断出现，门户网站开始提供各种信息服务和应用服务，门户网站成为名副其实的“信息超市”和“网络超市”。在信息内容方面，门户网站所涵盖的内容五花八门，既有转载的传统媒体和其他网络媒体的信息内容，又有网民发表的“微内容”，信息内容越来越呈现碎片化和多元化的发展趋势。在网络应用方面，门户网站提供的有网络论坛、电子邮箱、博客、播客、博采和SNS等各种网络应用形式。门户网站是网民经常访问的网络媒体，也是最具综合竞争优势的网络媒体。

一、门户网站的类型特征

伴随着互联网开源运动的兴起，门户网站呈现出同质化的发展趋势，“一站式”服务成为众多门户网站的发展目标，门户网站“千网一面”的问题越来越突出。

在信息服务方面，由于门户网站没有新闻采编权，只有新闻转载权，门户网站的新闻资讯只能从报纸、期刊和电视等传统媒体中转载，这导致了各个门户网站新闻同质化现象越来越严重。

在功能性模块设置方面，各个门户网站都融合了“多对一”、“一对多”、“一对一”和“多对多”等多种传播模式，既有单向性传播，也有交互性传播；既有即时性传播，也有延时性传播；既有纯文字传播，也有多媒体传播。

门户网站的同质化现象，极大地限制了门户网站的品牌建设，因此，明确发展定位、创新盈利模式、提供差异化服务和塑造个性化品牌，将成为门户网站发展的重点所在。随着Web2.0概念的兴起，门户网站开始在开发微内容和提供个性服务发面发力，试图寻找建立品牌个性的突破点。

门户网站的品牌个性化，最重要就是对门户网站进行市场细分。门户网站根据不同的分类标准，可以划分为不同类型。根据服务的专业化程度，门户网站可分为综合性门户网站和垂直性门户网站；根据运作模式的差异，门户网站可分为商业性门户网站和政治类门户网站；根据信息源的不同，门户网站可分为全国性门户网站和地方性门户网站。

二、门户网站的盈利模式

在经过初期的风险投资和社会赞助支持后，门户网站盈利模式的打造和重塑，成为其生存的根本性问题。根据腾讯、搜狐、新浪和网易的财务报告显示，网络广告、无线增值业务、在线网络游戏和电子商务四大业务成为门户网站主要的收入来源。

把网络广告经营纳入门户网站的经营范围，打破了门户网站“烧钱”阶段对风险投资的依赖，网络广告开始成为门户网站最直接、最有效的盈利模式，为门户网站的持续生存奠定了基础。

在20世纪末，随着亚洲金融危机的持续扩散，网络概念股在股市受到严重打击，全球互联网市场陷入低迷期。而第五媒体的诞生，使无线增值业务成为第四媒体网络媒体的救命稻草，为网络媒体市场的复苏提供了条件。

网络游戏的出现，为门户网站丰富盈利模式提供了难得的机遇，新浪、搜狐、腾讯和网易纷纷打造游戏门户网站，进入网络游戏市场。在线网络游戏市场的兴起，使门户网站看到了内容收费和服务收费的可行性，也使得在线网络游戏收入成为门户网站相对稳定的收入来源。

伴随着卓越网、当当网、淘宝网、京东商城网和团购网等电子商务网站的兴起，使电子商务成为门户网站关注的焦点。电子商务的兴起，使门户网站盈利模式由媒体型向渠道型转变，获取利润分成将成为未来门户网站盈利的重点。

三、门户网站的广告经营

1997年3月，Chinabyte赢得了第一笔广告收入，IBM为AS400的宣传支付了3000美元广告费。这是中国网络媒体发展的一个里程碑，标志着网络广告的正式诞生。这是传统媒体的经典盈利模式正式应用于中国互联网上，使得网络从科研机构的研究工具向大众媒体转变，标志着网络媒体的正式形成。

网络广告的诞生突破了网络技术的混沌状态，吸引了众多广告主开始重视这个新兴的广告载体，打破了网络媒体对天使基金和风险投资的依赖性，使得商业模式的创新成为影响网络媒体生存和发展的核心因素。网络广告丰富了网络媒体的盈利模式，也催熟了大量的新型网络媒体形态，使得网络概念股成为资本市场上被追逐的对象，这为网络媒体的规模化和品牌化发展奠定了基础。

门户网站的网络广告形式丰富多样，网络广告收入也一直是门户网站最为稳定的收入来源。门户网站在广告经营创新方面也一直不断尝试，2001 年新浪网在国内最早推出网络分类广告业务，并开通了“新浪分类信息”频道作为网络分类广告的媒体平台。2002 年 8 月，新浪宣布与慧聪成立合资公司，共同开拓网上分类广告市场。由于网络广告宣传成本低，对于中国大量急于寻找商业机会的中小企业而言是一种获得客户的很好的手段。网络分类广告主要针对小型企业广告客户和个人用户，具有信息容量大、表现形式多样化和易检索等特点，可以满足中小企业的广告投放需求。

因此，细分广告市场，创新广告形式和盈利模式，将成为门户网站生存和发展的根本。2006 年底，美国《时代》周刊将“YOU”评为“年度人物”；2007 年 9 月底，新浪网宣布与博客主人平分广告收入，虚拟的博客产生了“真金白银”的效应。这些表明网络媒体由“他媒体”向“自媒体”转变，也使网络广告的内容和形式更加个性化和人性化，这使得门户网站的发展充满机遇与挑战。

第一节 百事群音

百事集团自 2008 年以来一直都在积极鼓励年轻人的创造精神，鼓励当代年轻人超越自我、展现创造力、实现梦想。2009 年的“盖世群音”全国乐队大赛是百事集团为提升中国乐队音乐影响力，展现当代年轻人精神的一次创新娱乐营销。该活动是迎合百事可乐品牌策略转换的一次成功策划案。

“百事群音”跃动中国

自 20 世纪 80 年代以来，百事可乐一直以音乐营销为其主要的营销战略手段，抓住年轻人的心理特征，使“百事可乐”的品牌形象成为年轻一代的精神领袖。2009 年，百事可乐对当今年轻人期望超越自我、展现创造力、实现梦想的群体意识进行分析之后，将品牌口号由“突破渴望”提升为“百事我创”，希望“我创”的品牌精神能够真正帮助当代有才华的年轻人筑就一方能实现梦想的舞台，将“百事”品牌塑造成为当代年轻人心目中激情、团结、梦想和斗志的代名词。而“盖世群音”百事乐队大赛正是迎合“百事我创”的品牌精神与策略而生，它通过乐队大赛的形式，以寻找“新世代的声音”为目的，给那些有梦想的年轻人提供了一个实现音乐理想的平台。百事可乐希望通过“盖世群音”与大家一起主创、团结新一代的声音。

百事可乐“盖世群音”乐队大赛于2009年6月在北京正式启动。百事公司市场部许智伟、浙江广播电视集团总裁王同元、“盖世群音”百事乐队大赛活动大使——亚洲第一乐团“五月天”以及来自全国的220家媒体共同见证了这一划时代音乐盛事的到来。百事可乐这场以乐队音乐选拔大赛为形式的跨界营销活动覆盖北京、上海、广州、深圳、重庆、沈阳等21个城市，只要年满18岁，并且是超过两个人的“团队”，皆可报名加入“盖世群音”的新世代阵营。“盖世群音”百事乐队大赛创造性地要求以乐队为参赛形式，力求寻找“新世代声音”，充分体现了“我创”的品牌创造精神。

同时，在传播方式上，百事可乐整合了多种媒体形式，例如同浙江卫视、新浪、百度等多家媒体合作，这种跨媒体的传播策略实现了深度传播，增强了与消费者之间的互动交流。另外，百事可乐还跨界联合了许多与百事品牌共同拥有“我创”理念的品牌，如POLO汽车、世界顶级乐器品牌“Fender”和“Mapex”等都成为“盖世群音”的合作伙伴，全方位地掀起了一场蓝色风暴。此次活动的整个策划和推广过程都体现了百事可乐在新的营销环境下的创新性发展。

百事可乐全力打造新的品牌形象，在多个方面都体现出原创性、突破性。在形式上，不同于以往音乐选拔活动中个人参赛的方式，而是采取乐队组合的形式，强调团队精神和创造力；在音乐上，重视乐队的原创性和音乐的改编能力；在组合上，尝试对乐队进行多元组合。此外，活动对产品包装、现场演示及陈设，进行全方位创新演绎，熊熊燃烧着的蓝红色火焰、破石而出的“盖世群音”百事乐队大赛标志“火吉他”，均彰显出2009年百事可乐清新自然、年轻创新、勇于创造的全新形象。“百事我创”的品牌精神在这场以娱乐为主的跨界营销中得到了多元的体现。

“百事群音”激活青春

进入2009年，中国的互联网网民已经达到3.16亿人，其中近7成的网民年龄在30岁以下，百事可乐所面对的核心消费群年轻一族正是生活在互联网上的一代，他们是向往激情、年轻、时尚、活泼的族群，与“百事我创”的企业形象相契合。中国有近5亿1980年后出生的年轻人，而网络上火星文横飞的现象就彰显出了他们所拥有的和上一代人完全不同的大胆想法和独特的创新精神。百事可乐以年轻消费群的“我创”精神为切入点，令品牌表现出创意、激情、个性和时尚的特性，使之更贴近当代年轻人的诉求。

年轻人独具创造力，渴望展现才华，期待被认同，获得实现梦想的机会。通过“百事群音”的整体策划活动，将一大批爱好音乐的年轻人聚集在一起，他们共同关注赛事的发展，通过网络互动参与其中。而参赛乐队表现出的良好音乐修养与素质，展现了激情、桀骜、进取的精神，掀起了一场蓝色摇滚风暴。他们用自己的创造力、凝聚力和在年轻人中的号召力诠释了“百事我创”的品牌理念。

“百事群音”是跨媒体整合营销的典型，该案例将电视直播与网络直播、点播、投票、竞猜、评论等互动手段无缝对接，对除了传统电视媒体以外的年轻受众群体进行有针对性的补充覆盖，通过网络传播的无界性、直观性和互动性，将整个活动一步一步推向媒体推广的高潮。在当前的市场营销环境下，整合多种媒介形式进行全方位深度传播是大势所趋。整合营销传播（IMC）的中心思想就是在与消费者的沟通过程中，统一运用和协调各种不同的传播手段，使不同的传播工具在每一阶段发挥出最佳的、统一的、集中的作用，目的是协助品牌建立起与消费者之间的长期关系。“百事群音”集中传统媒介和网络媒体，把公共关系、广告宣传、人员推销、营业推广等各种传播和促销策略集于一身，各种宣传媒介和信息载体相辅相成，相互配合。

1. 传统媒体——浙江卫视音乐秀

在选择电视这一传统媒介时，百事可乐选择了共同怀有“蓝色梦想”的浙江卫视，浙江卫视的中国蓝和百事可乐的蓝色形象相契合，两个品牌都推崇年轻、励志、激情，倡导团队精神，都长期致力于打造中国草根文化的平台。内涵的相同、品牌精神的相符是百事可乐和浙江卫视合作的关键。百事可乐与浙江卫视的联手合作，实现了从“盖世群音”到“百事群音”的品牌无缝对接。浙江卫视联手百事可乐打造此次娱乐音乐盛宴，在同质化现象严重的选秀市场上可谓另辟蹊径，借助百事巨星参与演出，扩大影响力，提升品牌的实力，二者的合作可谓双赢。“百事群音”首期电视秀在浙江卫视拉开帷幕之后，适逢中华人民共和国60年庆典，百事可乐又联手浙江卫视启动了一场为期3个月，以歌唱祖国、讴歌60周年诞辰为主题的大型娱乐音乐主题活动，该活动命名为“百事群音·中国蓝乐队欢唱60年演唱汇”。通过演唱经典红歌，结合本土文化，将百事可乐的品牌文化深入人心。

2. 网络媒体——百事官网携手新浪

互联网具有复合型、开放性和互动性的特点，当前已经成为不可忽视的传播一极。而新浪是国内知名度很高的综合类门户网站，拥有中国最大的博客群落。此次新浪和百事的合作，为“百事群音”进行博客营销传播，增强活动过程中线上线下的互动性发挥着重要作用。新浪专业的团队为百事量身打造和运营“百事群音”官网，利用博客、播客吸引网民参与，利用新浪视频全方位展示参赛乐队的每一个精彩瞬间。此外，百事可乐对节目的全过程进行立体化、全方位的摄制，不仅展现演出的实况，还用摄像头记录选手在后台准备的情况，以及表演后的花絮、情感的表达等，并实时发布到网络上，方便观众对选手进行深入了解，并随时发表评论，发挥网络媒体的互动特色。这样，观众就可以通过电视和网络从不同角度了解比赛以及乐队的情况。同时，网友还可以通过官网参与的方式直接影响现场赛制。此次互联网与百事音乐盛事的结合，代表了音乐发展的最新趋势，依靠互联网的力量，音乐可以瞬间传遍全球。而互联网跨越疆域与自由分享的特点，使得参与“百事群音”大赛的乐队的风采更加耀眼，“百事群音”官网也成为双方合作的经典案例。

3. 跨媒体——PPLive实时互动整合营销

针对本次活动，PPlive专门为百事可乐进行了活动专区的专题策划，制作出具备直播/点播收看平台并与观众互动为一体的专题页面。页面中多机位的直播收看方式、台前幕后精彩花絮视频专区、电视中无法看到的前后台Webshow主持人采访、“盖楼”、投票、竞猜等多种收看与参与形式，以全新的网络电视媒体独特的营销方式极具针对性地接触到新一代的目标消费者，使得“百事群音”获得了众多的网民关注，活动效果远远超过预期值。此外，广泛的受众到达率、精准的目标人群覆盖率、良好的互动体验、多角度全方位的直播收看，则成为本次营销活动的最大亮点，完美地体现了互联网时代整合营销的广告传播效果。

这次活动是目前为数不多的传统电视与网络电视两大互补平台协同作战的成功案例，也是一次真正意义上的跨媒体实时互动整合营销的概念诠释与技术实施。区别于传统电视媒体上的直播选秀活动，PPLive网络电视让整个活动更加立体。在同一时间，突破有限的电视机屏幕，除了电视里能够看到的主赛场画面，网友们还能看到电视上看不到的台下准备、选手现场反应和心理变化，被 PK 下台后、与评委在后台沟通等多侧面花絮，给网友们展现了一个更加贴近选秀活动的真实幕后。此外，PPLive 还通过 API 嵌入方式，扩大赛事的直播影响范围，发挥 SNS 社区的影响力，“粉丝”们通过全方位的听觉和视觉互动，更加理性地支持他们心目中真正值得尊敬的选手。

在此次“百事群音”乐队选秀活动中，PPLive 网络电视平台全程总曝光超过 9 亿次，490 万人参与“盖楼”，190 万人参与竞猜，240 万人参与留言，直播平均观看量 88 万人/每场，每天点播回看达到 39 万次，单日最高直播同时在线观看人数 102 万人，创造了网络选秀直播参与人数多、互动形式强、直达效果好等多项营销记录。(图 3-1)

图 3-1　百事群音活动现场

“百事群音”完美待续

当前许多企业都开始走音乐营销之路，各种音乐节目和音乐活动也不断涌现，如蒙牛酸酸乳打造的快乐女声，周杰伦代言的动感地带等。消费者在面对纷繁复杂的信息时，能否在心里将品牌和活动建立关联，是音乐营销成败的关键。否则，关注的目光就会仅仅停留在表面现象的感官刺激之上，而忽略了品牌和产品本身。“百事群音”在活动的整个策划过程中都注意将其CI系统和品牌标识融入到舞台设计之中，另外将品牌特性、音乐特性、视觉特性、参赛者的特性建立内在的关联体系。如此，品牌才能深刻地介入到音乐活动中去，唤起受众的品牌联想。但“百事群音”在整体视觉设计的细节上，品牌特色体现得还不够明显，如果能够建立完善的视觉体系，相信会取得更好的效果。

另外，“百事群音”活动后期工作并没有停止，在选出“明日天团”之后，利用在艺人包装、电视广告和音乐专业人才方面所具备的资源，让乐队有最好的机会直接进入其广告。百事可乐此举看似超越了单纯的音乐营销，跨界直接进入了音乐行业，其更深的用意则是进行音乐资源的储备，让自己的音乐营销实现可持续发展。

总之，“百事群音”是跨媒体音乐营销的成功典范，虽然有一些细节上的不足，但总体上讲，它充分利用了传统媒体以及网络媒体各自的优势，并有效而灵活地将它们进行融合和无缝对接，成功地实现了其现实的营销效果，并为未来的发展储备资源，获得了当前利益和长期利益的双丰收。但音乐营销借用了大量的社会文化资源，在起到“四两拨千斤”作用的同时，也存在着相当的不确定性和不可预测性，只有谨慎运用，在追求目标效益的同时重视目标受众群体的心理诉求和现实需要，才能获得奇效。

小结

真正成功的网络营销，是需要强有力的线下营销执行来支撑的，否则再好的网络创意也会流于形式，而被消费者当做肤浅的乐趣遗忘。百事可乐的“百事群音”音乐营销，是一个线上和线下都很完美的营销活动，但这样的营销活动需要一定的延续性，纵然是单纯的阶段性营销，也需要对其未来的长期营销奠定牢固的资源和基础。

（陈亚琼）

◎**思考题：**

1. “百事群音”活动是如何实现跨媒体合作的？
2. 门户网站在企业跨媒体营销中起着什么作用？

第二节　2009年中泰拳王争霸赛

“世讥我国为病夫国，我即病夫国中一病夫，愿与天下健者一试。”100年前，武术大师霍元甲为捍卫民族尊严而战，曾经振奋了一个时代的中国人。而2009年，在网络推手的幕后策划下，“中泰拳王争霸赛”在网民心中也朝类似的方向迈开了一步，网络媒体已经显而易见地开始扮演着议程设置的角色。

江湖起风云

中泰拳王争霸赛是中国散打运动员和泰国泰拳运动员的比赛，从性质上说是普通的商业比赛，之前已经举办过5届，2009年为第六届。在本届比赛前一个月，新浪体育网站上的一篇名为《泰拳最强五天王组团来华挑战，中国功夫无人能敌?》的报道引发了赛事的升级。

该报道称：“‘神目杀、鬼见膝、魔术锥、拳灭风、屠龙肘’，这是五位当今最具实力的泰拳王的绰号，其并称泰拳五大王。近日，这五位最具实力的泰拳王在泰国职业泰拳协会带领下组团向中国武林发起了强力挑战。”文中所用“泰拳王”叫嚣性言语极具侵略性：“即使是他们的失利也足以让每一位搏击选手艳羡。他们得到过的冠军腰带可以把中国的长城覆盖。”该文还煞有介事地说：“据网络记载，这五位泰拳王曾在去年准备组团挑战日本顶级搏击赛事K-1。而K-1组织以规则问题为借口拒绝应战。‘那是他们不敢比赛，我们代表的是国家的荣誉，与泰拳五百年不败的实力。而他们仅仅是为了赚钱的机构而已。他们不敢应战很明智，否则日本人就会知道什么是耻辱了。’这次挑战中国武林的泰方主将泰拳王考克莱介绍说。”

该文文后还附有五大泰拳王的个人图片及文字资料，以增加可信度。事后证明，这些信息均是作者有意制造出来的，“中国武林”、“腰带能把中国的长城覆盖”、“我们代表的是国家的荣誉”这些措辞及话语无非是要激起网民的民族情绪。

消息一出，该文立刻被各大主流论坛及贴吧转载。因该报道称泰拳王此次挑战首选的中国对手目标为散打王柳海龙，柳海龙就成为关注的第一人。其后柳海龙的低调声明让网民感到失望。该话题一时间开始朝着娱乐化方向发展。“成龙”、“李毅大帝”，甚至“芙蓉姐姐”均被调侃为目标参赛选手。

随后，“泰拳王”又“被”传出“泰拳高手欲灭少林”的“消息”：“我们的本意是想去少林寺挑战，最想挑战的就是少林寺住持释永信。”这个“消息”迅速把网民的注意力集中到少林寺上来，仿佛这真是一场武侠小说中所描述的金轮大王挑战中原武林事关民族荣辱的生死大战。少林寺贴吧内，众多网友高呼：“少林寺的高僧们，民族需要你们的时候到了!”少林寺的持续沉默引发了网民的言语攻击，其官方网站也三度被黑，黑客在网页上用大字体留言：“速派少林弟子与泰国拳王应战”，“哥很寂寞，想看武术比赛”。被迫无奈，少林寺发表了“作为禅宗祖庭、佛教圣地，不会和社会上的人舞枪弄棒”的声明。

虽然少林寺的答复并没能让广大网民如愿，倒也将网民的注意力转移到民间武术组织上来。与不入尘世的少林寺截然相反，“武林名门”峨眉派冲冠一怒，峨眉武术研究会会长称：“泰拳王的叫嚣已损害中国武术的尊严，峨眉派已经忍无可忍了。”随后还向中国武术家协会寄出请战申请，并在媒体上刊登了“快递回执单”照片，以示证明。

其他的民间武术组织及个人也跃跃欲试：“‘铁掌大侠’请愿出战”、“边茂富血书请愿”。从其氛围上看，一场武林大战已是弓在弦上一触即发。

历时近一个月的纷纷扰扰，网民情绪高涨，泰拳王的挑衅一度成为焦点话题，中泰拳王争霸赛也成为众人期待的关乎武林荣誉的生死战。在推广策划人员及网民的共同推动下，该活动收到了极其惊人的传播效果。有数据显示，截至运作内幕被曝光之前，该比赛的视频直播仅在某一页面的累积流量就达到2.2亿人次，比赛当时同步在线人数超过57万人次。土豆网和优酷网上的视频点击量都超过了500万人次。

在活动结束后，整个推广内幕被曝光，众多媒体人也对此案例进行解构。此时媒体上出现的相关文章大多是指责推广方欺骗大众感情。广大网民也普遍对这种利用大众民族情结进行商业炒作的行为表示不满。值得注意的是，在推广过程中，与该赛事合作的相关媒体因“不满其炒作”对炒作行为进行了曝光，一定程度上也干扰了推广进程。

事件背后的故事

2009年中泰拳王争霸赛的推广无疑是个成功的案例。在媒体趋向碎片化、受众注意力集中难度增大的环境下，一个活动能取得如此效果必有可借鉴之处。究其成功原因，可以从以下几个方面分析：

第一，以新闻为表现形式。该活动面向大众的大多数宣传文本均是以新闻报道的形式出现在网络上的。这样就很好地借用了新闻的公信力，提高了相关信息的可信度，为舆论的制造与引导提供了优势条件。与传统的广告相比，新闻形式更容易引起受众关注与互动。

第二，以民族尊严为噱头。从文本内容上看，推广所提供的新闻报道有着明显的感情色彩与暗示性质。报道中列举泰方选手的言论充满对中国功夫的蔑视，很好地引发并积聚了网民的情绪。这种集体情绪又经推广方的有意引导转化为集体自觉的行动。大量情绪高涨的网民集体自发地对该话题展开了讨论。这样就很好地集中了网民涣散的注意力，使赛事相关信息得到关注。

第三，选择恰当的时机。该赛事年初就已经获得官方的批准，而关于赛事的所有消息却一直处于“潜伏”状态。直到赛前一个月，推广活动才突然开始。关于赛事的宣传基本全部集中在赛前一个月里，这遵从了议题的生命周期规律。网民对话题的关注时间不可能是无限的。在赛前一个月开始营造话题，时间不长不短，既给予了网民充分的讨论时间，又避免了时间过长而引起焦点的转移与话题的冷淡。在这近一个月的运作时间里，推广方巧妙把握时机，每间隔一段时间推广方都会推出新的消息，向网民抛出新的“饵料”，在网民议论处于混乱失控状态时很好地把注意力转移并集中到一处来。

第四，依托渠道优势。据笔者调查，有关中泰拳王争霸赛的第一篇报道出现在新浪体育频道。新浪是中国的四大门户网站之一，它与搜狐、网易、腾讯并称为“中国四大门户网”。据新浪官方介绍：“新浪在全球范围内注册用户超过2.3亿，日浏览量超过7亿次，是中国大陆及全球华人社群中最受推崇的互联网品牌。竞技风暴（即体育频道）是全球最大的中文体育资讯频道，全面覆盖全球体育赛事，多媒体、全方位再现国内外体坛风云，以图文、视频等生动多彩的方式奉献体坛精华……在国内外业界享有良好口碑。”可以说新浪体育频道在体育新闻媒体中是很优秀的强势媒体。选择新浪体育频道一来保证了目标受众的数量，二来借助其公信力提高了信息的可信度。

第五，媒介有力整合。推广涉及的其他媒体如百度贴吧、各主流论坛、BBS 均是受众使用率与参与度极高的媒体，一旦引入就能引发强大的连锁传播效应。这些媒体的综合配合从整体上强化了该事件的重要性，也保证了网民关注点的延续性。

第六，因势利导，心理至上。网络推广人员以匿名身份“潜伏”在网民中间，避免了传统的强硬的单方面诉求方式。另外，推广人员时刻关注网民观点走向，及时采取有效策略与广大网民发生了良好的互动，巧妙地引导了舆论方向。该赛事活动的推广方式很好地切合了中国网民的心理，调查显示，中国网民以男性、未婚者、35 岁及以下的年轻人为主体，他们受教育程度较高，对时事热点关注度很高，思维活跃，言论积极，普遍具有参与性、猎奇性、个性化的心理，本身群体数量庞大，内部之间有很强大的沟通能力与传播能力。中泰拳王争霸赛的推广正是很好地抓住了网民情绪易动，感情分明的特点，制造了颇具引导性与争议性的话题，激发了受众的自主讨论与传播（图 3-2）。

图 3-2　中泰拳王争霸赛现场

网络媒体的议程设置

以上所述案例中的推广策划人员，他们依靠网络的强大传播能力，通过网络新闻、论坛、博客、QQ、搜索引擎、视频及平面媒体对一事件、人物、产品进行整体推广，被称为“网络推手”。下面就通过本案例对网络推手在品牌传播中发挥的功能进行简要分析并对可积累性经验进行总结。

首先，议程构建的功能——引导大众想些什么。学者科恩指出："在多数时间，报纸在告诉人们该怎样想时可能并不成功，但它在告诉读者该想些什么时，却是惊人的成功。"除了报纸，网络及其他媒体也同样有此功效。网络推手正是借助网络媒介来实现议程构建功能的。在本案例中，网络推手通过优势媒体新浪体育频道，以新闻报道的方式、激进的语言对事件加以描述，又有规律地借助其他各种媒体如百度贴吧、天涯社区、猫扑论坛、BBS等加以强化，不断向该事件投入信息量，而最终让众多网民意识到泰拳王"对中国功夫的挑战"是每个有民族自尊心的中国人都不容忽视的问题，进而使活动获得了广泛关注。

网络上各网页的用户过于分散，注意力不易集中，要把一个事件制造成大众关注的焦点就必须遵循大众的关注心理。有心理学者指出，中国网民网上行为基本上没有太多特定的目的，有着明显的无聊特征。因此，在把握议题特点上需注意：其一，娱乐性，即议题要有娱乐的特点，而不宜过于严肃刻板。这也要求所构建议题应通俗易懂，讨论议题时所需分析能力及内在逻辑性不宜过强；其二，新异性，即所设议题不宜中规中矩，不可缺乏跳跃性与思考空间。议题最好能包含与传统价值观念相左的概念或观念，借以吸引网民的注意力，刺激网民情绪；其三，时效性，即议题应跟进时代，准确把握时代走向，密切联系流行动态；其四，引导性，即应对话题的宽度加以限制，引导信息朝着最有利的方向流动；其五，关联性，即议题应极力与受众发生联系，使受众参与其中，产生互动。

其次，构造框架的功能——引导大众该怎么想。有传播学者认为，构造的框架可以被定义为"新闻内容的一种核心组成思想，它能够提供一个背景，并通过选择、强调、排除和阐述方式来提示议题是什么"。我们可以把新闻的框架理解为对新闻信息的主观再加工，即融入作者主观写作意图，对受众接受信息后产生的观念进行方向上的限制，从而使受众对信息理解处于作者所构造的框架之内。在本案例中，中泰拳王对抗赛本是商业性质的比赛，网络推手们却通过新闻构造一个拳王争霸事关民族武林气节的框架。网民在讨论此话题时也就被限制在推手们限定的框架之内了。我们可以看到，《泰拳最强五天王组团来华挑战，中国功夫无人能敌?》、"泰国选手豪言'秒杀中国功夫'"等帖子具有明显的框架限定。在推广过程中，网民对该事件的议论也一度陷入失控状态，事件遭到网民调侃。

这时推手们推出的“泰拳高手欲灭少林”的消息对议题也起到了框架作用，最终把网民的关注点重新拉回来，使之朝着预定的方向发展。网络推手构造框架的功能启示我们，在传播者匿名发布信息、受众处于自由无序状态的模式下，应对信息进行加工，使由该信息引发的受众反应处于可控的框架之内。

最后，处理公共关系的功能——保证良好的传播环境。在本案例中，因推手们一直处于隐蔽状态，其处理公共关系的功能并没能明显体现出来。相反，这种功能的缺失却恰恰是该活动推广中的一个败笔。在整个活动推广过程中，由于多方利益矛盾冲突，推广行为本身一度被曝光，引发了受众对举办方做法的不满，而民间武术从业者的计划外插入也使活动推广陷入混乱的失控状态，这是需要反省与改善的地方。在这种推广模式下，要处理好公共关系，避免触碰道德法律底线，预测可能发生的紧急情况并制定应激方案。

小结

在本案例中，网络推手对活动的推广起到了绝对的中坚力量。随着网络推手的粗放式增长与众多案例的涌现，网络推手的功能也越来越受到关注。从积极方面来看，网络推手开拓了广告传播的新形式，为 Web2.0 时代及更为发达网络时代的品牌传播活动提供了范式与启发。与此同时，社区营销的概念也应运而生，拓展了市场营销学理念与方法。网络推手活跃了市场经济，也成为一种新兴职业参与到经济建设中去。从消极方面来看，网络推手因处于发展初期阶段，整个运作流程尚缺乏规范，操作方式也缺乏完善的管理体制，有一些不当操作在一定程度上冲击了社会道德，对部分人的个人生活造成了恶劣的影响。总体而言，作为一种新兴的传播方式的缔造者，网络推手在集中网民注意力、构造公众议题、引导舆论走向等方面起到了重要作用。在一定的规范管理下，他们也必将走向更为广阔的天地。

（李先强）

◎思考题：

1. 请分析 2009 年中泰拳王争霸赛的推广方式。
2. 如何在门户网站上利用网络新闻推广企业产品？

第三节 青岛啤酒奥运网络营销

奥运营销已经成为树立品牌形象、制造品牌价值、推动产品销售的又一关键性渠道，2008 年北京奥运是中国品牌展示自己的一次绝佳时机。自申奥成功以来，国内众多企业为奥运量身定做了不同的营销策略，其中青岛啤酒除了利用传统媒体进行品牌推广之外，还与北京奥运的第一大门户网站搜狐合作，在这次奥运营销中成功地展开了网络推广。奥运营销的成功不仅有助于推动产品的贩卖，更在这个全世界瞩目参与的赛事中，展现了自身品牌，扩大了品牌知名度，提升了品牌价值。随着网络科技的飞速发展，网络广告已经成为一种常见的广告表现形式。网络营销与奥运营销的结合成为青岛啤酒成功的一大亮点，本小节将借鉴 5W 分析法对北京奥运期间青岛啤酒的网络推广进行分析。

青岛啤酒与奥运结缘

1903 年 8 月，日尔曼啤酒股份公司青岛公司在我国创立，历经百年沧桑，这个最早的啤酒公司发展成为享誉世界的“青岛啤酒”的生产企业——青岛啤酒股份有限公司。长久以来，青岛啤酒不断发展并在市场中树立自己良好的品牌形象，以顾客为上帝，以消费者的价值为导向，能够摆正企业利益与消费者利益，处理好盈利与服务的关系。

20 世纪 90 年代后期，青岛啤酒开始全面实施“大品牌战略”，确立并实施了“新鲜度管理”、“高起点发展，低成本扩张”、“市场网络建设”等战略决策，以“名牌带动式”的资产重组，率先在全国掀起了购并狂潮，被称为中国啤酒业“从春秋到战国”行业整合潮流的引导者。对购并企业，青岛啤酒推行独特的“系统整合，机制创新”管理模式。目前青岛啤酒公司在国内 18 个省、市、自治区拥有 55 家啤酒生产厂，构建了遍布全国的营销网络。

2005 年 8 月 11 日，北京奥组委和青岛啤酒股份有限公司在北京签署协议，青岛啤酒正式成为北京 2008 年奥运会国内啤酒赞助商。青岛啤酒股份有限公司将为北京 2008 年奥运会和残奥会，以及北京奥组委和参加 2006 年冬奥会和 2008 年奥运会的中国体育代表团提供资金、啤酒产品和相关服务。面对奥运，青岛啤酒已整装待发，成功签约北京奥组委为青岛啤酒奥运营销的成功埋下了伏笔。

青岛啤酒点燃奥运激情

随着社会生产力的不断发展，市场竞争日益激烈，同类产品的竞争者与日俱增，除了把握产品品质外，营销者开始把消费者的购买情感放在一定的位置，如何应对消费者的情感世界成为竞争的又一关键。而品牌是指一个整体概念，它代表着产品的品质、特色、服务在消费者心中形成的产品标志。品牌具有不可替代性，是产品差异化的重要因素。

2001 年北京时间 7 月 13 日 22:10，北京获得第 29 届（2008 年）奥运主办权。那一刻，作为中国人都是为之振奋，激情澎湃的。青岛啤酒借助奥运之势进行了系列的规划：2005 年酝酿激情，2006 年是点燃激情，2007 年是传递激情，2008 年是释放激情，2009 年是分享激情，青岛啤酒用它们的激情文化点燃世界的激情，成就中国人 2008 年的梦想。

青岛啤酒正是准确地把握了受众的情感世界，使消费者不仅是在消费产品，更是在迎合内心世界释放激情。这一系列规划不仅起到了宣传作用，也在一定程度上树立了自己的品牌形象。而奥运营销成功的关键在于如何将品牌文化与体育文化完美地结合，青岛啤酒的激情、梦想与北京 2008 年奥运会提出的“同一个世界、同一个梦想”口号不谋而合。青岛啤酒和 2008 年北京奥运会这一共同的诉求点，以及品牌主张与奥林匹克精神的紧密结合，使其和奥运会更完美地融合到一起（图 3-3）。

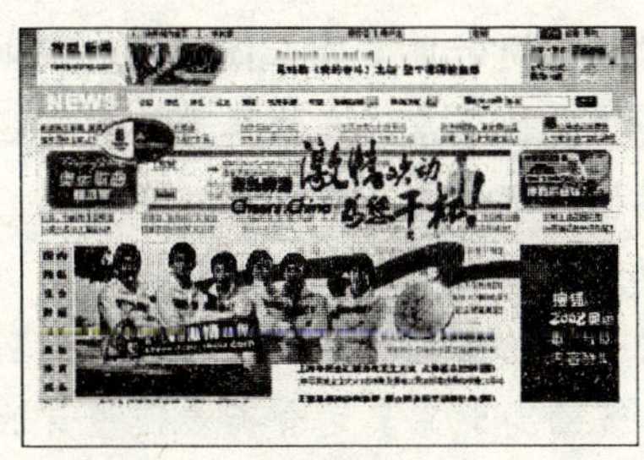

图 3-3　青岛啤酒搜狐广告

青岛啤酒牵手网络巨头

奥运营销是以奥运赛事为载体来推广企业的产品和品牌的市场营销活

动，是将产品与体育结合，把体育文化与品牌文化相融合以形成特有企业文化的一种战略。

围绕奥运赛事，企业除了投入赞助费外，还采取一系列相关营销活动，从公益、文化、热点等各个角度，运用媒体广告、终端促销、路演活动等多种手段，力争在一定时间和空间内形成一个品牌的沟通高潮，产生轰动效应。借助奥运这一特殊盛会来展开营销不仅可以推动产品的销售，更能达到宣传品牌的效果，以此扩大品牌的知名度。

青岛啤酒的一系列营销活动中，网络推广是最为成功的营销形式之一。随着互联网的日益发达，网络已成为人们获得信息的又一主要途径。网络广告应运而生，由于网络本身传播速度快，传播范围广，网络广告的表现形式多样化，使得网络广告成为众多广告主的不二之选。网络广告的特点包括：其一，全交互，客户与广告主随时互动沟通，广告查看无时限要求；其二，紧扣顾客利益，实现精准的目标投放，有效降低广告成本；其三，面对全体消费群体，对受众技能无要求；其四，与其他营销形式紧密结合，相互补充，相互配合，起到事半功倍的绝佳效果。毫无疑问，网络广告以丰富多彩的内容，以及与消费者充分而实效的互动，使得其传播效果更为显著，更加真实可信。

青岛啤酒为了能够在网络中更好地推广其品牌形象，选择了与国内知名门户网站搜狐网的合作。青岛啤酒总监崔虹，在一次搜狐采访的“传统企业网络奥运营销”中讲到，青岛啤酒除了通过中央电视台进行大范围的高端媒体传播外，同时更多地选择了互联网媒体，因为互联网有它独特的特点，它的高精准性覆盖、高快捷性传播、强互动性参与，正好符合青岛啤酒的核心目标群定位和品牌定位。青岛啤酒已经连续三年和搜狐进行合作，并将与搜狐继续战略合作，共赢奥运。

借助搜狐传播平台，青岛啤酒又推出一款青岛啤酒欢动产品，青岛啤酒欢动产品是青岛啤酒为北京奥运会而专门设计的一个产品，它的产品特点和设计理念，完全符合年轻人的需求：低热量、高能量、低酒精度、不发胖、采用炫酷的表现形式，直接针对年轻时尚族群。青岛啤酒共策划了三个传播阶段，从以炫酷的富媒体表现手法推出，到设计互动游戏进行产品特点的消费者深度沟通，再到与“倾国倾城”项目的整合传播，搜狐的传播平台发挥了很大作用。

2008年北京奥运会不是单纯的体育赛事，而是国家富强、民族崛起的象征，奥运会也不仅仅是一个体育的盛宴，更是一个城市品牌文化建设的系统工程，因为2008年的中国是全人类聚集的地方，应借此时机更好地向世界展示中国，展示青岛啤酒的骄傲。2008年北京奥运会将引发中国的奥运旅游经济热，企业应当借此为社会、为国家做点事情，更好地履行社会责任，回馈消费者。为此，青岛啤酒与中央电视台精心策划了一场由媒体、城市、专家、企业共同参与的大型活动，旨在借北京奥运之势，鼎力搭建中国城市与世界沟通展示的桥梁，向世界展示中国文化，向世界展示中国名城，向世界展示中国骄傲——青岛啤酒；并通过媒体组合传播塑造中国城市品牌，为打造具有国际品牌影响力的中国名城助力。

搜狐作为百年奥运历史上第一家互联网内容服务赞助商，为支持北京奥运，成功构建了15个与奥运相关的官方网站，如北京奥运会官方网站、残奥会官方网站、火炬传递官方网站、中国奥委会官方网站等，通过签约华奥星空、新华社、央视，承建官方网站，搜狐得到了100多张入场券。利用这些机会，搜狐通过多种语言不断向世界输出搜狐品牌，让搜狐在海内外知名度空前提高。

搜狐拥有独家接入奥运会官方信息系统的权利，以领先其他网站60秒的速度传递最新、最快、最全面的奥运比赛信息，这些独有的奥运权益保证了搜狐内容资源的丰富、迅速和权威。搜狐在奥运营销方面下手最早，收割最彻底，可以说是独占鳌头。在奥运期间，搜狐跟踪报道奥运赛事，发布各类奥运信息，成为所有网民关注赛事的主要途径。青岛啤酒的合作对象具有雄厚的实力，能够在奥运期间成为人们关注奥运的主要平台，自然也为青岛啤酒的宣传提供了强有力的支持。青岛啤酒的广告以富媒体浮层为表现形式，整体基调轻松活泼，不失为一道视觉大餐。绿色为本则广告的主色调，在炎热的夏季给人一种清爽的感觉。广告开始播放，网页中间被撕开并出现无数鼠标点击小手，纷纷指向“另一个奥运激情世界——青岛啤酒”。

正是借助奥运，成功地用网络广告在搜狐网中进行宣传，让更多通过网络关注奥运的受众直观地看到青岛啤酒，体会到青岛啤酒的那份激情，并让这份激情得以释放。

青岛啤酒品尝胜利的甘甜

据权威机构评估，青岛啤酒的品牌价值已经从2005年的199.91亿元上升到2007年的258.27亿元。另据益索普奥运赞助效果跟踪研究报告显示：青岛啤酒的奥运营销在促进产品销售方面提升最大，被访者的购买意愿从54.1%提升到75.7%，增长21.6%，位居所有奥运赞助商之首；青岛啤酒“激情成就梦想”的品牌口号位列最具记忆度的奥运口号第4位，其奥运赞助商身份认知也高居前十名。

每年一度的青岛国际啤酒节已成为世界最具影响力的啤酒节之一，来自世界各地的啤酒厂商和啤酒爱好者欢聚于此，共同感受青岛啤酒带来的激情体验。从2001年的销售收入53亿元、品牌价值67.1亿元到2007年销售收入达130亿元、品牌价值达到258.27亿元，这是青啤品牌影响力和持续情感营销的最好佐证。青岛啤酒在此次奥运营销战略中，通过CCTV、搜狐等媒体进行广告宣传、活动组织，成功地扩大了品牌知名度，提升了品牌价值。与搜狐的合作成为青岛啤酒网络推广成功的关键。

综上可见，青岛啤酒的网络广告在此阶段能够取得胜利，正是由于它准确把握了2008年北京奥运这一关键要素。一则广告除了要充分展示产品品质外，还要把握不同时期消费者不同的消费心理。人类是一种情感动物，能够准确地迎合消费者的情感，造成呼应，那么产品自然就在消费者心中打下了不可磨灭的烙印。奥运会作为人类历史上最大规模的体育盛会，受到全球注目。正是由于奥运这一独特魅力，让所有企业商家有了新的竞争机遇，奥运与营销的完美结合，不仅充分地展现了各国运动员的体育精神，更充分地展示了人类经济、社会和文明。奥运营销是以奥运赛事为载体来推广企业的产品和品牌的营销活动，是将产品与体育结合，把体育文化与品牌文化相融合，以形成特有企业文化的一种战略。

在100多年的时间里，如同奥运的发展步伐一样，青岛啤酒在世界各地生根发芽，被称为“中国啤酒”。2008年北京奥运会更是中国人难以忘怀的一次盛会，为了更好地把握中国消费者，青岛啤酒用激情来诠释每一个中国人的心理，我们为奥运喝彩，更为北京奥运喝彩。与奥运盛世的完美结合，更让青岛啤酒走向世界，让全世界感受到中国激情。

小结

广告要借助企业良好的品牌形象，准确地传播产品信息，从视觉、听觉上引起消费者的关注。只有在合理的时间，利用有效的媒体，准确地把握消费者，才能取得成功。青岛啤酒对网络广告、品牌、奥运营销的把握，使得它们的广告在一个特殊的营销阶段，运用有效、精准的网络媒体，准确地诠释消费者心理，融入消费者的情感世界。可以说青岛啤酒产品本身已经得到了人们的认知，为了能在市场中打响打亮品牌，稳固自己在市场中的地位，它们把握奥运营销这一特殊时期，运用各种媒体，把重点放在借助奥运来打响旗号，向世界诠释中国人的激情，并最终成为中国啤酒的代表。

（焦兵兵）

◎思考题：

1. 青岛啤酒在北京奥运会期间是如何与搜狐网合作的？
2. 在重大体育赛事中，企业如何在网络媒体上推广产品？

第四章　搜索引擎广告

专业导航：搜索引擎广告

搜索引擎是为了方便网络信息检索而出现的网络应用形式。搜索引擎是网络媒体所独有的网络应用形式，也是 Web1.0 时期最具市场价值和营销价值的网络营销工具。

一、搜索引擎的发展历程

随着搜索引擎技术创新不断加速，搜索引擎的人性化、多元化和精确化不断改善，搜索引擎的发展经历了四个阶段。

第一个阶段，索引式搜索引擎。随着网络媒体的信息内容不断丰富，网民搜寻信息所耗费的时间和精力越来越多，这为搜索引擎的诞生奠定了基础。1990 年，加拿大蒙特利尔 McGill 大学的学生 Alan Emtage、Peter Deutsch 和 Bill Wheelan 开发出 Archie（Archie FAQ）搜索引擎，这是世界上第一个搜索引擎，是所有搜索引擎的祖先。虽然当时互联网尚未出现，但是网络中文件传输已经相当频繁。由于大量的文件散布在各个分散的 FTP 主机中，查询起来非常不便，于是 Alan Emtage 等想到了开发一个可以用文件名查找文件的系统，于是便有了 Archie。Archie 是一个可搜索的 FTP 文件名列表，用户必须输入精确的文件名搜索，然后 Archie 会告诉用户在哪一个 FTP 地址可以下载该文件。1997 年 10 月，由北京大学计算机系网络与分布系统研究室开发的天网搜索引擎正式在 CERNET 上提供服务，其原理类似于 Archie，主要是检索基于 FTP 协议的网络文件。

第二个阶段，目录式搜索引擎。1994 年 2 月，由美国斯坦福大学的两名博士生杨致远和大卫·费罗共同创办了雅虎搜索引擎，这是第一代分类目录式搜索引擎。目录式搜索引擎自身包含可搜索的数据库。这种搜索引擎首先是利用各网站向搜索引擎提交网站信息时填写的关键词和网站描述等资料，经过人工审核编辑后，建立数据库，然后按照收集到的网站类型划分为不同的目录，再一层层地进行细分，从而把网络信息资源纳入一个树形的主题分类体系之中。当网民想要查找需要的信息时，可按事先组织好的目录体系分类逐层浏览目录，直到查找到自己所需要的网址或信息。这种搜索引擎的服务方式是提供目录浏览服务和直接检索服务。1998 年 2 月，张朝阳在中国推出分类目录搜索引擎搜狐。

第三个阶段，关键词搜索引擎。关键词搜索引擎由搜索器、索引器和检索器三部分组成。搜索器的功能是按照一定的规则在互联网上自动运行，尽可能多和尽可能快地搜集各种类型的信息，并定期更新旧信息，以避免出现死链接和无效链接。索引器的功能是理解搜索器所搜索到的信息，并从信息中抽取索引页，进而生成文档库的索引表。检索器的功能是根据用户输入的检索词，在索引库快速检索出文档，并进行文档与检索词的相关性评价，然后对将要输出的结果进行排序，最后将查询结果返回给用户。1998 年 9 月创办的谷歌和 1999 年 12 月创办的百度，都属于关键词搜索引擎。

第四个阶段，语义搜索引擎。语义搜索引擎是语义网时代的搜索引擎，是语义技术在搜索引擎领域的应用形式。语义搜索引擎从词语所表达的语义层次上来认识和处理用户的检索请求，通过对网络中的资源对象进行语义上的标注，以及对用户的查询表达进行语义处理，使得自然语言具备语义上的逻辑关系，能够在网络环境下进行广泛有效的语义推理，从而更加准确和全面地实现用户的检索。语义搜索引擎的检索结果，更加人性化和准确化，将是下一代搜索引擎的主流。

二、搜索引擎的广告经营

在索引式搜索引擎出现时，并没有出现网络广告营销形式，直到 Yahoo、Lycos 等目录式搜索引擎的出现，搜索引擎的广告营销价值才逐渐体现出来。这种搜索引擎主要采用收费或免费登录的方式，让其他网站把自己的信息提交到搜索引擎上。

1995 年，自动提交到搜索引擎的软件诞生，网站管理员可以轻松地一次将企业网站链接及信息提交到多个搜索引擎，但由于部分网站管理员违规操作，不断重复提交同一信息，导致了垃圾广告、欺诈广告等问题广告泛滥，不过这种软件很快遭到各大搜索引擎封杀。

2001 年，部分中文分类目录式搜索引擎开始收费登录，企业网站每年要向其缴纳数百元到数千元不等的信息登录费用。2001 年 7 月，搜狐开始对商业网站登录实行收费。2001 年 9 月 26 日，搜狐全面实行网站登录收费。

2001 年 9 月 20 日，百度推出“竞价排名”服务。百度竞价排名是把企业的产品、服务等以关键词的形式在百度搜索引擎平台上作推广，它是一种按效果付费的新型而成熟的搜索引擎广告。

2002 年 2 月，Google 推出 Google Adwords 广告业务。通过 Google AdWords，广告主可以自行制作广告，选择关键字，将广告内容与目标受众匹配。Google 关键词广告按点击收费，即当用户点击客户的广告时，Google 才向客户收费，没有点击即不用付钱。按点击收费模式受到了广告主的认可，逐渐由搜索引擎网站扩展到门户网站。按点击收费已成为网络广告蛰伏期占统治地位的收费形式。

2003 年，Google 推出 Google AdSense。Google AdSense 是基于内容定位的搜索引擎广告形式，可以让具有一定访问量规模的网站发布商在他们的网站展示与网站内容相关的 Google 广告，并将网站流量转化为收入。对网络媒体来说，Google AdSense 的出现推动了网络广告市场的分工，为中小网站专注于网站维护和内容创新提供了保障，减少了网络广告版面浪费，也促进了网络媒体的品牌化建设；对于广告主来说，Google AdSense 的出现提高了网络广告的传播效率，降低了中小企业广告宣传成本。2004 年 9 月，上海搜索公司主动以每字每天超过 1000 元的天价购得百度一个文字链广告位，创下了中国网络广告界的收费纪录，也体现了广告主对搜索引擎广告价值的认可。

搜索技术的诞生使搜索引擎成为网络信息整合和推广的主导性力量，为了提高网络媒体的易搜索性，网络媒体纷纷优化内容和版面设计。1995 年，基于网页 HTML 代码中 META 标签检索的搜索引擎技术诞生，网站管理员开始采用 META 标签改进网站排名。1997 年，搜索引擎优化与排名自动检测软件问世，改进了网站的搜索引擎优化设计的水平。1998 年，“搜索引擎算法”开始关注网站之外的链接，与此同时，网站优化者也开始制造“网站链接广度”。搜索引擎的诞生，增加了网络广告的投放空间，也丰富了网络广告的类型。

第一节　海尔百度奥运营销

2009 年 12 月 31 日，海尔以总排名第一的身份与联想、美的、茅台等十个品牌入选中金在线财经排行榜年度最受中国人喜欢的品牌榜单，海尔作为中国民族企业和民族品牌的典型代表，其品牌影响力已经深入民众之心，这一切都与海尔完美的品牌营销策略分不开。2008 年是中国“奥运年”，海尔与百度牵手合作，进一步提升了海尔在国际国内的美誉度。

奥运营销，强强联合

随着互联网普及率不断提高，截至2009年6月底，我国搜索引擎用户规模已达到2.35亿人。海尔为了锁住网民这个巨大市场，早在2008年便开始与全球最大的中文搜索网站百度开展全面合作。海尔充分利用百度平台可搜索、可展示和可互动的营销优势，结合品牌专区、精准广告与关联广告等多种推广方式，直击目标消费群，提升品牌形象，第一次实现海尔品牌与普通受众的全面互动式接触，使得海尔的品牌形象依靠百度强大的网络资源完美地展现在受众面前。

早在2008年北京奥运前夕，各大赞助商之间的营销大战愈演愈烈。作为奥运赞助商之一，海尔集团在奥运会之前的活动推广也在有条不紊地实施，先后实施了“奥运金牌产品周”、“金牌家庭总动员”等推广活动。然而时间有限，如何把这些活动在第一时间准确有效地传播出去，成为海尔亟待解决的问题，这仅仅是海尔希望解决的众多问题之一。另外，海尔集团也希望借奥运展现企业责任感，增强对年轻一代的影响。在产品层面，作为能够进驻奥运场馆和奥运村的唯一白色家电品牌，海尔有针对性地设计了“奥运家电”系列新产品，也希望在奥运期间能够产生实际的销售拉动作用。

在经过权衡利弊之后，海尔最终把舞台选在了百度上。在如何通过营销产品组合，实现海尔企业产品和品牌形象广泛覆盖而又兼顾深度的影响，与此同时还要同网民实现良性互动的问题上，百度综合运用自己强大的搜索引擎功能和网络技术为海尔设计了一整套整合营销传播方案。其实海尔的品牌形象已经在中国树立起了自己独特的形象，那么在奥运前夕这个特殊的时刻，品牌推广要做的就不仅仅是扩大知名度的目标，而是要塑造更好的企业形象，同时把更多企业关于奥运的动态传达出去。方案推广最终确定在百度搜索、百度贴吧、百度知道及百度MP3等平台上来实现，并通过品牌专区（搜索）、精准广告（展示）和贴吧（互动）等形式，完成直击目标消费群、提升品牌形象和促进产品销售的目的。在百度搜索上，策划方案圈定了一些与海尔相关的关键词，例如“海尔”、“电器”、“家电”和“奥运”等关键词等，消费者在搜索这些词的时候，海尔品牌专区——占据百度搜索结果页1/2屏的图文品牌展示区显现首屏，这有效浓缩了企业核心信息，清晰展现了海尔国际化品牌形象。与此同时，海尔的精准广告也通过对关键词、行为和浏览内容等用户行为进行分析，将广告展现在特定用户的屏幕右侧，从而锁定那些关注奥运、海尔希望小学和公益事业等方面的人群，将海尔金牌活动推送到对其真正感兴趣的人面前。

为了制造热点，海尔还顺势推出了“奥运家电”推广方案，整合方案在百度贴吧进行了“海尔贴吧圣火传递”活动。这个活动通过转贴回帖的形式，让网络虚拟圣火在1473个百度城市贴吧中进行，产品图片也一并转贴。回帖最多的城市，海尔将在其所在地进行敬老院捐助等公益活动。海尔的种种推广方式环环相扣，针对性强，再加上百度华人第一的超大流量，使得海尔整合营销方案在两个月的时间内取得非常好的效果。

据相关统计：海尔品牌专区上线搜索引擎之后，检索量提升了20%，品牌专区点击率增长3倍；海尔精准广告投放期间日均曝光约50万人次；互动活动海尔贴吧火炬传递，参与人数达到百万以上，获奖前5名的城市在2次PK短短两个星期中均达到了上万的传递数字。在线下活动的赠送过程中，参与度和宣传度都达到一个高潮。海尔集团媒介总监王梅艳表示：“百度品牌专区和精准广告使海尔的全新奥运理念以及各金牌产品能够更加直接地展示在消费者面前，并且可以把海尔的最新企业动态与众多网民共享，全面提升了海尔的国际化品牌形象。”

区隔目标受众，锁定不同人群

海尔在百度进行的品牌营销，可以用12个字概括：广泛覆盖、精准定位、双向互动。海尔为了对目标受众进行细分，充分运用网络资源灵活多变的特点，采用点、线、面结合的方式，全面实现海尔品牌营销的广泛覆盖、精准定位和双向互动。

首先，设立海尔品牌专区。海尔利用百度搜索结果页面超过1/2的面积做品牌展示，让关注海尔的网民深度认知海尔国际化品牌形象，通过海尔品牌和产品相关词的搜索请求，让海尔信息有针对性地展现在目标用户面前；精确锁定目标人群，同时进一步丰富海尔的品牌信息以换取受众更长的浏览时间，唤起消费者对海尔产品的深度关注，间接提高受众购买海尔产品的可能性。

其次，投放海尔精准广告。海尔依靠百度强大的搜索引擎功能，通过对关键字、关键搜索区域和搜索行为的把握，准确锁定自己的潜在消费者，激发对海尔产品有需求的潜在受众对海尔的购买兴趣，促使他们对海尔产品进行深度关注。与此同时，海尔还利用百度贴吧互动性强的特点，建立贴吧社区，实现与受众的双向互动，一改传统广告的强制接受方式。通过这种主客关系的灵活互动大大提高了受众对品牌信息的接受程度（图 4-1）。

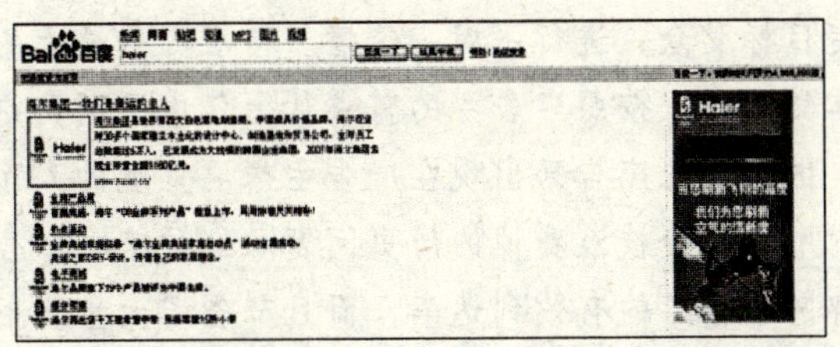

图 4-1 海尔百度网推广网

整合百度平台，吸引目标受众

百度作为全球最大的中文搜索引擎，与其他搜索品牌相比，它不仅在中国具有最高的知名度和忠诚度，拥有巨大的用户数量，还开发了几十种网络产品，一大批如百度网页搜索、百度贴吧、百度知道、百度百科、百度 MP3、百度图片、百度视频等百度产品共同支撑起百度在中文搜索领域不可取代的地位。

百度搜索推广作为一种按效果付费的网络推广方式，用少量的投入就可以给企业带来大量的潜在客户，有效提升企业销售额和品牌知名度，不仅具有客户覆盖面广，收费合理，针对性强，能够轻松锁定目标客户的特点，而且相比其他网络推广方式，百度投资回报的性价比更高。也正是因为看中了百度在网络推广尤其是在搜索引擎营销方面无可比拟的优势，海尔坚定地选择了百度作为自己网络品牌推广的合作伙伴。事实证明，海尔的这次大胆尝试是值得的，也是成功的。

海尔的网络营销渠道主要依靠百度强大的搜索能力和丰富的网络资源，充分利用百度平台可搜索、可展示和可互动的天然营销优势，结合品牌专区（搜索）、精准广告（展示）、贴吧（互动），通过对百度搜索、贴吧、知道、MP3等平台的利用直击目标消费群，提升海尔品牌形象。

在品牌展示区上，海尔官网的丰富资讯以精选和更为直接的方式展现在网民面前，众多网民也得以更便捷地了解海尔品牌官网信息和最新的产品信息，更方便地获取所需的产品资讯。在为网民提供便利的同时也将海尔企业的品牌形象最大限度地展示在受众面前。而面对消费者需求从大众化向个性化发展，受众注意力也逐渐分化和碎片化的现实，海尔则依托百度全球领先的技术实力和庞大的网民行为数据库，实行精准广告的投放，通过对网民所有上网行为进行个性化的深度分析和关键词的把握，按广告主需求锁定目标受众，进行一对一传播。精准广告最大的特点在于能够精准锁定媒体受众——按照广告主的需求从上亿中国网民中挑选出广告主的目标人群，保障了让广告只出现在广告主想要呈现的人面前，从而解决了媒体投放费用大部分被浪费掉的历史问题。这种精准广告的投放不仅提高了海尔品牌网络推广的有效到达率，而且节省了大量费用。

准确把握时机，借助奥运树立公益形象

海尔与百度的深度合作之所以开始于奥运会开幕前，就是希望通过与百度的合作，尤其是利用百度强大的搜索引擎功能，在奥运期间抓住海尔品牌营销的黄金期，全面提升海尔的品牌形象和美誉度。作为奥运合作伙伴，海尔准确把握奥运营销时机，借鉴火炬传递的理念，在百度1473个城市贴吧发起“奥运爱心火种传递”活动。活动开始后，海尔就在自己的网站上专门开辟了活动专栏，对活动的进展情况进行第一时间的报道。例如，开展网上报名活动，开辟活动创新亮点专栏，以文字、图片、视频等方式对活动进行跟踪报道；通过征文、小游戏、家庭DV、竞猜和有奖问答等形式，扩大活动的传播效果和大众的参与范围；此外，海尔还在网上开辟了社区及城市专区，调动社区及城市的荣誉感；启动网络投票，开辟活动留言专区以及选手人气指数排行榜，营造活动气氛；为参赛选手及家庭开辟博客；设置奥运知识问答专区，传播奥运精神；在网上征集奥运家庭和奥运笑脸等。与此同时，爱心传递活动还将根据“爱心指数”，为参与热情最高的前5个城市的福利院送去海尔冰箱。这次虚拟的爱心传递，引发了广大网友的热情参与。活动期间，参与人数达到百万以上。

正如海尔集团副总裁周云杰所说：“‘全民奥运’是2008年北京奥运会的主旨。因此，传播奥运对于整个奥运全民计划有着至关重要的作用。

而作为海尔传播奥运精神载体的'CCTV·海尔奥运城市行'活动则成为了海尔传播全民奥运的关键环节。"海尔通过充分利用奥运这个品牌营销的绝佳时期与百度携手合作，不仅实现了海尔的社会承诺，还使海尔品牌形象得到了很大的提升，在公众心目中进一步巩固了自己的良好声誉，可谓是一石二鸟。

海尔与百度的合作不仅讲究对媒介渠道的整合和时机的准确把握，而且非常善于在百度的平台上做事件营销。除了奥运营销，海尔还很好地利用了国庆节等一些重要节日开展事件营销，准确把握受众心理，充分挖掘节日文化，锁定具有相同兴趣或爱好的人群，吸引消费者的眼球。这种看似体现的是企业对社会的回报和对社会的责任，实际上通过对这些事件营销最大限度地将企业品牌形象展现在消费者面前，以此实现企业营销目的与社会效益的完美结合。

借助强势网络，整合多种平台

随着互联网的兴起，网络广告尤其是搜索引擎营销潜力巨大，对网络平台各种媒介资源的整合利用，成为网络广告成功的关键。截至2009年12月底，我国的网民规模已达到3.8亿人，超过美国成为世界上网民数量最多的国家，互联网的营销价值，正受到越来越多品牌的重视。继电视媒体之后，网络平台和搜素引擎的利用也日益成为众多企业角逐的新焦点。海尔的成功案例无疑是最好的证明。海尔在奥运期间依靠百度的搜索引擎平台，网络品牌营销取得显著成果，在推广期间，海尔品牌专区上线检索量比未上线时提升了20%，品牌专区点击率增长3倍。同时，海尔精准广告投放期间日均曝光约50万人次。海尔品牌形象的提升和品牌理念的推广都得到了很大的拓展。

然而，仅仅意识到网络广告的重要性还远远不够，因为对网络平台各种媒介资源的整合利用才是网络广告成功的关键。据相关数据显示，截至2009年6月底，我国互联网普及率达到25.5%，保持平稳上升的态势，超过全球平均水平21.9%。伴随着我国互联网的快速普及，网络发展空间的巨大资源毋庸置疑。尽管网络资源丰富，但不同平台和媒介之间存在巨大的差异，只有占据强势网络平台并且持续不断地发出自己的声音，才能在品牌竞争日趋激烈的今天占据优势并且拥有自己的一席之地，海尔的成功很大程度上市依赖百度强大的搜索引擎功能和巨大的网民占用率。统计数据显示：中文搜索引擎为网站带来流量的比例百度为74.88%，而Google和雅虎分别只占13.54%和3.94%。如果不能恰当地选择适合自己品牌定位和营销目标的网络平台作为合作伙伴，网络营销的最终效果就会大打折扣。

小结

搜索引擎功能专业化和多元化，不仅丰富了企业的营销平台，而且对企业整合利用搜索引擎等新媒体平台提出了新的挑战。随着消费者需求的日益个性化、碎片化和网络技术的不断发展，相信以后会有更多针对不同消费个体和消费群的网络广告形式出现，这对企业把握受众心理的准确度以及广告形式选择的要求也必将越来越高。只有那些能够很好地迎合受众接受心理和喜好的广告内容才会被受众更好地接受。

（胡博）

◎思考题：

1. 简述海尔与百度在北京奥运会期间的合作模式。
2. 搜索引擎营销的发展趋势是什么？

第二节　潮人带你环游世界

谷歌潮人地图是谷歌地图的新功能，也是谷歌携手170位各界潮人对谷歌地图的一次全新的时尚演绎。谷歌潮人地图的宣传口号是“潮人带路，畅游名城”，它坚持和发扬了谷歌一贯坚持的“Make Life Eeasier”主张，是为深度满足中国用户需求而进行的一次全新尝试。

快捷生活，潮人体验

这是一个时尚泛滥的时代，人人都在为追随时代的脚步而努力，而潮人就是这个时代的先锋。所谓“潮人”一般指的是能够引领时尚，富于个性而又思想超前的人。潮流的外部一般很时尚新颖，内在则很注重内涵和创新。谷歌推出这一潮人地图，不仅为谷歌地图增添了新的功能，使其更具吸引力，还使外出旅游变得不再让人烦恼。由于身处快节奏的生活中，在想要休息的时候却发现找不到适合自己的栖息地，谷歌潮人地图使人们在面对眼花缭乱的选择时不再仅仅是耳听也有眼见，甚至可以使人们在面对需要轻松却无时间的时候，足不出户地享受生活，体验大自然的美好。谷歌潮人地图的诞生也是网络时代的需要，它满足了快节奏生活的需要，让人们更加便捷地知道自己需要的是什么，减少时间的损耗。

谷歌潮人地图虽然是地图，却而又不仅仅是地图，它拥有自己独特的魅力：

第一，便捷性。只要在 www. g. cn 上搜索“谷歌潮人地图”，不论是用 PC 搜索，还是使用手机搜索，都可以查询到潮人地图，可以随时随地满足网民的生活需求。

第二，娱乐性。只要用户选择使用“谷歌潮人地图”，170 位各界潮人都可以成为你的顶级向导、完美闺蜜和营养老师，带领用户体验世界各地最潮的聚集地、淘宝场和美食街。

第三，实用性。谷歌潮人地图信息详细，指导性强，无论网民是想选择远离旧时光开始新生活，还是想漫无目的地游走，或者是想知道哪个明星经常去哪些地方，谷歌潮人地图都可以满足你的要求。

第四，分享性。谷歌潮人地图鼓励网民建立自己的网上空间，允许每个受众分享有趣的地图，还可以身临其境地聆听明星或其他网友的现场解说。

线上加线下，锁定生活圈

为了提升谷歌潮人地图的知名度，谷歌采用了线上加线下的推广方式，使谷歌潮人地图不断在潮人的生活圈附近显现。

谷歌潮人地图在北京推出的车体广告可谓别出心裁，它选择了北京潮人经常出没的 8 条公交线路，有途经奥林匹克公园、朝阳花园、三里屯、工人体育馆和东直门的 406 路，有在潘家园桥和马甸桥附近“出没”的特 8 路外环线，有在西单大街和国家体育馆外飞驰的 83 路，有在西直门、中关村和人民大学附近“畅游”的 85 路，还有纵穿北京城，途经王府井和美术馆的 803 路等。在这些公交车上，超女红人尚雯婕、当红明星阿朵、家喻户晓的“小婉君”金铭、媒体名人李孟夏以及新裤子乐队主唱彭磊等当红潮人纷纷出现，让谷歌潮人地图与这些名人的生活圈紧密地结合在一起。

那么谷歌为什么会选择车体广告？为什么选择这几条线路？随着人们生活水平的提高，外出旅游的人也越来越多，而网络媒体的发展使人们的生活更加依赖于网络，搜索引擎成为人们生活的重要向导。面对拥挤的交通状况，公交是北京潮人的重要出行工具。作为城市最普遍的交通工具，公交覆盖面积大，广告随车而动，传播范围广，使信息能够传播到城市的各个角落，并且车体广告有一定的强迫性，再加上谷歌的车体广告选择都是一些为网民所熟知的名人，网民在候车时或是走路时看到这些绚丽多彩的广告，就会很容易被吸引。

由于谷歌潮人地图本身是一种网络应用形式，谷歌非常注重其在网络媒体上的推广。首先，谷歌潮人地图借助于谷歌公司的平台优势，将谷歌自己本身强大的搜索功能、密集的信息网络优势与谷歌潮人地图的产品特性有机地结合起来，一方面充分利用了固有的资源，另一方面也间接地提高了谷歌本身的知名度。其次，谷歌根据网民的特点，选择 PPS 网络电视作为其视频广告的载体。与传统电视相比，网络电视具有可选择性强的特点，其收视群体行为特征明确，因此，谷歌选择在在 PPS 节目开始前 15 秒推出自身的广告，短短的 15 秒广告，不会占用受众较多的时间使其失去耐性，却会因设置疑问悬念的广告形式使其趣味盎然，可以引起网民的迅速关注。最后，手机媒体推广也是谷歌潮人地图的重要方式。手机媒体已经成为网民的随身媒体，手机用户通过手机浏览，将谷歌潮人地图的有趣事物分享给好友，这也成为谷歌潮人地图推广的重要方式（图 4-2）。

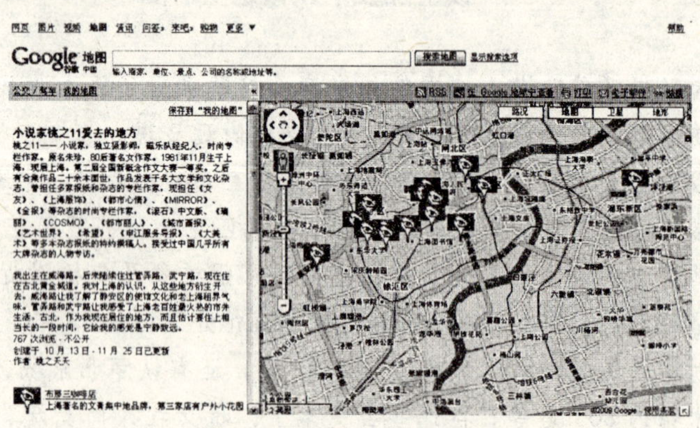

图 4-2　谷歌潮人地图截图

名人效应，潮人生活

我们都喜欢以成败论英雄，就谷歌潮人地图来说它称得上是一位英雄。虽然成名的道路曲折艰辛，但它还是走在了闪耀的聚光灯下，成为万众瞩目的焦点。它披着众星织成的外衣华丽登场，引起一片哗然。它不是将成败孤注一掷，而是采用多头出击的战略，大胆采用网络虚拟产品所不敢采用的户外车体广告，给人耳目一新的感觉，将整合营销表现得淋漓尽致。

第一，借别人的光辉闪耀自己。谷歌潮人地图将谷歌地图与170位为人们所熟知的名人巧妙地结合在一起，这抓住了人们追星的心理，现在不仅小孩子、年轻人追星，甚至老人都有自己喜欢的各类明星。谷歌充分利用名人效应，利用名人生活中的小事，为喜爱旅游或是想旅游体验享受某种生活的人们提供帮助，同时满足其心理需求。一方面这样有助于名人提升自身的知名度，而付出的仅仅是自己平时的所见所闻所感而已。就像平时写博客一样，名人可以上传自己喜欢的视频，说出自己喜欢的地方或美事，讲述自己所知道的关于此城的故事。另一方面谷歌潮人地图又可以借助名人的名气来提高自己的知名度。名人的生活本来就为人所关注，而这样将名人的生活经历感受传发出来不仅让浏览者得到自己想要的信息，更加会让人觉得自己与其所喜爱的明星的距离并不那么遥远。

第二，不鸣则已，一鸣就要惊人。公交车是大部分人的日常交通工具，也是人们最为熟知和常见的广告载体，而谷歌潮人地图为平平凡凡的公交车换上绚丽多彩的新装，赚足了人们的眼球。同时，车体广告投放的地点又是目标受众比较集中的地方，相对于电视等传统媒体来说，车体广告价格也比较低廉，用较低的成本获得最大程度的市场，是谷歌潮人地图推广的又一亮点。

第三，追随潮流才是真道理。谷歌潮人地图引领了一个小小的时代潮流，就像“偷菜”、“抢车位”和“斗地主”等这些简单而又娱乐性强的游戏一样，谷歌潮人地图利用170位明星的所见所感，满足众多潮人体验新鲜生活的要求，这也使得谷歌潮人地图成为时尚生活的一部分。

第四，有个性的才是有魅力的。谷歌潮人地图充分满足了人们的个性需求，每个潮人都可以在与名人交流的过程中了解很多自己所不知道的，而且还可以把自己的感受像名人们一样分享给他人，他们还可以根据自我的不同喜好建立属于自己的潮人地图，这充分体现了“我的地盘我做主”这一时代特征。

定位失当，用户体验不足

谷歌潮人地图的推出受到许多潮人的拥护，但是一个成功的产品概念并不等于事实上的成功，只有用户体验的深度满足，才可以获得市场的认可。谷歌潮人地图有以下几个缺陷：

第一，受众概念模糊，缺乏明确的消费特征。“潮人”是一个比较时尚的词汇，对于许多人来说，它也是一个比较模糊的词汇，缺乏具体的指向性特征，正如每个人心中都有一个哈姆莱特一样，每个受众对“潮人”都有着不同的诠释。因此，“潮人”只是一种理想状态，并不是一种生活方式，这难以长期维系网民的注意力。

第二，名实不符，易引起误解。谷歌潮人地图的名称跟它的产品内容联系不是很紧密，当受众初次看到它时，很多人认为它就是一个网上地图，并不能想像它是谷歌地图与170位名人联手打造的一个娱乐性和信息性都很强的个性化属地。因此，这就使受众很难把产品名称与消费体验结合起来，从而导致受众对谷歌潮人地图概念的茫然。

第三，根基不稳，再美也只是昙花一现。谷歌潮人地图是一个网络应用产品，其根基在于网络媒体，宣传也应该以网络宣传为主。但谷歌潮人地图的网上宣传力度不大，并没有充分利用谷歌原有的资源。

谷歌潮人地图的推出确实让人耳目一新，它大胆地以户外车体广告为主、网络广告为辅的气魄令人赞赏，也取得了较为显著的成绩，不失为整合营销传播的典范。但是营销目的是让受众参与其中，而不仅仅是欣赏它一下而已，谷歌潮人地图如将其标新立异的魄力与固有的传统结合起来，那么它或许更能经得起潮流的考验。

小结

谷歌潮人地图是谷歌地图提供个性化服务的一种尝试，它试图把名人效应与个性服务紧密结合在一起，这一方面满足了人们节约生活时间和提升生活品质的要求，另一方面也符合提供搜索引擎个性化服务的发展趋势。谷歌潮人地图由于以消费行为作为明确的着力点，这使得其可以成为良好的广告载体。传统的广告诉求以单个消费需求为诉求点，而谷歌潮人地图则是以一连串消费需求为整体的广告推广方式，这可以满足相关类广告主的整体要求。

（李艳军）

◎思考题：

1. 谷歌潮人地图具有什么营销价值？
2. 网络编辑的社会价值体现在哪些方面？

第三节 由周久耕事件看“人肉搜索”

“天价烟局长”周久耕，是2008年年末的网络红人。在周久耕事件中，网民利用网络媒体对政府官员进行监管，并最终促使政府对官员腐败问题进行查处，这既是中国网民的胜利，也是中国网络反腐的进步。在周久耕事件的查处过程中，网民的人肉搜索行为功不可没。

搜索无极限，网络有正义

在2008年12月28日之前，周久耕任南京市江宁区房产局局长。此时的他，是一个仪表堂堂的官员，戴着江诗丹顿，抽着九五至尊，开着凯迪拉克，风光无限。然而，一次联合采访，他未曾料到后果的言论，促使网民开始对其追踪搜索。

2008年12月10日，南京市江宁区房管局局长周久耕在接受南京九家媒体的联合采访时，纵论江宁楼市，手势不断，侃侃而谈，“有备而来”的周久耕在这次媒体见面会上抛出了“查处低价房”的言论。该言论一经媒体报道，周久耕一夜蹿红网络，质疑之声铺天盖地而来。

周久耕，房产局局长，他本身所在的职位和拥有的权力，让他和房地产开发商之间有着不可分割的联系。但是，他所发表的言论——“查处低价房”，让我们看到的是他和房地产开发商之间的共同利益。试问，作为一个房产局局长，怎会在接受记者采访时发出如此让众多无房阶层痛恨甚至仇视的言论？作为南京市江宁区房产局的局长，周久耕的言论显示了他和众多房地产开发商的利益。他“查处低价房”的言论让无数的网民一时之间群情激愤，天怒人怨。

通过百度搜索发现，网友的质疑之声几乎是与平面媒体对周久耕的报道同步进行的。

2008 年 12 月 11 日，网友“小花半里”在焦点南京房地产网“恒大绿洲论坛”上发出《八问江宁房产局周局长》的帖子，对其言论进行质疑。随后，一篇《遍撒英雄帖，追查南京市江宁区房产局局长周久耕》的帖子出现在凯迪社区，网友对周久耕的人肉搜索由此展开。

2008 年 12 月 14 日，网民“华阁”发表《赞一下那个要处罚低价售房的局长，看人家抽的烟》的帖子，在该帖子配发的照片中，证实周久耕所抽的镶有蓝边黄色盒子的香烟是“南京卷烟厂出产的顶级‘九五之尊’烟，一条就要 1500 元”！这引起了网民的众多猜疑。

2008 年 12 月 15 日，在《周久耕局长抽名烟、戴名表》的帖子里，署名“cheyou007”的网友指认其所戴手表是“江诗丹顿”，价值约 10 万元。此后，又有人曝出周久耕开凯迪拉克豪华轿车上班。

2008 年 12 月 17 日，在天涯社区的“房产观澜”论坛里，网民“伟大的人民”发帖抖出周久耕的弟弟是房地产开发商，系天创置业副董事长、天元吉地项目部总经理周久忠。有网友进一步查证出，被周久耕批评的“低于成本销售价”的恒大绿洲楼盘与周久忠所负责的天元吉地楼盘只有一条路之隔，天元吉地楼盘甚至低于恒大绿洲楼盘的售价 200 元。周久耕打击“降价销售的房产商”恒大绿洲，是为了保护其弟弟的利益。这种因果联系，也成了网友们的自然推论。

2008 年 12 月 23 日，周久耕又被曝出儿子是建材商，漂亮妻子曾公开谈丈夫的高档生活品位。

网民的力量是巨大的，对周久耕的人肉搜索，事无巨细，详细至极。从他在会议上所抽的烟，到其所佩戴的手表，以及上班开的车，再到他的亲人——其弟弟是房地产开发商，儿子是建材商。在很短时间内，网民自发地对周久耕展开了全面的搜索和追踪，网上针对“天价烟”事件的跟帖在两三天内迅速达到 7 万余条，这是一个自发的、当事人被动地接受的网络推广，短短的时间内就引起了很多网民的追踪和对后续事件的关注，网民搜索的结果也在不断增加。

但官方所表现出的不明朗态度和当事人周久耕的沉默令人质疑。官方的持续沉默，让此事更加扑朔迷离。面对媒体和网友的追踪，周久耕“一直在开会”，各相关部门也三缄其口。

2008 年 12 月 20 日，江宁区政府的网站上挂出一则短讯称，对于网络上反映的对周久耕廉洁方面的质疑，有关部门高度重视已介入调查，只要发现违纪或腐败行为，将按有关规定严肃处理。同是12月20日，一篇题为《至尊局长曝光，有关部门打酱油》的评论指出，当不少网友已经有针对性地举报周久耕时，负有监督职责的部门却异常“低调”，江宁区政府的回应与网友的期望差距甚大。

网民利用网络渠道对“天价烟局长”周久耕进行有针对性的举报，却得不到政府及时的回应和答复。显然，网络作为一个监督和反腐的渠道还没有引起政府足够的重视，政府在一定程度上失去了网民的信任，在网络舆论监督中政府处于一个被动的地位。

但是，天网恢恢疏而不漏，周久耕事件最终引起南京市领导的重视。2008年12月22日上午，江苏省委常委、南京市委书记表示：如果网民们对周久耕同志的投诉意见属实，要严肃处理，绝不姑息。

2008年12月29日，周久耕被免职。周久耕被免去职务，让网民看到了胜利的曙光。周久耕也因此成为2008年年末的网络红人。“天价烟局长”和“周至尊”等名号在网络世界里迅速蹿红。2009年2月13日，因涉嫌严重违纪，周久耕被江宁区纪委立案调查。2009年9月4日9：30，周久耕受贿案在南京市中级人民法院开庭。2009年10月10日15：00，南京市中级人民法院对周久耕进行宣判，周久耕被一审判处11年有期徒刑，没收财产120万元人民币。

至此，“天价烟局长”案件本身告一段落，但周久耕事件过程中出现的一系列问题引起了人们的反思，比如对“最廉价的反腐”——网络反腐的可行性、官员财产的透明化、人肉搜索是否侵犯隐私、网络反腐是否会走向暴力化等一系列问题的追问和探讨引起人们的热议和深思。

人肉搜索要适当，网络反腐需谨慎

“天价烟事件”使周久耕由房产局局长到锒铛入狱的囚犯，这是中国网民的胜利，也成为网络反腐的标志性事件。网络反腐，不仅指利用网络平台听取网民对党风廉政建设和反腐败工作的意见、建议，而且还包括接受、处理和反馈网民的信访举报及有关投诉。这是一个受理和处理互动的过程。

“天价烟事件”使周久耕锒铛入狱，这是他本人不曾预料到的事情。但是，换一个角度思考，我们会有一个新的认识。假如因为周久耕的职位和权力，再加上他的贪欲，某个甚至某些房地产开发商不忍再受其胁迫，单个或者联手设了一个局，让周久耕跳进一个挖好的陷阱，结果，“查处低价房”的言论一出，周久耕自然地处于一个网络反腐的风口浪尖，再无回还之路。但是，这种假设的可能性微乎其微，而周久耕被房地产开发商“害”了的可能性也几近为零。

政府是不是“害”周久耕的原因所在？从周久耕案追踪的全过程我们不难看到，“天价烟事件”是从周久耕发表“查处低价房”言论开始的。周久耕，一个房产局局长，所发表的言论肯定不只是他自己的个人之见，他的言论必定在当地政府的默许甚至授权之下才能如此堂而皇之地传达给媒体。周久耕的言论，必然有一定的政府支持的依据。

有报道指出，江宁区政府有参与房产市场的传统。据业界人士透露，早在2004年，江宁楼市由于上市楼盘量过大，面临跌至3000元/m^2的危险。为稳定房价，江宁区房产局要求区内近十家开发商控制楼盘上市量，结果江宁当年房价成功奔向4000元/m^2。

这是政府干预房价的一次成功的经验。于是，在这个成功经验的指引下，在当时的楼市寒冬，当江宁房产再次面临调整走向低谷之时，江宁区房产局毫不犹豫地伸出了政府的调控之手，对开发商低价亏本卖房子进行查处，于是，也就有了“天价烟事件”中周久耕的“查处低价房”的言论。

周的言论一出，立即引起争论声一片。周久耕本身以及江宁区房产局，根本没有预料到事件的扩大。而这些本来只是政府调控的行为，甚至带有属于内部秘密性质的内容，却因周久耕名烟名表被网友的揭露而扩大化。虽然在2008年12月22日江宁区政府公开回应，没有一家房产企业因降价销售而受处罚。但政府本身的行为，这带着强制的行使权力的“查处低价房”的作为，也是“害”了周久耕的导火线。

在周久耕事件中，很显然，政府不是一个推手。政府只是在无意识中暴露了制度上的不健全和对市场不完全负责任的干预。周久耕的“查处低价房”的言论是政府支持下的言论，却也同样刺痛了众多殷切期盼住房的无房者的心，由此，网民开始了对周久耕名烟名表的追踪和对其进行“人肉搜索”。

说到底，在“天价烟事件”从开始到结束这一过程中，最大的网络推手，不是房产开发商，也不是政府，更不是某个网络推广公司甚至幕后的推手，而是那些利用网络，展开搜索的网民，在他们的坚持和搜索下，“周久耕案”才能一步一步地走向网民的胜利。这不是某个人或者某个企业为了成名或者品牌塑造所特意进行的网络推广或事件制造，这是一个被推广的事件，周久耕成为2008年年末的网络红人是“被动的”，众多的网民处于一个主动的地位，然后取得了一个网络反腐的胜利。

周久耕案带来的直接结果就是，更多的官员开始注意自己的言行。而网络上，民众对官员在公开场合出现的穿戴讨论仍未停止，并由此形成了一种监督。这不能不说是周久耕的一种“功劳”。

但是，我们也不禁要深入地反思，网络是不是有效的监管工具？它能不能真的起到监督和反腐的作用？

“天价烟事件”的胜利让网民看到了希望的曙光，网络反腐似乎也得到了网民的青睐，越来越多的网民开始运用网络来对官员腐败行为进行揭发和揭露。网络反腐，作为新兴技术和民主监督的结合，已经成为当前不可忽视的民主监督的工具。

然而，网络反腐却是一把“双刃剑”，运用得好，能有效地完善民主机制下的监督体系，但如果不加以治理和引导，网络反腐会走向另一个极端。

网络反腐的发展和兴起，与以往传统的书信、上访等方式有很大的不同。书信、上访是实际的、现实的，当事人必须亲自参与。但是，网络反腐是一种新兴的方式，它的新，在于它的技术和特征。它利用了现在新型的网络媒体，今天的社会，网络已经被广大的受众所接受，并且乐意亲身参与其中，网民众多。网络的另一个重要特征是其虚拟性，这就给举报者甚至搜索者以安全的保障。其虚拟性让举报者不必恐慌因举报带来的报复，从而让更多的人参与其中，并且因其虚拟性，网民更愿意敢于说真话、实话，使得其反映的信息更准确、真实，参考价值也更大，这样不仅加强了对政府的监督力度，也充分体现了人民民主。同时，网络反腐中，因为众多网民的舆论压力，使得政府在处理问题上其速度和质量有了保证。网络反腐能够快速、便捷地解决反腐的问题，给政府、官员压力和监督，能提高政府和官员的作为，同时，数量庞大的网民，在一定程度上对腐败分子形成了强烈的震慑力。

但是，也正是其虚拟性，使得有人可能会利用网络进行匿名的打击报复。由于网络的匿名性特点，一些不负责任的人就会发言不负责任。在现在的中国社会，很多网民的辨别能力不强，很容易受到蛊惑。一些不负责任甚至是耸人听闻的消息经过网络得以迅速传播，一些问题在澄清之前就已经成了严重的问题，导致有时候会有不相关甚至夸张的消息传出，对当事人造成名誉上、财产上的伤害，有些情况可能会达到无法挽回的地步。这是网络反腐中我们必须提防的一个重要问题。

因此，在网络反腐中，必须加强网民的素质和对网络信息举报在现实中的确认。网络舆论监督要与其他监督形式结合起来，这样才能更好地发挥监督作用。网络举报只是发现腐败现象，必须得到其他机关的调查核实，才能对腐败现象作出处理。网络的虚拟性让其举报语境真实，但是其虚拟性与其他机关的调查核实相结合，才能使网络反腐真实、客观地发挥其作用。

在网络反腐中，很多时候是众多的网民针对其中的一个人。这种情况很容易导致网络暴力的出现。网络暴力，即网民在网上发表具有攻击性、煽动性和侮辱性的失实言论，甚至公布当事人现实生活中的个人隐私，对当事人及其亲属的正常生活进行行动和言论侵扰，对当事人造成名誉损失和权利受损的伤害。在网络反腐中，由于涉及官员和政府行为，网民的情绪容易激动，更多的人肉搜索被运用到网络反腐中，网络暴力就更容易出现，给当事人甚至其亲属朋友造成困扰和伤害。同时，在网络反腐中，即使该官员真的触犯了法律法规，但是，作为一个自然人、社会人，他的人格还是要尊重的，他在现实生活中的隐私还是要得到保护的，他的权利还是存在的。

社会不公平的存在，网民素质的参差不齐，网络环境的虚拟性，网民的匿名性和法治的不健全等是网络暴力存在的主要原因。因此，从整体上提高网民的素质，加强法制建设，对网络环境进行治理，是减少网络暴力的重要手段和内容。在网络反腐中，网络暴力的存在，更值得人深思。官员权力的不正当利用，社会的不公平，是众多网民在网络反腐中可能出现网络暴力的重要原因。因此，政府官员要加强自身的修养和素质，政府要作为，给网民一个可信任的形象，是减少网络反腐中网络暴力的一个有效手段。

被动传播是一柄双刃剑

“天价烟事件”让我们看到了网民的胜利，是网络反腐历程中值得纪念的事件，它是一场当事人处于被推广、被搜索和被追踪的网络推广事件，网民利用网络进行反腐，历经十个月，通过不断的搜索与追踪，当事人周久耕由一个风光无限的房产局局长到一个囚犯，这是中国普通民众的胜利，是中国民主的进步，是中国监督制度的完善和发展。

假如没有网络，周久耕还是南京市江宁区房产局局长，可能不久之后还会高升。假如没有网络，即便是周久耕的言论让人气愤，却不可能让网民找到其“天价烟”的照片，也不可能发现其名表、名车甚至家人的信息，也就不会使其转瞬间从意气风发到贪官污吏。假如没有网络，某些官员不会开始注意自身的穿着及行为，全国也不会掀起网络反腐的热潮。

“天价烟事件”中，当事人处于被动的地位，是一个被网民自发关注然后得到推广，最后得出效果的事件，没有刻意的网络策划，因“查处低价房”的言论，引起网民对其进行人肉搜索。在这一事件中，周久耕被传播，被搜索，在其偶然的表象下，是其言论引起的网民对其必然的搜索。

网络更多的是一种监督的手段和工具，而网络反腐，是对现实中官员检查制度的一种补充和完善。“周久耕案”反映出网络反腐的可实行性；同时，网络反腐还有很多问题亟待解决，网络反腐，任重而道远。网络的虚拟性、匿名性等不容忽视的问题要求对网络管理进行规范和正确的引导，加强网络立法，提高网民素质。同时，培养政府面对网络举报的反应能力和应急能力，积极应对，正确引导，不断规范，在探索中不断前进，使网络监督、人民民主能发挥积极的作用。

小结

人肉搜索是指人际关系进行信息检索的一种方式，近年来，相继出现了“虐猫事件”、“铜须门事件”、“功夫少女色情照片事件”、“钱军打人事件”、“史上最毒后妈事件”、“流氓外教事件”、“华南虎事件”、“3377 事件”和“张殊凡事件”等一系列人肉搜索事件。由于网络的匿名性，这些人肉搜索事件中所出现的网络暴力行为一直为人们所诟病。但周久耕事件，却从网络反腐的角度证实了人肉搜索的正义性。值得注意的是，在人肉搜索中关于个人隐私保护的相关法律和伦理问题值得我们深入思考。

（朱唐芳）

◎思考题：

1. 请评价“周久耕事件”的社会意义。

2. 在企业营销过程中，如何规避网络人肉搜索的风险？

第四节　百度“奶粉门”事件

近年来，百度遭遇了“奶粉门”事件和“竞价排名”事件，这两起事件引发了公众对搜索引擎“公共性”的思索。“奶粉门”事件唱主角的不仅仅是生产含有三聚氰胺奶粉的企业，对企业负面报道进行屏蔽的媒体和搜索引擎也负有连带责任。奶粉是孩子健康成长必要的食物补充，新闻则是人们的精神食粮。与孩子健康受到劣质奶粉摧残一样，消费者的精神也被媒体及搜索引擎打击了。百度面对那些负面信息无语，而百度的使用者也对百度无语。在金钱和利益的平衡上，百度站错了位置，所以它敢冒天下之大不韪，为企业遮掩，令消费者伤神。

一、一“石”激起千层浪

从2008年6月28日至9月8日，在不到两个月的时间里，兰州某医院接待了来自甘肃农村的14名患有肾结石的婴儿。经调查发现，这些婴儿由于母乳不足都食用了同一种品牌的奶粉。这则新闻报道拉开了对问题奶粉报道的序幕。

紧接着全国各地出现了更多的类似病例，一时间，人们谈奶粉色变。媒体对奶粉事件的报道也和事件的不断发展一样，越来越多。这些报道首先出现在传统媒体上，随后扩展到网络媒体，而当网民们通过门户网站和搜索引擎搜索“毒奶粉”相关新闻时，搜索结果却没有以前搜索其他关键词得到的信息多。细心的网友又在谷歌上输入了相同的关键词，发现谷歌的搜索结果是百度的几十倍，百度作为中国搜索引擎市场的龙头搜索的结果却远少于竞争对手，网民们对此产生了疑问。随后，一则《曝百度删除负面信息标准：1万元/条》的帖子也开始在网上流传，这则消息曝光百度收受企业的钱财并负责为它们“删帖”，也就是删除与企业有关的负面信息。更为严重的是，一则消息爆料百度在“毒奶粉”事件前收受三鹿300万元作为“封口费”，由百度负责屏蔽关于三鹿的负面信息，而且还说与三鹿类似的客户还有很多，伊利、蒙牛等企业都是在百度“删帖排行榜”比较靠前的企业。由此，网民对百度的态度发生了转变，百度陷入了深度的信任危机。

卷入这场信任危机的网站不止百度，新浪等其他网站也卷入其中。和其他网站没有回应相反，百度声明公司从来没有拿过任何企业的任何“封口费”，删除负面信息的标准更是无中生有，经不起事实检验。百度称自己搜索目录少的原因在于其对信息的精确匹配，因此相同的关键词谷歌获得的目录比百度多。但网友还是对百度的回应产生了怀疑，因为其“精确”的程度高得“令人发指”，一条普通的毒奶粉信息在百度网和网友玩起了捉迷藏，无从寻觅。网友认为百度的回应太不负责任，与事实明显不符，是明显的狼披羊衣，贼喊捉贼。所谓的精确匹配是给“封口费”安上了完美的防弹衣，其实质是对企业的不合法“维护”，对公众知情权的侵犯。

百度深陷“奶粉门”

百度经过“毒奶粉”事件，遭遇到严重的信任危机，不仅品牌美誉度受到严重损害，而且其市值也不断下降。

首先，“奶粉门”事件严重损害了百度的品牌荣誉。百度在名誉上遭受的损失不是自己所收受的几百万块钱能相提并论的。“奶粉门”出现之前，百度业绩可谓是突飞猛进，在国内网民中的认可度越来越高，百度搜索引擎使用者也是一天比一天多，发展速度之快，不是其他同行能匹敌的。但是现在，它什么都没有了，“奶粉门”事件让支持它的国人用户失望了，有句话叫做“有得必有失”，在“奶粉门”中它得到了它想要的钱，但同样它也失去了在国人用户中的公信力，它的搜索结果已经开始远远低于用户所要的期望值，这不是绯闻，而是它的搜索引擎值在大量金钱的笼罩下慢慢失去了它原有的价值。当搜索结果被铺天盖地的广告包围时，不难想象网民们的失望心情，百度似乎为了单纯追求效益的增长而忽视了品牌的建设。一个以牺牲用户体验值来挣钱的互联网企业是可怕的。

其次，“奶粉门”事件使百度公司股价下跌。据雅虎财经显示，自2008年9月以来，百度的股指由2008年8月的313.72点下降到2009年1月的128.77点，这一时期百度的股价持续走低，直至逼近2009年1月的冰点。这不只是受到国际金融危机的影响，“奶粉门”造成的负面新闻也使股民对百度失去信任，最终造成股票贬值。品牌的发展一般经历导入期、成长期、成熟期和衰退期，百度凭借精确的品牌定位，优秀的品牌宣传，树立了国产搜索引擎的旗帜，可以说已经走过了导入期和成长期，企业面临的状况就是巩固其现有的品牌地位，树立正面的企业形象。但“奶粉门”的出现，揭露了百度不为人知的一面，股民对其投资信心大大下降。

最后，“奶粉门”事件使百度深陷网民的信任危机。企业的生产目的是通过为消费者提供适合其需要的产品而获得一定的收益，其经营目的是获得利润，但获得利润的同时不能侵犯其他人的利益。“奶粉门”事件中奶粉生产厂家添加三聚氰胺伤害了消费者的身体，而百度的包庇行为则伤害了消费者和大众的感情。公众渴望通过百度了解“奶粉门”事件的真相，但百度的回应却令其形象大打折扣。作为国内最大的搜索引擎，网民怀着一颗虔诚的心等待百度回复，却得不到应有的答案，网民对其服务开始持怀疑态度，对百度的搜索结果表达了不信任。

众里寻他千百度，那事却在灯火阑珊处

谈三聚氰胺，谈“奶粉门”事件，用生灵涂炭一词，毫不为过。数千儿童患病，让中国企业发展陷入严重的诚信危机。既然生灵涂炭，作为中国搜索引擎旗帜的百度为何反应如此平淡呢？这就需要了解百度的业务范围。同将付费搜索结果放在主搜索列表之外的谷歌不同，百度允诺广告客户在付费后可以上提其内容在搜索结果中的位置。大量付费广告在关键词相同的情况下，被置在了前面显眼的位置。为了保护客户利益，深化长期合作，负面信息被屏蔽自然是顺理成章的事了。而且谁出的价钱高，谁的排名也就靠前，谁的负面信息也就越少，其为招揽生意而做的“竞价排名”被网友戏称为竞价除名。这的确是一个“朝阳”产业，作为国际搜索引擎巨头的谷歌碍于关注程度高，不敢做事如此明目张胆，而国内对于网络市场监管的不利，也给了百度下手的良机，同行业的其他竞争者因为其自身实力所限，远不具备深远的品牌知名度和影响力，百度成为众企业心目中的救命稻草也就实至名归了。据统计资料显示，预计到2011年，中国中小企业的数量将达到4660万家，其中拥有企业网站的企业数量将达到363万家，这也就预示着这363万家企业已经将企业推广的战略扩展到了网络层面。另一资料则显示，2009年第二季度百度在中国搜索引擎市场的份额达到了64.4%（按收入计）。假如这些企业都想屏蔽品牌的负面信息，百度仍将是企业最理想的合作平台，百度也将占据这块市场的最大份额。如果百度继续为了追逐利益而无视网民的呼声，那么未来或许不只是“奶粉门”，更多的这门那门会接二连三地出现在公众视野中。

问题是这样做于情于理都伤害网民利益的行为，会不会引火自焚？百度应该也为自己做过考虑，不然不会把“竞价除名”当做商业机密，使普通网民没有觉察的机会。“趟不趟这个浑水，完全在于企业自己，你自

律了，就不会同流合污；你不自律，就得欺骗消费者，愚弄网民，置国人的健康于不顾，以至于当奶粉门事件在全国沸沸扬扬时，百度依然默然，完全一个“过客”的姿态。几千名儿童患病的事实摆在那里，百度的搜索词条还是积极回避，陈仓暗渡，跟网民玩起了“躲猫猫”（图4-3）。

图4-3 网民恶搞百度奶粉

毒奶粉流毒四方，搜索引擎低调回应

不仅对于三鹿奶粉事件反应迟钝，有网友在百度和Google中分别输入“伊利”、“婴幼儿肾结石”等关键字后，百度搜索结果仅为8560篇，而Google的搜索结果为62800篇，这是为什么呢？

百度的形象广告是“百度更懂中文”，既然更懂中文，也就意味着同一事情将会得到更多的搜索结果，但事实显然对不起网民的眼球。口口声声说自己更懂中文，能更好地把中文意思从一方传递到另一方，但毒奶粉事件中百度搜索到的信息明显少于Google。现在信息社会讲究的是信息传达的准确性和及时性，百度如此低调的反应怎能跟得上日益快速的生活节奏。况且现代社会包容开放，信息传播空前自由化，平时没有新闻时网络还会爆料某个明星的绯闻，关于毒奶粉事件百度更不应该沉默。百度不会也是生病了吧？网民纷纷质疑。毒奶粉已经流毒四方，正是百度一展身手的时候，而百度的表现却令所有人大跌眼镜。

对此百度最终还是有了自己的说法，百度还是站出来澄清了搜索回报率低的“事实”，说它们的搜索方式和其他公司不一样，它们是精确匹配。因为这种搜索方式对信息关键词输入精确性要求高，所以“回报率低”是正常的，而不是外界传言的收了“封口费”。这样的解释就相当于说百度是在国际化的形势下，结合自身实际开发出了属于自己的独特的具有自主知识产权的搜索先例，是对中国的互联网做出了贡献。的确，百度对于中国互联网的贡献毋庸置疑，但也不至于因为这点小事而沾沾自喜吧。百度给搜索引擎下的定义是搜索引擎是指根据一定的策略、运用特定的计算机程序搜集互联网上的信息，在对信息进行组织和处理后，并将处理后的信息显示给用户，是为用户提供检索服务的系统。既然是为用户提供检索，那就是检索到页面越多，越容易实现网络资源共享。这好像不是最有利地实现网络共享，而是相当于封锁网络资源。

百度为何要这样做呢？三鹿公司的危机公关显然做得不够合理。它们拿出300万元想使百度屏蔽与三鹿有关的负面信息。但正所谓“常在河边走，怎能不湿鞋”，当邪恶和正义抗衡时，胜利的天平总是往正义一方倾斜的。数千无辜儿童患上重病，“奶粉门”事件也因此败露。这不仅是生产含有三聚氰胺奶粉企业的责任，媒体的“负面信息屏蔽”规则也难辞其咎。尽管一直对获取封口费等不义之财拒不认账，但公众还是对百度产生了怀疑。然而无论公众怎么批评，那些把柄确实难以被人抓到。当公众怀疑“封口费潜规则”时，关于搜索结果能不能说明一切的问题又成为人们谈论的话题。

百度在“奶粉门”事件之后表示，曾有几家奶制品公司与其接触，但公司“严词拒绝”了屏蔽负面消息的要求。百度还指责是竞争对手挑起了这场事端。百度在声明中表示，百度尊重事实，坚称其搜索结果反映了这一承诺。

搜索结果真能说明一切吗？传播学关于新闻的定义是新近发生的关于新闻的报道，也就是说新闻的重要原则是用事实说话。而网络作为信息传播的载体，除了广告、艺术等的传播之外，也要求新闻的及时传达和事实性。百度作为搜索引擎，兼具收录新闻和广告的功能，这就要求百度在报道新闻时一定要用事实说话，不能有所隐瞒。在“奶粉门”事件的处理上，百度显然是越位了，迷失了自己的位置。在全国上下一致声讨的时候，作为与网民关系最为密切的搜索引擎，反应却是如此平淡，网民情绪难免会失落。事实能证明一切，也都摆在了眼前，百度显然是利用了网民的宽容心理，误导了它的用户。羊毛出在羊身上，既然百度给不了毒奶粉事件的信息，网民势必怀疑百度的动机。你没有给网民一个结果，网民就把你给“结果”了。

传者要自律，企业当自爱

修正药业有句广告词“良心药，放心药”，就是启示人们只有怀抱一颗济世的心，才能普度众生，悬壶济世。任何企业都应该这样，生产安全放心的产品给消费者，共同推进社会进步，这样才能实现社会价值。“奶粉门”事件的主角正是因为其不自律，最终搬起石头砸自己的脚，把那么多年积累的财富瞬间化为乌有。这次事件百度也卷入其中，而且起了非常重要的作用，无论是低调回应，还是收取“封口费”，总之百度一时间成为众矢之的，遭到了口诛笔伐。这无疑是其不自律而酿成的苦果。

马斯洛需求理论认为，生理需求、安全需求、社会交往需求、尊重需求和自我实现需求是人们的基本需求，这5种需求由低到高依次排列。某一层次的需求相对满足了，就会向高一层次发展，追求更高一层次的需要就成为驱使行为的动力。生产三聚氰胺奶粉的企业就像是剥夺消费者安全需求的剥削者，它们为了自我实现却忽略了他人的利益，最终它们自己也没有自我实现。而百度像极了剥夺网民尊重需求的剥削者，因为百度的隐瞒，消费者蒙受了巨大的损失，数千家庭也被毒奶粉蒙上了一层阴影。他们感觉媒体欺骗了他们，百度欺骗了他们，基本的尊重需求没有得到满足。这种现象所造成的需求层次不平衡很容易激化社会矛盾。因此，在信息日益透明化的今天，传播者更应该加强自律，不仅报道积极正面的信息，对反面的、不符合社会价值取向的信息也要进行揭露，使公众下次再面对这些信息时，能及时作出反应，使损失最小化。

蒙牛旗下有个品牌名叫特仑苏，它的广告词为“不是所有牛奶都叫特仑苏”，消费者对其记忆犹深。为何？因为它宣称特仑苏牛奶是来自优质奶源地，牛吃上等的草，公司通过科学化的管理生产牛奶，这就说明牛奶和牛奶之间是有好坏之分的。企业也是一样，有些企业立志为国为民，实现民族振兴；有些企业却只是中饱私囊，唯利是图。生产三聚氰胺奶粉的企业便属于后者，它们不惜牺牲百姓的利益而攫取更大的利润，它们宁愿用封口费来屏蔽负面信息，以获得苟延残喘的时间。有些媒体也是一样，见钱眼开，为了钱不惜牺牲尊严，浪费国家和社会的资源来满足某些客户的需求。虽然它们都逃不脱法律的制裁，但国家、社会所蒙受的损失却是弥补不了的。百度作为中国搜索引擎龙头，以其深厚的资源背景为垃圾企业谋利损坏了企业形象，尽管其事后进行公关，但其在人们心中的负面印象却一时难以消除。百度也应像其他注重售后服务的公司一样，对广告商进行取舍，在对待做搜索引擎广告的企业时，不仅要收费，还要收对。

小结

“百度一下，你就知道”，这是百度公司的广告语，网民对此作了许多精彩的演绎：“宁舍一顿饭，也要上百度转一转”、“谷歌（Google）是美国人的通行证，百度是中国人的墓志铭”、“我不是百度的人，我百度起来不是人”、“好好学习，天天百度”、“为中华民族之崛起而上百度”……使用搜索引擎检索信息，已经成为众多中国网民的习惯行为。“奶粉门”事件和“竞价排名”事件的爆发，一方面暴露了网络公司追逐利润的本性，另一方面也反映出政府和行业协会对新媒体的“失控”。对搜索引擎的监管问题，一方面需要道德、法制和舆论的共同约束；另一方面也需要探讨技术创新的“公共性”，使科技进步更好地服务于普通大众。

（张凤武）

第五章 博（播）客广告

专业导航：博（播）客广告

Web2.0网站的兴起，促进了网络广告的多元化发展。博客和播客是Web2.0网站中影响力最大的网站形式，由于其个人性和深度参与性，博客广告和播客广告受到广告主的欢迎。博（播）客广告是指企业利用博（播）客平台刊发广告而出现的广告形式。

一、博（播）客广告的产生背景

网络媒体竞争的本质是“内容为王”，网络媒体的内容成为网络媒体生存和发展的根本。网络媒体内容的形成经历了三个阶段：

第一个阶段是通过数据库技术把传统媒体内容数字化和网络化，网络媒体的功能是信息的输入和发布，缺乏原创力，这个阶段网络媒体的竞争力来源于对传统媒体信息的消化和传播能力。

第二个阶段是网络媒体为了打造品牌个性，开始注重对传统媒体信息的“整合”以及自主获取信息，这个阶段的网络媒体的竞争力来源于网络媒体的整合能力和原创力。

第三个阶段是网民成为网络内容创造的主体，网络媒体的主要职能是引导网民和服务网民，这个阶段的网络媒体的竞争力来源于网络媒体的服务能力和对网民所创造内容的整合能力。

在前两个阶段，网络媒体内容创造者是新旧专业媒体机构，而第三个阶段网络媒体内容的创造者是网民自身。随着网民的活跃程度不断提高，2006年底美国《时代》周刊将“YOU”评为“年度人物”。

博客和播客是网民参与人数最大的网络应用形式。博客，又被称为网络日志，是指网民将自己的文章或图片放到网络上，供人阅读，广为传播。播客，是在博客的基础上又增加了音频甚至视频的内容。网民在博客和播客上所创作的大量文字、图片、音频和视频内容，已经成为网络媒体的重要内容来源，新浪网、搜狐网和网易网等各大门户网纷纷改版，把博客和播客的内容作为其内容竞争和品牌战略的重要工具。

2007 年 9 月底，新浪网宣布将与博客主人平分广告收入，虚拟的博客产生了“真金白银”效应。在获得一定的经济收益后，博客主的共享动力也由单纯的兴趣爱好转变为经济利益追求，这也为博客发展模式的创新和职业博客的产生提供了条件。

二、博（播）客广告的发展历程

2005 年 12 月 7 日，和讯网在网名为 keso 的博客“对牛弹琴”上正式挂出了两个广告，一个是和讯个人门户的按钮广告，另一个文字链接是 Web2.0 策划开发人员的招聘广告，这是国内第一个个人博客广告，据说该博客主获得了四位数的广告收益。

2006 年 3 月，和讯网推出“博客广告联盟”，这是国内第一个博客广告代理平台，以此来代理个人博客广告批发销售业务；博客广告联盟成立后，和讯网把大大小小的博客流量打包起来，批发卖给广告主，再把广告收入按流量或广告投放效果与博客主进行分成。

和讯网的博客广告模式得到广告主的广泛认可，2006 年 4 月 19 日，和讯博客广告联盟宣布与中信银行签约，中信银行投入 50 万在 1000 名左右的个人博客上，发布信用卡广告。

2006 年 8 月 23 日，博客网发布“博客金行”，用户可以自由选择是否开通博客广告，竭力打造博客、博客网站和广告主三方共赢的全新模式。

2007 年 9 月，新浪推出博客广告联盟，标志着博客广告得到了广泛认可。

虽然博客广告呈现出良好的发展势头，但博客广告还面临着法规监管、诚信体系建设和利益分成等方面的问题，需要进一步改进。2006 年初，出现了新浪网与徐静蕾博客广告收益纠纷，这进一步引起了大众对博客收益分成问题的关注。

伴随着博客广告的兴起，播客广告也获得了广泛关注。2005 年 4 月，杜蕾斯同播客网站 Podcast Alley 进行了合作，在热门节目“Dawn and Drew Show”中植入广告，取得了良好的广告收益。

三、博（播）客广告的类型特征

博客广告分为两种类型：一类是企业博客，企业博客是广告主为使用自己产品和服务的用户创建的一个圈子，也是一个宣传产品的阵地；另一类是广告主在博客网站上投放的普通网络广告，常见的形式有雇用式博客广告、自身体验式博客广告、分成式博客广告、依附式博客广告和匹配式博客广告等类型。

（1）雇用式博客广告。企业雇用博客主围绕企业产品和品牌，创作各种博文和视频，并发表在博客主自己的博客上，博客主可以按量收费。

（2）自身体验式博客广告。博客主把自己对特定企业产品的消费体验，发布在个人博客上，以供其他消费者分享。

（3）分成式博客广告。博客主把电子商务网站的链接发布在个人博客上，如果其他网民通过该超级链接购买产品和服务，该博客主就可以获得销售分成。

（4）依附式博客广告。广告主与博客服务商建立合作关系，广告主从博客服务商所提供的博客列表中，选择适合自己的博客刊发广告，博客主也可以获得一定广告分成。

（5）匹配式博客广告。这主要是百度和谷歌等搜索引擎公司推出的广告模式，通过广告与博客内容的关联，博客主可以按流量获取收益。

随着越来越多的博客可以刊登音频和视频，博客已经走向多媒体传播时代，博客和播客之间的界限越来越小，最终将走向融合。

第一节 “美的新思，跃动新姿”大型才艺互动选秀活动

创建于1968年的美的集团，是一家以家电业为主的大型综合性现代化企业集团，拥有中国最大、最完整的空调、微波炉、洗衣机、冰箱、洗碗机产业链以及小家电产品群和厨房家电产品群。在“2008年中国最具价值品牌”的评定中，美的品牌价值达到412.08亿元，名列全国最有价值品牌第6位。在“2008年中国企业500强”排名中，美的名列第69位。从1981年在大街上发布招贴广告，征集品牌名称，到1992年率先投入巨资请巩俐代言，从赞助国家跳水队北京奥运会夺冠，到支持中国花样游泳队冲击伦敦奥运会奖牌，美的每一次品牌战略部署，都透露出打造国际品牌的勇气和魄力。

网络体育，美的营销

早在2000年悉尼奥运会时，美的就策划了“美的瞬间”营销案例。在随后的2002年日韩世界杯，2004年雅典奥运会，2006年德国世界杯和2008年北京奥运会等世界体育大赛中，美的品牌营销从“美的”二字切

入，坚持体育营销的方向，策划了“美的瞬间”和“美的时刻”等结合体育热点赛事的一系列品牌营销活动，实现了美的品牌传播的长期传承和积累。2009年3月11日，美的宣布，继续承担国家跳水队和游泳队的首席赞助商，并携手中国花样游泳队，进一步扩大赞助范围。

2006年以来互联网视频技术获得迅速发展，视频用户数量的大幅度增长，互联网视频技术的创新使网络媒体平台具有了传统媒体平台上全部的资讯传播方式，而完整平台的搭建及真实留言、照片、视频的留存，则形成了网络媒体独特的竞争优势。另外，互联网与生俱来的灵活性、多元性、即时性和互动性，是区别于传统媒体传播平台的最大特征，网民可以根据自己的需求、喜好选择对自己有用的资讯，这是任何传统媒体都无法比拟的。这使得一些焦点事件和一些草根化、娱乐化的事件在网络上能更广泛、更快速地传播，网络媒体也逐渐取得了主流媒体的地位。

近年来，美的集团扛起体育营销的大旗，在互联网互动营销方面大显身手。2006年，美的与搜狐网联合举行了“德国世界杯博客军团”活动；2008年北京奥运会期间，美的再次与搜狐网合作举办了“冠军水准，美的演绎——2008年体育图片创意解说大赛”。为进一步提升中国游泳队、跳水队的赞助项目与美的品牌的关联度，提高美的品牌形象与品牌影响力，并促进现实的产品销售，美的集团需要策划一场新的大型网络推广活动，以传承和演绎美的品牌的内涵。

线上博客，线下抽奖

2009年，美的实施了大型网络推广活动——“美的新思，跃动新姿”大型才艺互动选秀活动，该活动将体育盛事（第13届世界游泳锦标赛）与企业文化、产品展示相结合，互联网的强大平台与消费者形成品牌互动，从而强化美的品牌形象。

“美的新思，跃动新姿”大型才艺互动选秀活动以搜狐博客为主要平台，以才艺展示为比赛内容，并以2009年7月在罗马举办的第13届世界游泳锦标赛为契合点。围绕“家电组合应用”这一消费理念，“美的组合我来演绎”大型才艺互动选秀活动把主题定为“美的新思，跃动新姿——助威跳水游泳冠军圆梦罗马”大型才艺互动选秀。与线上互动选秀相配合的是线下的促销刮刮卡活动，用户购买美的产品即获得刮刮卡，参与互动答题就有可能获得大奖。

选秀活动的具体执行分为海选、18 强 PK 赛、10 强拉票+才艺展示和 10 强决赛四个阶段。在奖项设置上，包括罗马之行、观看第 13 届世界游泳锦标赛、家电产品及现金奖励等。在选秀内容上，与美的产品概念相结合，分别设置了代表冰箱的酷若冰霜组——以酷、炫为主题的才艺展示，代表微波炉的热情似火组——以热、辣为主题的才艺展示，代表空调的绿意盎然组——以阳光、快乐为主题的才艺展示。

线下的促销刮刮卡活动与线上的互动选秀活动同时进行，从而形成用户的“交叉关注”。通过线上的互动选秀活动，让网民在参与活动的同时与美的品牌、产品产生互动，传播美的系列家电产品的“组合概念”，并引导参与者产生消费需求。通过线下的促销刮刮卡活动，引导消费者提升品牌认同，打造美的电器“家电组合应用”消费理念，迅速提升美的品牌的知名度与美誉度，从而形成品牌推广与产品销售的双丰收。

“美的新思，跃动新姿”大型才艺互动选秀活动以搜狐博客为主平台，活动参与者通过博客上传才艺图片、文字以及视频。大赛设计出博客模块，网民可以在自己的博客页面加载模块，并通过模块参加活动，也可以为自己喜欢的选手投票，成为该选手的粉丝。参与线下“促销刮刮卡”活动的消费者可以在活动网站参与互动答题和为选手投票等活动，输入刮刮卡号码，即可参与抽奖。同时，整个互动选秀与美的终端路演结合，邀请优秀选手到路演现场表演。

“美的新思，跃动新姿”大型才艺互动选秀活动从 2009 年 3 月 27 日开始，到 2009 年 6 月 30 日结束，共有 537104 网民通过不同方式参与了活动，其中收集网友才艺展示作品上万份，总投票数将近 45 万，博客模块传递数高达 70 万次，曝光量超过 3 亿次。全部活动带来了将近 50 亿次的曝光量，极大地提高了美的产品的品牌形象和品牌影响力，并将美的时尚、活力和健康的品牌内涵准确地传达到了消费者的心目中。

搜狐体育，大赛立网

媒体价值取决于两方面，一方面是通过提供阅读性强的资讯和服务，最大化形成有规模、有价值的受众群体。在这一点上，搜狐已经具备了强大的规模优势。搜狐是中国互联网最大的门户网站之一，是中国主流人群获取资讯和交流的最大网络平台之一，拥有近 1 亿注册用户，日浏览量高达 2.5 亿，是中国网民上网冲浪的首选门户网站之一。注意力是媒体价值的另一大要素。搜狐无论是内容上还是技术上，都在网络界乃至整个公众界创造了很大的影响力。搜狐是2008年奥运会互联网内容服务赞助商，影响力产生注意力，这种注意力造就了搜狐区隔于同类媒体的附加价值。

美的选择搜狐网，是由于搜狐网的网友与美的目标消费者有着高度的重合性，而且搜狐网作为北京奥运会赞助商，这将有利于美的进行体育营销。更值得一提的是，搜狐博客是搜狐网2009年主推的产品，搜狐网本身会拿出大量资源来推广搜狐博客，因此，“美的新思，跃动新姿——搜狐才艺选秀”选择搜狐博客为主要推广平台和互动平台。多年来，搜狐一直在搭建体育营销的平台，体育已经成为搜狐的核心资源之一。从2000年悉尼奥运会到2002年日韩世界杯足球赛，再到2004年雅典奥运会、2008年北京奥运会，从NBA官方网站、F1网站到姚明官方网站等多家体育资源网站，搜狐已经将网民的目光牢牢地吸引到搜狐的巨大网络平台上来，创造了中文网站报道体育赛事的浏览量奇迹，为中国亿万网民提供快速、海量与图文并茂的赛事信息，成为网民们关注体育赛事的最主要渠道。

美的做的是体育营销，而搜狐是目前国内公认的体育内容做得最好的网站之一，传播效力很强；在搜狐平台上聚集了大量的体育爱好者，也符合美的活动的受众定位；搜狐是美的的战略合作伙伴，双方合作长达四年，再次合作所经历的磨合期会大大降低，有利于节省成本（图5-1）。

图5-1 “美的新思，跃动新姿”

目标趋同，广告优先

广告媒介特征与产品品牌特征的关联性，是广告媒介选择的重要标准，以下几类产品最适宜网络传播：一是互联网周边产品，像IT类、通信类和消费数码类产品，其目标受众与网民具有最大的重叠性，网络传播的效果远远大于其它传统媒体。二是消费者采购时需要大量资讯去权衡的物品，如汽车、家电类产品，所有与这些产品相关的资讯都能够在网上找到，消费者可以在网上货比N家，这保证了消费者理性的购买。三是年轻时尚类产品，这些产品的品牌力与受众生活形态认同度息息相关。网络是以年轻人为主要受众的媒体，带给了年轻人最时尚、最有活力的全新生活方式，年轻时尚类产品必须寻求与年轻人生活形态的最佳契合点，才能实施精准有效的行销。

在广告主最关心的高学历、高收入和高消费的网民中，搜狐始终处于领先的优势。在搜狐的博客、社区和论坛中，24~39岁的群体的集中度更高，而这部分群体的消费能力明显高人一筹。搜狐的网民与美的目标消费者有着高度的重合性。美的此次活动是以体育资源丰富的搜狐为平台，体育营销的对象当然是以关注体育赛事的人为主。根据CTR的一项专项调查表明，关注体育赛事的人的特征倾向是：男性，年龄在24~46岁，中高收入。从受众的媒体接触习惯看，这些关注体育赛事的群体和经常接触互联网媒体的受众更为一致。因此，互联网为体育营销提供了一个非常高效的传播平台，网民们通过互联网了解体育赛事信息的比例已经超过了电视、报纸，而名列所有接触渠道之首。

特色博客，个性认同

互联网与生俱来的互动性是区别于传统媒体传播平台的最大特征，以博客和社区为代表的Web2.0产品的迅速发展是互联网互动本质的最大体现，而在传统的博客、社区服务基础上建立的博客圈、模块等服务，则提供了将传统的Web1.0内容与Web2.0自媒体整合的平台，在这个整合的平台上，用户的需求是第一位的，而“传统媒体”与“自媒体”的区别不再泾渭分明。

互联网作为用户参与互动和建立专属社区的平台，满足的是用户通过互联网被动接受信息之外的新需求，博客所建立的个人化和个性化空间，是驱动用户更大范围使用互联网的又一强大动力。历经十年的发展，搜狐网站上不但沉淀了众多查看搜狐资讯、使用搜狐产品的用户，更有大量愿意书写并分享内容的博客。以各种形式提交个人化的内容，并将它们汇聚在搜狐的巨大平台上，数量庞大的博客文章在经过编辑的精选后成为媒体采集的内容，而无数风格各异的博客空间都能吸引到志趣相投的用户，形成范围不断扩展的博客圈层和博客社区。

美的此次大型才艺互动选秀活动以搜狐博客为主平台，选手通过博客上传才艺图片、文字以及视频。此次活动还特别设置了博客模块，对网站内全体网民开放。用户可以在自己的博客页面加载这个模块，通过模块参加活动。活动模块的植入，使得活动渗透到用户个人博客中，大大提升了用户对活动的关注度与参与度，并增加了持续关注和反复参与的可能性，起到了“病毒式传播”的效果。消费者通过上传作品参与到选秀活动中，从而使原先的消费者由被动接受转向主动传播，提高了活动对消费者的吸引力。

焦点话题，口碑传播

选秀是极易招来话题的娱乐活动类型，而融合了不同风格的平民才艺展示节目，更容易引发传染式的讨论。美的此次大型才艺互动选秀活动设置了从海选到决赛的四个阶段，从网络到秀场，每个阶段的评比方式和规则都有所不同，这引起了用户的广泛注意和讨论。以话题带动事件传播，营造了强势的宣传效果。

美的还在搜狐专门设置了活动的官方博客，不断将活动的最新情况和花絮上传，提供最新的才艺展示照片和视频分享。用户一旦在博客模块上分享视频，就会引发“分享链条”，形成口碑传播，从而提高用户黏性，达到深入传播的效果。同时，通过模块也可以为自己喜欢的选手投票，成为该选手的粉丝。活动还设置TOP粉丝圈排行榜，带动粉丝的主动关注与传播。

现在的生产、营销、广告都已不是单向的活动方式，而是双向的模式，只有打开让消费者参与的入口，才能获得真正的生命力。网络时代只有互动才能获得参与，“网络选秀”参与方式简单，覆盖范围广泛，操作的简单性和参与的便捷性，加上奖励的诱惑性，使得活动具有了较好的参与可能。美的大型才艺互动选秀活动将产品信息植入其中，通过目标消费群体的体验激活了自身的品牌形象，使活动具有话题性和传染性，同时因为话题性而产生了“病毒式传播”，获得了广泛的认知和参与。网友通过专题留言通道和博客留言栏，展开热烈讨论，互动效果良好。活动同时借助系列跟踪报道的一臂之力，增加曝光率，以最小的成本实现了传播效果的最大化。这一系列网络互动活动满足了互联网用户最直接的参与热情，提升了受众关注度和活动的影响力。

由搜狐公司承办的“美的新思，跃动新姿”助威跳水游泳队圆梦罗马全国巡演和大型才艺互动选秀活动的全部网络推广，调动了搜狐门户在体育、家电、娱乐和视频等多领域资源整合的优势，在报道、招募、展示和促销等方面提供了全方位的网络支持，并应用搜狐博客在内的强大互联网营销工具向中国用户传播美的品牌价值及产品线。线上的互动选秀活动与线下的促销刮刮卡活动同时进行，形成了用户的“交叉关注”，参加互动选秀的用户会关注到促销活动，从而形成消费需求；参加促销答题的用户也能看到美的互动选秀活动，从而提升美的品牌认同感，形成了品牌推广与产品销售的同步协调进行。

小结

美的利用体育资源丰富的搜狐网络平台，开展较有特色的选秀活动，借助吸引年轻用户的娱乐营销事件进行密集的推广与宣传，通过渗入用户的个人博客，引发话题，进行了较为有效的口碑传播。通过广大网民的真实体验，延续话题性，获得了广泛的认知与参与，有效地拉近了与消费者的距离。利用媒体跟踪报道，扩大影响范围，引发网民的热议，推动了活动的良性发展。利用网络的互动性，获得了高参与度，“病毒式传播”的技术形态和选秀的话题性实现了良好的传播。有效地整合互动平台，通过植入博客模块，获得良好的亲身体验，并同时配合线下促销，在抽奖与刮奖中，受众通过参与式的心理体验，感受到了品牌的可信赖性，使消费者和用户产生“交叉关注”，有效推动了产品的销售，建立起品牌与体育精神、“组合家电”理念的高关联度。

（李朋霞）

◎思考题：

1. 请简述线上选秀与线下选秀节目的区别。
2. 线上选秀活动具有什么营销价值？

第二节　“天翼 3G”的体验营销

早在 1970 年，世界著名的未来学家阿尔温·托夫勒在其著作《未来的冲击》一书中就曾预言：“服务经济的下一步是走向体验经济，人们会创造越来越多的跟体验有关的经济活动，商家将提供体验服务取胜。”今天，体验经济已经成为企业营销创新的重要方向，并且在新媒体环境下创新的步伐不断加快。

从服务经济到体验经济

1998年，美国俄亥俄州战略地平线顾问公司的共同创办人约瑟夫·派因与詹姆斯·吉尔摩在美国《哈佛商业评论》上发表《体验式经济时代来临》一文，指出：经济价值演进的四个阶段分别为货物、商品、服务与体验，体验经济时代已经来临。随后，众多行业纷纷宣布进入体验经济新阶段。

2001年8月21日，联想推出了开天系列商用电脑，联想副总裁陈绍鹏宣称：开天系列体现了联想对产业的思考和对客户的理解，是联想用“全面客户体验”理念打造的“全三维品质”精品。

2001年9月4日，惠普公司与康柏公司达成250亿美元的并购交易，惠普公司总裁费奥·利娜提出了构造“全面客户服务模式”，带领新惠普由传统的产品经济、服务经济全面转向体验经济。

2001年10月25日，微软新一代操作系统Windows XP（“XP”来自“Experience”，其中文意思即是体验）在全球面市，比尔·盖茨宣称该新操作系统为人们“重新定义了人、软件和网络之间的体验关系”。

体验经济的基本特征是：企业以服务为重心，以商品为素材，为消费者创造出值得回忆的感受。传统经济注重产品的功能强大、外型美观和价格优势，而体验经济则是从生活与情境出发，塑造感官体验及思维认同，并以此抓住消费者的注意力，改变消费行为，为产品找到新的生存价值与空间。

体验式经济时代的到来，对企业影响深远，其中最主要的方面体现在企业的营销观念上。正如伯德·施密特博士在《体验式营销》一书中指出的那样，体验式营销是站在消费者的感官、情感、思考、行动和关联五个方面，重新定义和设计营销的思考方式。此种思考方式突破了传统的“理性消费者”假设，认为消费者消费时是理性与感性兼具的，消费者在消费前、消费时和消费后的体验，才是研究消费者行为与企业品牌经营的关键（图5-2）。

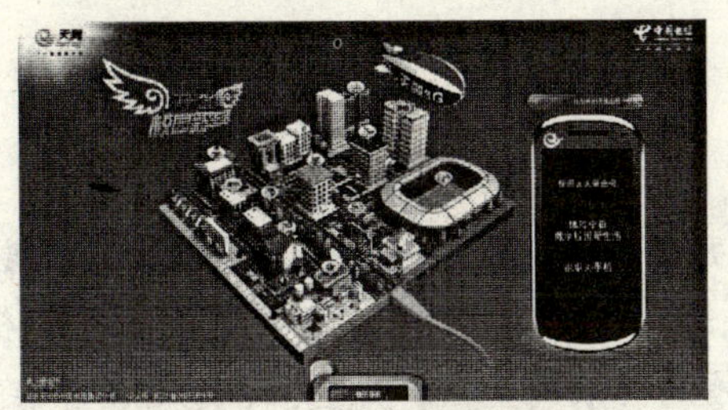

图 5-2 天翼 3G 宣传海报

3G 时代的品牌竞争

2009 年 1 月 7 日，工业和信息化部为中国移动、中国电信和中国联通分别发放了第三代移动通信 3G 牌照，其中，批准中国移动增加基于 TD-SCDMA 技术制式的 3G 牌照，中国电信增加基于 CDMA2000 技术制式的 3G 牌照，而中国联通增加了基于 WCDMA 技术制式的 3G 牌照，从而形成了国内 3G 技术开发三足鼎立的态势，也标志着我国正式进入 3G 时代。

对消费者来说，3G 作为一项新型通信技术，将对人们的生活、休闲和娱乐方式产生重大影响，甚至会改变人们的生活观念和生活方式，其中孕育了巨大商机。各大通信企业对这块大蛋糕早已垂涎已久，但幸运之花只降落在中国移动、中国电信和中国联通三家身上。面对这块蛋糕，三家企业怎么分，将关系到它们以后的发展命运，所以激烈的品牌争夺战将不可避免。

2009 年 4 月，中国电信推出“天翼 live”，作为其 3G 的主打品牌。天翼，是中国电信为满足客户融合信息服务的需要而推出的专业品牌，它强调“互联时代的移动通信”的定位，为那些对语音和数据等综合业务需求高的中高端企业、家庭及个人客户群，提供移动互联网与语音沟通服务。因此，中国电信宣称“聊天号码是它，e-mail 也是它，宽带还能漫游，这就是天翼”。另外，中国电信还将号码百事通和即时通信等业务都纳入“天翼”服务体系。天翼 189 号段在保证低价通话的同时，能随时随地无线上网，还可以成为用户宽带上网账号、聊天号和邮箱号，具有一号通用的特点。伴随着中国电信“天翼”的推出，有关“天翼 3G”的品牌形象宣传和广告营销活动也紧锣密鼓地进行。

“天翼”杯网络游戏棋牌大赛

2009年5月，中国电信广东公司策划推出中国电信“天翼杯”网络棋牌游戏大赛，面向中国电信的“天翼”互联网手机用户、宽带互联网视听用户和所有的互联网用户，为全国各地的棋牌游戏爱好者提供中国象棋、斗地主和锄大地三项棋牌比赛。在历时2个月的比赛中，参与者可以通过电脑、手机和宽带互联网视听三大类终端登录中国游戏中心游戏，体验无限快感。这意味着，每一位中国电信的天翼手机用户、宽带互联网视听用户和所有的互联网用户，无论是在上班路上、工间休息、家中看电视，还是在网吧或各种休闲场所上网，都能分别通过手机、宽带互联网视听和电脑，一起在同一平台进行参与。

所谓“体验”就是人们响应某些刺激的个别事件，它通常是由于对事件的直接观察或是参与造成的，不论事件是真实的，还是虚拟的。棋盘游戏是比较传统、老少皆宜的娱乐活动，将它与互联网、手机等新型媒体融合，在保留传统文化的同时注入新的时代元素，其娱乐性、刺激性都得到了前所未有的展现。该次大赛打破了网络棋牌游戏只能在电脑上玩的局限，突破了网络棋牌游戏在空间、时间和终端等方面受到的限制，使广大用户可通过多种终端随时随地体验精彩的娱乐服务。在体验活动中，“天翼”虽然扮演一个沉默者，不置一字，却尽得风流，不仅宣传了其品牌，而且提升了其美誉度。在二次传播中，消费者对企业的产品进行的正面宣传，比企业亲自摇旗呐喊更容易被其他消费者接受。同时，“天翼”将其优点以一种简单的方式、低廉的成本直接注入体验用户的心中，“谁用谁知道”。

“天翼3G”互联网手机设计大赛

2009年5月，中国电信举办“‘天翼3G’互联网设计大赛”活动。活动参与者可以设计自己心目中的3G手机，并有机会赢得“天翼3G”互联网手机。

体验式营销是站在消费者的感官、情感、思考、行动和关联等五个方面，重新定义和设计营销的思考方式。伯德·施密特在构建其体验式营销的构架时，将这些不同的体验形式称为战略体验模块，即感官体验模块、情感体验模块、思考体验模块、行动体验模块和关联体验模块。依照伯德·施密特的理论，“天翼3G”互联网手机设计大赛是对思考、行动和情感营销诉求的综合运用。“天翼”先以创意和奖励的方式引起体验者的注意和兴趣，进而在设计体验者自己心目中的3G手机的同时了解3G技术、3G手机和“天翼3G”。马斯洛需求理论指出，人们总是在不断追求更高层次的需求的满足。“天翼”通过让体验者自己设计手机的方法，为消费者提供了一个展示个性，实现自我的平台，从而能够轻易地和体验者建立密切的关系，增加设计者对“天翼3G”的认同，赢得了体验者的好感和忠诚。

“天翼3G”厦门博客节博文评选

2009年6月，厦门电信分公司和厦门日报社联合举办了第三届“天翼3G”厦门博客博文评选活动。该届博客节，厦门博友从体验的视角认识本土民营企业，感受企业的文化和活力，感受现代农业产业的魅力。在该活动中，博友应用厦门电信提供的3G网卡，把走进民营企业的所见所感编辑成稿发回厦门网，对活动进行现场直播。这是中国电信为其3G网卡的销售而设计的体验式营销活动。自2002年8月博客中国网站在国内推出，博客概念在中国快速传播，目前已经由小群体走向了大众，从一种工具理性升华为一种价值理性。“天翼”以博客这一目标受众广、可随时更新变动和费用低廉为平台，通过博友的切身体会，充分彰显其网卡优势，在塑造优秀子品牌的同时，也将“天翼”关注社会、关心民生、具有高度的责任感和主人翁精神的正面形象做了区域性的宣传。

天翼Q吧，发贴有礼，见者有份

2009年7月，中国电信和腾讯合作开展了“天翼Q吧，发帖有礼，见者有份”活动。只要在活动期间进入Q吧发表关于“天翼”或与“天翼”有关的帖子，就有机会获得各种礼物。

任何一个营销模式都应包含一系列的营销活动，体验式营销也不例外。“天翼Q吧”活动是对体验活动的延续和总结。“天翼3G”是一个植入中国不久的新概念，只有那些接触过它、有过深切体验的人，对它才最具有发言权。开展此活动，一方面是对“天翼”前期体验式营销活动成败与否的效果检验，另一方面也可以利用该机会与消费者进行更进一步的互动沟通，消除一些负面影响，最大限度地实现正面宣传。

感官超越理性

从“天翼3G”体验式营销活动的分析中，我们可以看出，与传统推广方式相比，体验式营销确实拥有一定的优势。

首先，品牌沟通更方便。体验营销改变了传统营销推广单向、被动和静态宣传的不足，以充满趣味性的方式让消费者踊跃参与进来，化单向沟通为双向交流，化静态传播为动态传播，使消费者由被动接受为主动参与，在消费者体验的过程中形成对产品性能的深刻理解，并被广告宣传卖点所说服。“天翼”杯网络游戏棋牌大赛和“天翼3G”互联网手机设计大赛都生动地体现了这一点。

其次，功能展示更直观。体验营销通过提供效果样板，或让消费者亲自动手做实验测试产品性能，化抽象为具象，化专业晦涩为直观生动，从而轻松认识到产品的优势。“天翼3G”互联网手机设计大赛的目的，也就是让设计者在设计3G手机的过程中，认识“天翼”3G手机的功能和优点，并在此基础上有更进一步的行动。

最后，感官刺激更多元。传统的平面广告，仅仅刺激消费者的视觉系统。在信息爆炸的今天，广告很容易被消费者遗忘，更难以上升为理性的自觉。而体验式营销则不同，消费者可以充分调动视觉、听觉、触觉、味觉和嗅觉等所有感官，全方位认知产品的特点。这种模式对产品功能的认知印象更深刻。如果说此前的平面广告推广是枯燥的和单一的，那么体验营销就是充满趣味的，直观鲜活的，多重刺激的，它既让企业跳出了同质化推广的肉搏，贴合消费者的人性需求，又让品牌及产品的推广活动变得生动鲜活起来。

让体验更周到

应该说，体验营销也有一些需要注意的地方。首先，要注重对消费者心理需求的研究和分析。当人们的物质生活水准达到一定程度以后，购买商品的目的就不再是出于生活必需的要求，而是出于满足一种情感上的渴求，或者是追求某种特定产品与理想的自我概念的吻合。人们更关注产品与自己关系的密切程度，偏好那些能与自我心理需求引起共鸣的感性商品。因此，体验营销应该重视这方面的分析研究，发掘出有价值的营销卖点，同时，努力使体验式营销活动真正让顾客满足。

其次，注重产品个性化属性的开发。从近年来的消费实践看，消费者已经从被动接受企业的诱导和拉动，发展到对产品外观要求个性化，再发展到不再只满足于产品外观的个性化，而是对产品功能提出个性化的要求。因此，在产品整体概念中所包含的个性化因素就越来越重要，这种个性化因素将越来越多地成为营销成败的关键性因素。在产品开发过程中，企业必须十分重视产品的品位、形象、情调、感性等方面的个性塑造，营造出与目标顾客心理需要相一致的个性化属性，帮助顾客形成或者完成某种感兴趣的体验。

最后，在营销管理过程中注重整体营销的协调性。体验营销是一种满足心理需求的产品营销活动，它通常是和营造一种氛围、制造一种环境、设计一种场景、完成一个过程、作出一项承诺紧密结合在一起的，而且它还要求顾客积极主动地参与。因此，企业在实施体验式营销的过程中，各个部门之间需要具有高度的整体协调性，在每一个业务环节中都要注重营销的一致性和整体性。

网络体验更深入

体验营销与互联网这一充分满足了人的自由化和个性化消费需求的平台结合后孕育出的网络体验营销，以其独特的方式，彰显着体验营销的魅力。所谓网络体验营销，指的是利用网络特性，为客户提供完善的网络体验，提高客户的满意度，从而与客户建立起紧密而持续的关系。具体而言，即企业通过利用网络平台，以通过网络发放优惠券、免费领取试用品和参与产品的个性设计等方式，吸引网民主动索取，完成对用户消费行为信息、身份特征等真实数据的采集工作，从而为企业新产品营销提供科学的数据支持，并引导消费者购买企业产品。依据互联网所带来的体验情感深度，可将其分为浏览体验、感官体验、交互体验、情感体验、信任体验五类。与其他的体验形式相比，网络体验营销具有以下三个特点：

首先，企业与第三方网络平台合作。企业与第三方网络平台合作，一是可以充分利用第三方网络平台所积累的客户群，在这一人群中寻求自己的目标顾客；二是借第三方网络平台在公众中的影响，提升品牌的权威性和知名度；三是可以借第三方网络进行新产品发布、产品信息反馈等工作。

其次，更深层次的互动。体验营销的关键在于促进顾客和企业之间建立一种良好的互动关系，而互动功能正是互联网区别于其它媒介的最大优势之一。企业在开展网络体验活动前，可以进行初期的产品阐述，进行用户教育工作，特别是针对网络上最有影响力的人群，企业可重点阐述和他们沟通与产品相关的知识，调动网络社区中的意见领袖们关心和讨论关于产品的话题，通过多种方式为产品进行铺垫和互动沟通，并有针对性地提出利益点和需求。在用户体验阶段，顾客可以通过网络，获得自己需要的试用产品，并发表自己对该产品的看法。企业则可以通过各种方式吸引顾客，并对申请“试用”的顾客进行问卷调查以及对顾客信息的统计分析，获得关于目标顾客的较为真实的数据，根据这些数据，企业及时地改进产品，使产品能更好地满足顾客的需求，更具市场价值。当然，其它形式的体验活动也能达到这种目的，但以网络为平台，企业不仅能节省大量的成本，而且也能突破地域的限制，宣传的广度和深度都不言而喻。

最后，虚实结合性。这里的虚实结合包括两个方面的内容，一方面是指网络体验活动可以为顾客提供实体体验与虚拟体验。企业借助于网络技术，以较低的成本为顾客提供高度个性化的实体与虚拟体验，可以直接影响消费者的认知与行为，进而影响他们对产品的态度。它把以往被视为负担和成本的活动变成一种令人愉悦的体验，将顾客的注意力深入地沉浸于所处的网络环境，促使他们有更强的动力去搜索更多信息进行学习，以此提高对该网络环境的认识，以及学习的效率和效果，这些都有助于顾客快速、正确地建立对网络品牌的认知和偏好，形成积极的网络品牌态度。另一方面是指第三方网络采取顾客线上的自由实名点击注册与线下的直邮验证相联系的“虚实结合”行为的付费模式，弥补了网络的信息不对称特性。

小结

陈格雷在其“营销2.0”理念中提出：未来的品牌应该是半成品，另一半应由消费者体验、参与来确定。伴随客户需求从物质层面向精神层面的不断飞跃，人类社会的经济形态正从服务经济向体验经济演进。仔细审视以顾客为主体的体验营销，将有利于企业对自身进行准确定位。同时，企业把消费者作为一个利益相关方进行平等的互动交流，发起消费者之间的内部互动，可以为品牌带来独特的竞争优势，并有利于解决客户关系问题。在企业经营的各环节不断发掘出产品与服务的独特体验成分，可以强化企业独特的核心能力和市场竞争优势。互联网使体验经济进入到更深入的社会层次，互联网的虚拟性和多媒体性将更进一步优化体验营销的运作模式。

（刘燕）

◎**思考题：**

1. 请分析天翼品牌的推广方式的特点。
2. 如何在网络媒体上实施体验营销？

第三节 Hello-C 驰骋于 QQ 空间游戏

娃哈哈集团成立于20世纪80年代末期，1987年凭借“喝了娃哈哈，吃饭就是香”一句广告词，享誉大江南北。仅仅十年的时间，娃哈哈集团就从一个名不见经传的小企业成长为一家家喻户晓的大型企业，成了中国最大的食品制造企业之一。娃哈哈集团所采用的“农村包围城市”、“央视广告轰炸市场”和“终端决定市场”等营销模式，创造了许多市场神话。在新媒体营销时代，娃哈哈集团也在不断创新自己的整合营销传播模式。

细分市场空间，寻求品牌价值

随着消费者生活水平的提高和消费方式的转变，我国的饮料行业发展迅速，产量和消费量都保持着快速的增长。而随着消费需求和偏好度转换的迅速转化，可乐、果汁和乳产品等饮料产品已经难以满足所有的市场需求；另外，消费者越来越重视产品的附加值，卖点、核心利益点、包装、情感、口碑甚至是瓶型和容量等都在起着重要的作用。而随着生活压力的增大，人们对于饮料的天然健康功能越来越关注。

果汁饮料是饮料行业的一个细分市场。在这一细分市场上，农夫山泉的水溶C100、康师傅的鲜橙多和美汁源的果粒橙等都占据着一定的市场份额。各种饮料品牌大战此起彼伏，娃哈哈为了能够进入这个市场，采取了“跟随策略”，对市场已有的产品根据消费者在口味功能上的新要求进行了二次创新，或者说是深度市场细分。

2008 年 12 月，娃哈哈集团推出新款饮料 Hello-C。凭借雄厚的资金实力，娃哈哈集团展开空前规模的宣传攻势，铺天盖地的广告丝毫不亚于前几年的“营养快线”推广。另外，娃哈哈集团充分发挥强大的渠道优势，在全国迅速铺货，短短 3 个月，完成了从三四线城市向一二线城市扩张的布局。娃哈哈集团仅上海地区的广告投放量就达几千万元。据 CTR 数据显示，在 2009 年 1 ~ 5 月对 Hello-C 饮料的宣传上，娃哈哈集团一举投入 8.4 亿元广告费。在与竞争对手的广告竞争方面，娃哈哈集团的“Hello-C柠檬汁 &C 柚”复合果汁饮料位居首席，力挫农夫山泉的水溶 C100，尤其是在 2009 年中央电视台春节晚会的植入式广告引起消费者的广泛关注。

模仿农夫山泉，抓住新兴市场

2008 年夏，农夫山泉推出饮料新品水溶 C100，率先在中国市场开创了一个补充维 C 的柠檬饮料新品类。上市半年，该品类销售额就达 1 亿元，迅速进入2008 年饮料销售榜前列。在水溶 C100 开辟了一块细分市场后，娃哈哈集团的 Hello-C 等众多饮料纷纷上市，形成了一场补充维 C 饮料的大战。这其中作为跟进品牌中最为闪亮的竞争对手，Hello-C 与创始者水溶 C100 之间展开了激烈的市场争夺。

Hello-C 与水溶 C100 都是补充维 C 的柠檬饮料，品牌名称直接指出产品的核心价值，满足了特定的市场需求。Hello-C 与水溶 C100 两款产品的目标客户完全一样，其目标人群都是以时尚白领一族和学生族为主。

Hello-C 与水溶 C100 的包装设计风格也非常相近，生产技术均采用新兴的冷灌装工艺，饮料外观包装时尚，瓶身均以两瓣柠檬作为主图，以红、黄、绿为主色调。

在容量方面，水溶 C100 为 445 毫升，Hello-C 也为 450 毫升。在果汁含量方面，水溶 C100 标明柠檬汁含量是 12%，“每瓶所含维生素 C，相当于 5 个半新鲜柠檬”；Hello-C 标明柠檬汁含量≥12%，“特别添加蜂蜜，含天然果酸”。在市场售价方面，水溶 C100 为 4.5 元/瓶，Hello-C 为 3.5 元/瓶。

为了避开与水溶 C100 在主战场上的直接冲突，Hello-C 除了推出柠檬口味外，还主推 Hello-C 柚。

通过对比可以发现，Hello-C 与水溶 C100 产品功能等方面没有明显的差异。因此，Hello-C 只有在广告宣传方式与市场渠道整合方面进行差异化突围。2007 年，营养快线与网易《大话西游》合作，取得了良好的市场收益，有鉴于此，Hello-C 也选择与腾讯 QQ 空间合作，试图产生良好的口碑效应。

步入交互时代，创新广告投放

在网络经济迅速发展的今天，网络广告已经被越来越多的企业或商家所重视。网络广告的形式也越来越多样化。网络广告有一个最重要的特性就是互动性强。这种互动性使得传播者和接受者在广告信息流动过程中能进行即时的和直接的双向沟通。网络广告的互动传播更多地增强了受众的选择机会与选择能力，网络作为广告传播的媒体与传统媒体的本质区别在于由单向传播转为双向传播，由受众被动接受转变为受众主动选择，即是一种非强制化的交互性的传播模式。广告产生作用的过程，就是消费者心理“引起注意——产生欲望——导致行为”的变化过程。

从中央电视台第二届广告招标会开始，娃哈哈已连续 10 年竞标，实行“高举高打”的广告宣传战略。网络广告制作成本低，速度快，能够缩短媒体投放的进程。网络广告制作周期短，即使在较短的时间内进行投放，也可根据客户的需求很快完成制作。另外，在传统媒体上广告发布后很难更改，而在互联网上做广告则能够按照客户需要及时变更广告内容。这样，就可以及时改变经营决策，以及对经营决策进行实施和推广。而且网络广告的受众关注度高。网络用户在使用网络的时候精神是非常集中的，不管是浏览信息还是玩游戏，网络广告在不大的屏幕上出现，所捕获的眼球效果明显大于其它媒介。很多时候人们并没有确定的消费目标，广告的功效就是激发人们潜意识里的消费行为，并进行一种说服性诉求，而网络广告恰恰是一种很好的选择。

娃哈哈 Hello-C 是以市场挑战者的身份进入到这个市场的。农夫山泉的水溶 C100 早上市半年左右，是市场的先入者。娃哈哈 Hello-C 要想在这个市场中取得一席之地，进而取代原有主导者的地位，除了要有产品优势外，还必须要有独特创新的卖点以及创新的广告宣传来吸引消费者。因此，娃哈哈 Hello-C 打起了同质化产品的差异化竞争牌，并且携手网络媒体，打造时尚品牌。

腾讯公司成立于1998年11月，是目前中国最大的互联网综合服务提供商之一，也是中国服务用户最多的互联网企业之一。在满足用户群体交流和资源共享方面，腾讯推出的QQ空间（Qzone）已成为中国最大的个人空间。据2010年3月5日晚间消息，腾讯QQ空间同时在线人数突破1亿大关。腾讯的QQ品牌对网民有很强的影响力，QQ用户也有极大的忠诚度，这一点从以上数据就能看出来。所以，腾讯是一个稳定的网络平台，娃哈哈因此选择了腾讯作为合作伙伴。

游戏植入广告，深度交流互动

腾讯QQ空间是一个专属于用户自己的新一代的多媒体个性空间，是一种全新的网络生活方式，它以抒发用户情感、分享内容和好友互动为三大主要内容，并以多媒体为最主要的表现形式，是一个大众化的在线时尚生活平台，通过用户的情感分享和好友互动，满足用户展示、分享和交流自己的时尚生活的需求。

美国营销专家劳特朋教授在1990年提出了4C理论，它以消费者需求为导向，重新设定了市场营销组合的4个基本要素：消费者（Consumer）、成本（Cost）、便利（Convenience）和沟通（Communication）。与传统媒体相比，网络媒体是一个4C媒体。随着个人电脑的普及，网络的发展，我国的网民越来越多，其中18～24岁的年轻人所占比例最高；娃哈哈的主要目标消费群体也是这个年龄段的人群，所以这种营销方法满足了4C的第一个基本要素。从网民上网目的来看，获取信息是第一位的，其次是休闲娱乐。随着互联网的开放性、便利性和互动性不断改善，网上信息的丰富性和服务的多样性逐步增加与提高，使得越来越多的网民将互联网作为获取信息的主要渠道。网络的便利性是电视、广播等一些传统媒体所无法比拟的，也是大家有目共睹的。QQ空间因为有了一部分固定的受众，所以，很容易迅速地传播信息。

广告信息总是遵循着引人注目，使人感兴趣，产生购买欲望，并形成记忆，最终转变为购买行动的规律被人们所认知。网络受众浏览广告的过程。就是网络广告引起其注意的过程。点击广告的过程，表明广告引起其兴趣；与广告主进行信息交流，表明网络广告激发其某种欲望；购买过程也就表明网络访客将欲望转化成行动的过程。受众在获知网络广告信息，并产生相应的情感体验后，就会在头脑中形成对广告产品或品牌的印象，这种印象有可能驱动受众产生相应的行为。在选择投放网络广告的站点时，最主要的是要考虑网站的品牌和适应性以及点击率、浏览率等，要选择稳定可靠的网站。同时，衡量网络广告的标准也不是“广”，而是“效果”。

腾讯注册用户有3.2亿人，这里面很多人是“好友买卖”游戏的参与者。游戏具有超乎异常的吸引力，直接影响消费者的消费行为，消费者会对游戏上瘾，这对扩大广告的影响和加速广告的传播起着良好的作用。还有就是消费者容易受到周围好友的影响，有一个人玩“好友买卖”游戏，那么就会带动五个或十个甚至更多的人玩，毕竟这是一个需要众多参与者的游戏，人数越多，游戏越好玩，而广告的效果也越好。

广告的最终目的是促进销售，获得盈利，发布广告也要根据消费者的接受程度来决定。娃哈哈 Hello-C 针对主要目标消费群体是都市白领及学生一族的特点，将产品植入到游戏之中。作为游戏的道具，对于玩家来讲是必不可少的，而娃哈哈 Hello-C 的营养也是每日必不可少的，因此，这二者从某种意义上来讲是具有相通的地方的。并且娃哈哈在网络新媒体上的广告宣传，也体现了娃哈哈一贯坚持的“健康、青春、活力”风格，况且补充维 C 的功能型饮料的市场前景也很好，在压力越来越大、节奏越来越快的现代社会，喝瓶水就可以补充维 C 的简单方式也更容易被消费者接受。

小结

博客游戏将游戏的互动性与博客的私密性紧密结合起来，既利用了网民对网络游戏的深度参与性，又通过好友关系形成一个虚拟社区。因此，博客游戏的互动性、社交性和虚拟性，吸引了大量的年轻用户，并且这些用户很多是深度参与者，这恰恰符合广告宣传所追求的“润物细无声”的传播效果，这也使得博客游戏平台成为新的广告载体。

（郑敏静）

◎**思考题：**

1. 请分析 QQ 空间的传播特性。
2. 博客游戏适合哪些企业实施产品推广活动？

第四节　星巴克《晴天日志》

全球经济一体化进程加快，市场的国际化程度越来越高，而旧有的广告形式越来越难以满足广告主国际化传播的需求，网络等新媒体的出现，不仅丰富了广告主的投放空间和投放时间，而且也满足了消费者随时随地获得资讯的要求。

星巴克的全球化困境

市场的国际化和全球化，一方面为其带来新的市场空间，但另一方面传统的营销方式和营销工具却难以适应新市场的需求。星巴克是以经营咖啡为主的知名品牌，在其多年的经营中已经形成了独特的品牌价值和品牌文化，其社区经营的经营模式已经成为市场营销中的经典营销方式，星巴克正是依靠这种方式加以口碑传播，树立了很高的品牌知名度。

星巴克在每年的广告宣传中并没有太大的投入，仅有的一点广告费也只用于杂志和报纸的广告投放，在电视广告中的投放量几乎为零，没有任何的经费用于电视广告的投放。但是随着时间的流逝和经营的扩张，星巴克也正在遭遇着品牌文化和品牌形象逐渐弱化的困境。这种需要较长时间的口碑传播模式，在面对无限广阔的中国市场时，更是显得无所适从。

与此同时，在美国拥有1.4万家连锁店的快餐巨头麦当劳在2008年正式打算扩展咖啡业务，门店内将提供现场调制的卡布奇诺、摩卡和拿铁等咖啡饮料。即饮饮料成为一个好机会，这是一个巨大的市场，可是星巴克在很长时间内在这方面做的事情太少。麦当劳快餐连锁店在咖啡这个领域推出了其附属产品，并投入了大量的广告宣传，试图从咖啡的消费领域分一杯羹，这就使星巴克感受到了来自行业内的压力。

因此，为了打开新市场和应对行业内的竞争，星巴克必须强化自身的品牌知名度，以保证自身品牌在商业大战中能够被消费者所认知而不被遗忘。新的消费市场、新的消费特征和新的竞争格局，都迫使星巴克在中国市场采用新的广告营销模式。

新媒体剧的营销变局

新媒体剧是指一种多在流媒体平台（网络、手机等）和地铁、公交、车站、机场、KTV等公共场所播出的小型连续剧。《晴天日记》是全球第一部地铁新媒体剧，首次尝试在地铁视频、博客和网络视频中同步更新，该片片长仅几分钟，非常适合快节奏的城市生活。

《晴天日记》主人公是一个叫李晴的女孩子，她喜欢乘地铁和喝咖啡，也喜欢帮助别人，并用博客记录身边的人和事。越来越多的人从博客（视频分享）中了解她，并受其影响，开始乐于助人。一次偶然的机会，她认识了地铁歌手CC。CC帅气浪漫，有很好的音乐素养，但却无人赏识。李晴接受了最重要的策划新年节目工作，而正在节目顺利筹备的过程中，却遇到了大明星Sky不能到场的尴尬，她想到了CC。眼看新年临近，李晴一筹莫展之际，她的善良是否能创造奇迹？

《晴天日记》推出时间为2008年，在2008年的广告传播案例中是一个独特新颖的个案。新媒体广告投放，受时间限制性较小，在任何时候、任何地方投放都是可以的，只是选择投放平台和投放方式的问题。《晴天日记》的推出时间选在上班族上班的高峰期，以连载连播的方式在上海市的地铁媒体中进行密集式投放，在每一列地铁中都有播放，人们可以在乘坐地铁的时候观看到该部地铁剧（图5-3）。

图5-3 《晴天日志》地铁广告

《晴天日记》最初投放于上海的地铁线之中，作为一个植入式的广告剧，因其内容的连续性和自身的话题性，引起了人们的极大关注，一时间走红上海地铁，然后经过网络媒体的“放大镜”效应迅速受到网民追捧。

首先，《晴天日记》利用博客不断更新网络日志。《晴天日记》在博客中的视频日记，与地铁播放周期一致，同步更新，同时配有详细的文字介绍，包括在视频中出现的台词对白等。更重要的是博客主以主人翁的姿态通过文字抒发自己的情感，记录自己的心情。这样的方式使博客浏览者的感受更加具有真实性，最大限度地增强了浏览者情感上的共鸣。这样的共鸣使浏览者有了进一步关注这个博客的理由，起到了连续传播的作用。同时，由于博客空间的开放性，使《晴天日志》的浏览者摆脱了地域的限制，使其受众范围由上海地铁族扩散到全国网民。另外，博客传播还解决了在线下投放中受众看不清台词的问题，类似散文诗歌般的优美台词在博客中一经投放，就如涓涓溪流流进了浏览者的心田，营造了优雅的意境。

其次，《晴天日记》在利用博客传播的同时，还利用各大视频网站的影响力，在视频网站中进行传播，进一步扩大了受众的范围。在这些视频网站中投放的效果之一就是，直接增大了受众接触《晴天日记》的概率，进一步扩大了受众的数量，扩大了《晴天日记》的影响力。与此同时，在视频网站中的投放还进一步解决了在公共环境中受众听不清楚音响效果的问题，让有兴趣的受众可以回家后进一步了解。

最后，专业的营销策划推广团队，在传播过程中给予《晴天日记》以充足的动力和明确的目标，使《晴天日记》能在一定的时间内达到既定的传播效果，甚至远远超过预期。而这一切的结果都是建立在对广告受众充分把握的基础上，明确的受众细分，独特的媒介选择和另类的创意表现等都对《晴天日记》的推广起到了积极的作用。在媒介选择上，《晴天日志》采用了线上传播加线下推广相结合的方式。地铁是城市中上班族接触最亲密的交通工具，可以使受众在新的视听氛围和形式下，接受广告所传达的信息。网络的便捷性和受众到达的全面性，都使网络成为传播中不可缺少的一环，线上传播很好地解决了线下传播所出现的问题和不足，是整个营销策划中扩大影响力的主要方式。

艺术化的爱情定律

广告主的收益情况一般是通过产品的销售情况来决定的。在星巴克的《晴天日志》播出后，星巴克旗下的产品星冰乐一度脱销，甚至剧中演员所使用的MP4都出现热销情况，这都无疑验证了《晴天日志》良好的广告市场营销力。

广告传播具有一定的强制性，再加上一些广告制作简单，内容不具有审美性和艺术性，很容易使受众对广告产生厌烦情绪，而《晴天日记》采用的浪漫爱情故事、艺术化叙事手法和帅哥美女的倾情演绎等，都使其有别于一般的广告，使受众在一个很好的心情下接受植入式广告，从而在潜移默化的过程中完成了广告的传播，使受众的认知程度和接受程度都达到了前所未有的新高度。虽然也有人指出在广告片中刻意突出某些产品的形象而使广告片的艺术性有所降低，但负面评论也从侧面反映了消费者在面对该广告的时候，已经开始从有别于一般广告的层面来对待，开始从简单的信息需求向更高一级享受进行扩展。

在都市生活中，消费者同时面临着多种工作节奏和生活旋律，但这些都比不上爱情这个主旋律，因为爱情是能深入到每一个人心灵中的，是永恒的旋律，爱情的旋律是最能引起受众共鸣的旋律。在《晴天日记》中，浪漫的爱情故事在一定的程度上与受众产生了很好的共鸣。不管任何事情，一旦有了共鸣就会产生深刻的记忆。所以《晴天日记》的受众记忆度是很高的，任何时候、任何地方只要看见了星冰乐这个产品，人们就会想到《晴天日记》中的情境。

广告剧的审美难题

从某种角度说，《晴天日记》就是一个系列广告片。如果这么看，那么一部广告片能够有连贯的剧情已经很不容易了。而且，最不可忽视的事实就是，不管大家对这部电视剧有什么样的争论，它事实上已经得到了大众的认可。它的另外一个优势就是在这样一个环境中，包括在网络和新媒介电视的运用中，很浓的广告片元素并不是一种妥协，反而使观众在这种背景环境中更容易接受相关的广告信息，这产生了其他传播方式所不能达到的效果。

应该指出的是，虽然《晴天日记》的男女主角请来了当红明星黄晓明和他的师妹廖隽嘉担任，但是短短几分钟的时长很难将一段故事表达得淋漓尽致，而且剧中无处不在的广告味道也让很多人诟病。这样一个不完整的形象展现在受众面前，有时候会有损于企业形象。同时，《晴天日记》中广告味道过于浓重，让很多观众不满。有人甚至质疑说，男主角的特写镜头有时候还没有产品多，这些都是《晴天日记》中所展现出来的问题，这也是植入式广告面临的共同难题，在如何处理好新媒体剧的艺术性和广告性问题上，需要我们进一步探索。

小结

新媒体广告剧是适应网络时代“自媒体”传播而出现的新型广告传播形式，星巴克所拍摄的《晴天日志》通过虚拟一个完美的都市爱情故事，把星巴克的产品信息巧妙地植入到新媒体剧中，并通过博客使虚拟的人物形象与消费者进行情感沟通，达到了良好的传播效果。在新媒体传播时代，创新广告传播样式，革新广告传播模式，充分发挥传统媒体的大众性和新媒体的参与性，这将是新媒体时代新的传播特征。

（于旭阳）

◎**思考题：**

1. 新媒体剧具有什么传播特征？
2. 企业如何利用新媒体进行产品推广？

第五节　polo 邂逅 MSN space

2006 年，为了提升 polo 的知名度，polo 选择赞助 MSN space 博文大赛，及时发布 polo 上市的消息。该活动不仅为 polo 聚集了大量的人气，而且很大程度上提升了 polo 品牌的美誉度。

互动产生销售

2006 年，上海大众汽车有限公司与 MSN China 联合举办“当 polo 邂逅 MSN”大型网络营销活动。在这次活动中，上海大众选择与 polo 目标受众高度吻合的 MSN space 中文平台，旨在通过赞助 MSN space 博文大赛聚集大量人气，从而在网络上配合发布 polo 上市的信息。

这次活动采用富媒体的表现形式，采用 3D 动画叙述故事贯穿活动始终，传递品牌内涵于核心潜在消费者。polo 和 MSN 的合作主要是依靠新媒体聚集人气的力量，在以博客为代表的互联网 2.0 时代，互联网超越传统媒体，从少数人对多数人的影响，变成了多数人对多数人的分享。这次活动中充分利用了互联网的交互性特征，在表现方式上有polo和MSN在一起的小图表，有动态的图像，也有polo的笑脸和表情，还有动态的地址，大大提升了网民的参与性。

该活动推出后，从市场反应来看，polo的市场销售份额一路攀升。Polo的两款新车自上市以来，始终占据着高端精品小车市场的领军地位，月销量稳中有升，基本保持在6000辆左右，2008年4月polo销售额甚至突破9000辆。这说明“polo邂逅MSN”活动既快速有效地传递了polo的品牌形象，又对其市场销售起到了积极的拉动作用。

这次活动的举办，一方面提升了polo品牌在目标消费群中的好感度，另一方面也提高了MSN在终端用户中的心理地位，提升了space中文版在广大用户中的品牌形象。polo倡导的积极时尚的生活方式也借助该活动得到了迅速有效的传递，大大提升了polo的美誉度。从2006年6月16日的热身活动后，在短短三个半月的时间里，有超过1.6万名选手参加比赛，获得超过3.3亿的总点击量和超过5万人次的独立访问。在这次活动的推动下，中文space用户在2006年下半年大幅增加，突破1000万大关。

时尚引领生活

2002年，polo全球同步引进中国，立刻改变了两厢车在中国的地位，消费者猛然发现小车也可以精致和靓丽。随后，其它品牌的两厢轿车也开始大批上市，而polo并没有享受到两厢车扩张后的好处。为了应对竞争对手的挑战，上海大众于2006年6月23日推出劲情、劲取两款新车。面对越来越多的竞争对手，polo新车面临产品改款后提高销售量和强化品牌美誉度的双重挑战。新polo倡导年轻时尚的个性主张，其目标消费者是对互联网情有独钟的年轻时尚白领，而他们的主要信息渠道主要来自互联网。因此，这次活动的目标就是提升polo的品牌知名度和品牌体验，促使polo成为中国日益壮大的白领的购车首选。

2005年，中国进入全民博客时代，中国的网民数量骤增，截至2005年底，中国博客服务商已达到658家。自从MSN space正式进入中国以来，凭借智能化、个性化的应用以及安全可靠的服务，MSN space吸引了大量较高品位的网民的注意力。MSN space集成了日志、相片和在线音乐等多元化功能，并支持便捷的多方式设置，从而为各类用户打开了交流的网络渠道。通过MSN space，用户可以随意发表自己的感受，分享自己喜欢的照片、音乐和网络文摘等，并可与网友随时互动评论，交流思想，这充分体现了MSN space人性化的特点。

在中国，MSN space拥有广泛的用户基础，中文用户群中90%的用户年龄在18~34岁，80%以上的学历在大专和本科以上，并且近一半用户为公司职员。由此可见，MSN space的目标客户是年轻的时尚白领。这些人写space不仅是一种时尚，更是他们日常生活不可或缺的重要内容。MSN space的内容涉及生活的方方面面，通过作者的互动交流，可以把原先各自独立的博客聚集成一个更大的交互网络。

上海大众针对与MSN高度一致的目标客户群热衷于网络互动交流的特点，敏锐地把握当时博客兴起的时机，举办了“polo邂逅MSN”大赛。借助中文MSN space，每一位参加活动的用户，都会发表自己的赛事内容更新信息，并可随时与诸多网友互动评论。通过这次广告的传播载体互联网，聚集了网络人气，吸引同类消费群体的关注和回应。同时，大赛的优胜者凭借自己的实力成为polo汽车的意见领袖，无形中使polo倡导的生活方式及品牌形象得以在space用户间传递，从而提高了polo品牌在目标客户白领层中的好感度。该活动大大提升了MSN中文版space在广大用户中的影响力（图5-4）。

图5-4　polo邂逅MSN space

拟人化演绎品牌主张

在polo劲情、劲取上市之前，为了更好地聚拢人气，开发潜在客户。上海大众公司通过赞助受到白领喜爱的中文MSN space比赛，以便发布polo两款精品小车上市的信息。

该活动以polo和MSN为主角，讲故事，赢大奖，通过网友投票来晋级，最后的优胜者获得一辆新款polo。这次活动，要向目标客户传递polo

劲情、劲取更贴近白领时尚生活的信息，但是活动自始至终并没有喊各种各样的口号，而是通过与消费者的互动和体验，将这种信息传递给消费者。Polo需要上市前吸引人气，中文的space需要扩展用户，这两家有类似需求的企业合作在一起，抓住共同的需求，使得这次活动成功地举办。

自2006年6月26日起，所有MSN space用户均可在该次大赛的官方网站报名，并按照7个赛区、六大内容主题进行分类。海选阶段将由网友进行在线投票，选出最受关注和最受欢迎的space共享空间，经过层层选拔之后，各赛区产生优胜者共7人进入总决赛，最终胜出者获得由上海大众汽车有限公司提供赞助的新款polo一台。

比赛结合polo新车潜在消费者的喜好特征，把比赛的最后阶段放在澳大利亚举行，并以游记的命题作为各选手的选题进行评判。特别是在网站上，对于点击率最高的参赛选手和最新加入的选手有不同的区域显示其作品，而查询、留言和推荐功能的设置更增强了比赛的互动性。同时，在每个Messenger的用户端有活动的更新信息可以随时出现。活动的宣传标语广告及文字链接出现在MSN China的首页及MSN space的相关页面。在“今日资讯”的主页面上，也有对活动的高亮度显示，从而增强了活动网站与参与者、关注者之间的交流沟通。

此次比赛历时三个半月，是一次长时间跨度的网络活动。为了向网友浏览网站提供更有趣的网络体验，同时也是出于传播品牌内涵的考虑，上海大众汽车公司在汽车行业中首创以3D动画的形式，将polo设计为英勇小子，将MSN buddy设计成迷人女孩，以“polo邂逅MSN”为主题，以polo小子在茫茫人海中寻找一见钟情的MSN buddy的浪漫故事情节，根据活动流程环节的设计安排polo邂逅MSN故事的发生、发展、高潮和结局，环环相扣，吸引并留住目标消费者。以polo小子和MSN buddy为主角，采用动画的形式来叙述故事贯穿始终是一个非常独特的创意，增加了活动的趣味性。同时也以拟人方式传递了polo年轻、时尚和个性的品牌主张。

在这次活动的网络媒体投放上，除选择中文MSN作为主要的网络媒体宣传平台外，为了全方位地接触目标客户，上海大众汽车公司提出以MSN资源为主，以门户类网站及垂直类网站为辅的网站广告投放原则。在活动的最后阶段，报纸、网络和电视等媒体都参与到该活动的报道中来，特别是澳大利亚决赛以电视专题的形式播出，对于品牌形象的提升和扩大活动的影响起到了重要作用。

合作而不是服务

在此次活动中，上海大众汽车公司与 MSN China 都视对方为合作伙伴，前者不以广告主自居，而是把后者从媒介渠道的角色提升为合作伙伴，在活动中特别突出 MSN 的品牌形象，抓住目标消费者网络偏好度高的特点，从而与用户在活动中实现了更好的沟通。实行这样的措施，无论在媒体选择上还是在活动的配合上大众汽车都取得了满意的效果。

另外，在此次活动中，3D 动画片贯穿活动始终。上海大众汽车开创了国内汽车企业运用 3D 动画效果进行广告运动的先河。通过 3D 动画的阐述，不仅增加了活动的趣味性，同时也引发了网络用户尤其是都市白领层对 polo 品牌的认同。

这是一次强强联合的成功。通过这次活动，我们看到 polo 品牌选择与中文 MSN 合作，是基于它们同样拥有优质品牌形象，同时目标受众又高度吻合。它们进行强强联合，共同举办“polo 邂逅 MSN”这一活动，为活动的成功奠定了良好的基础。目标受众群体的高度吻合，使活动开始后，上海大众汽车和 MSN 从渠道合作伙伴上升到策略合作伙伴的高度。此次活动，真正实现了双方共赢的目标，从而在成功传递 polo 的品牌主张和新 polo 上市的信息的同时，也成功地提升了中文 MSN 的品牌形象和影响力。

小结

蒙牛与“超级女声”的合作一直被视为广告主与媒体合作共赢的典范，在上海大众汽车公司与 MSN China 的合作中也体现了这种营销特征。polo 与 MSN 的合作，不仅是一次品牌精神的高度认同，而且是媒体运作理念和企业营销理念的深度沟通。与新媒体一同成长，这可能是企业在信息时代新的产业命题，只有合作才能共赢。

（魏莹）

◎思考题：

1. 请简述 polo 与 MSN space 的合作过程。
2. MSN space 在中国市场的运作主要存在哪些问题？

第六章 即时通讯广告

专业导航：即时通讯广告

即时通讯，简称IM，是英文Instant Messaging的缩写，中文翻译成“即时通讯”。艾瑞咨询集团曾对即时通讯进行界定，认为即时通讯是依靠互联网和手机短信，以沟通为目的，通过跨平台、多终端的通讯技术来实现的一种集声音、文字、图像为一体的低成本、高效率的综合型通讯平台。即时通讯是网民人际沟通的主要工具，具有注册用户广、在线人数多和用户粘度高等特点。

一、即时通讯的类型特征

中国即时通讯市场发展迅速，出现了QQ、MSN、飞信、阿里旺旺、UC、Skype、popo、雅虎通和百度Hi等即时通讯平台。从功能上来说，即时通讯界面上承载的网络应用形式越来越多，新闻资讯、在线游戏、电子商务和视频聊天等各种模块不断丰富，即时通讯的功能不再局限于娱乐和工作需求，正朝着类似于门户网站的综合化方向发展。

即时通讯平台根据不同的分类标准，可以分为不同类型。按照即时通讯平台的使用主体不同，可以分为个人即时通讯平台、企业即时通讯平台、商务即时通讯平台和特殊即时通讯平台。按照即时通讯平台的应用范围不同，可以分为基于互联网的即时通讯平台、跨互联网和电信网的即时通讯平台。按照即时通讯平台的功能不同，可以分为文字聊天工具、语音聊天工具和视频聊天工具三种类型。

二、即时通讯的广告类型

（1）嵌入式广告。在即时通讯平台上，嵌入即时通讯提供商或其它广告主的广告。也有在即时通讯软件安装包内，嵌入其它软件厂商的软件广告。

（2）聊天窗口广告。这种广告衍生出多种形式，如背景广告、文字广告、旗帜广告和头像秀广告等形式。聊天窗口广告，由于用户专注度高，很容易引起网民的注意。

(3) 聊天表情广告。广告主可以根据自身产品的特点，设计一些有趣的表情，供网民聊天时使用，这些表情又可以通过好友之间的传递，达到传播扩散的目的。

(4) 弹出式广告。在即时通讯软件启动时，或正在使用即时通讯软件聊天时，会出现弹出广告窗口，但这种广告形式容易引起网民的反感。

(5) 机器人广告。如腾讯公司的小Q妹妹等，在网民感觉无聊时，可以选择与这些机器人进行聊天，这些机器人可以成为企业的形象代言人。

(6) 个人ID广告。企业可以通过数据库分析，对网民的聊天内容和使用行为进行分析，可以实现广告精确传播。

2007年12月21日，中国首个即时通讯广告服务品牌MyshowMedia正式亮相，成为众多广告客户关注的焦点。MyshowMedia是中国最大的社交动漫提供商秀满天下旗下的全新媒体业务品牌。秀满天下与QQ、MSN、Skype、阿里旺旺等即时通讯平台建立了良好的合作关系，秀满天下为MSN、QQ、Skype等即时通讯平台独家提供动漫增值内容，而后者则为前者提供广告投放渠道。通过整合全球即时通讯平台，MyshowMedia形成了一个以即时通讯平台为主的营销体系。MyshowMedia以传情动漫、动态头像、聊天表情、聊天背景和形象专区等形式发布广告信息，借由网民间的相互转寄，从而形成广泛传播。专业即时通讯机构的建立，为即时通讯平台的广告经营向科学化、规范化和规模化发展奠定了基础。

第一节 可口可乐火炬在线传递

2008年对中国人来说是无比重要的一年，几代中国人多年的梦想要在这一年实现，奥运会的举办让每个中国人都感到无比自豪，爱国热情和民族感情空前高涨。伴随着奥运会的日益临近，众多企业的奥运营销活动纷纷呈现，可口可乐公司也在奥运网络营销上精彩亮相。

全民奥运营销

北京奥委会将北京奥运会的主题定为“绿色奥运”、“科技奥运”和“人文奥运”，其本质是全民奥运。随着奥运会的一天天临近，最具影响力的奥运圣火传递活动即将展开，但是能够担当火炬手只有部分社会知名人士，其他人只能通过电视转播或现场助威体验奥运的魅力。于是可口可乐公司连同腾讯公司，借助QQ这个目前中国用户数最大的即时聊天软件平台，开展了可口可乐火炬在线传递活动，使更多的人拥有传递在线火炬的机会。

可口可乐火炬在线传递活动充分体现了全民奥运的参与理念，每一个QQ聊天软件使用者都有机会成为在线火炬传递活动的火炬手。

可口可乐火炬在线传递活动时间从2008年3月24日19：00起，持续到2008年8月7日24：00止，共分为“活动邀请阶段”和“火炬在线传递阶段”两个阶段。

活动邀请阶段

从2008年3月24日至2008年5月3日，为可口可乐火炬在线传递活动第一个阶段——活动邀请阶段。为了最大程度扩大参与人数，可口可乐公司实施了“第一棒火炬在线传递大使征选”活动，目标是征集8888名每条活动路线的第一棒火炬手。

在可口可乐火炬在线传递活动正式开始后，可口可乐公司以8888名第一棒火炬在线传递大使作为8888条路线的起始点开始推进，所有QQ用户都可以参与到活动中来，每条活动路线都以一传一的接力方式向前推进。

在活动邀请阶段，所有参与到活动中的用户都可以邀请其他用户参加活动。成功参加活动的用户将获得“火炬大使”的尊荣称号。

火炬在线传递阶段

从2008年5月4日至2008年8月7日，为可口可乐火炬在线传递活动第二个阶段——火炬在线传递阶段。在火炬在线传递阶段，接受从其他参加活动的用户传递来的在线火炬的用户将获得“火炬手”称号。

刚成为“火炬手”的用户，其QQ好友面板个人头像处将出现一枚未点亮的图标，图标为徽章样式，并且一个用户只能获取一个图标。

作为火炬大使，要点亮图标，需要在限定时间内成功邀请其他用户参加活动，活动初始的邀请时间限定为15分钟，后期根据活动状况作出一些灵活变动。

点亮图标的用户将获赠一枚QQ秀胜利徽章，同时获取“可口可乐”火炬在线传递活动专属QQ皮肤的使用权。

如果火炬大使在规定时间内未成功邀请其他用户参与活动，该用户的邀请资格将被公布在其QQ好友的客户端和活动官网，其他未参加活动的QQ用户均有机会顶替该用户获得活动资格并获得相应的图标，以保证其他用户的正常参与和活动的顺利推进。

被取消活动资格的用户，其原先在QQ上显示的图标将同时消失，但当传递活动正式结束后，图标并不消失，以作为参加过活动的标志。

最大规模的互动活动

希腊当地时间2008年3月24日11：00（北京时间2008年3月24日17：00）在奥林匹亚举行北京奥运会圣火采集仪式。奥运火炬传递正式开始。同日另一条路线的传递也由可口可乐网站宣布启动，那就是可口可乐联手腾讯开启的奥运火炬在线传递。一经开启，便有数以万计的人参与到该活动中，成为在线传递奥运火炬手。每个人都有参与的机会，不论何种身份，何种职业，只要是QQ用户，就能成为火炬手，获得传递奥运火炬的机会。比起现实中的火炬传递，在线火炬传递更平民化，传递操作步骤简单易行，因此在线火炬手大军迅速扩展。

奥运在线火炬分8888条线路与奥运火炬同步传递，在全球掀起了QQ奥运火炬传递热潮。在41天的海外传递过程中，奥运在线火炬吸引了1500多万网民参与，而当其随奥运火炬传递到国内时，参与人数更是节节攀升，平均每天新增在线火炬手逾百万人，在3个月内全国有大约1/4的网民加入进来，担任奥运火炬在线传递大使。

2008年8月24日，随着北京奥运会落下帷幕，声势浩大的“奥运火炬在线传递”活动也圆满结束。据统计，参加此次活动的网民人数累计超过6200万人次，创造了世界互联网历史上最大规模的网络互动活动纪录。毫无疑问，可口可乐的这次网络营销取得了巨大成功（图6-1）。

体验大于奖励

为了鼓励网民参与到该次活动中来，可口可乐公司设置了实物奖品和

图 6-1 可口可乐火炬在线传递

虚拟奖品，以较小的成本获得了巨大的市场收益。

在实物奖品设置方面，主办方从每天参加活动的火炬大使中随机抽取产生 8 名幸运者，他们与邀请他们参加活动的 8 名 QQ 用户同时获得实物奖品，即每天产生 16 位中奖者。奖品为可口可乐公司提供的可口可乐系列马口铁套装 1 套，中奖名单于次日在“火炬在线传递，可口可乐荣誉呈献”专区（www.iCoke.cn）及 QQ 官方活动网站（icoke.qq.com）上公布。

在虚拟奖品设置方面，每位参加活动并获得点亮图标的 QQ 用户将同时获得 QQ 秀的“胜利徽章”一枚及可口可乐火炬在线传递活动专属 QQ 皮肤的使用权。

设置奖品算是营销的惯用手段，可口可乐公司这次的在线火炬传递活动中设置了虚拟奖品和实物奖品，一方面，增加了公众参与的积极性，不必支付任何东西就有机会获得奖品自然对人是有一定吸引力的，但奖品的设置却引发了一些话题；另一方面，实物奖品的抽奖及领取都必须要点击可口可乐专门为此开设的网站，通过点击这个网站，可以链接到更多的公司信息、产品信息和企业文化等，对可口可乐公司的宣传起了很好的作用。而虚拟奖品的设置长期保留在用户的 QQ 软件界面上，更是时时提醒着 QQ 用户可口可乐的这个火炬在线活动的影响力。

病毒式网络营销

可口可乐的这次奥运活动算是“病毒式网络营销”的一个典范。所谓“病毒式网络营销”，是通过用户的口碑宣传网络，信息像病毒一样传播和扩散，利用快速复制的方式传向数以万计甚至数以百万计的受众。这种营销方式已经成为网络营销最为独特的手段，被越来越多的商家和网站成功利用。

美国著名的电子商务顾问 Ralph F. Wilson 博士将一个有效的病毒式营销战略归纳为六项基本要素，虽然一个病毒式营销战略不一定要包含所有要素，但包含的要素越多，营销效果可能越好。这六个基本要素分别是：

(1) 提供有价值的产品或服务。在这次在线火炬传递活动中，通过虚拟奖品和物质奖品的设置，不仅能满足公众的爱国热情，而且实现了网民成为火炬手的愿望。

(2) 提供无须努力地向他人传递信息的方式。在线火炬传递方便易行，基本上没有操作上的障碍，只要是稍微会用计算机的人就能参与到其中，把火炬传递下去。

(3) 信息传递范围很容易从小向很大规模扩散。8888 个首棒火炬手，就等于设了 8888 条路线同时无限向下扩展开来，其结果是从 8888 人的参与开始到最后 6000 多万网民的参与，可见此次活动传播速度之快。

(4) 利用公众的积极性和行为。火炬传递得以实现毫无疑问是利用了公众的爱国热情。每个中国人都以此为荣，每个网民都以获得传递火炬的机会而感到骄傲。没有人是被迫参与的。公众的积极性是可口可乐此次营销活动成功的关键，也注定了此次营销必定取得辉煌的成就。

(5) 利用现有的通信网络。互联网为可口可乐的这次在线火炬传递提供了基本的平台，没有互联网，这次低成本的营销活动便无从谈起。

(6) 利用别人的资源。可口可乐公司联合腾讯，利用了 QQ 这个中国目前使用人数最多的即时通讯软件平台，无疑是一个明智之举。强强联合，大品牌联合最广的传播途径，在线火炬才得以迅速传递。

可口可乐的这次营销活动是典型的病毒式营销。小火炬像病毒一样迅速占领了很大一部分网民的 QQ，为可口可乐品牌形象的树立立下了不可小觑的战功。

启示录

在互联网盛行的时代，企业的营销空间得以大大扩展，基于互联网这个平台，越来越多新的营销方式被人们创造出来。

病毒式营销是目前最有效又最节省成本的营销方式，它关键的地方是其传播的东西可以深入人心，可以让消费者主动去制造话题来进行讨论，它可以使企业的产品在不知不觉中渗入到公众中去，它甚至可以使自己与广告划清界限，独标高格。能有效地利用病毒式营销自然是企业宣传的首选，但其可贵之处也决定了病毒营销并非简单易行，它一旦实行便很少需要再投入过多的精力，关键在于要找到一个能够迅速传播的触发点。

随着我国综合国力的不断增强，奥运会、世博会和亚运会等越来越多世界性的盛会开始在中国举办，人们的生活因此越来越国际化，人们越来越关注身边的这些大事。这些大事件的相关新闻也因此成了人们茶余饭后的话题，这种关注的焦点性往往可以成为企业营销的重大平台。

小结

可口可可在线火炬传递活动是一次成功的“病毒式网络营销”活动，它充分利用了腾讯 QQ 这个世界上最大的即时通讯平台。与 MSN 等国外即时通讯软件不同，QQ 既是一个工作平台，也是一个生活平台和娱乐平台。QQ 是中国人最大的社交型网络平台，每个用户都可以在该平台上打造自身的生活方式和工作方式。企业只要拥有一个绚丽的引爆点，QQ 可以给企业一个巨大的惊喜，这就是可口可口在线火炬传递活动成功的原因所在。

（陈晓磊）

◎**思考题：**

1. 请分析可口可乐在线火炬传递活动成功的原因。
2. 请分析腾讯 QQ 的传播价值和营销价值。

第二节　广州丰田联手 MSN 彩虹签名活动

2008 年 5 月 12 日，四川汶川县发生 7.8 级地震。汶川地震引起了举国上下的关注，更引起了网民的深切关切。微软 MSN 中文网因此特意以“支援地震灾区”为主题，在网络上发起了彩虹签名行动，以此向汶川地震灾区祈祷，祝福。

彩虹签名活动是专门针对灾后重建工作中希望小学建设的公益活动，这是继微软公司为灾区捐款400万元人民币之后，微软MSN借助互联网平台，为灾后重建发起的又一专项努力。MSN彩虹签名活动非常简单，即用户在自己的MSN名字前面加（R），用户的MSN名字前便会出现彩虹标志。用户也可以自行在后面加上一些自己的话，如“众志成城，抗震救灾”、“一方有难，八方支援”和“风雨之后总会有彩虹”等祝福或励志的话语。

同时，MSN联合企业界，将MSN用户的爱心签名转化成对灾区的实际捐赠。每个MSN中国用户挂出的彩虹签名，微软MSN（中国）及广州丰田等联盟企业将各捐出一定数量的爱心款。随着参加的用户和企业的增加，善款的金额还会成倍增长。此外，在MSN的活动网站上，还开辟了网民直接捐赠的通道，以方便广大网民朋友献出自己的一份爱心。活动截止后，所有捐款都将捐赠给希望小学工程，专门用于四川地震灾区学校的重建，重建的学校将命名为“彩虹小学”，帮助灾区的孩子们尽快重返校园，继续学习。

企业与媒体的合作共赢

广州丰田汽车有限公司成立于2004年9月1日，由广州汽车集团股份有限公司与日本丰田汽车公司合资组建。现有凯美瑞、雅力士和汉兰达三款车型，两条生产线，年产36万辆。广州丰田一直致力于品牌形象的宣传和塑造，为在消费者心目中建立良好的形象而不懈努力。第一，公司坚定不移地实施“名牌战略”和“以质取胜”的企业发展战略，始终把贯彻国际通行的质量管理理念和质量体系标准作为事业同步发展的目标。第二，公司恪守“通过汽车创造美好生活，服务和谐社会”的立业宗旨，精益求精，全心全意地为顾客提供性能卓越、安全环保的汽车产品与细致周到的服务。这些使得广州丰田在消费者心目中留下了良好的印象，为品牌形象的进一步塑造打下了良好的基础。

微软MSN发起彩虹签名活动很有意义，它不仅仅局限于为灾区捐款的狭隘范围。首先，“彩虹”两个字能给人以美好的联想。结合汶川地震，很容易让人想到“风雨之后，总会有彩虹”这样励志的话语。其次，彩虹签名活动呼吁广大MSN用户在签名档中添加彩虹标志，这在一定程度上很好地表达了对遇难同胞的哀悼和对灾区孩子们的爱心与支持。这一个个彩虹标志，代表着用户心中对汶川灾区重建的美好期盼，连接着灾区的孩子们和千万富有爱心的MSN用户。再次，选择的活动形式是签名。签名的特点是简单易行，成本低，效率高，传播速度快，而且方便统计和管理，这在一定程度上大大降低了参与活动的难度性，提高了参与率。

微软推出的即时聊天软件 Windows Live Messenger（MSN）在中国市场上是仅次于腾讯QQ的第二大即时通讯软件，目前在中国的活跃用户已经超过1600万。MSN以商务办公白领作为主要目标使用群体，正在不断打造更趋时尚性、年轻化和高端化的品牌形象。据调查显示，MSN的渗透性很强，用户流失率较低，而且对其用户的网络行为影响显著。目前在校大学生群体中MSN的使用率在不断上升，增长十分显著，在未来很有可能动摇QQ的霸主地位。作为即时通讯工具的典型，MSN是一种交流型的媒介。与其他的即时通信工具不同的是，MSN的品牌定位是“真实的、可信赖的即时通讯工具”。MSN的用户们拥有的是一个真实的、可以信赖的世界。在MSN上，每个人展现的都是自己真实的身份。人们在自己的“熟人圈”中进行沟通，按照社会人的角色与他人交往，每个人表现的都是真实的自己。这种“熟人圈”的定位正好对应了用户的情感需求，因此关系的传播在MSN的人际互动中远远超过信息的传递。正是由于MSN在网络中的传播以关系传播为主，所以情感在其中具有不可忽视的导向作用，这使得MSN能够在用户心目中构筑起良好的整体形象，它必然会对以MSN为载体进行传播的广告产生影响。

MSN的用户多为白领人群，在校大学生也占有一定比例。这类人群的普遍特点是年轻，富有朝气，积极向上，对新事物接受快，敢于尝试，同时容易感情用事，易于冲动。他们有一定的经济基础，热爱享受，追求时尚，注重生活品位和喜欢上网。广州丰田的目标消费者则定位为有一定收入的年轻白领，他们阳光时尚，热爱生命和运动，乐于交友，追求高质量的精致生活。由此可见，MSN的用户和广州丰田的消费者基本特征相似，他们都有着真诚、可信、进取的典型特征，这些特征使他们成为这个社会中有代表性和影响力的一群人，他们对彩虹签名活动持肯定态度，而且积极响应并号召身边的人都参与进来。

彩虹签名活动一经推出，就受到了广大网民的欢迎。该活动于2008年6月2日截止，参与活动的爱心网友共有6216496人。爱心企业支援彩虹行动的捐款共计1243293.80元，而网友的爱心捐款也达到6422700元。

彩虹签名活动在全国的普及范围很广，600多万名网友参与进来。这次活动对于社会的影响也是巨大的。首先，通过MSN彩虹签名活动，更多的人参与到了为灾区献爱心的活动中来，让灾区又多了一只援助之手。由于MSN极强的渗透性和特有的人脉圈，使得活动通过人际传播将这种爱心更广泛地在社会上延伸开来，这也赋予了彩虹签名活动一种更深层的社会意义。其次，微软MSN和丰田汽车在用户心中留下了很好的印象，即有着强烈的社会责任感的形象。这种形象也促使MSN开始着手发起“彩虹签名活动第二波”以及其它各种公益活动来回报社会，从而进一步塑造良好形象，同时也号召更多的网友参与进来。这种积极的社会公益行为无疑是有益于社会的。

低成本公益活动

微软MSN以汶川地震为背景开展彩虹签名活动。汶川地震影响全国，一切与之有关的活动都会成为媒体的焦点。当时人们正忙于向灾区捐款，MSN看准了这一点开展与捐款有关的活动，很好地抓住了人们的爱心，因此彩虹签名活动具有极强的号召性和响应率。

彩虹签名活动是以MSN即时聊天工具为媒体传播开来的。MSN不同于其它聊天工具，它有一个用户固定的“人脉圈”，每个用户登录MSN，联系的都是自己的熟人。这种特定的关系很有利于签名活动的传播。只要有一个用户参与了活动，就会带动其他熟人参与进来。这种“滚雪球”效应使得签名活动在全国的传播范围越来越广。

活动的成功开展离不了对于受众的心理分析，MSN主要运用了受众的从众心理。彩虹签名的设计很巧妙，即每个人在名字前面挂上一个彩虹标志，而这个彩虹被暗中赋予了爱心的意义。即使有人出于某种原因不愿意参与，但当他们看到MSN上的熟人都参加了时，也会不自觉地随大流，因为没有人想在熟人面前显得没有爱心。晕轮效应在活动中也起到了一定的作用。晕轮效应是指受众在认知事物的过程中会不自觉地将对群体的部分认识推及到整个群体，从而产生美化或丑化群体的心理。MSN在用户心目中的整体形象良好，再加上它发起彩虹签名这种捐款献爱心的公益活动，很少有人会不支持。另外，彩虹签名活动由MSN联合广州丰田共同发起，这在一定程度上对于美化广州丰田的形象也起到了作用。

任何活动的开展都与利益有关，用户选择是否参与活动都会首先考虑自己的利益，太过复杂或麻烦的活动很少有人会去考虑。彩虹签名活动简单易行，可操作性强，只需在MSN用户名前加上一个彩虹标志，就能为灾区捐款，同时还能向周围的熟人表现出自己的爱心。如此简单而又有意义的活动，无疑具有很强的普及性。

彩虹签名这种活动在狭义上看可以称作一种捐款行为。但这种捐款行为相比较传统捐款，显得更为新颖。首先，签名活动简单易行。地震发生后，很多爱心人士因为条件的限制，无法亲自赶到灾区进行救灾工作。虽然这些MSN的用户们不能到灾区的现场，但是他们可以通过MSN彩虹签名这种方式，在互联网上表达自己的爱心和支持，成为公益活动的一分子，同样可以温暖和关心灾区的孩子们，这种简单的活动必然会受到广大用户的欢迎。其次，签名活动渗透力强。活动以MSN为载体进行传播，利用MSN传播渠道的独有特点，大面积地宣传活动，并成功号召数百万网友参与其中。

爱心成就媒体

微软MSN的彩虹签名活动通过号召MSN用户在自己的签名栏内放置象征希望和信心的彩虹标志，为灾区群众祝福并募集捐助资金，将互联网领域公益事业与品牌宣传完美地结合在一起。它具有以下特点：

第一，对自身优势的充分利用。微软MSN与广州丰田联手开展这次活动，它们都充分运用了各自优势，强强联手，最终取得了活动的成功。其中，微软MSN利用自己的软件MSN的特殊功能，将活动传播开来。而广州丰田利用资金优势，将用户的签名转化为捐款，向灾区捐助。如此结合，天衣无缝。

第二，公益活动的巧妙构思。彩虹签名活动比之一般的公益宣传活动，它的全民参与性更强，在潜移默化中引导用户加入签名的队伍中，并在不知不觉中影响到更多的潜在参与者。很多非MSN用户都因此申请了MSN账号，用以参加活动。

第三，体验经济的合理运用。汶川地震发生后，有人捐款，有人救灾，所有人都热心参与公益事业，他们这样做不仅仅是为了支援灾区，还要向社会展现自己的价值。微软MSN通过合理的分析，将活动定位为一种切合用户心理的体验，即慈善体验。这种体验能在最大限度上满足用户的心理成就感，让他们充分展现自己的社会价值，然后利用口碑传播，达到事半功倍的效果。

第四，品牌与活动的完美结合。任何商家在宣传公益活动的同时，也在宣传自己的品牌。如何在公益广告中突出自己的品牌是一个问题。不明显难以达到预期效果，太明显则会引起受众反感。微软 MSN 很好地把握住了其中的分寸，拿捏得当，将品牌巧妙地嵌在了活动当中，既不会引起反感，也不会被忽视。

慈善应谨慎

广告主要想塑造自己的品牌形象，参与公益事业是必然的一步。在这个过程中，要在宣传公益和宣传品牌之间找到一个平衡点。成功的公益事业会在很大程度上提升品牌在受众心目中的好感度。

广告主在宣传之前，一定要对目标群体的心理进行全面而准确的分析，要找准目标受众真正需要的是什么，然后针对他们的需求而设计广告活动，这样受众才会在最大限度的范围内接受。

充分利用网络传播的优势。网络这一传播渠道与传统的传播渠道相比，信息传播更为快捷，传播方法更为简便，波及面也更为广泛。但网络上的信息爆炸程度也是空前的，因此要通过各种方法使传播的内容新颖，富有创意，对用户有吸引力，这样才不会淹没在瞬息万变的信息洪流中。

当然，任何活动都无可避免会带有局限性。彩虹签名活动也不例外，它的局限性在于时间和技术上。在时间上，签名活动虽然普及率高，传播速率快，但显然并不能持久。当全民都参与签名活动，为灾区捐款完毕时，活动就结束了，微软 MSN 和广州丰田的品牌形象塑造活动也宣告结束。因此，MSN 不得不发起彩虹签名活动第二波来继续唤起受众注意，进而塑造其形象。在技术上，彩虹签名活动是依托于互联网和 MSN 聊天软件的。如果软件出现漏洞或互联网遭到黑客攻击，整个签名系统都会瘫痪，其它的也无从谈起。这个局限性显然是值得考虑和解决的。因此，广告主在学习活动成功经验的同时，也要认识其局限性，在以后的广告活动中尽量避免，这样才能使广告活动更持久、更成功地进行。

小结

微软 MSN 和广州丰田联手的 MSN 彩虹签名活动是一次成功的公益活动，同时也是成功的品牌形象宣传活动。它通过在网络上号召用户在 MSN 用户名前添加彩虹标志为灾区捐款的方式，不但带动了用户关注公益事业，也给用户带来独特的公益慈善体验，帮助用户发现自己的社会价值。这种方式不仅能提高品牌美誉度，保持原有用户使用率，还能吸引大量新用户，可谓是一举两得。同时，彩虹签名活动也有时间和技术上的局限性。这是需要注意和改善的。根据以上的分析，我们可以发现，一个成功的品牌宣传，不但能让用户和品牌之间建立起信赖感，还对品牌未来的发展有着很大的促进作用，从而进一步提升品牌的知名度和美誉度。这也是开展彩虹签名活动对微软 MSN（中国）和广州丰田而言最大的意义所在。

（刘金）

◎**思考题：**

1. 请分析广州丰田联手 MSN 彩虹签名活动的风险性？
2. 企业如何在即时通讯平台上进行公益营销？

第三节 腾讯迪奥演绎高端品牌合作神话

腾讯以“为用户提供一站式在线生活服务”作为自己的战略目标，并基于此完成了业务布局，构建了 QQ、腾讯网、QQ 游戏以及拍拍网等四大网络平台，形成中国规模最大的网络社区，腾讯推出的 QQ 空间（Qzone）已成为中国最大的个人空间，腾讯网（QQ. com）已经成为中国浏览量第一的综合门户网站，电子商务平台拍拍网也已经成为中国第二大的电子商务交易平台。腾讯把广告资讯视为其提供在线生活服务的重要组成部分，在广告表现方式、传播模式和经营方式上，也在积极创新。

迪奥震撼登场

迪奥是国际知名的一线大品牌，涵盖服装、香水、化妆品和珠宝等生活服务类用品。迪奥的目标消费者是那些 25 岁以上、受过良好教育且收入不菲的都市白领女性。不论是高级时装发布会还是时尚杂志，都少不了迪奥的身影，迪奥已经成为著名的奢侈品品牌。面对网民生活的网络化和虚拟化趋势，迪奥也积极在网络媒体进行营销推广。

2009 年，在迪奥公司推出迪奥甜心精灵淡香水（淡绿色款）时，特意邀请法国知名女导演索菲亚·科波拉拍摄TVC，原汁原味地呈现这款香水的灵魂精髓："花漾般甜美绽放。"与2008年的粉色系列不同，2009年的这款淡绿色香水更加清新淡雅，适合夏天使用，因此6月份正是它在中国区上市的最佳时间。为追求震撼的发布效果，2009年6月8日，迪奥Big Launch Day活动在腾讯平台争先上线，吸引了众多都市白领的关注目光。

去协和广场散发着五彩光芒的魔法喷泉旁，遛狗
到Dior迪奥的私人沙龙里，试穿一身高级时装
进到古老的糕饼店里，挑一份自己的最爱
洒上至爱的香水，与男友当街拥吻
摆脱一切羁绊，随着气球飘上巴黎的天空
……

2009年6月8日，在腾讯平台上，伴随着碧姬·巴铎的轻吟浅唱，无数网友正是从这个洋溢着俏皮、率性和浪漫的TVC中，获取迪奥甜心精灵淡香水在中国上市的信息。

败走企鹅群

而在迪奥Big Launch Day活动之前，迪奥曾尝试在情人节推出一次促销活动，结果却差强人意。2009年1月15日，迪奥启动了一场"预热"情人节的在线营销活动，参与该活动的用户只要在自己的QQ空间上传双人情侣照，就能获得迪奥的虚拟挂件，或以折扣价格购买迪奥香水。

2008年4月，根据公开的数据显示，参与迪奥"缠上·爱上"主题活动的QQ用户达到8.3万人，其中18~25岁的用户占总参与用户的53%，25~35岁的用户占总参与用户的75%。迪奥的受众主体是那些25岁以上、受过良好教育且收入不菲的都市白领女性。按照迪奥的预期，这一活动旨在覆盖25~30岁的都市白领女性，而对比公开数据就会发现，真正满足迪奥原始预期的目标受众，最多不超过总参与用户的22%，因此，迪奥"缠上·爱上"主题活动的影响力似乎很难让人满意，这也表明类似迪奥的高端品牌与人们印象里"低龄"+"低端"的QQ用户之间存在着天然的陌生感。

迪奥作为一个国际知名品牌，以往的推广广告大多出现在时尚杂志上，或是在米兰、巴黎等时装周上发布最新时装，抑或是请明星、名模做

代言宣传拍摄巨幅宣传海报。而这一次大胆地选择与网络媒体合作，也是迪奥应对新媒体冲击的尝试性选择（图 6-2）。

图 6-2 迪奥香水宣传海报

锁定目标人群

在第一个推广广告中，迪奥取得了预期的效果。甜心精灵淡香水的目标消费人群，正是 TVC 中超模玛丽娜·琳查演绎的角色：率性、快乐和淘气的都市女郎。她们渴望成为时代的开创者和潮流的引领者，乐享大多数女性不敢轻易碰触的甜点，敢于尝试古典的着装，希望以颠覆的形象来对抗世俗的一成不变。她们如此与众不同，用以表达情绪的香水也必定出人意料，而这正是迪奥甜心精灵淡香水的态度：愉悦和俏皮的感觉，由活泼轻快的苦橙情调来传递；令人惊艳的甜美，正是明朗馥郁的栀子花花语；清新、温柔，恰是粉质棉絮质感的白麝香基调的特色。

在这群 70 后和 80 后都市女性的生活中，网络已经扮演了越来越重要的角色，成为影响她们生活习惯及消费行为的一个重要媒体。正是目标人群的高度契合，让迪奥品牌在腾讯平台上的顺利嫁接成为可能。据行销经理透露，此番迪奥在腾讯网上的推广，带着两个预期的目标：首先，希望在这个拥有广泛覆盖度的平台上，提升甜心精灵淡香水的认知度，让更多潜在顾客在短时间内了解这款香水；其次，通过互动活动提升参与度，吸引目标用户了解产品特点和它所传达的故事，甚至访问活动官网，探索瓶身设计的奥秘，追踪TVC拍摄的花絮，进而产生兴趣，进一步提出试用要求。

当都市白领越来越依赖网络，而网络也能获得近乎所有的信息时，迪奥抓住了这些女性新的消费习惯。网络是一个开放的平台，而女性杂志的购买者多数都是女性，时尚杂志的购买者也有自己的定位局限，而网络的开放与延展可以提高甜心精灵淡香水的认知度。因为消费者也许知道迪奥，却并不一定知道有这一款香水，而对潜在客户的发掘，也可以通过对短片的欣赏和对评审设计奥秘的探索，达到期望适用的要求，从而促成购买行为的实现。

在腾讯广告宣传上，迪奥公司将突破点首先锁定在视觉冲击力和品牌震撼力这个层面，Big Launch Day的活动形式也因此浮出水面。经过迪奥、实力媒体及腾讯三方的多番讨论及多次测验，最终确定以QQ迷你首页全屏半透明弹出的方式来发布TVC，这种形式可以将对用户的干扰度降到最低点，同时又不影响品牌的精致和奢华之感。腾讯策划团队认为，迪奥是一种“让少数人拥有，多数人向往”的奢侈品品牌，而这种品牌一般与消费者之间存在一定的距离，而互动平台的品牌交流及产品体验，可以让消费者不再感觉迪奥遥不可及。在打动少数意见领袖后，让她们以自己的影响力来影响更多人。这是腾讯第一次以如此大胆的方式，为客户发布广告，带来的效果也是“突破性”的，活动当天便吸引了6800万人次关注。

通过以上案例可以看出，正是由于“低龄”+“低端”的QQ用户群，在参与情人节主题活动时并没有达到理想的25岁以上白领受众参与度的数值，而参与者多数是18~25岁的学生一族，对于她们来说，购买一个像迪奥一样的奢侈品似乎并不符合每个人的实际情况。这个案例也从另一方面说明不是每一次的网络平台互动都能达到广告主需要的效果，只有围绕目标人群，设计合理的广告形式，才能到达满意的广告效果。

追求精准营销

腾讯拥有海量而真实可寻的用户群体，比如QQ覆盖了96%的中国即时通讯用户群，每天有近5000万人通过QQ迷你首页了解最新的资讯信息。在活动前期，双方便通过“腾讯数字媒体接触点解决方案”网络受众技术，对目标人群进行了深入的洞察分析，还原了迪奥的目标受众年轻都市白领女性的网络生活形态：她们喜欢自我享受，热爱娱乐，爱看视频，经常流连于QQ音乐频道，关注女性频道的信息，有时还会装扮自己的QQ秀。

迪奥是一个有故事、有历史、有个性的品牌，网络的互动营销，需要结合品牌形象和品牌个性，讲述迪奥品牌的不同系列故事。这不仅要让用户感受到这款香水的产品基调，更要向其传递一种甜美、俏皮的氛围，展开一种深度的互动体验。因此，在腾讯女性频道的互动专区，迪奥公司推出了“探索Miss Dior的摩登世界”的主题活动。在该活动中不仅介绍了这款香水的特点，展示一个迪奥甜心世界的真实情况，还对广告片中多次出现的蝴蝶结这一迪奥传奇史上最令人赞叹的基本元素进行解读；同时附有TVC拍摄的花絮，描述巴黎的风土人情，使消费者感到幸福和陶醉感扑面而来；导演本人也现身说法，讲述首次拍摄商业广告的缘起和心得。另外，互动专区还设有专门的入口，点击即可进入“Miss Dior官网”，打开甜心小姐的日记，用户可以与玛丽娜·琳查一道，在大街小巷中感受浪漫的“巴黎一日”，在明快、轻松的节奏中，尽享清新、率性的甜心世界。

从2007年迪奥公司水动力产品的试试看心态，到2008年“爱上·缠上”活动时依然有些忐忑，再到2009年甜心精灵淡香水活动的大胆突破，腾讯和迪奥不懈地探索，终于迎来了突破，在2009年甜心精灵淡香水活动的效果测量中，从提升知名度和打造品牌形象的层面而言，取得了惊人的广告效果。在上市当天TVC曝光超过1.4亿次，而在23天活动期内，TVC播放总量超过2.88亿次，Flash播放数超过3.8亿次，Flash点击数超过20万次，申领页面浏览量达173万人次。从活动参与度来说，体验深度也很喜人：86万人进入解申领页面（2次以上页面点击操作），有效申领人数达49488人。再进一步延伸到活动的精准度上，以腾讯“精确化的导航”这个维度来分析，在小样申领用户中，21~24岁用户群体占

48%；21～30岁用户更高达83%；个人月收入在3000元以上的达46%；3.8万申领用户愿意定期了解迪奥的最新产品信息，为品牌后期的长期营销打下了基础。

从尝试到碰壁，再到大获成功，迪奥与腾讯走了3年的路，这就是3年累积的经验与结果，塑造了2009年甜心精灵淡香水活动的成功，而这一案例的成功推广也为迪奥获得了更高的知名度与好感度。

精准的市场营销活动，简单地说就是一矢中的。精准传播的基础在于市场细分，企业在经历了精准的大众消费者细分、精准的产品定位和目标消费者定位后，精准的广告传播这一环节，就成为企业能否在有限的资源下“一矢中的”为目标消费者提供精准的产品和服务的关键所在。这时，广告主选择什么样的目标媒体就成为营销成功的基础因素。精准的营销理念告诉我们：只有选择了那些与自己目标消费群体高度契合的媒体，企业才有可能获得成功。在“缠上·爱上”主题活动中，参与人数中的一半以上都不是迪奥产品真正的消费者。如果选错了受众，广告就是失败的，只有媒体、产品和受众三方达到契合状态，产品信息才能从正确的渠道流向真正的目标群体。在2009年甜心精灵淡香水活动推出的时候，就是真正锁定了目标群，也为她们定制了独特的宣传手段，录制TVC、采用QQ迷你首页形式进行播放，并成功与腾讯女性网嫁接，更推出了1000份试用产品，这使互动变得更亲切，更有联想力。

小结

好的策划与推广是要根据品牌自身的定位来确定最适合的目标群体，用他们熟悉和习惯的方式传播产品的信息。网络平台创新速度不断加快，使媒介的选择也已不单单局限在报纸、杂志和电视等传统媒体上，恰当的时机、合适的媒体和适当的活动都是网络媒体宣传所需要注意的问题，尤其是网络平台的综合化发展趋势，更需要以市场细分为基础进行精确营销。

（李尉）

◎思考题：

1. 请分析高端品牌在即时通讯上营销成功的可能性。
2. 企业如何在即时通讯平台上实施精确营销？

第七章 网络视频广告

专业导航：网络视频广告

随着网络P2P技术的不断成熟，以及网络带宽的日益完善，网络流量已经为实现视频传输提供充足的基础，网络视频也就应运而生。与网络视频相伴而生的网络视频广告是一种新兴的广告形式，它结合了传统网络广告和电视广告的双重优势，为网络媒体开拓了一条新的产业链，为广告主提供了一个独具特色的广告传播平台。

一、网络视频的媒体特征

网络视频是网络媒体一直致力于实现的理想传播形式，随着三网融合的实施，网络视频必将迈入一个崭新的阶段。网络视频是网络提供的在线视频播放服务，内容格式以WMV、RM、RMVB、FLV、MOV等类型为主要形式，在这些众多的格式中，FLV格式由于文件小、占用客户端资源少等优点成为网络视频所依靠的主要文件格式。目前，网络视频的播放软件逐渐打破了RealPlayer和Windows Media Player等国际企业的垄断，在中国很多门户网站和流媒体网络电视网站都已经开发了自己独有的播放客户终端。

二、网络视频的发展历程

谈到视频网站，就不能不说YouTube。2005年2月，三名PayPal的前任员工创建了该网站，至今YouTube已经成为全球最大的视频分享网站。但是它的发展历程也反映了视频网站普遍存在一些潜在危机和风险。目前，YouTube在很多国家已经因种种原因被封锁，一是涉及敏感问题，鼓吹社会不良风气；二是侵犯纠纷；三是隐私权的侵犯等。正是由于这些内容问题，使得YouTube在全球至少十几个国家受到过审查和封锁。

在中国，随着网络视频的发展，2005年4月，国内第一家网络视频网站——土豆网上线，土豆网是中国的一家大型视频分享网站，用户可以在该网站上传、观看、分享与下载视频短片。随后几年，中国的视频网站出现几何式的递增发展，最多时竟达300多家，而到现在仅剩下20几家。国内视频网站在短短几年时间里经过了大起大落，盈利模式不清、成本过高、内容缺乏成为视频网站发展过程中的三座大山，而目前最赚钱的全球视频网站Hulu将成为众多视频网站效仿的对象。

2008年以来，视频网站在经历了几次重大的洗礼后，逐渐进入主流的地位。目前，中国的网络视频服务商主要有：以土豆网、优酷网、酷6网、56网、六间房网等为代表的视频分享类的网络视频服务商；以PPlive、悠视网、UUsee等为代表的P2P流媒体类的网络电视服务商；以激动网、第一视频为代表的视频点播类的网络视频服务商；以新浪视频、搜狐视频、QQ视频、凤凰宽屏等为代表的提供视频服务的传统门户网站。此外，广电系统也开始大举进入网络视频领域，主要事件就是央视网的国家视频网站于2009年高调上线。网络视频还吸引了各种资本，优酷和土豆等公司就获得了大量的融资。

三、网络视频广告的类型

网络视频广告是由网络视频服务商提供网络平台，用数码技术将视频广告融入于网络中，实现在线播出的视频广告形式。广告从来都是媒体生存、盈利的重要手段。网络视频网站自诞生之日起，就纷纷扯上Web2.0和互动性的旗号，但似乎在说服广告主为此买单的过程却显得比较吃力。所以，网络视频广告形式也在备受争议声中发展。综观国内外的网络视频广告，目前基本上可以分为以下几种形式：

第一，前置式广告。这是一种视频区域内的强制性广告形式，即在视频播放之前，附上一段数秒钟的视频广告。它很好地利用了视频下载缓冲的时间，从而不会使用户产生反感。由于广告面积较大，所以视觉冲击力也较强。

第二，视频贴片广告。这也是一种在视频区域内的强制性广告形式。在播放广告时，视频内容就要停下。它一般分为前、中、后三种插播形式。用户在网上观看一个节目或一段视频之前，将会看到一段数秒钟的广告，即前播广告，有时候广告插播在节目中间等待缓冲的时间（中播广告）和节目播放完毕后（后播广告）。

第三，视频浮层广告。此类广告的特点是，广告与视频内容可以同步进行。当播放视频内容时，文字或图像广告会在短时间内浮现在视频顶端或底部。当用户将鼠标指向或点击广告时，会弹出更大的广告幅面，或者打开新网站。这种广告不会打断用户的观看过程，因此被很多网站采用。

第四，播放器背景广告。这是一种视频区域外的广告形式，当用户打开视频节目时，广告会以精美的海报图片形式展现在视频区域周围，作为视频页面的背景。播放器背景广告在视频播放的整个过程中都在传达品牌信息，并邀请他们点击其他广告，访问广告主网站。

第五，视频植入式广告。把广告元素巧妙地嵌入到有情节、可看性较高的短视频中，这样，视频内容本身可能就是广告。这种广告形式具有很高的可看性，并且容易通过上传而得以在互联网上大量扩散，从而较好地体现了Web2.0时代的用户互动性。

虽然目前网络视频广告已经展现了成为主流的趋势，但网络视频广告的利益显性依然不能隐性摆脱，如何在赋予受众自由选择的同时，又更多地关注广告，成为网络视频广告发展的瓶颈。网络视频网站一直都在尝试着各种网络广告的形式，以期实现盈利模式的巨大突破。在“娱乐至死”的大环境下，实现广告与娱乐的有效结合，让受众在潜意识中形成对网络视频广告的接受，需要更多更有创意的形式和内容。同时，这也与网络技术、网络宽带的不断发展有着必然的关联。

第一节　Nike：Most Valuable Puppets

在种类繁多的网络广告表现形式中，网络视频广告的商业价值受到了较多的关注。Nike公司在自己的官方网站中，针对不同的消费人群，在各个子版面中投放了一系列网络视频广告。例如，Nike中国官方网站女性频道所推出的《我的蜕变》系列广告、Nike中国官方网站足球频道中所推出的由周星驰代言的《长江七号》广告以及在篮球频道所推出的Most valuable puppets系列广告等。尤其是Most valuable puppets系列广告在关注篮球文化、体育流行文化和时尚资讯的人群中取得巨大反响。

Nike“巧”夺天工

Most valuable puppets系列广告，第一季于2008—2009年NBA季后赛期间在Nike官方网站进行投放。取得良好市场反应之后，于2009年12月制作了第二季，同样在Nike官方网站进行投放。

科比·布莱恩特和勒布朗·詹姆斯作为Nike旗下签约球员，同时也是NBA联盟中的当红球星，在该系列广告中摇身一变成为两个公仔，配合着NBA赛季的不断进行，以及一些事件的发生，演绎着一个个有趣的小故事。例如该系列广告第一季第一集Chalk，是为了配合勒布朗·詹姆斯与科比·布莱恩特进入2008—2009年NBA季后赛而制作的；而第二季第六集Dunking on reindeer则是为了配合2009年圣诞节的来临而制作的。

从传播效果来看，Most valuable puppets系列广告在网络上一经投放就获得了巨大的关注度。以该系列广告第一季第六集《刘易斯女士》为例，单是《刘易斯女士》这则广告的点击率就达到了172679次。在国内大型P2P综合传播网站VERYCD上，截至2009年12月27日，《科比VS詹姆斯公仔广告全集》的下载次数达到了12591次。在国内著名篮球网站HOOPCHINA上，提供该系列广告的下载页面被浏览了31660次。

此外，在2008—2009年NBA季后赛期间，几乎所有的NBA专家的预测分析都集中于科比·布莱恩特和勒布朗·詹姆斯能否从西部联盟和东部联盟脱颖而出，最终会师总决赛。这种论调甚至形成了所谓的“NBA季后赛阴谋论”，并且随着两人在季后赛赛程中越走越远，使得持该种论调的人越来越多。Most valuable puppets系列广告的推出，无形中成为这种论调的注脚，也借此在篮球爱好者中获得了足够的关注度。

从营销效果来看，Nike这个Most valuable puppets系列广告并未以刺激短期产品销售量为目标，而是从长远目标出发，配合NBA赛季中所发生的事件以及Nike官方营销活动，采取系列短剧的形式，以口碑营销的方式，潜移默化地将自身品牌的内涵传递给消费者，以期培养消费者对品牌的忠诚度，进而刺激销售量的上升。

巧选广告代言人

Nike在进行品牌建设的过程中，始终将自己的产品形象同篮球运动紧密地结合在一起，例如借助前NBA篮球运动球员迈克尔·乔丹职业生涯的辉煌成就，成功地将篮球变成了自身品牌的象征。悉数Nike旗下的签约球员，如夏克·奥尼尔、德怀恩·韦德、凯文·杜兰特等人，无一不是NBA联盟中或红极一时，或具有巨大号召力的球星，而在Most valuable puppets系列广告中作为广告代言人的勒布朗·詹姆斯和科比·布莱恩特则可称得上是“星中之星”。

倘若仅仅是简单的使用勒布朗·詹姆斯与科比·布莱恩特进行广告创作，难免会使Most valuable puppets系列广告泯然于车载斗量的明星代言广告中。因此，在该系列广告中，Nike 对传统的明星代言广告方式做出了一定的创新。

Nike 品牌的成功与前 NBA 球员迈克尔·乔丹息息相关。自签约迈克尔·乔丹之后，随着乔丹在 NBA 职业球员生涯中逐步进入辉煌，其广告效应也在不断增强，而 Nike 也渐渐地拥有了全球体育运动产品的最大市场份额。然而，自从迈克尔·乔丹从 NBA 退役后，他的广告效应也开始逐渐下降。因此，Nike 急需寻找一位能够与乔丹的市场号召力相媲美的球员。Nike 在寻找的过程中发现，不断成熟的科比·布莱恩特与强势进入 NBA 的勒布朗·詹姆斯，正在逐渐靠近乔丹曾经的高度。首先，无论是科比·布莱恩特，还是勒布朗·詹姆斯，都跳过美国大学篮球这一阶段，直接以高中生身份通过选秀入选 NBA 联盟，勒布朗·詹姆斯甚至是以当年选秀状元的身份入选 NBA。其次，两人都拥有极强的得分能力、令人称羡的个人荣誉，他们在球迷中也同样拥有其他球员难以比拟的影响力。最后，1996 年进入 NBA 联盟成为职业球员的科比·布莱恩特代表着 NBA 的现在，而现年 26 岁、2003 年进入联盟的勒布朗·詹姆斯则代表着 NBA 的未来。因此，Nike 选择旗下签约球员科比·布莱恩特和勒布朗·詹姆斯作为 Most valuable puppets 的广告代言人，也就无形中丰富了该系列广告的内涵，增强了该系列广告的戏剧性，也就必然易于吸引受众的注意力。

然而，明星代言广告可谓泛滥成灾，假若不能找到一种令人印象深刻的表现形式，Most valuable puppets 系列广告也必将湮没于形形色色的各式明星代言广告之中（图 7-1）。

巧用广告表现形式

Most valuable puppets 系列广告并未由科比·布莱恩特和勒布朗·詹姆斯真人进行演出，而是制作了两个造型酷似美国儿童教育节目《芝麻街》的布偶，以系列短剧的形式进行演绎，既有客观因素的制约，也有广告创意的需要。

首先，Most valuable puppets 系列广告推出于 2008—2009 年 NBA 季后赛期间。每一轮次的 NBA 季后赛都采用七场四胜的单循环淘汰制，这种赛制使任何一支球队都没有必胜的把握。在这种难以预测胜负的情况下，科比·布莱恩特和勒布朗·詹姆斯都要为获得 NBA 总冠军投入所有的精

图 7-1 科比 VS 詹姆斯公仔

力。而一则广告的拍摄绝难一蹴而就，需要反复打磨。因此，在这一段时间内，让两位球员为一则广告而分散精力，牺牲宝贵的季后赛间歇时间显然是不现实的。

其次，《芝麻街》系列儿童教育节目 1969 年在美国登上电视屏幕，截至 2009 年 11 月 11 日已有 40 年的播出历史。我国中央电视台少儿频道也播出过这一系列节目，国内也有《芝麻街》系列儿童教育节目的官方网站。可以看出，《芝麻街》系列儿童教育节目的影响力具有时间跨度长、覆盖地域广、持续时间长和影响力强等特点，其卡通形象也已经深入人心。采用伴随着整整一代人成长的《芝麻街》中的人物造型，能够使目标受众群体在该系列广告中找到其人生经历中曾经出现过或是似曾相识的经历，激发受众群体对童年的追忆或是产生移情联想，进而产生情感共鸣。

最后，与 Most valuable puppets 系列广告相比，科比·布莱恩特和勒布朗·詹姆斯所出演的其他广告，如 Love me or hate me、If you really want it、《恐惧斗室》、《见证》等，都是对两人某种赛场特点或某种性格特征的塑造和表现，难以全面展示他们的才能。而使用布偶形象，可以视其为一种汇集了科比·布莱恩特和勒布朗·詹姆斯各种特点的集合体，能够为广告创意人员提供更多的创意表现空间，也能够对两者各个方面进行全景展示，例如在第一季第八集中，两个小布偶就为消费者展示了两位球星除篮球之外的另一项运动爱好——打乒乓球。

巧选广告投放媒体

为提高广告的覆盖率，达到最大的广告效果，广告主和广告代理通常会选择在多种媒体上进行整合广告投放，而 Nike 在这次 Most valuable puppets 系列广告的投放上却独辟蹊径，大胆地仅以 Nike 官方网站篮球频道为主要的广告传播渠道。

Most valuable puppets 系列广告以视频短剧的形式与消费者见面，受这一传播形式的制约，报纸、杂志和平面媒体等传统媒体难以对该系列广告进行全景展示，也就无法取得良好的广告效果。如果选择电视作为广告投放媒体，首先要面对强大的广告噪音；其次，Most valuable puppets 系列广告目标受众是对体育用品、流行时尚具有持续关注度的人群，这一人群在总人口中所占比例不大；再次，从 Most valuable puppets 系列广告已播出的剧集来看，该系列广告始终与进行中的 NBA 赛季、Nike 商业活动、NBA 赛季进行中所发生的各类事件密切相关，需要一个时效性极强的媒介平台，而以电视、报纸、杂志和平面媒体等为代表的传统媒体难以满足这一需要；最后，Most valuable puppets 系列广告剧集长度并没有统一的规范，如第一季第 8 集 Ping pong 片长仅有 15 秒钟，而第二季第 8 集 House on fire 片长则达到了 1 分钟，这种无序的广告长度使得该系列广告不适合在电视媒介平台进行投放。此外，Most valuable puppets 系列广告选择网络这一媒介作为投放平台，有利于消费者进行下载和点击观看，这种优势是传统媒介难以做到的。

Nike 官方网站经过多年运营和宣传，已经成为消费者了解体育用品流行资讯，了解体育用品发布信息以及进行网络购物的重要渠道和平台。Nike 网站浏览者的特征可被归结为：对体育用品、流行时尚具有持续关注度的人群。而在 Nike 官方网站，各个子版面的存在，也进一步将受众细分为对篮球、足球、网球等不同体育运动项目持有关注度的不同群体。在这一媒介平台进行广告投放，可以精准地命中目标人群。

毫无疑问，不同广告媒体（报纸、杂志等平面媒体、门户网站和网络社区等）的有效整合在广告信息传播中扮演着重要的角色。然而，在不同的广告媒体中充斥着不同类型的各种广告，这些广告所蕴含的信息汇集成为广告噪音，严重干扰着消费者获取自己感兴趣的信息。因此，广告商应该试图寻找一种“无噪音”媒体（clutter-free media），即不和其他广告竞争，能够吸引100%心灵占有率的媒体。与传统广告媒体相比，“无噪音”媒体效益高得多，广告商要传达的信息不会在众多混乱的噪音中消失。

Nike选择自身的官方网站作为广告投放平台正是从“无噪音”媒体这一诉求出发，通过官方网站的运营，免除其他广告信息的干扰，制造出一个纯粹的Nike信息环境。消费者一旦进入Nike官方网站，就被各种与Nike产品或资讯有关的信息所包围，注意力完全被各种与Nike相关的信息所占据，从而提高广告效力。Nike官方网站知名度高，浏览人数稳定，在这一媒介平台进行广告投放可以有效地节约广告宣传成本。此外，由于是Nike自身的官方网站，一方面能够有效节省广告媒介和广告媒介排期的购买费用，另一方面能够对每则广告的点击率或浏览率进行精确的统计。

以Nike官方网站作为广告投放平台，以互联网作为传播渠道，有利于广告信息迅速而广泛地传播。首先，互联网的存在和飞速发展，打破了人们在获取信息时的地域限制，例如国内大型篮球综合网络社区HOOPCHINA始终保持对Most valuable puppets系列广告的同步更新和字幕的制作；其次，腾讯QQ、MSN和雅虎通等即时通信工具一方面使信息的传播方式简化为“复制—粘贴—发送”三部曲，另一方面打破了消费者被动接受企业信息的单向传播模式，取而代之以网友之间一点对多点的辐射状主动信息传播模式，有利于保证信源的可信性和消除消费者对广告信息的不信任感；再次，广告信息如果经由传播者中的意见领袖、把关人进行传播，能够增强传播效力，扩大传播范围；最后，被传者会对收到的信息进行主动搜索，这一搜索过程无形中提高了消费者对品牌的认知度，培养了消费者对品牌的忠诚度。

小结

Most valuable puppets系列网络视频广告最终实际上是通过网络口碑营销的方式进行传播的，使该系列内所蕴含的多种广告元素在目标消费者群体内形成持久而广泛的讨论，吸引注意力，进而提高品牌知名度，培养品牌忠诚度，最终促进销售量的增加。同时，在看到Most valuable puppets系列网络视频广告通过口碑营销获得成功的同时，不能忽略 Nike 是如何精心打造出这一系列广告的，更不能忽略 Nike 是如何努力提供并且持续提供令人赞叹的产品和服务的。

（杨滋华）

◎思考题：

1. Most valuable puppets 系列广告创意有什么特点？
2. 在官方网站上刊载视频广告需要注意哪些问题？

第二节 后舍男生

时至今日，偶像的标准似乎发生了光怪陆离的变化，一个完全异于传统审美情趣的群体正在利用网络无可比拟的繁殖能力成为大众的偶像。谁更“丑”，谁更出名？他们因网络新媒体的出现而诞生。网络另类偶像挑战传统审美标准，是技术的产物？还是张扬的个性，抑或仅仅是哗众取宠的伎俩？

一

红人层出不穷，“后舍”独树一帜

继从北方高校 BBS 上崛起的“芙蓉姐姐”凸胸翘臀的经典 S 形舞姿和对自己充满赞美爱恋的文字走红之后，一个庞大的另类群体正在崛起于校园网络上。“于窜红”、“石榴哥哥”等明显模仿“芙蓉姐姐”的网络恶搞也迅速粉墨登场。不久前，高校中又出现了一位“猴子妹妹”，身穿内衣半躺在床上，摆出妩媚的姿势，却明显制造出相反的效果。凭着异于常人、丑态百出的表现，一个个搞怪者成了不折不扣的网络“红人”。在这种“越丑越出名”的潮流中，南方高校也出现了学生通过网络搞怪“一夜成名”的现象。

广州美术学院 2002 级男生黄艺馨和韦炜靠假唱流行歌曲翻拍成 MV，并在假唱时表演夸张的表情而博得网友的喜爱，很快被誉为“校园爆笑第一组合”。在这部自我消遣的作品中，他们通过夸张的面部表情、搞怪的动作以及天马行空的想像力进行各种演绎，并将其上传至学校校园网。结果，这部作品被迅速转载，黄艺馨和韦炜也瞬间名声大噪。由于他们的

成名作翻唱的是美国时尚组合“后街男孩”的歌曲，再加上表演都是在大学宿舍里面对着电脑上方的摄像头完成的，因此，他们被冠以“后舍男生”的称号。

“后舍男生”搞怪的演绎方式颠覆了人们对象牙塔文化的传统解读，在高校引起强烈震荡，很多人认为他们“夸张而不做作，搞笑而不庸俗，幽默而有品位”，学生中甚至流行“不识后舍男生，绝对落后分子”的说法。他们的作品自第一辑《AS LONG AS YOU LOVE ME》发布以来，网上点击率已超过5000万人次。紧接着，他们陆续推出三部作品《分开旅行》、《I WANT IT THAT WAY》、《童话》，都极尽无厘头之能事，推一部，红一部，点击率过百万。“后舍男生”的蓬勃发展，惹来了众多商业公司的关注，先是拍广告，而后又被太合麦田相中并签约，参演喜剧电影《十全九美》，并领衔主演电影《哈哈哈》，首次触电进军好莱坞，同时热爱公益事业，为赈灾献画，筹善款……目前他们的博客访问量也已超过700万人次，可见其受欢迎的程度。

“假唱”大行其道，“后舍”胜之有道

“后舍男生”这一校园第一爆笑组合，是时下横扫全球华语互联网世界，引导“假唱”口形SHOW风暴的第一个男生双簧组合，每次翻唱经典歌曲的爆笑口型SHOW都会在网络上引起龙卷风般的超级点击率。虽然对口形这东西并不是最早在中国出现，但是“后舍男生”将它带入另一种新境界，那就是表情的多样化。他们的每一部作品都在全力诠释一种风格，比如《AS LONG AS YOU LOVE ME》里的恶搞、奔放，《分开旅行》里的婉约、幽怨，《童话》里的柔情、善良，《I WANT IT THAT WAY》里的狂放不羁，它们都给人一种鲜明个性的诠释。这种新奇的假唱以丰富、夸张的表情和动感十足的肢体语言为依托，带给人们的是另一种畅快淋漓的“视觉体验”。试问，现今娱乐圈里有哪位明星或歌星敢在舞台上或荧幕前大声对观众说：“我要假唱!”答案是：没有！众所周知，歌星之所以出名，主要是因为他们的嗓子，因此对于听众们来说更享受的应该是来自歌星们传送的听觉体验，其次才是视觉。可是如今的演艺圈，“假唱”大行其道，并早已作为演艺圈里的“潜规则”，你方唱罢我登台，假唱事件层出不穷。

假唱一事已说了很多年了，可能导演、公司的意思是想把最完美的效

果呈现给观众，不管怎么向外声称是现场音响不好或是怎样，但是假唱本身就已经失去了它的最原始的内涵，人们不想被欺骗，如果知道这个“最完美”的是假的，那么完美已经没有意义了，就像考试一样，如果是通过作弊而考了100分，那么考试又有什么意义？有理由相信优秀的人宁可要不作弊的0分，也不要作弊的100分，因为不作弊，起码是负责任的。其实，假唱对于明星来说，实在是太普遍了，如果没有被当场揭穿，明星是打死也不会承认的，但只要一旦证据确凿了，他们就会找出N+1种理由为自己辩护，其实这些明星还是没有认识到自己“错”在哪里。观众花钱买票难道是来看明星说谎的？说大了这些明星是在“欺诈”。由此看来，敢在舞台上或荧幕前大胆、自在、轻松假唱并能赢得掌声的，恐怕也真的只有“后舍男生”了。

“后舍男生”不仅是一种文化现象，更成为颠覆校园文化的代名词，他们敢于做别人不敢做的事，勇于把自己展现给世人，但是绝大部分新生代都是以一种很健康、很单纯的方式在互联网上与同龄进行“爆笑”交流，他们抱着娱乐的心态参与到创作中来并抒发感情，看到精心制作的帖子点击率节节攀升，很多人能得到平时无法得到的成就感，这也反映了年轻人渴望得到关注的心态。我们且不说他们靠网络成名能红多久，且不说他们的文化底蕴够不够，更且不说他们是不是影射着年轻人心中信仰的淡薄、高远理想的缺失，至少我们从中会得到快乐，会唤起一段美好的情感，更有理由相信在嫣然一笑过后留下的是对种种事件的思考与启迪。“后舍男生”的出现是一种必然，但并不代表他们是时代发展的必需。这种由精神空虚导致的发泄式产物随着时间的流逝必然会慢慢淡出人们的视野，但是“后舍男生”表现出来的青春、活力、阳光的形象是值得肯定的（图7-2）。

网络视频扮“红娘”，炒红“网络红人”

网络红人的出现，一浪高过一浪，在这里不得不说一下网络的超强能力。如今的社会到处都被各种“压力”所笼罩，可以提供给人们自由的、畅快淋漓的呼吸空间已很狭窄，而代表着民主、自由的互联网为人们提供了新的展示自我、发现惊喜的平台，在这一个很好的“自家后院”，个人可以自由言说，吐露心声，吸引别人的注意，无论是受到支持或是招来板砖，都能给人带来难以言说的心理满足。视频分享网站的开发更为此注入

图 7-2 后舍男生

了一针强心剂，使人们的各种满足得到最大化的实现可能，也使人们得到了最大化的心灵沟通，网络视频无疑是一个“招牌红娘”，牵针引线，牵出了创意，引出了潮流。

视频分享网站即用户创造内容网站，这种网站最大的特点就是采用 Flash、FLV 视频播放技术，并含有视频上传、分享、评价等功能。这种网站用户体验较好，不需安装软件，即点即播；盈利能力较弱，但内容多，且多为网友上传，因此，人们可以随时上传自己的作品传达个人喜好，并得到具有相同喜好或经验的人们的分享与转载，随着点击率，转载率的增加，网络红人的出现自然是水到渠成。

网络视频相对于电视媒体，受众具有更多的选择权。网络视频是一对一地在进行，受众具有充足的选择权，而对于电视，观众基本上没有多大的选择权，电视播放什么自己看什么，自主性极低。同时，电视媒体难以实现重复观看的效果，是一种转瞬即逝的存在，电视节目中有关赛事、典礼、观赏性的直播节目，总是由于时间的冲突，使得很多受众无法同时同步分享，电视人面对这种情况往往都“很紧张”，这种紧张是态度上的紧张，时间上的紧张。而视频网站，由于永续存在的形式、各式各样新奇有趣的视频内容突然就把直播的神圣性瓦解了，各种问题似乎都迎刃而解，不费吹灰之力。

如今的视频网站已逐渐从草根式转化为媒体属性很强的视频媒体。首先是越来越多地参与到了主流的新闻时间里，我们知道，2008 年发生的事情非常多，如南方雪灾、“5·12”大地震、北京奥运会、“神七”，我们可以看到各家网站都参与到主流的新闻报道中。其次是影视剧的热播，如《我的团长我的团》、《潜伏》、《蜗居》等，反正人们现在能看到的在央视和各大卫视播放的热门电视剧，几家视频网站都在同步进行合作播放。再次是内容的品牌化和节目化，如网友原创的山寨新闻等都会起到很好的作用，被各大网站报道和电视台转播。其实不难看到现在的网络视频有一个很主要的特征，就是品牌广告的转移化。一部分的互联网广告比较看好视频网站，一部分广告商在逐渐考虑把电视广告的预算投放到视频网站上来。网络视频的发展带动的将是新的营销模式的转变，我们有理由相信，网络视频只有站得更高，才能看得更远。

小结

网络视频是网络媒体发展的必然结果，而“后舍男生”等网络红人却是这种结果的又一结果。网络视频的自身优势在网络时代正在被无限放大，它不但在助推着人类欲望的膨胀，也在蚕食着原本不属于自己的领域，网络视频开启的是一扇具有辽阔视野的窗，无论是个人，还是企业组织，借助这个窗口展示、传播自己的信息必将传得更远、更动听。

（孟静伟）

◎思考题：

1. “后舍男生”现象的产生背景是什么？
2. 如何评价网络红人现象？

第三节 奥巴马女郎

奥巴马是美国历史上第一个黑人总统，也是第一个充分利用网络社区来营造竞选氛围的总统，网络几乎伴随了这位黑人总统竞选的始终。他懂得网络，网络也似乎懂得他，也就是在奥巴马竞选期间，一只由充满火辣气息的性感女模演唱的《狂热迷恋奥巴马》，经由视频网站 Youtube 迅速风靡全球，而那个女模——安贝儿·李·埃廷格（Amber Lee Ettinger）也被冠以“奥巴马女郎”的美称。

奥巴马女郎的虚拟剧情

在成为“奥巴马女郎”之前，安贝儿在fit学时装设计，课余的时候兼职做模特和演员，虽然参与过《人在江湖》等电视剧的拍摄，但是并不为人所知。安贝儿从小就想成为一名设计师，她一直在朝这方面努力，寻求这样的机会。有一天，安贝儿非常意外地收到了本·华莱士的一封电子邮件。在邮件中华莱士写道：“我有一个很好玩的事情，我写了一首歌，你是否有兴趣在这两天拍个MV?”他说他是看了安贝儿的网站之后才与她联系的，而这个视频是一个幽默网站启动工作的一部分，总共要花6个小时。安贝儿只是觉得很好玩，于是就回信给华莱士表示愿意见一面。第二天，在fit校外的一家咖啡馆里，安贝儿见到了本·华莱士——一个很酷的小伙子和同行的另外两个人，一个很文静的男孩和一个很秀气的女孩。在相互认识、啜饮了几口咖啡之后，华莱士说明来意：他们有一个自己的工作室，他们想自己做一个以幽默搞笑内容为主的视频网站。

为了启动这个网站，已经写好一首歌，而丽叶·考夫曼和里克·弗里德里希就是这首歌的作者，丽叶谱曲，里克填词，并且已经有了丽叶演唱的一个录音。这首歌的名字叫做《狂热迷恋奥巴马》。他们现在想要求助于安贝儿的是邀请安贝儿出演这首歌的MV女主角，因为丽叶显然太过文静了，不可能将这首歌的另类火辣风格演绎出来，而身材性感、火辣的安贝儿则是一个更好的选择。“华莱士，难道我很火辣吗?”听到这里，安贝儿不由脱口而出。“Yes! Really hot you are!”三个家伙几乎异口同声地冒出这句话。安贝儿差点笑喷了。“那好吧，快叫我听听这首歌吧。”安贝儿的兴趣被调动起来，丽叶连忙把自己的iPod递上去。Wow，旋律还可以，有点像小甜甜布兰妮的调调，歌词太逗人了——“除了你，我不再想要别人，我想把你占为已有，如此性感，如此迷人，我狂热迷恋奥巴马，我已不能等到2008。”安贝儿不由得大笑起来，“如果奥巴马听到这首恶搞他的歌，岂不是要晕过去?”一直说话很少的里克应声说：“我们就是要这个效果。”显然，这三个家伙是要做一番语不惊人死不休的事情，反正在这个国家，雷死人也不偿命的。安贝儿觉得，这是件十分好玩的事情。“但是，你们要怎么做呢?”早有准备的华莱士打开电脑，给安贝儿看了一个简单提纲，看起来似乎并没有什么难度。于是，安贝儿答应了华莱士的邀请，加入了这支队伍，从而完成了一次完美的个人营销——

炒作。

傍上政治大腕后的奇迹

在现代信息的传播上，话语的霸权优势在网络时代依然没有退隐，相反变得更加显性。政治领袖、经济巨头和文化名人都能轻而易举地在社会中“发号施令”，传播自己的声音，而一旦与这些信息传播的关键人物沾上关系，普通民众同样会受到极高的关注，因而自然被媒体传播开来。2008年，美国民主党热门总统候选人包括希拉里、奥巴马，共和党则为麦凯恩。这些总统候选人都有自身的优势和劣势。谁能够在总统大选中胜出，取决于多个方面的因素，例如个性特征、竞选组织的力量以及媒体的支持度。只有能够最好地转移大众的注意力，把公众的目光吸引到自己的议题上，而且具有个性魅力的参选者才可能胜出。

在美国，每到各种选举或投票的时候，政治宣传就热闹起来。而安贝儿出演的这个视频就在这个特殊时期，被政治宣传利用，安贝儿也没有想到事情竟然会发展到这个地步，当初她只是觉得就和平时做一件普通的事情一样。然而，谁知道一下子闯进了政治空间，进入大众的关注视野，成为网络红人，自己竟然还成了左右美国总统大选的一个符号。尤其是自己性感的身材和未来的国家总统联系得如此紧密，令她颇感意外。安贝儿同时已经不可避免地卷进了一场政治漩涡，自己一场意外的表演或许能左右选举结果，显然她在这段时间里有些无法主宰自己了。安贝儿也许没有想到，只是因为和奥巴马沾上一点边，自己的命运就会发生如此大的变化，就像刮起一阵旋风一样，随着一段网络视频的流行，自己竟然会成为“最火爆的网络名人”。人们就像施了魔法一样在网上相互传递着那段视频，疯狂点击，疯狂评论，在Youtube流行以来，从没有像现在这样一个视频文件点击量超过1000万次。“哈哈，我喜欢，好视频！奥巴马太棒了，我要选他”，视频下面密密麻麻排满了这样狂热的评论，尽管有人不感冒，但是人们还是在浏览它，并积极主动地参与网上的讨论和争辩。

傍上网络媒体时代的利器

互联网媒体的出现和发展，拓宽了传播的广度和深度，打破了以往人类多种信息传播形式的界限，它既可以实现面对面传播，又可以实现点对点传播。当信息面对多个上网用户传播时，网络传播可谓大众传播工具，而个别独立的上网用户之间的交流可谓点对点的人际传播。网络传播将人际传播和大众传播融为一体。这种全新的、特殊的传播方式使传统的大众传播理论面临挑战。

网络传播具有人际传播的交互性，受众可以直接迅速地反馈信息、发表意见。同时，网络传播中，受众接受信息时有很大的自由选择度，可以主动选取自己感兴趣的内容。并且，网络传播突破了人际传播一对一或一对多的局限，在总体上，是一种多对多的网状传播模式。网络传递新闻如同给事件营销插上一双翅膀，事件营销发展到现在的网络事件营销，才真正发挥了事件营销的威力，互联网改变了传统媒体的传播方式，当然给事件营销带来了更大的空间，传统媒体的新闻再通过网上的传播，大大拓展了读者受众的外延。从新闻传播的角度分析，互联网开创了人际传播、群体传播、大众传播和互动传播在同一载体同时并存的全新的传播形态：其一，传播速度更快；其二，传播渠道更广；其三，事件传播互动性更强(图7-3)。

图7-3 奥巴马女郎拼图

因此，当华莱士把这段视频传到Youtube上的时候，就像一个火药桶，引爆了整个互联网。Youtube的点击量不到一周就冲上一百万，这段视频被博客的博主们在自己的Blog上贴来贴去，被分享到Myspace、Facebook和大大小小各个社区、论坛、视频网站，甚至被传到澳大利亚、欧洲、中国。太酷了，人们都被安贝儿火辣的身材和美臀舞蹈所吸引，很多喜欢和不喜欢奥巴马的人都莫名其妙地看完了整个视频，他们给安贝儿起了一个很火辣的名字——“奥巴马女郎”(Obama Girl)。接下来的几个月，“奥巴马女郎”成为最火的网络明星，她的形象和行踪受到人们的关注。更重要的是，有很多人是因为“奥巴马女郎”，才开始关注参加美国总统大选的参议员巴拉克·奥巴马的，而且很多人在看了“奥巴马女郎”之后，毫不犹豫地去为奥巴马投票。

傍上商业营销传播的伎俩

网络时代，受众拥有前所未有的权利：不仅可以自由选取自己感兴趣的信息，而且可以在网上自由地发布信息；信息的重要与否，不再完全由传播者决定，而是可以由受众自己决定。尽管在许多场合，例如知名的新闻类网站，对网络新闻仍然有编辑权，仍然有网络记者和网络编辑在充当“把关人”角色。但是，由于受众享有极大的选择权和主动权，新闻传播者的地位受到削弱，权利在向受众倾斜，所有这一切都将使社会控制趋向弱化。

只有互联网才能提供给读者广泛参与发表意见和互动评论的权利，传统媒体只能一味地让读者看和听，读者有意见则无法当场参与互动，例如，白热化事件营销策划是一定要让事件本身带有诸多争议性的，这种争议只有在网上才能引起网民充分的互动评议，并且把事件再传播出去，从而达到事半功倍的效果。但这样的网络功能，从一开始就被商人们发现、发掘并充分利用，近几年，广告主们利用网络舆论的幕后操纵，打造了一系列的网络红人，例如，联想的“红本女”、“酷酷熊”，魔兽世界的“贾君鹏，你妈喊你回家吃饭了！”等等，他们不但炒红了故事的主角，也炒红了广告主的产品。虽然奥巴马在事后矢口否认安贝儿该视频的关联，但谁又能绝对肯定不是奥巴马团队的决策呢。

因此，经过精心策划的网络事件营销的成功关键，就是能在互联网上引起广泛争议。有价值的事件营销方案是最省钱的广告推广方案，能让诸多的网民和记者免费为企业做口碑传播和广告传播。

营销的探讨总是没有止境，事件营销作为一种新的营销方式越来越受到营销人的青睐，但事件不常有，企业营销却常在。若要保持营销的长期“鲜活”，就需要事件的长期刺激，于是就有了炒作与自我炒作。八匹马传媒网 CEO、网络事件营销专家黄相如认为，营销模式是随着时代变化的，随着电脑的普及，网络营销已成为不可或缺的一部分。

小结

“奥巴马女郎”正是互联网时代极具代表性的现象，它反映的是一种草根文化抢占社会主流地位的努力，但这种突破是傍上了拥有强大社会号召力的政治领袖，傍上拥有了过分依赖科学技术的网络媒体，还有就是时刻在商业化、功利化的营销手段。但也正是这些力量，将网络媒体的发展推向了更高的层次。

（李冬）

◎**思考题：**

1. 请分析“奥巴马女郎”现象产生的原因。
2. 在网络时代政治娱乐化呈现出什么发展趋势？

第四节　恶搞成“疯”

2006年，自由职业者胡戈自创搞笑视频《一个馒头引发的血案》（以下简称《馒头血案》），它以2005年年底上映的国产魔幻大片《无极》为底本，结合中央电视台“法治报道”栏目形式，将《无极》故事整合改编成为一个新的侦探破案故事。该视频在网上疯狂流传，检索量迅速超过了《无极》本身。胡戈因此成名，成为网络恶搞时代的开创者。自此网络恶搞横行，各种恶搞视频、图片及恶搞红人也纷纷现身。而2006年，也被称为“恶搞元年”。

纵观网络，对恶搞一词的具体含义莫衷一是。一般认为，恶搞又称恶意搞笑，是指用滑稽和整蛊的方法表达出自己心里的某种见解。恶搞最初源于日语词汇中的KUSO，是骂人常用语或用于发泄不满情绪时的口头语，后由香港地区传入内地，被意译为“恶搞”。在胡戈之前，恶搞也曾一度风行，电影界的喜剧之王周星驰就是很典型的一个代表，其成名作《大话西游》在制造喜剧效果时另辟蹊径，新颖的搞笑手段被冠之以“无厘头”的称号，电影中对某些人物、时间的嘲讽都已经有了后来网络恶搞的影子。

从草根到商业，真正的无极

自胡戈凭《馒头血案》成名网络，网友冠以“恶搞祖师”的称号后，恶搞正式在网络扬名。随后网络铺天盖地蜂拥而至各类恶搞经典，如《春运帝国》、《中国队勇夺世界杯》、《楼市春晚》等，从铁道部、国足到央视，都无一例外“惨遭毒手”。一些恶搞甚至走出网络，从台上到台下，从精英到平民，一时间掀起了一场“恶搞运动”。恶搞作为草根们冷嘲热讽的一种姿态，在冷幽默里不动声色地传达着自己的不满和喜怒。

在“娱乐至死”的年代，恶搞代表着一种全新的娱乐精神，它反叛、颠覆、疯狂，为了博取受众的眼球，它无所不用其极。这种快速简便类似“病毒式”的传播必然逃不过精明商家的眼睛。从最初的草根娱乐到现在的商业营运，恶搞经历了从单纯发泄感情的娱乐性到商业性的脱变。而其商业利用形式也是多种多样，大致可以分为以下几种类型：

其一，广告恶搞。在“泛广告时代”的背景下，似乎任何形式都能拿来做成广告。恶搞自然也不例外，此种恶搞能简单划分为两种形式。(1) 恶搞就是广告本身，将广告做成恶搞的形式，以此吸引受众的注意。如长沙的一家“大饭锅饭店”在开张之时将名画《开国大典》作为广告招贴画，并将毛泽东主席那句知名的“中国人民从此站起来了”改成了“同志们，大饭锅开张了”，在恶搞的同时巧妙地传达了广告意图，成功吸引了很多人的注意。但这则广告也因为亵渎伟人而被广大网友恶评，并被当地工商管理部门勒令拆除。(2) 在广告宣传中加入恶搞成分。在2008年奥运会期间，贵人鸟从品牌理念出发，结合奥运会大背景推出了别具特色的创意视频“无人可挡”征集活动，在YouKu网和Ku6网上公开征集奥运创意视频，而这些创意视频中的恶搞版视频，比如阿甘版、骇客版、越狱版、猫和老鼠版、小鸡快跑版和大灌篮版等，更是在短时间内获得了大量人气，单听名字就吸引了不少年轻人。

其二，产品恶搞。将产品加入恶搞成分也成为商家的新手段之一，不过由于产品使用功能的限制性，这方面的恶搞并未推广普及，但却在一个方面得到了极广泛的应用：影视音产品。最初的《馒头血案》即是拿《无极》开刀，不过与当时《无极》导演陈凯歌气得跳脚不同，现在的导演都是争相在电影里加入恶搞成分，从《熊猫大侠》到《十全九美》，这些小成本高收益电影的成功，恶搞在其中可谓功不可没。而小恶搞大收入的效果更是引领了恶搞电影的潮流。在此不得不提电影恶搞界的“菩提老祖”——刘镇宇，最初的《大话西游》系列他还顶在“戏仿文化”的头衔下做着“无厘头”式的搞笑，而现在的他已经能光明正大地提出“恶搞电影”的概念，刘镇宇新作《越光宝盒》更是恶搞了包括《赤壁》、《功夫》、《大话西游》、《长江七号》、《疯狂的石头》在内的众多电影，真可谓恶搞界的巅峰之作。从电影到MV再到网络流行歌曲，恶搞开始正大光明地充斥受众的视听。

其三，网络红人。网络红人作为网络新兴群体之一，已经引起了社会广泛的关注和认可。作为草根明星的代表，这部分人在网上实现着成名的梦想，并吸引着更多人前仆后继，而恶搞在其中更是起着不可磨灭的作用。恶搞和网络红人的关系也可以分为两种：一是以恶搞别人使自己成名，如胡戈个案便是最典型的例子，因为对《无极》的恶搞，胡戈和《馒头血案》都尝到了一夜成名的滋味。而随后涌现的众多网络恶搞红人更见证了因恶搞而成名的喜悦。二是恶搞自己以引人关注进而成名，这种形式最典型的案例要算"芙蓉姐姐"了，这个最初在水木清华和北大BBS发帖，做各种妖娆姿态、说"天下我最美"的大胆泼辣的女人，成功把自己恶搞成了网络第一红人并稳占此位经年之久。恶搞自己是需要勇气的，但由此获得成功的捷径也吸引了大批网民。近几年迅速蹿红的"后舍男生"也是恶搞自己而成名网络的代表人物，这两个男生组合模仿改造歌曲MV并作出搞笑动作发到网上，引来大批热情粉丝的追捧。而最新走红的凤姐等网络红人也无一不是恶搞催生或带着恶搞性质。至于天涯最热闹的红人"犀利哥"，也可以归入"被恶搞"的行列。

其四，营销恶搞。恶搞广告大家或许耳熟能详，而"恶搞营销"对一部分人来说还比较陌生，但这种营销方式已经产生并促使了某些品牌的成功。无孔不入的恶搞开始不满足于在广告抑或影视剧中出现自己的身影，它逐渐形成一个系统，并运用在产品的营销策略之中。美国前副总统戈尔拍摄的环保新片《不合时宜的真相》在北美受到热捧，与此同时，美国网络上也流传起一个令人捧腹的"恶搞版"《不合时宜的玩笑》的短片。调查发现，这部短片的"幕后黑手"竟是一家共和党公关公司，它的客户就包括美国最大石油公司埃克森美孚公司。事实上，"恶搞"已经不再只是网民的自娱自乐，网络"恶搞"短片的背后时常会有大公司的身影出现。埃克森美孚公司通过恶搞这部环保新片来扳回环保形象的举措无疑是营销手段之一。更多的大公司则是利用恶搞更快、更简捷地达到预定营销效果，作为创意形态的一种，恶搞营销在某些方面无疑能取得更好的效果。

其五，品牌恶搞。著名广告人奥格威曾说："每一则广告都是对品牌的长期投资。"营销开始进入品牌时代，如何建立并长期维持良好的品牌形象是企业最为关注的问题。而在品牌营建的初期，快速赢得广泛的品牌知名度是最重要的问题。显然，恶搞所带来的令人炫目的接触率和扩散速率使之成为品牌传播的不错选择。“阿迪王”就是“恶搞品牌”成功的典型之作。阿迪王系列恶搞，源自猫扑网上一个名为《我今天见一个牌子叫“阿迪王”》的帖子：“我今天见一个运动鞋的牌子叫‘阿迪王’，人家的口号是‘一切皆能改变！’”一石激起千层浪，该帖迅速引发数以千计的跟帖，系列恶搞文章和视频更是开始见诸各大论坛：《每个人心中都有一双阿迪王》、《我终于按揭买了阿迪王》、《今天我给一个穿阿迪王的人擦了鞋》……阿迪王开始成为网友们热议的话题，结合时下的金融危机，也出现了《最新消息，阿迪王出3000万亿美元救市》的恶搞帖子。甚至在百度百科词条中，“阿迪王”的解释也被改成“由所罗门群岛阿迪王（国际）体育发展集团有限公司在中国注册的独资公司”，阿迪王的系列恶搞就这样被网友密切关注并广泛传播，在恶搞中，阿迪王开始坐拥无数粉丝，阿迪王品牌也由此演变为令网民“人见人爱”的搞笑品牌，并由此吸引了一大批经销商的加盟，快速赢得了市场。

其六，线下活动恶搞。网民轰轰烈烈的恶搞活动使线下受众也坐不住了，恶搞实现了从传播、虚拟到现在活动的转变。这碗美味的热汤引得众企业均想“分一杯羹”。各类晚会、电视节目、促销活动纷纷采用恶搞的形式以增加其趣味性和参与度。2009年经济危机给中国企业带来了不小的打击，在愁云惨淡的年末，各大著名企业年会却并不像想象中的垂头丧气，在中国网上购物排名第一的淘宝网年会上，总经理马云虽然不像2008年扮“白雪公主”，但淘宝高层却没有避免被恶搞的命运，集体反串演出了“女子十二乐坊”。而在搜狐春晚年会中，恶搞山寨版“周杰伦”、“陈冠希”、“奥巴马”更是层出不穷，在一个长达十分钟的小品《金乌鸦之夜——2008年中国网游颁奖盛典》中，17173网游里的酋长和肚皮舞娘都来给大家拜年。除了晚会，各种电视节目、现场促销也不忘加入恶搞的元素吸引受众的眼球。在信息爆炸泛滥的今天，恶搞的新奇刺激更能快速准确地抓取人们的眼球，从而达到理想的效果（图7-4）。

恶搞何以大行商业之道

且不谈商业恶搞的风行，只说恶搞何以大行其道。作为草根冷嘲热讽的结构姿态，恶搞作品有几个独特的标签：一是幽默搞笑的表现形式，用

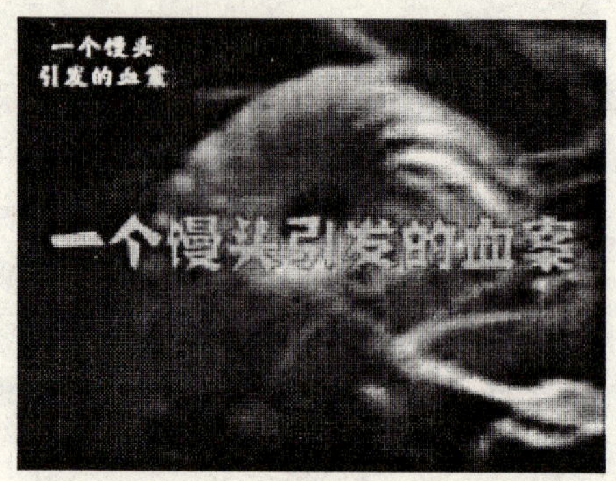

图 7-4 《一个馒头引发的血案》

娱乐的方法表明自身的立场，如《中国队勇夺世界杯》，用爆笑的场面和台词写尽了球迷的辛酸。二是以批判讽刺的态度反映社会现象，胡戈新作《宅居动物》，拿众多宅居网民开了一把涮。三是个性的创意表达，它解构传统，站在与古板的、严肃的文化对立的立场上，以自由张扬的形式诉说着对正统“道学先生”们的嘲笑。上文提到的电影恶搞史滥觞的周星驰可谓深谙此道，《大话西游》等经典系列对传统的批驳和个性的追求开创了电影恶搞的先河。

至此恶搞风行已是箭在弦上，不得不发。剖析恶搞何以如此大行其道，第一是标新立异的表现和内容。在信息爆炸、娱乐至死的大时代背景下，这种融合搞笑和个性以及最新社会现象的快餐式娱乐开始为广大网民所追捧。以草根的姿态针砭社会时事现象、发泄不满成为表达意愿的出口，也是让世界听到自己声音的最好方式。第二是光怪陆离的网络文化的催生。千禧年来临的中国，网络刚刚有崛起的势头，当时就流传着“你永远不知道电脑那头坐着的是一个人还是一条狗”，恰到好处的幽默说明了人们对网络的担忧和它的纷繁复杂。随后中国也被推入了网络的浪潮，一拨拨的网络亚文化促进了恶搞的诞生，作为经典亚文化的一种，恶搞的盛行和网上宽松浮躁的环境是分不开的。第三是电脑与网络技术的普及为恶搞提供了“硬件环境”，Photoshop、Premiere 以及数码相机自带软件等使图像、音频、视频处理都变得非常简单、廉价，很容易重新编辑并赋予新的表达主题，这为恶搞作品的创作提供了现实可能性。网络强大的传播功能优势，也让恶搞的流行成为可能。

由此不难理解，恶搞天生的一副“无厘头”相，“破”的力量很大，“立”的东西很少，表现为价值取向上的模糊与迷惘。其实，它更是一种大众的狂欢——表达与发泄，宣示自我的存在；而不是一种工业化的生产模式——制式标准、规格统一、普遍适用。这就决定了恶搞传播的特点：自觉和速度。在大众狂欢的背景下，与病毒式营销不同的是，商业恶搞并不是被动注射给受众，而是受众主动自觉对商业信息进行传播，娱乐浮躁的表象给产品加上了一层美味的“糖衣”，受众在捧腹过后也自觉吸收了糖衣里的“信息炮弹”。这种传播模式自然会被企业加以利用。这也就解释了恶搞如何会迅速风靡网络并将其触角延伸到商业的方方面面。

草根娱乐商业化利用中的风险

信息以一种近乎癫狂的速度在传播，并以同样的速度在改变。这催生了网络时代无奇不有的光怪陆离。在恶搞从简单的草根娱乐应用到商业中时，它所带来的利与弊就更迫切要求我们深思。我们认为，商业恶搞中的利弊是十分明显的。

首先，恶搞可以赢得极大的接触率和扩散速率，但是商业性的品牌是喜欢和正经、阳光、富有建设性的东西联系在一起的，而对于那些搞怪的、不正经的东西总是避而远之的。如果论及恶搞现象对于传播市场以及营销活动的意义的话，恶搞实际上是一种创新，但是这种创新如果只具有文化上的震撼力、破坏力，而较少植入社会机体的建设力和影响力的话，它在人们心理上的印记常常是归于厌恶和蔑视的那一类。因此，很多商业恶搞或许能得到一时的名声大噪，但品牌知名度的迅速传播却是大多数建立在对品牌玩味嘲笑的态度之上的，难以为继良好的品牌形象的建设和生存。

其次，恶搞的创作者在没有征得原作者同意的情况下任意截取片段，并进行颠覆、讥讽、戏弄以达到搞笑的目的，则侵犯了肖像权和名誉权。网络是虚拟的，但网络中的行为仍然会伤害到现实生活中的某些人。虽然陈凯歌导演迫于网民巨大压力和《馒头血案》给《无极》带来的知名度而放弃起诉胡戈，但《馒头血案》对一个有着基本艺术素养的艺术家来说，作品被如此恶搞，原作者心中必然会受到或多或少的伤害。

最后，从信息传播的社会文化传承功能角度来说，恶搞的娱乐性是建立在解构和颠覆传统的基础上的，一旦“恶搞”成为主流文化，就会产生什么都拿来嘲弄、认真做事都被视为假正经的现象。而一味戏谑会导致我们的文化走向浅薄和粗鄙，对文化的传承极为不利。以《馒头血案》为例，《无极》或许在艺术水平上缺乏与受众的沟通而显得做作，但电影院充斥《馒头血案》此类作品也是不可想象的。

恶搞是一把双刃剑，如何在广告及营销中“取其精华，去其糟粕”是营销者应该考虑的重头戏。强调突出恶搞富有个性、轻松风趣、机智幽默的特征和娱乐功能，使之成为一道奇特的广告娱乐大餐，同时不能过度运用反叛的特征，争取做到“恶搞不恶”，将搞笑进行到底，才能让受众在娱乐中自觉接受品牌信息。品牌所中意的对象有点像女人心目中的梦中情人，它主流、负责而不轻浮，同时不拘小节，不正襟危坐，有幽默感，犯一些无伤大雅的错误。从这样一个观点出发，也许品牌最喜欢跟随的是那种70%的主流传统+30%的恶搞无厘头。

小结

“恶搞”应是自古就有的现象，在大娱乐时代，网络媒体将恶搞的传播空间极度地扩大化，并迅速形成了一种文化现象。恶搞将原有社会的正常秩序进行解构，发现平凡中的精神旨趣，发起了对权威的挑衅，但恶搞也是有底线的，那就是社会的道德观念和法律法规。所以，无论是企业的商业行为，还是个人的娱乐行为，对于恶搞行为都需慎之又慎。

（李靖）

◎思考题：

1. 网络恶搞现象有哪些类型？
2. 如何评价恶搞现象？

第五节　森马青春剧场

森马是引领时尚服装潮流的知名品牌之一。森马的知名度不仅在于其个性十足的品牌文化和产品款式，还在于其对网络营销的大胆涉足和尝试，虽然在其中也充满着太多的争议声，但森马依然在网络上“穿什么就是什么”，我行我素，颇为洒脱。

"新鲜"，才是硬道理

随着互联网的快速发展，在B2B、B2C、C2C等电子商务的助推下，不乏很多传统企业开展网络营销取得很大突破的成功案例。然而，虽说这些交易都是通过网络进行的，可交易的对象却仅限于实体服装，很少服装企业会想到，在网上卖虚拟服装照样有大的发展前景。可是森马就把虚拟服装卖到了网上。森马紧紧抓住网络的优势，自上市以来就与腾讯QQ展开合作，推出了森马服饰QQ秀，让网友选择体会森马带来的"美、时尚、靓丽"等感觉，2009年，森马又牵手PPS网络电视，独家冠名并买断了PPS平台上"2009快乐女声"的所有广告资源，开启了网络视频娱乐营销的新纪元。

创立于1996年的森马集团是一家以虚拟生产、连锁经营休闲服饰为主导产业的多元化集团公司。"森马"寓意"森立天地，马志千里"，"穿什么就是什么"，即"穿森马就是森马"的谐音，折射出崇尚个性、追赶时尚的新生代心态。对于服饰，森马没有先入为主的束缚，产品款式新颖、独特，引领时尚，拒绝跟风，以百变的形象示人，在潮流中凸现个人风格，其目标受众与当今中国的互联网用户高度契合。森马服饰网络营销策略也异常成功，定位于年轻时尚人群。深谙网民习惯的森马集团在众多"2009快乐女声"的网络视频媒体中携手PPS，正是看中了PPS庞大而精准度高的目标用户群，丰富的内容源，不受档期、时空限制，随点随播的表现形式，以及互动强、热播周期长的优势；PPS网络电视作为中国互联网视频在线观看的最大渠道，日均用户已接近2500万，它的女性用户60%集中在15~24岁，总数达到939万；25~30岁女性用户超过387万；PPS15~30岁的男性用户总数高达1100万。它的平台上"2009快乐女声"的目标受众更是与森马服饰所崇尚的青春、活力、奔放、健康的品牌文化高度匹配。在与PPS合作的过程中，为了让森马集团在其投放广告中取得一个更高效、精准的广告到达率，PPS网络电视结合森马动感十足的贴片广告，借助缓冲广告、扩展式RichBanner、特别推荐、弹出公告等多种网络视频广告的表现方式加以呈现，在平台上构筑了一个森马品牌的小宇宙，为用户了解、认识森马品牌做了很大的铺垫作用。

通过与网络的合作，森马借助PPS网络视频，投放各式各样的贴片广告，创意新颖，形象生动具体，诉求明确，耐人寻味，因此能够成功加深消费者对森马品牌的认知和喜好，引起消费者的兴趣，带动消费者的购买欲，潜移默化地提升了自身的品牌影响力。此外，借助娱乐视频营销，能够拉近与消费者之间的距离，与消费者形成互动，形成全新的营销、广告、促销模式，因此，森马取得了很好的效果，成功地提升了品牌的知名度。

抓住，就是胜利

随着网络的发展，上网看电视剧成为习惯，网络视频与电视形成互补，而相比电视，网络视频最大的优势体现在由内容的传递引发的深入挖掘、讨论。这种互动是对剧集内容、客户品牌的进一步延伸，也增加了用户对网络视频的粘性。互动加上点播的优势，推动了更多的用户通过网络来观看电视剧，视频热播剧营销的产生并兴起也就水到渠成了。

森马抓住了网络媒体的优势。在网络媒体大发展的背景下，随着网络的普遍推广与发展，森马认真分析了消费者的心理，通过对年轻网民习惯的深刻理解，选择以年轻时尚人群为主体作为宣传对象。而娱乐营销是一种体验式的营销形式，即让目标消费群在娱乐的体验中感受到企业及产品的文化和理念，它具有时尚性、人性化和互动性三大优势，所以，森马在众多媒介中选择牵手 PPS 进行娱乐营销。

兼具电视与网络宠爱于一身的 PPS 网络视频，既具有电视媒体所特有的强视听冲击力和大信息量承载的特性，又具有网友随时点播、连播、互动评议等独特个性；从海选到决赛，打破时空和档期限制，全景式展现“2009 快乐女声”的网络视频媒体，在成为网友们主要观看渠道的同时，也开创了“快乐女声”又一收视和传播周期的新纪元，更为娱乐营销展现了一个潜力十足的品牌展示和市场营销的平台。根据网络媒体的这些特征，在新媒体快速发展的背景下，企业如何很好地加以利用，并把它转化为自身的优势，成为企业成功的重要因素。森马作为网络营销的受益者，就在于它很好地了解了市场发展的趋势，迅速抓住了网络媒体的特征与优势，根据网络媒体对称性、快捷性、正反馈性、全球性等特征，通过与消费者的互动，使自己的品牌很快便有了较大提升。此外，贴片广告的媒介覆盖面广、广告渗透性强、品牌曝光度高、广告延续性长。据 DCCI 互联网数据中心调查的数据显示，网络视频广告具有视频的“声、光、电”特性，具有互联网所具有的互动优势，因此网络互动视频营销是网络视频营销的特色，也是优势所在。由此可见，视频贴片广告正逐渐成为互联网主流的广告形式。因此，这也是森马广告能够迅速脱颖而出，并受到广大消费者青睐的重要原因。

网络媒体的特征决定了网络媒体与其它媒体相比，有很明显的竞争优势。网络媒体作为新媒体，具有很多优势，企业如果很好地抓住它，巧妙地进行网络广告投放，便能取得很大的成功，森马就是一个成功的例子。它利用网络媒体低成本的优势，降低成本费用，并与PPS合作，买断PPS上“2009年快乐女声”的全部广告，为自己创造了一个巨大的市场机会，不断满足消费者的个性化需求，让消费者满意。

要抓住时机，森马看准了“2009年快乐女声”转播受限，借道网络视频娱乐营销这一时机，积极牵手PPS网络视频，进行网络视频营销，而几乎与此同时，2009年，森马携手土豆网和优酷网，独家冠名播出“森马青春剧场”——《我的青春谁做主》高清版专区，专区首页及剧中插播森马最新电视广告片《穿什么，潮我看》，并与观众互动，有奖调查森马广告片视听感受，森马的品牌推广模式再度升级。根据监测，森马青春剧场冠名专区自2009年5月22日上线至5月25日，短短4天时间已有50万人次浏览并观看剧集。截至5月25日，在专区观看森马广告片后，有超过70%的网络观众对森马新广告片做出积极反馈，认同森马倡导的“潮”理念。随着《我的青春谁做主》的持续热播，新广告片在网络观众中得到广泛认可，森马品牌的“潮”理念也将在目标消费群体中掀起新一轮传播热潮。

在网络营销中，企业必须顺应环境的变化，采用新的竞争原则，才能在激烈的竞争中取胜。森马自入市以来，便与腾讯QQ展开合作，在腾讯QQ的三大平台，即QQ用户客户端、网页主页和游戏大厅上全面推广；在2009年，森马又独具慧眼，在“快乐女声”转播受限，借道网络视频娱乐营销时，及时与PPS联合，通过动感十足的贴片广告，吸引消费者，抓住了时机，顺应了市场的变化。而且，森马还具有明确的消费目标，即广大的年轻消费者，这个消费群有很多共同点，他们具有好奇心、积极、活跃、热情、追求时尚，还富有冒险心，敢于尝试新事物，森马针对他们的特点，不断开发款式新颖独特、引领时尚的产品，以满足他们的需求，并取得了显著的成绩（图7-5）。

图 7-5　森马“穿什么就是什么”

贴片广告，谁用谁知道

贴片广告在传统电视媒体上已经被大家所认知和接受，但在网络媒体上，却又诞生了许多新鲜的元素，如何在网络视频上进行贴片，找准时机、定位人群、丰富形式和把握时间就成了这其中的关键所在了。

收视热潮有效提升了广告覆盖的广度和深度。对贴片广告来说，广告容量取决于视频播放量，即为了达到良好效果，要选择收视率高的视频网站进行投放广告，这样才能保证广告的覆盖面和到达率，为广告传播提供很好的平台和广大的受众。

人群定位准确，保障广告精准覆盖效果。人群定位准确不但可以避免广告花费的浪费，还可以使品牌与消费者实现良好的沟通和互动。“2009年快乐女声”的目标受众与森马服饰崇尚青春、活力、奔放、健康的品牌文化高度匹配。因此，森马这轮投放不但有效覆盖了其目标消费者，而且 PPS 的用户蕴含着较高的消费潜力，可以预见，这轮投放对促进森马后期的销售也是非常有力的推动。

广告形式多样化，广告内容生动有趣。通过网络互动，根据用户的反馈，他们对千篇一律的广告，容易产生抵触情绪，产生负面效果，因此，要使广告新颖，使自己的广告不像广告。在各种广告信息铺天盖地的时代，只有把广告做得尽量新奇，尽量变得不像广告，让消费者在没有任何戒备心理的情况下悄然接受，才能取得最好的效果。PPS 网络电视通过动感的方式对森马的品牌主张和诉求进行了生动的诠释，符合广大年轻消费者的喜好，多变的形式不会让人产生反感情绪，因此在消费者当中产生了良好的影响。

把握广告时间。“观众买票是为了看电影，而不是为了看广告。纵然影片的情节不错，但是那么长时间的广告还真考验观众的耐心。”这是一位观众在看完电影后提出的意见。对于网络视频网站来说，同样如此，要把握好广告时间，不能太长，否则容易产生负面效果。森马在 PPS 中仅用 15 秒的时间来投放广告，时间虽短但效果良好，既不会让受众反感，又在无形中提高了品牌知名度，获得了巨大的成功。

小结

如今，越来越多的品牌广告主将视线投入到网络视频营销，成功的网络视频娱乐营销案例不断涌现，贴片广告的应用也越来越广泛，投放精准度高、表现形式丰富、性价比高的网络视频正为广大广告主创造着一个个营销奇迹，也预示着一个网络视频营销时代的到来。因此，要把握好时机，积极迎合潮流，这样才不会落伍。最后，引用一句极富哲学意味的话作为结语：世界上最难的两件事，一件是把自己的思想装进别人的脑袋里，这需要借助传播的魅力；另一件则是把别人的钱放进自己的口袋里，指的是需要深厚的营销功力。只要前者做好了，后者就容易做了。看来，一个广告主不仅要具备一定的营销能力，还要善于运用营销传播媒体的优势来为自己服务。

（田雪丽）

◎思考题：

1. 请分析视频网站贴片广告的传播价值。
2. 视频网站贴片广告与电视广告有什么区别？

第八章　SNS 广告

专业导航： **SNS 广告**

就媒体与社会发展的交互性而言，媒体有信息功能、娱乐功能和社交功能三大功能。由于报刊、广播和电视等传播媒体的单向性特征，这些传统大众媒体只具有信息功能和娱乐功能，而缺乏社交功能。网络媒体和手机媒体是一种交互性、个体性和广域性较强媒体，它们不仅可以满足人们的信息需求和娱乐需求，还可以满足人们的社交需求。

一、网络营销的三个阶段

（1）门户营销阶段。随着网络媒体的兴起，传统媒体纷纷把线下内容转移到网络媒体上，出现了各种门户网站。这些门户网站也把传统媒体的盈利模式转移到网络媒体上，出现了弹出广告、旗帜广告和赞助广告等展示广告形式。门户网站营销模式只是传统媒体在网络媒体上的延伸，只是一种大众传播模式，并没有发挥网络媒体的传播优势。

（2）精确营销阶段。门户网站的大量涌现，使网民查询信息所耗费的时间成本和精力成本越来越高，因此出现了各类搜索引擎工具。随着搜索引擎技术和数据库技术的不断成熟，搜索引擎对网页内容的分类和归纳能力越来越强，因而出现了关键词广告等精确广告营销形式，这为中小企业以低成本开展网络营销奠定了基础。

（3）社区营销阶段。随着开心网、校内网和联络家等 SNS 网络的兴起，人际传播、口碑传播和病毒式传播等新型传播模式出现，这开启了社区营销新阶段。在社区营销模式中，好友分享成为重要的营销目标，通过朋友间的消费信息和消费行为共享，形成了消费的社交性，这使得消费的社交性在网络媒体上实现，提升了网络营销的文化层次。

二、SNS 广告的营销困境

SNS，是 Social Networking Services 的简称，中文翻译成社会性网络服务，

专指旨在帮助网民建立社会性网络的互联网应用服务。SNS有广义和狭义之分，广义的SNS网站包括校友录、即时通信和网络论坛等在内的社交型网站，但是这些SNS网站的用户粘度不高。狭义的SNS网站是指伴随着网页网络游戏而兴起的新一代社交性网站，代表性的有Facebook、开心网和校内网等网站。

2004年2月4日，世界上第一个社交性网络服务网站Facebook正式上线，现在已经成为美国最大的网络媒体之一。Facebook的兴起带动了大量社交性网站的兴起，其所开创的分享式网络平台模式，被新型的网站大量模仿。

SNS网站的成功，再次验证了网络流量对于网络媒体的重要性。传统媒体不具备SNS网站的社交功能，对于如何把巨大流量转化成营销力，成为业界关注的焦点问题。中国社交性网站在游戏植入式广告方面，作出了许多有益地的尝试，但是社交性网站的营销价值尚待进一步挖掘。

第一节 “悦活”果汁牵手“开心农场”

2009年5月16日，中粮集团旗下的中粮创新食品（北京）有限公司与社区网络平台开心网结为合作伙伴，共同举办了“悦活开心网种植大赛”活动。

中粮集团战略转型

中国粮油食品进出口（集团）有限公司（简称“中粮集团”）于1952年在北京成立，是一家集贸易、实业、金融、信息、服务和科研为一体的大型企业集团，横跨农产品、食品、酒店和地产等众多领域。自1994年以来，中粮集团一直名列美国《财富》杂志全球企业500强。2009年年初，中粮集团董事长宁高宁提出了中粮集团要“打造全产业链粮油食品企业”的企业战略，即构建一条以种植和养殖为起点、加工与物流为配合、研发为重点、贸易与销售为终端的完整产业链。“悦活”产品群是中粮集团自更改集团战略以来，在终端销售的快速消费品领域投资的第一个项目，而中粮创新食品（北京）有限公司则是中粮集团为了运营“悦活”品牌而专门搭建的平台。

秉承中粮集团的企业理念，协同中粮集团的优势资源，中粮创新食品（北京）有限公司构造了一个包括果汁、蜂蜜、乳酪和谷物早餐等众多产品在内的产品群，并将其命名为“悦活”。该产品群的产品理念是引导健康生活态度，引领健康生活方式。该产品群的特征是优选、健康、安全和自然。产品群的分支“悦活果汁”系列产品的特性则是产地限定、加工全程零添加、产品信息全程可追溯和支持生态农业。广告主希望通过此次活动，将“悦活”产品群塑造成为一个优质和高端的快速消费品形象，为中粮集团开拓终端奠定基础。

交流让生活更开心

开心网（kaixin001.com）成立于2008年2月，由工程师程炳皓创办并担任CEO。开心网是国内知名的社交网站之一，其致力于为互联网用户的联系交流以及各种实用需求提供最佳的解决方案。开心网的定位是开心，希望帮助更多人开心一点。因此，开心网十分注重用户体验，为用户提供了众多的产品和服务。

开心网与国内其它知名的社交网站相比较，具有以下特征：首先，开心网的产品设计简单，凸现用户使用价值。其次，开心网的目标人群明确，主要是20～35岁的都市白领人群。再次，开心网的产品功能变化频繁，保证了用户黏度的不断提高。最后，开心网采用病毒式营销方式，以好友名义发出的邀请有效地增加了广告的转化率。

自然的社区氛围、良好的用户体验和开心的交流环境，使得开心网在都市白领群体中蔚然成风。截至2009年6月，仅仅一年多的时间，开心网的注册用户数量就达到了3500万人，每日登录用户数量达到了1000万人，页面浏览量超过10亿次。在Alexa全球排名中，开心网名列前80名之内；而在中国网站排名中，开心网名列第10位。

“悦活开心网种植大赛”

“悦活开心网种植大赛”活动自2009年5月16日开始，至2009年6月25日结束，分为“自然初体验”阶段、“自然活力季”阶段和“自然至上季”阶段三个阶段实施。开心网注册用户登录开心网，安装“开心农场”第三方插件，参加此次“悦活开心网种植大赛”活动。

“悦活种子”共分为“悦活蕃茄”、“悦活橙”、“悦活石榴”、“悦活黑加仑”、“悦活橙色5+5”与“悦活红色5+5”六种类型。开心网用户获取“悦活种子”的方式有两种：第一种方式是用户在果园界面的道具商店内，免费领取悦活产地场景卡；第二种方式是用户到开心农场的商店内进行购买。其中“悦活橙色5+5”与“悦活红色5+5”两种种子在比赛的第一阶段只能通过使用场景卡获得。用户播种种子后，即可开始参加比赛。

“悦活种子”播种后，会经历发芽、小叶子、大叶子、开花和结果五个成长周期，在成长期间，用户要进行线上施肥、除草、杀虫、浇水和采摘等一系列劳作。用户除了耕种自己的土地，还可以帮助朋友劳作，或者破坏朋友的耕种，他们实施的各种友好行为或者破坏行为都将获得相应的奖励或者惩罚措施。“悦活种子”成熟以后，用户可以收获自己的果实，也可以偷取好友的果实。收取“悦活果实”之后，用户将面临两种果实处理方式：一种方式是直接出售果实获得收入；另一种方式是将果实榨汁，每5个果实便可以获取一瓶虚拟果汁。对于榨出的虚拟果汁，开心农场提供出售、赠送和储藏三个方案。如果用户选择将虚拟果汁赠送给好友，用户与好友便均可获取抽奖机会，活动奖品为真实“悦活果汁”礼盒或者虚拟种子“悦活蜜种”。“悦活蜜种”是最具特色的“悦活种子”，既可以收获果实，又可以收获蜂蜜。但是“悦活蜜种”无法通过任何渠道购买，仅可以通过以上方式获得。

“悦活开心网种植大赛”的三个阶段都指定了种植种子，参赛者收获或偷得了该阶段指定种子的成熟果实，即可按照每一元兑换一个“悦活积分”的方式，将该果实的市场价格换算为比赛中的“悦活积分”。此次比赛将对三个阶段的积分分别进行排名，即每期比赛结束后，参赛者的积分都将清零，下期比赛时，参赛者的积分将重新计算。此次比赛设置三个级别的奖项，按照参赛者每期比赛的积分排序，进行奖励。

(1)“自然至上奖”共3名，分别由每期比赛的最高积分者获得。活动组将带领不同阶段的获奖者分别游览四川、大兴安岭和新疆三个地区，领略“悦活果汁”原料产地的自然风光。尤其是第三期的获奖者，除去旅游基金，还可以获得“悦活果园”采摘一日游的体验机会。

(2)“自然活力奖”共480名，分别由每期比赛积分排名第2位至第161位参赛者获得。活动组将奖励每个获奖者一只可以收集阳光的环保灯罐。

(3)“自然健康奖”共计100万名，2009年5月21日以后从所有参赛者中每天随机抽取。活动组将奖励每个获奖者开心网虚拟专属的健康动物（小白兔）一只。

悦活产地之旅

“悦活开心网种植大赛”线上活动的热浪尚未退去，中粮集团又在西单大悦城举办了“悦活产地之旅”活动，配合线上推广活动。

从2009年8月15日至8月31日，中粮集团旗下的中粮创新食品有限公司在北京市西单大悦城举办了“悦活产地之旅”活动。此次活动将大悦城的一至五层设置为游戏区，六层设置为“悦活”品牌的大型水果展示区和新品体验区。在活动期间，大片的草地、水果、鲜花充盈着游戏现场，俨然将大悦城装扮成了一个真实版的开心农场。

“悦活产地之旅”的游戏过程分为三个步骤：第一个步骤是消费者在大悦城一楼领取“悦活自然之旅”机票，作为参加此次活动的入场券。第二个步骤是参赛者需要参加智取果蔬榨果汁、悦活碰碰球、悦活拼图、悦活问答和悦活飞镖五个游戏环节，每通过一个环节，其所持有的机票上就会增加一枚“产地限定”的邮戳。第三个步骤是参赛者可以根据机票上累计的邮戳数量来兑换相应的活动奖励，即“悦活果蔬汁”和“悦活种子”。如果参赛者赢得了五枚通关印章，不仅可以赢得以上的活动奖励，还可以参加趣味拍照活动。

植入广告的神话

“悦活果汁”的线上活动自2009年5月16日开始，至6月25日结束，活动分为三个阶段进行。在此期间，广告主中粮创新食品（北京）有限公司除了在新兴的社交媒体开心网的开心农场中投放“悦活开心网种植大赛”之外，没有在其它任何一家媒体投放任何形式的广告，然而，其精准投放带来的广告效果却令人惊叹。

以第一阶段“自然初体验”的活动为例，自2009年5月16日开始，活动举办仅仅两天时间，“悦活种植大赛”的公告点击量就达到了182万次，参赛者榨取的虚拟果汁数量就超过了550万瓶。活动开始仅仅一天半时间，新建的“悦活粉丝群”就超过了10万用户。“如何可以快速收获果实”和“如何可以得到实际赠送的果汁”等这些与活动相关的话题均受到了参赛者们的热烈讨论。截至第一阶段活动结束，参赛者人数超过了

40万人，参加“悦活粉丝群”的用户人数也超过了40万人，参赛者在活动中榨取的虚拟果汁数量超过了8300万瓶，其中，选择将虚拟果汁赠送给好友的参赛者人数超过了6000万人。

本次活动期间，几乎每位开心网用户都在其开心农场中竖立了“悦活”的标志。开心农场中，用户们争先恐后地播种“悦活种子”、酿造蜂蜜、收获果实、榨取果汁、赠送朋友和参与抽奖。在“悦活粉丝群”中，用户们的讨论与农场中参赛者的劳作同样热烈。广泛的参与性、显著的互动性，这一系列的品牌植入式广告，迅速提升了“悦活果汁”的品牌知名度、深刻传达了“悦活果汁”的品牌理念。

“悦活开心网种植大赛”在开心网上引发了轰动的广告效应，带动了“悦活果汁”线下真实产品的火热销售。在未经任何其他广告宣传的情况下，“悦活开心网种植大赛”仅仅开始了一个月的时间，“悦活果汁”的线下实际销售量就提升了30%。虽然一瓶280毫升的“悦活果汁”在商场中的售价高达5.8元，但是仍然有大批的消费者争相购买。

面对“悦活开心网种植大赛”蒸蒸日上的发展形势，中粮创新食品（北京）有限公司因势利导，在西单大悦城举办了真实版种植大赛——“悦活产地之旅”活动。活动开始仅仅两天的时间，就吸引了近三万人参加。广告主通过举办此次活动，促进了“悦活”品牌与消费者之间的近距离沟通，广告主在提升品牌知名度和增强品牌偏好度的同时，成功地将线上用户转换成为线下活动者，甚至成了线下消费者。

中粮创新食品（北京）有限公司将“悦活果汁”的品牌理念确定为“优选原料产地，制作健康产品”。因此，无论是开心网上的“悦活开心网种植大赛”，还是西单大悦城中的“悦活产地之旅”活动，广告主都将这一理念源源不断地传输给消费者，从而造成了“众多消费者在购买果汁时就可以直接说出该瓶果汁的产地”这一奇特现象的产生。

一个新生的果汁品牌，一个新兴的网络平台，单一的广告投放，却在短短六个月时间之内，实现了品牌塑造的神话。品牌联想的独特引导，品牌理念的精确传达，迅速积累了品牌知名度，提升了产品销售量。“悦活”品牌构建的优良口碑与销售奇迹，引起了各大媒介的竞相报道。双重“新生”焕发的绚烂图景，也引发了业界与学界的诸多思考（图8-1）。

图 8-1　悦活推广活动截图

老国企，新品牌，新媒介

在 2008 年至 2009 年期间，社交网站在新媒体发展日新月异的形势下异军突起。中粮集团“悦活”品牌项目组的负责人积极关注新媒体形式的发展，通过详细调研得出，网络是“悦活”品牌的目标人群——都市白领群体每日接触最多的媒介，而社交网站开心网不仅在都市白领群体中颇具知名度、用户黏性极高，而且它与“悦活”品牌在品牌理念、目标消费者、游戏插件方面都拥有一致的理念。因此，中粮集团选择了社交网站开心网作为“悦活果汁”的唯一投放媒介。

国有企业与新型媒体首次进行合作，举办了“悦活开心网种植大赛”。一致的品牌理念、契合的目标群体和完美的组件融合，使得“悦活”品牌迅速渗透目标市场，达成品牌推广目标。中粮集团因势利导，在品牌关注度急剧上升的时期，选择了集团旗下的北京市西单大悦城作为广告媒介，举办“悦活产地之旅”活动。中粮创新食品（北京）有限公司为其设定了与“悦活开心网种植大赛”相同的广告主题与宣传理念，在活动期间，整个游戏现场都装扮成了真实版开心农场的场景。统一的广告概念，促进了“悦活果汁”品牌传播的联动，促使了线上游戏用户与线下消费者的角色转换。

独特的产品定位、巧妙的广告构思和精准的媒体投放，在线上线下多种媒介的协同配合下，仅仅几个月时间，中粮集团就成功塑造了“悦活”品牌的品牌形象与品牌知名度，达成了“悦活”品牌导入期的市场销售任务。创新的营销思路，新型的媒介组合，老国企新品牌与新型媒介首次结合的创新营销，赢得了学界和业界的一致认可与称赞。

产品理念与营销平台之间基调一致，产品特性与新媒介之间特征契合，是促成“悦活”品牌选择社交网站开心网作为精准营销平台的重要原因。首先，“悦活”品牌与社交网站开心网具备了共同的目标客户群，他们具有以下特征：年龄在25~40岁，月收入在4000元以上，受教育程度高，具有较强购买力。其次，“悦活”品牌的品牌理念与社交网站开心网的媒介经营理念十分匹配，它们都提倡人们保持开心、乐活的生活态度，采取健康、可持续的生活方式。最后，“悦活”品牌的品牌理念、“悦活果汁”的产品特性与社交网站开心网的插件设计高度契合，包括两方面：其一，“悦活”品牌具有“优选、健康、安全、自然”的品牌理念，它与开心网插件开心农场“亲自耕种、自然浇灌”的游戏设计十分贴合；其二，“悦活果汁”具有产地限定和加工全程零添加的产品特性，其概念与开心农场游戏的设计理念十分吻合，因此极易植入开心农场游戏的组件设计之中。“悦活果汁”品牌与开心农场游戏之间，由于彼此属性的接近，构成了奇妙的个体之和大于整体的倍增效应，吸引了大批目标消费者的视线，引发了强烈的市场轰动，实现了精准营销效果的最大化。

新口碑，新体验，新营销

在此次“悦活”品牌的宣传推广中，中粮创新食品（北京）有限公司充分利用社交网站的人际互动性特征，结合集团的优势资源，实现了网络传播与实体传播协同互动的口碑营销。“悦活果汁”在网络传播方面进行口碑营销具有以下三点特性：首先，此次活动充分运用了社交网站开心网的实名制特征。中粮创新食品（北京）有限公司将“悦活”果汁植入社交网站开心网的插件——开心农场游戏之中，对用户之间的关系进行了一种娱乐化的还原，为“悦活果汁”的口碑营销奠定了基础。其次，此次活动充分运用了社交网站开心网的交互性特征。“悦活种子”的耕种与收获，“悦活果汁”的榨取与赠送，植入游戏组件之中的“悦活果汁”与游戏用户之间进行了一种深层次的沟通，为“悦活果汁”的口碑营销创造了条件。最后，此次活动充分运用了社交网站开心网的聚合性特征。社交网站开心网具有高度的用户活跃性与高效的信息传播率，此类特征导致"悦活开心网种植大赛"与"悦活粉丝群"中的信息呈现出病毒式的传播，将"悦活果汁"的口碑营销推向了高潮。

"悦活果汁"的口碑营销不仅在网络传播方面开展得如火如荼，实体传播方面也独树一帜。中粮创新食品（北京）有限公司在集团旗下的北京市西单大悦城举办了"悦活产地之旅"活动。"悦活产地之旅"的游戏过程分为智取果蔬榨果汁、悦活碰碰球、悦活拼图、悦活问答和悦活飞镖五个游戏环节，便捷的活动参与方式、奇幻的游戏场景、丰厚的奖品设置充分调动了消费者参与此次活动的热情。众多参赛者纷纷在各大网站以及"悦活粉丝群"中发帖，畅言自己参加活动的所见所闻，为愈演愈烈的"悦活果汁"口碑营销增添了一份吸引力。此次活动结合广告主中粮集团在实体传播中所具有的优势资源，一方面将"悦活果汁"在网络传播中所获得的良好口碑成功地转移到现实生活之中，从而扩大了品牌的线下知名度；另一方面通过在现实生活中举办活动为"悦活果汁"的线上口碑传播增速，从而增强了品牌的线上关注度。

"悦活果汁"的此次口碑营销活动充分利用了网络媒体与实体媒体的媒介特征，进行线上线下的品牌互动，在一个广阔的沟通平台中，实现了品牌与消费者的深度情感沟通，为产品的销售奠定了良好的市场基础。

中粮创新食品（北京）有限公司经过缜密的构思，策划了"悦活开心网种植大赛"与"悦活产地之旅"两项活动，它们的整个过程都贯穿着"悦活"产品群优选、健康、安全和自然的品牌理念，每个环节都渗透着"悦活果汁"产地限定、加工全程零添加的产品特性。

中粮创新食品有限公司采用植入式广告的方式，进行这两项活动的游戏组件设计与游戏过程设置。在游戏组件设计方面，首先，广告主在游戏中设置了六种"悦活种子"，它们与"悦活果汁"系列中的六种产品一一对应；其次，广告主在游戏中设置了"悦活蜜种"与"悦活蜂蜜"，为"悦活"家族产品群中的新产品——"悦活蜂蜜"的上市，进行了充分的铺垫。最后，广告主将"悦活果汁"四个重要的原料产地绘制成游戏场景卡，宣传"悦活果汁"产地限定的产品特性，强调"悦活果汁"优选原料的产品区别。

在游戏过程设置方面，在"悦活开心网种植大赛"中，参赛者亲身经历了"悦活种子"从播种至收获的全部劳作过程，亲自做出了榨取

"悦活果汁"并将其赠送给好友的决定。在"悦活产地之旅"活动中，消费者身临其境地体验了开心农场真实版的游戏乐趣，亲身经历了只有将飞镖投中"大兴安岭黑加仑产区"板块才被认定为过关的惊险。"悦活果汁"线上线下的植入式广告与消费者之间呈现出良好的沟通态势，一方面植入式广告淡化了普通广告的商业气息，与消费者进行了更加亲密的接触，提高了消费者的品牌认知度；另一方面，植入式广告为社交网站注入了现实的生活气息，为线下活动营造了新鲜的虚拟环境，使消费者通过良好的用户体验，增进了对"悦活果汁"的品牌偏好度。

植入式广告增进消费者的感性认知，促销广告促进消费者的消费需求。中粮创新食品有限公司通过在两项活动之中结合植入式广告与促销广告，成功地将消费者的感性认识迅速转化为现实需求。促销广告的推动作用尤其体现在活动奖励之中，一方面在"悦活开心网种植大赛"之中，广告主将真实的"悦活果汁"礼盒作为游戏奖品，强烈地激发了参赛者的好奇心，极大地推动了游戏中"悦活果汁"的榨取率与赠送率，迅速地提升了"悦活果汁"的品牌关注度，增进了"悦活果汁"的市场销售量；另一方面，在"悦活产地之旅"活动中，广告主设计了独特的游戏环节与丰厚的游戏奖品，每位参赛者都可以获得奖品，因而强烈地激发了消费者参与活动的兴趣。

此次两项活动之中，植入式广告与促销广告协同并进，"悦活果汁"的消费者既是活动参与者，也是产品体验者，亦是品牌宣传员，多重的角色扮演与身份转换，最终构筑了其潜在的消费倾向与真实的购买行为，成就了"悦活果汁"节节攀升的销售业绩。

小结

"悦活果汁"以开心农场为主题，进行了植入式广告的无缝连接，用户在娱乐之中提高了品牌接触率，在趣味之间增进了品牌偏好度。线上悄无声息的广告渗透，将"悦活"品牌深刻地烙印在人们心中，线下声色俱备的广告宣传，将"悦活"品牌鲜活地展现在人们眼前，线上线下联合互动的宣传方式，构筑了"悦活"显著的品牌效应。

（李兆女）

◎思考题：

1. 请分析开心农场的广告传播价值。

2. 如何创新SNS网站的广告运作模式和盈利模式?

第二节 “果缤纷”的“混搭风潮”

在果汁饮料市场，大多数果汁厂商都是将卖点放在初级压榨的新鲜果粒上，一般采用单纯口味进行销售，而年轻消费者却对口感有着更高的追求。受混搭风疯狂席卷服装界的启示，果汁界也期待一场华丽的外来冲击。百事公司的品牌主张是“突破渴望，寻求突破”，而理念是“渴望无限”，倡导年轻人积极进取的生活态度，尽情地追求梦想。2007年，百事公司向中国消费者推出“纯果乐”品牌旗下一款具有独特美味的混合果汁饮料——“果缤纷”。

百事引领混搭浪潮

百事公司面对消费者体验全新消费时尚的需求，发现单一口味的果汁饮品已经无法满足消费者对于多元化生活的要求。因此，“纯果乐”以流行风潮“异国风情”为主题，选择世界各地最具特色的水果，搭配植物的天然芳香，通过不同的科学配方调制，推出五种口味的“果缤纷”混合果汁饮料。在广告媒介选择上，百事公司选择SNS网络作为其营销平台。

目前，21~25岁这一年龄阶段是SNS网站用户的主力军，占整体用户的42.7%，16~20岁占30.6%，因此，30岁以下的用户占SNS网站用户的90%以上。无论是开心网的主力用户都市白领，还是人人网所囊括的大学生用户，他们都崇尚健康纯正的生活，渴望回归自然，享受原汁原味的生活方式。他们思想超前，个性突出，只想拥有属于自己的丰富多彩的人生。同时这个群体消费特征显著，渴望消费行为带来的舒适便利和品牌个性，对品牌具有很高的忠诚度，属于提前型消费和冲动型购买，追求时尚，并且有一定的奢侈消费。

30岁以下的白领和个性显著的大学生，是两大拥有较高购买力的年轻人群，这与“果缤纷”的目标消费群体相吻合。而这部分人群也是SNS网站的忠实用户，同时热衷于SNS游戏。因此，百事公司推出了“缤纷果园”活动，紧紧锁住目标消费者。

“缤纷果园”活动

在开心网的“开心农场”和人人网的“阳光牧场”里，百事公司以APP插片形式植入游戏，玩家利用虚拟游戏币来购买种子，可以选择喜爱的“果缤纷”五种口味中的种子进行种植，但需要玩家对其进行一定的维护，如浇水、杀虫和施肥等，从而确保所种植的水果健康成长。玩家也可以在好友果实成熟的时候进行偷取，或者帮助好友维护，以赚取积分。当果实成熟后，玩家将其收获至仓库，可以直接卖掉果实，也可以将其集合起来，酿造不同口味的果汁，包装出自己的果缤纷饮料，拿到商店卖掉，会获取更多的报酬。

整个游戏就是模拟每一瓶“果缤纷”真实的由种植到酿造的过程，让玩家身临其境，不仅获得了付出劳动的快乐，而且得到了收获果实的欣慰。在此过程中，玩家还可以领略果缤纷的自然健康和营养搭配的时尚特色，从而在游戏中对品牌产生好感，在轻松惬意的娱乐之中接受“果缤纷”品牌。

两大网络农场一直以来都支持水果的种植，而“果缤纷”却引起了前所未有的反响。一般来说，种植作物、植物、花卉和其他水果，只是简单的种植、维护、收获和出售模式。而“果缤纷”将水果的种类丰富化，引进了多种多样的热带水果，并且还可以自己选择酿造成汁，获得高额回报。

“缤纷果园”的APP插片游戏，利用了人际网络病毒式营销，在短短两个月内超过了预期效果。通过开心网和人人网底层用户人际网络，产生病毒式传播模式，以用户的新鲜事和邀请等为载体，形成扩散效应。同时“果缤纷”品牌和游戏本身的卖点很切合，使得用户对“果缤纷”种植和加工的游戏经验产生兴趣，品牌特性在游戏中引发了用户的品牌好感，形成游戏风潮，也刺激了消费者的线下购买。

生产的全程体验

在异彩纷呈的Web2.0营销方式中，植入营销并非全新的概念，越来越多的影视作品和网络游戏中渗透着厂商的身影，但是在植入形式多样化上，SNS网站具有独特的竞争优势。2009年备受关注SNS网站，其所具有的传播互动体验和丰富组件，使得植入营销迅速走红。借用SNS网站的人气，很多品牌都能找到适合自身植入的平台。在SNS网站上面通过对APP插片游戏植入广告，产品多以道具的方式进行植入，但需要道具的属性与产品卖点相吻合，且在游戏中发挥重要的作用，植入营销才能转化为双向互动体验。此外，只有趣味无穷的产品植入，才会给用户留下愉悦的品牌印象。

植入式广告游戏性强，用户不会因为是广告而产生反感。一种新模式要想走向成功，首先考虑的不应是如何挖掘商业利益，而应该注重自身服务的提升和用户体验优化，稳固的用户关系建立和维护，才是首要任务。在活动中，每个玩“开心农场”的用户的果园，地上种的全部是“果缤纷”的水果产品，都挂着“果缤纷”的品牌标志，客户品牌得到了最大限度的展现，而且很多用户都声明在线下买了“果缤纷”饮料，口感颇佳。最终，“缤纷果园”活动参与用户超过1000万人，制作的“果缤纷”瓶数更是达到了十亿之多，是当时预估的20倍。而在“缤纷果园”活动结束后，植入功能下线后，众多的“开心农场”玩家更是在论坛中留言，要让“果缤纷”回来，他们都不想失去这样简单而有趣的游戏。

“缤纷果园”抛弃以往的品牌营销模式，采用与用户之间的互动模式。这种模式并不是生搬硬造地反复展现广告品牌，而是与用户心理契合，将道具与产品良好融合，以创造更大的效益，为“果缤纷”争取到大量的潜在用户。深度的APP植入已经融入丰富的产品信息，线上虚拟世界的趣味游戏和线下具体产品的销售达到了很好的相互渗透效果。用户通过亲手种植不同蔬果和制作“果缤纷”的过程，对产品本身的多水果混合配方和水果本身的高品质有了更深的了解，进而提升了用户尝试产品的兴趣。

持续创新才是根本

通过开心网和人人网的用户人际网络，产生病毒式传播模式，用户以新鲜事和邀请等为载体，成为品牌的宣传主体，一个用户参与，相关的四五十个好友都产生联动，形成一种持续的扩散效应，同时品牌又和游戏本身很切合，使得用户对“果缤纷”种植的经验产生浓厚的兴趣。

随着品牌广告主示范效应不断升温，SNS营销呈蔚然之势，随之而来的是广告主对活动营销以及APP游戏植入的热衷，各大主流社交网站的

SNS广告营收都实现了快速增长。人人网和开心网等传统SNS网站，逐渐形成了以SNS模式为主体，以广告为主要盈利来源的新型盈利模式。

品牌不再仅仅依靠普通形式的广告来灌输品牌信息，而受众也不再是被动地去接受“果缤纷”绿色新鲜的特质。在简单有趣的游戏中，玩家们对“果缤纷”的成品配方和水果本身的高品质有了更深的了解，对产品的兴趣也随之提高，并且也会将这份兴趣传递给其他朋友。在互动的游戏中让用户体验品牌魅力，然后以病毒式传播模式扩散至整个SNS网络，“果缤纷”健康新鲜的品牌形象也得以在这张大网上建立起来。与在其他传统媒体进行投放相比，在SNS网站上投放的经费相对低廉，但是目标指向更为清晰，资金的投放更有效率。

“缤纷果园”活动激发起了用户前所未有的种植水果的热情。但是在两个月活动结束后，“缤纷果园”所取得的成绩已经被搁置不动，或者已经逐步褪去。由于品牌广告方面没有及时出现同步更新，再加上“缤纷果园”对“开心农场”的依赖度过高，这也制约了“果缤纷”品牌形象的长期发展。因此，及时的品牌形象更新亟待同步跟上，否则品牌的持续化形象会大打折扣。过于依赖SNS网站的名气，也阻碍了“果缤纷”的品牌发展，缩小了新创意可实行的范围。为了更好地延伸品牌知名度，挖掘网站细分用户的差异化需求，开发新的更契合用户需求的服务和产品，留住新老用户，才是“果缤纷”应该着手实施的。

小结

“缤纷果园”活动是SNS网站植人广告的一次典型的成功案例。选择人人网和开心网这两个SNS网站，对百事公司来说，既可以减少广告成本，又可以更好地接触目标群体。通过模拟“果缤纷”从种植到生产的全过程，消费者亲身体验到“果缤纷”的产品特性，体验产生认知，认知产生认同，而认同造就品牌。百事公司的植入式广告推广，把品牌形象的空白说教，让位于消费者亲身体验，体验塑造了“果缤纷”独特的品牌优势。

（尚小波）

◎思考题：

1. 请简述“缤纷果园”活动的运作方式。
2. 如何在SNS网站上进行体验式营销？

第三节　麦当劳“见面吧”活动

2009年暑期前后，麦当劳和人人网联手，开展了以“见面吧”为核心创意的营销活动，活动仅持续三个月，就通过线上线下全面互动大幅提升了麦当劳门店的销售额。一个是国际知名的餐饮龙头——麦当劳，一个是校园SNS社区网络的霸主——人人网，二者隶属不同业态，似乎没有关联，但顾客和用户的重叠却让它们走到一起，激情碰撞，产生令人难忘的化学反应。

活动营销方案

在金融危机的大环境下，麦当劳亟需唤起用户忠诚，持续增强消费信心。麦当劳这次营销活动的主要目标市场是大学生群体，他们大多是网络化生存。因此，麦当劳选择与人人网全面合作，让每个人人网用户通过多维产品不断接触到麦当劳的“见面吧”活动，如微博、mini站、APP、新鲜事和个人页面等360度全方面覆盖用户生活空间，提升用户好感度，并唤起用户对品牌的忠诚度，最后通过优惠券发放的合理利用，有效提升到店率和夏季销量。

2009年6月17日，麦当劳举办了“别宅了，见面吧”媒体发布会活动，宣布正式与人人网合作。麦当劳中国首席市场推广官张家茵表示：“现在的年轻人和大学生喜欢网络社交带来的便捷和娱乐，又渴望面对面交流的真实和亲密。麦当劳希望通过‘见面吧’主题活动，让大家这个夏天‘别宅了，见面吧’，在麦当劳和朋友开心聚会。”独生子女一代的社交需求是现实中的好友，对于友情尤为珍惜，将“友情”重点推出，作为大家见面的理由最贴切不过。

依据目标消费者的消费特征，人人网运用“公益”、“优惠”、“情感”三大策略，贯穿整个活动的始终。在公益主导方面，麦当劳和人人网作为发起者，将“见面吧”作为一种公益倡议，提醒年轻人珍惜友情。在优惠驱动方面，所有邀请好友见面的用户，都可以下载麦当劳优惠券以及限时半价优惠，在手机端和PC同时发放优惠券。在情感诉求方面，麦当劳将不同的见面理由和真实的见面故事演绎成真挚感人的素材，唤起年轻人的情感共鸣。

在三大策略方针的统摄下，麦当劳采用五步营销策略，分阶段将活动层层推进。在“公益唤醒”阶段，麦当劳通过人人微博“见面吧”改签名行动，号召网友邀请好友见面，作为回馈，麦当劳在参与者达到10万人之后，推出一周限时全场半价。

在“优惠体验”阶段，麦当劳更改人人网“见面吧”迷你首页为邀请页面，用户通过人人网的邀请功能发送给好友见面请求，同时写下真挚感人的见面理由，就可以立即获得打印优惠券的机会。

在“移动支持”阶段，在用户填写手机号之后，人人网上的优惠券可以直接发到手机，无需打印，可以进店使用；同时人人网手机版也有优惠券文字链可供点击直接下载，这样的方式更是抓住了移动中的人人网用户，让网民随时受到激励而直接进入门店消费。

在“情感交融”阶段，麦当劳打造测试类APP插件“好友知多少”，让好友之间的情感通过默契答题来展现，通过友情的感染力，让用户自发进入门店消费。

在“单品促销”阶段，麦当劳在总体大活动背景下，适时结合单品促销的小活动，如“配餐王”和“甜心密友”，对应不同的促销单品，用户在玩游戏和下载的同时就了解了新产品和重点产品，增加了消费几率。

活动执行方案

麦当劳的活动总体分为三个阶段，每一个阶段都放置了一个诱饵，并附带了多把鱼钩，“暗藏杀机”。

从2009年6月17日至7月21日为第一阶段，麦当劳推出“老朋友见面吧”。在人人网参与“真朋友大测试”，召集真朋友在麦当劳见面，消费者即有机会赢取麦当劳总计6万元的“见面礼”。人人网是大学生最重要的集散地，麦当劳在这里发起召集，能够快速地得到用户的响应，使得麦当劳能够在短期内迅速提升其人气指数。此外，“真朋友测试”能够激发用户的兴趣。这样，麦当劳利用配合活动主题的“见面礼”将校内的用户巧妙聚拢起来，不仅提升了校内的人气，又为麦当劳聚集了潜在客源。

从2009年7月22日至8月25日为第二阶段，麦当劳推出“再远也要见面吧”。趁着暑期邀请远方的朋友见面，体验家乡美，消费者将有机会赢取麦当劳支持见面路费。在这一阶段，大学生群体处于放假的状态，但是麦当劳鼓励他们邀约朋友到访家乡，使得大家在麦当劳聚集倍感亲切，也为麦当劳见面提供了话题，“晒一下自己的美丽家乡”。于是，甚至有些学生群体的老乡会也将自己的聚会场所转战到麦当劳。

从2009年8月26日至9月22日为第三阶段，麦当劳推出“甜蜜一刻见面吧”。在这个阶段，网民选出在人人网最知心的网上密友，分享和朋友在麦当劳的甜蜜时刻，上传照片分享见面故事。获最多朋友投票的网民，将有机会赢取价值1万元的九寨沟双人旅游奖金。

麦当劳利用这些方式深化话题引发互动，并且凭借顾客的体验强化麦当劳的正面口碑，“捆绑”了顾客的情感，创造出热情体验。在整个活动期间，麦当劳还在人人网征集“101个见面的理由”，如果网民的理由赢得最多网友赞同，便可以获得麦当劳颁出的特别奖项，有机会免费邀请朋友来麦当劳见面。

麦当劳“见面吧”活动上线一个月内，各个指标的数据表现均可圈可点。在活动初期两周时间内，微博状态栏修改数超过113000条。在三周时间内，在活动主题迷你首页，网友积极参与测试友情、发送见面邀请和上传“我们的故事”等各项活动，这使首页浏览量达到270万次，首页总独立访客量达到140万次，创作友情照片、文字作品达到3.3万次。线下推动也十分显著，在活动进行三周内，发送见面邀请次数为60万次，手机短信发送数高达70000条，手机优惠券的下载量也达到了1.9万次(图8-2)。

图8-2　麦当劳“见面吧”

关爱大学生

一直以来，麦当劳的主要消费群体都是面向“三元”核心家庭，“麦当劳”也成功确立了家庭快餐的标杆品牌形象，但时至今日，麦当劳在以家庭为品牌道路上已经走得颇为艰难。家庭市场的丰厚利润一直都为各大快餐品牌所觊觎，竞争者的大量涌入使得麦当劳吸引其消费者的举措越来越显得力不从心，彼此间的“新品战”和“促销战”等使得这个行业的利润被逐步摊薄。不过，麦当劳却看到了另一个不容忽视的消费群体正在快速崛起，那就是年轻人市场，尤其是大学生这一核心消费群体。为此，麦当劳开始邀请年轻人偶像明星王力宏做形象代言人，与“动感地带”进行品牌合作，大力拓展年轻人市场。

麦当劳是国际知名的快餐巨头，而人人网则是校园 SNS 网络的强势霸主，这两者隶属于不同的业态，看似并无关联，但因为这两者的目标群体都是大学生群体，所以才让这两者走到了一起。大学生是麦当劳主要的消费群体之一，而人人网则可以说是大学生群体的大本营，是中国大学生市场中具有垄断地位的校园网站。人人网的实名制特点让大学生不仅提升了交流效率，同时也降低了交流成本。如今已经有越来越多的大学生习惯于登录人人网展示自己，结识新朋友，找到老同学，并进行交流分享。

“麦当劳”通过调查发现，目前大学生的生活状态并不容乐观，随着大学生的网络依赖性越来越强，而其现实社会交往却趋于减弱。麦当劳发现很多大学生热衷于网络，沉迷于网络游戏，或者迷恋在虚拟世界一发不可收拾。在这个时候，社会需要为他们提供一个机会，促使大学生群体产生更多线下活动，开展更多真实交流，这样才能保证大学生的社交能力。除此之外，类似“人人网”这类 SNS 新媒体也需要利用线下的互动，强化平台的粘性，于是“见面吧”创意营销活动应运而生。

在活动初期，麦当劳向用户承诺，如果一周内“见面吧”创意营销活动的支持人数超过 10 万，麦当劳将为参加聚会的用户提供半价优惠。于是，为了半价享用麦当劳美食，很多“麦迷”自愿充当了麦当劳的义务宣传员，号召大家支持“见面吧”活动。一个活动能否取得成功，关键在于消费者参与的热情度高不高，麦当劳从消费者的利益出发，让消费者乐于参与其中，并激发消费者的口碑传播。

选准营销时机

任何品牌或产品想要开展营销活动，都必须对营销对象的习惯、爱好和行为方式做出最准确的了解，紧接着找出与自己当前的企业市场特征相匹配，并最具说服力的营销活动方案。麦当劳近年来已经将主要市场转向大学生群体。为了更好地了解当前大学生群体的受众接触习惯，麦当劳开展了2009年夏季促销调查。通过调查发现，大学生目前主要业余时间都用在了网络交流上，通过网络和同学交流或结识新朋友。针对这个事实，麦当劳在思考如何将线上的友情转移到线下，并让大量网上交流的好友变为店面的顾客。于是"真朋友，真见面"的主题呼之欲出，呼唤好友线下见面促进友情的营销活动应运而生。

暑假来临，麦当劳自然不会放过这一长达两个月的吸引年轻人和提升店面销量的最重要时间段。而这一时间段最空闲的年轻人当属大学生一族，但这些宅了一个学期的大学生已经养成了宅的习惯，如何使他们把这些空闲的时间消费在麦当劳里，就成了麦当劳要解决的首要问题，所以才有了"见面吧"这个公益性质的口号，用来吸引大学生来到麦当劳面见虚拟世界的密友。麦当劳之所以选择大学生作为营销的对象，就是看到了暑假这段黄金时间，然后从这个时间段出发，寻找最适合的受众。

在一个全新的营销环境之中，营销致胜的关键就在于以有效的创新，让消费者主动投入时间与品牌进行互动联系，在获得良好品牌体验的同时，最终潜移默化地将品牌或产品的价值点植入到消费者心中。当主题能打动营销对象的情感诉求时，找到一个契合的平台就变得至关重要。既然麦当劳选择的营销对象是大学生，而人人网可以说是大学生群体的大本营，是中国大学生市场中具有垄断地位的校园网站。因此，人人网注重真实注册用户和真实情感交流的氛围，令其成为麦当劳首选的营销平台。

在这个SNS社交网站大行其道的时代，如何在这个潮流中找到自己的位置，提高企业或品牌的知名度以及受众对品牌的忠诚度，麦当劳的这次活动让我们看到了一个新的发展趋势。这个趋势就是通过与社交网站的合作，在提高销售额的基础上，进一步提升企业和品牌的美誉度。在未来的发展中，会有越来越多的企业与虚拟世界的社交网站进行合作，在条件允许的时候，可以尝试虚拟的社交网站与现实的企业结成一种互利共赢的同盟关系，一起分享重叠的消费群，将现实和虚拟有机结合，促进两者共同发展。

小结

这个案例的亮点在于如何利用 SNS 媒体的核心价值——人与人之间真实的关系链条，将麦当劳的营销信息渗透到用户的人际关系网络中，让每个用户都成为麦当劳的品牌传播者，形成指数级的辐射性扩散，从而获得营销价值的最大化。据尼尔森公司调查统计，通过人人网上的好友新鲜事、好友邀请和好友赠送礼物等方式了解并参与活动的用户，占到总参与人数的 45% 以上。洞察用户需求，融入用户关系网中，让每个用户主动成为品牌接受者与传播者，来自真实人际关系好友的影响是任何其它媒体所无法替代与比拟的，这些正是 SNS 媒体的营销魅力与价值之所在。

（赵亚鑫）

◎思考题：

1. 请分析麦当劳“见面吧”营销活动的特点。
2. 企业如何在 SNS 网站上实施主题营销活动？

第四节 找回你曾经的真情，上人人网

2009 年中国 SNS 的热度不减，国内 SNS 网站呈现出以人人网、QQ 空间和开心网为代表的三足鼎立局面。校内网是国内最重要的社交型网站之一，在 2009 年正式更名为人人网之后推出了以“情系人人”为主题的系列广告，旨在扩大用户群，同时重塑校内网（人人网）的品牌形象。“找回你曾经的真情，上人人网”的校内网广告在广告诉求上以情动人，诉求人与人之间的情感交织。

从大学生社区到白领聚集地

人人网的前身是校内网，它成立于 2005 年 12 月，是中国最早的校园 SNS 社区。校内网的成功模式参照美国成功的大学生网站 Facebook，在校内网这个互动空间里，用户可以用日志和相册记录生活点滴，和朋友分享照片、喜欢的群组、音乐、电影、书籍，也可以第一时间了解身边好友的

最新动态。

作为国内最具影响力的社交型网站之一，校内网从2005年12月28日正式成立到2008年10月31日获得SNS最具传播价值网站，在短短三年的时间内获得了巨大的成功。截至2008年12月，校内网已开通国内3000所大学、国外1500所大学、20000所高中及85000家公司的专题网站，拥有超过1800万的在校大学生用户，日均访问量2.8亿人，日登录人次1200万人。校内网流量和访问用户量也超过新浪和搜狐博客，排名第三位，并获得2008年艾瑞新经济年会2007—2008年年度最具发展潜力企业奖。

伴随着校内网的崛起，越来越多的社交型网站出现在用户面前，而且发展速度惊人。据CNNIC统计，2009年国内的SNS网站已达千余家，使用SNS的网民超过1亿人。在这种竞争环境下，校内网开始向更宽广的白领及其他用户群进取。

2009年8月4日，千橡集团以“割舍掉对校内品牌的依恋之情，去积极地和勇敢地创造一个更伟大，更具延展性的新品牌，一个广大用户心目中的挚爱品牌”为目标，宣布将旗下的校内网更名为人人网，原来的校内网网址依然会继续使用，但是将成为一个跳转网址。千橡集团也公布了新的品牌标志，该标志由两个抽象的人字变形，人字成圈形寓意每个人的人际圈，同时两个人字中间发生交集，寓意人与人的沟通和交流，中间的红色象征着人与人之间的情感。文字部分拼音renren，同时也是域名。由图形和域名共同组合成的新标志，象征着人人网是一个人与人的沟通分享平台——分享真实，沟通快乐。

男生女生那点事

校内网的更名对其长远的发展无疑是有极大好处的，但是怎样才能让现有的用户从情感上接受“人人网”这个新名字，这是摆在眼前的一道难题。所以，校内网在改名人人网之后，就委托北京盛世长城广告公司出任创意代理商，负责人人网的品牌形象塑造的任务。在这种情况下，以“找回你曾经的真情，上人人网”为诉求点的校内网“男生篇”和“女生篇”广告诞生。据了解，这两个广告的故事情节都是由校内网的用户提供的，是真实发生在他们身上的故事，他们也的确是通过人人网找回了自己往日的友情。通过数次的讨论和头脑风暴，校内网最终决定以情治情，走“真情”路线。

“找回你曾经的真情，上人人网”“男生篇”以“友谊”为经线，讲述了一个真实的故事：当年在朋友的及时救助下，摔倒在足球场上的男生才保住了自己的脚，却没来得及对朋友说声谢谢，多少年后，他们在人人网上相遇，重新坐在一起时，一句“好兄弟不用说”让他们找回了曾经的真情。在广告画面中，当年朋友真诚热心的及时救助和今天人人网上两人的惊喜相遇交织在一起，真情尽显其中，结尾简单的一句旁白“找回你曾经的真情，上人人网”在36秒钟的影视广告中紧扣主题。

“找回曾经的真情，上人人网”“女生篇”则以“情敌”为线索，描述了这样的故事情节：曾经校园里两个最要好的姐妹，因为喜欢上同一个男生成为“情敌”，友谊在那个容易冲动的年龄断裂，十年后，两人在人人网上看到对方，却依然有一份共同的惊喜，撕碎的照片重新粘好，破碎的友谊终究在人人网上再次搭建起来，那些曾经的不快已然消失，剩下的只是岁月积淀下来的情谊。当年的愤然离开与现在的“相逢一笑泯恩仇”，真正的友情融入其中，亲切自然中多了些感动，结尾同样是“找回曾经的真情，上人人网”的旁白，作为系列广告，和“男生篇”相呼应。

无处不在的形象广告

在广告媒体的选择上，校内网“情系人人”的系列广告在电视媒体上进行投放宣传的同时，还在平面、户外和互联网上发起宣传攻势，为校内网更名为人人网进行品牌形象的重新规划，校内网这种大规模的广告攻势也成为2009年中国互联网最受关注的事情。

首先，校内网“情系人人”的系列广告在网络媒体的投放，主要是在自己网站的登录界面播放，单是这一项就已经取得相当大的覆盖面。利用自身网站宣传，能够改变用户以往只有校友才上校内网的固有观念，有利于扩大用户群，对于人人网的后续发展提供了更广阔的前景。

其次，“情系人人”系列广告也通过电视、车载影视和户外等大众传播媒体进行宣传。在中央电视台、北京卫视、湖南卫视和江苏卫视的电视节目中，甚至是在地铁站、公交车站和街头到处都能看到校内网“情系人人”的广告，校内网“情系人人”的系列广告铺天盖地出现在大众面前（图8-3）。

图 8-3 人人网宣传海报

感人的凡人趣事

作为SNS平台的佼佼者，人人网的情感定位很恰当。网络就是人与人的链接，是友情的信息传递。广告语诠释了人人网的新定位，疏通人际关系成为宣传重点。

在广告理念上，校内网“找回你曾经的真情，上人人网”的电视广告围绕“情系人人”的广告理念，讲述人与人之间的情感交织。有的网友用“喜欢、感动、共鸣”来形容这两个广告，认为广告中的情节仿佛就是自己生活的真实写照。这种感性诉求的广告，对广告的功利性起到了淡化的作用，减少了人们对广告所持有的逆反心理，增强了广告的感染力。“人人网”这个名称，从字面上就反映了社交型网站的核心要素——人。“情系人人”的广告理念突出了人与人之间的关系，强调人与人之间的情感，在煽情中突出自己的核心竞争力，也使自己区别于其他社交型网站。广告内容虽然比较简单，但是通过简单的故事将要表达的情感表达出来，让用户在人人网上找到的不是伤感和相互生活的对比，而是永久不变的真情。

在广告表现手法上，校内网“情系人人”的系列广告最明显的是采用叙事的手法，两则广告讲述了两个真实的故事，故事虽然老套却不失朴实，广告表现的真情和友谊的情感诉求，也很切合人人网自身的形象和定位。广告画面在色彩上采用怀旧的色调，稍显昏暗的色调让人深切地感受到岁月的流逝，时间飞逝，多少人多少事消失在人们的身后，今天的我们变化得也难以认出当年的那个好兄弟或者好姐妹，但是不变的真情却永远存在。通过人人网这个网络平台，人们再重新回忆起那段青春岁月，没有了当初的青涩和冲动，有的是不曾忘怀的情谊。昏暗的色调让受众有一些淡淡的伤感，但同时那份朴实的真情也点燃起人们内心深处的感动。

感性广告是依靠图像、音乐、文字等方面的技巧，对消费者的情绪进行定向引导，使其对广告产品产生购买欲望的一种广告方法，一般是采用日常生活中最易于激发人们情感的细节表现，来达到广告目的。校内网“情系人人”的系列广告正是通过细节来激发人们的情感，运用感性诉求方法，利用故事来传情达意。情感类广告在实践中是否能起到预期的作用，广告受众和广告产品两方面的特性也是重要原因，也就是说并不是所有的广告产品都适合进行感性广告诉求，只有产品与消费者在情感上存在着密切联系，通过形象诉诸情感易于让受众接受产品时，才适于运用情感诉求。社交型网站最大的目标是为尽可能多的用户提供一个人和人之间的交流平台，而人人网最具特色的就是实名注册，人人网规定每一个用户必须明确身份，用户必须使用实名制，实际上九成以上的用户填写的都是真实信息，排除了虚拟性，确立了真实性，所以人人网作为一个力求回归真实性的社交型网站，与用户在情感上存在着密切的联系，网站基于真实性将现实社会的人际交往移植到网络上，所以，人人网的网站特征决定了它的广告宣传适合于感性诉求。俗话说“感人心者，莫先于情”，人人网“情系人人”的系列广告，诉求人与人之间的情感交织和真情回归，不得不承认这一系列感性广告是能够打动受众的，毕竟每个人的青春岁月都会有那么一段难以忘怀的真情存在。

品牌个性的茫然

“情系人人”的系列广告是校内网在2009年正式更名为人人网的情况下，由北京盛世长城广告公司推出的以跨电视、户外和在线媒体发布的一次品牌宣传活动，广告极大提升了人人网的品牌形象。在实际效果上，“情系人人”的系列广告很好地扩大了人人网的用户群，白领用户达1000多万人，日均访问量4亿人次。更为重要的是，拥有高中、大学和白领三大平台的人人网，已经形成了一个健康发展的生态链接：众多的大学生及大学毕业生都是潜在的白领用户，三年的人人网更是拥有了三届大学毕业生，其中70%～80%的人毕业后进入大型企业成为白领，转入校内白领网络，并很大程度地带动身边的白领参加进来。如今的人人网，白领平台的色彩显得尤为鲜亮迷人，白领们不仅在人人网平台上分享快乐，更用它来进行人际交往，交流工作心得。

“情系人人”的系列广告效果明显，但是也存在一些问题。无论过去的校内网还是现在的人人网，缺的不是用户，不是收入，而是注意力。校内网从突然涌起的SNS热潮中收获不少，但是在这场热潮中，SNS的光环却已经不再属于校内网。根据百度指数和谷歌趋势的统计，从2009年年初开始，校内网的用户和媒体关注程度就已经被开心网超越。2009年，“偷菜”成了流行词，一提起来，大家就联想到开心网，联想到QQ农场，就是想不起人人网。实际上，“偷菜”也是人人网上用户最多的一个游戏，用户不见得比开心网少。

注意力经济理论，曾被最早的中国及世界网络精英们奉为圭臬，进而展开烧钱式的“眼球争夺战”，从那个时代走出来的校内网掌门人陈一舟，自然对此驾轻就熟。校内网“情系人人”的广告费用耗费了数千万人民币的真金白银，但是仍然无法阻止其他SNS网站的迅速崛起。2009年下半年，腾讯悄然完成了QQ空间的功能改造，不动声色中成为SNS蛋糕的一大分享者。

同质化的陷阱

随着“硬推销”时代的过去，现代广告越来越强调与受众之间进行情感的交流。一方面，网络虽然是虚拟的世界，但是社交型网站的传播主体则追求真实性的回归，所以以情动人的感性诉求更加适用于社交型网站的推广；另一方面，“情系人人”系列广告清晰明确的定位，有利于培养用户的忠诚度。

网络为公，用户最大。人人网之所以能成功，正确的战略定位是不可或缺的。人人网定位于中国高校，大学生数量庞大，同时大学生的课余时间多，他们对于交友的积极性也高。据统计，人人网的百度指数综合已经超过了10万，其网站排名已进入国内热门互联网站前十位，由此可见，人人网的推广工作做得很到位，其网站知名度和品牌影响力已基本成型。

但是人人网适时调整策略，扩大受众范围。对于校内网更名为人人网后的网站会发展到哪一步我们无法确定，但是这种大胆的舍弃和调整策略带来利益的同时也会有一定的弊端。有利的是用户数量不断上升，但相反我们也看到，在腾讯、开心网和人人网这三家SNS网站中，人人网的趋势也是最不稳定的。“如果人人网与开心网争夺白领市场继续有所不利，又被腾讯在校园市场上挤占太多，那日后中国的SNS市场就将是两强鼎力，人人网的地位就很尴尬了。”一位业内人士这样认为。

缺乏特色，缺乏创新性。人人网“情系人人”的系列广告使足了劲煽情，网友大多也买账，有的网友认为广告中的情节仿佛就是自己的真实写照，有的网友则认为情感诉求十分拨动人的心弦，使人回味无穷，但是人人网并没有因为煽情而突出自身的特色。

现在国内的SNS网站在内容的开发制作上多以娱乐游戏小插件出现，存在内容高度同质化的现象，缺乏创新性。起初用户可能会好奇，登录网站看看朋友买卖、抢车位和偷菜是什么，但毕竟这不是长久之计，没有好的内容或者没有自己特色的内容始终无法真正留住用户。在互联网的SNS正打得不可开交之时，中国移动推出一款名为“139社区”的SNS社区网站，这个SNS社区具有现有社区的主要功能，假如3C的应用在139社区中体现，手机的影音元素运用完美，这对手机的SNS来说，是有一定吸引力的，相信这个SNS社区加上中国移动现有的用户资源，势必将在本已不平静的SNS湖水中再次掀起波澜。

小结

伴随社交网站的兴起，互联网已进入全民SNS时代。人人网作为全国最具影响力的社交型网站之一，在网络发展相对比较成功的时期调整广告策略，更换网站名称以扩大目标用户群，同时以感性诉求为主的广告清晰明确地传达网站的核心概念，大规模的广告投放对于网站的推广起到了极大的积极作用，在竞争日益激烈的SNS社区中，人人网的知名度和品牌影响力已基本成型。但是，SNS的成功不是一劳永逸的，人人网如果还想有更进一步的发展，在网站内容的开发上需要有所创新，以区别于越来越多的SNS网络社区。

（张利方）

◎思考题：

1. 如何评价由“校内网”到“人人网”的战略转型？
2. 请分析大学生社交网络的广告营销价值。

第五节　反庐舍联盟

2009年4月19日，在开心网将千橡集团告上法庭之际，在八匹马传媒网总经理黄相如的发动下，30位职业经理人和老板代表各自企业，成立了“反庐舍联盟”，对沉迷于开心网一类网页游戏的员工将给予警示教育甚至开除处理。截至2009年5月底，黄相如对外宣称，“反庐舍联盟”的参与企业已达四五百家。有人认为，这是开心网借“反庐舍联盟”之名，目的是为了提高自己的知名度，属于一种变相炒作。

网游聚集人气

自2008年3月开心网创立以来，通过“人传人”的传播，受到了以都市白领为首的上班族的热情追捧，到2008年年底已经拥有2000多万稳定的注册用户，浏览量达每天7亿人次。

开心网之类的SNS社区，主要通过各种网页游戏，增加用户在线时长，让白领沉迷其中，从而增加广告收入。这种经营模式必然导致相当一部分上班族工作时间去“偷菜”，浏览其他人日记和参与各种投票。更严重的是，由于多是朋友或同事圈子式的互动，有时候几乎整个办公室都在同时玩这个游戏，这极大地影响了企业工作效率。开心网等网络社区开发的种菜、偷菜、抢车位、赛车和养狗等虚拟游戏，让不少玩家沉迷其中，但是与以往我们所说的网瘾不同的是，他们只热衷于偷菜和抢车位等网页游戏。

由于在开心网花费大量时间，很多人不仅耽误了工作，还严重影响到正常生活，对人们的身心健康产生了很大的损害。因此，八匹马传媒总经理黄相如提出成立“反庐舍联盟”。“反庐舍联盟”针对的对象是开心网等SNS社区。这里的“庐舍”是“loser”的谐音，是指每天在网上耗费2小时以上的工作时间，沉迷于虚拟社交网站等与工作毫不相干的事情，而无主动进取心态的白领一族。

争议产生聚焦

“反庐舍联盟”提出后，在各大网站和论坛开始兴起一场“反庐舍”热潮，并且号召与各大企业等签订协议。该事件被曝光后，包括CCTV和北京电视台在内的200多家媒体竞相报道。《黑龙江晨报》曾报道：一位姓高的先生说，自己在医院挂点滴的时候，对床老太太醒来，发现只有儿媳在，便问儿子的去向，儿媳说儿子回家“收菜”了，一会才能来，老太太着实想不通。另一方面，CCTV新闻频道、北京电视台、《工人日报》和《南方日报》等200多家媒体对该事件进行了长时间关注和深入报道。通过媒体各种形式的报道与宣传，社会与网民群体已经俨然形成一股对于开心网和网瘾问题的自省与讨论的风潮。

百度贴吧和新浪网等各大网络论坛建立了“反庐舍联盟”，让更多的人参与其中，各抒己见，这其中很大一部分人是偷菜、抢车位等游戏的忠实爱好者。有很多网友对偷菜的图片和视屏进行恶搞加工，最常见的就是把赵本山2009年的小品《不差钱》改为“偷菜”，这类图片在腾讯QQ聊天中最为常见，被作为表情符号进行传播。随后又出现了《反庐舍之歌》、《偷菜歌》和《偷领导菜的后果》等一系列恶搞视屏，并且出现在优酷网等各大网站，这都是伴随着“反庐舍联盟”而出现的。

更多的网友非常关注这一网络事件，并对这一事件进行炒作，使这一事件被更多的人所关注，关注的同时人们就会去寻找这一事件的开端，在此过程中，使更多的人知道了开心网这一网络社交型网站的存在，并对其所创建的偷菜和抢车位等网络游戏进一步了解。另外，人际传播也成为“反庐舍联盟”传播的重要途径，很多人都是通过朋友之间口头传播参与该事件的。这种“人传人”病毒式营销的传播效力在开心网运作前期已经得到验证，其传播效果十分显著，并再次应用到“反庐舍联盟”之中。

据“反庐舍联盟”官方消息，“反庐舍联盟”发起人黄相如在2009

年4月31日公开邀请阿里巴巴集团董事长马云担任“反庐舍联盟”盟主，目的是“推动中国3亿网民更加合理高效地利用互联网，将网民娱乐型上网的行为赋予更多的学习新知和获取商机等正面功能，同时也能帮助企业员工正视网瘾”。对“反庐舍联盟”事件的炒作，让更多的人知道了开心网，开心网的电子商务也得到有力的宣传，因此，有人认为，“反庐舍联盟”无疑是一场很成功的网络炒作（图8-4）。

图8-4　反庐舍联盟恶搞漫画

炒作有理有道

网络炒作通常以新闻和网络为炒作工具，通过借势和造势进行有效的策划，从而提升企业或产品的知名度、美誉度，树立良好的品牌形象，并最终达到销售的目的。网络炒作通过把握新闻的规律，制造具有新闻价值的事件，并通过媒体具体的操作，让某一新闻事件得以广泛传播，从而达到广告效应。

互联网改变了传统媒体的传播方式，当然也给事件营销带来了更大的空间。首先，传播速度快。互联网传播比传统媒体的新闻发布省去了许多新闻评审环节，大大提高了新闻的时效性，使炒作事件能及时迅速地传播出去。其次，传播渠道广。互联网能让事件营销传播更容易被转载，只要该事件营销的新闻价值够大，就能吸引更多的人来关注，并且能吸引更多的网站编辑来转发，那么新闻很快就会传遍整个网络世界，而传统媒体一般来说转载率很低。最后，互动性强。互联网为读者提供了广泛参与、发表意见和互动评论的平台，而传统媒体只能让读者看和听，却无法参与互动。

2008年各种SNS交友社区异军突起，风靡网络界，特别是可以“呼朋唤友”的圈子式的互动网络社区，更能迅速地使众多白领和学子身陷其中。因此，社会上出现了先偷菜后上班和先偷菜后上学等各种现象，许多网民都在参与SNS社区游戏，有的甚至通宵达旦，目的就是为了多偷点菜等，提高自己在游戏中的级别。有人甚至在手机上制定一个记事本和闹钟，提示自己去偷别人已经成熟的菜，重庆卫视曾就开心网偷菜这一游戏进行统计，被采访的大部分人都认为偷菜是一种很过瘾的行为，上至60岁老人，下至6岁儿童，不同年龄段的人都在疯狂地参与这种游戏，严重损害了人们的身心健康，“偷”成为一种流行时尚，因此，很多的人都沉迷其中。

从某种意义上讲，黄相如倡导的“反庐舍联盟”，目的是为了抵制开心网，然而这一网络事件并没有对开心网造成影响，反而客观上宣传了开心网，使更多的人知道了开心网，并且为开心网增加了很多的用户。开心网的这次网络事件炒作是非常成功的，它大大提升了开心网的知名度。

小结

开心网借“反庐舍联盟”进行自我炒作，尽管饱受非议，但是这一炒作无疑是非常成功的，它提升了开心网的知名度。然而这种逆网络潮流的行为却于法无据，于情不合，于理不通，对网民个人生活造成了很大的影响，这不利于企业的品牌美誉度建设。因此，开心网借助“反庐舍联盟”进行炒作，虽然在某种程度上是非常有效的，属于一种成功的网络炒作，但是在炒作的过程中也违背了一些道德原则，因此引起了网民的批评，企业的反面炒作应适可而止。

（刘卫彬）

◎**思考题：**

1. “反庐舍联盟”出现的原因是什么？
2. 如何评价网络反面炒作的弊端？

第九章　网络游戏广告

专业导航：网络游戏广告

网络游戏媒体作为一个新的受众传媒，在面对特定群体的定向传播上，有着传统媒体无可比拟的优势。相对于传统媒体而言，网络游戏虚拟广告的受众群体相对集中在16~34岁，虽然这部分群体中的大部分人尚处于零收入或是低收入的阶段，但在数码产品、快速消费品、服装等方面却具有相当的消费能力。在18~34岁男性这个细分市场上，作为新媒体平台的网络游戏正在逐步取代电视而成为广告商关注的新焦点。网络游戏置入式广告恰恰是网络游戏媒体化后，具有现实盈利前景的切入方式之一。道具收费业务帮助游戏运营商挖掘了付费游戏用户新的商业价值，而以游戏内置广告为代表的新的商业模式则将帮助游戏运营商开发全体游戏用户的商业价值。如果通过诸如游戏内置广告等新的增值服务来激活绝大部分的付费用户的话，那么其长期的盈利增长是不可估量的，将逐步增长并成为新的盈利点。

一、网络游戏的分类

采用电子手段玩的游戏称为电子游戏，属于电子游戏出版物，是电子出版物的一类。电子游戏有多种分类方式，按照游戏运行平台的不同，可以分成两大类：单机游戏和网络游戏。这两类游戏的共同特点是都需要游戏硬件和游戏软件的支持，网络游戏又需要有互联网的支持。

单机游戏以独立的软件、硬件设备为依托，主要供单人或有限数量的人（例如少于4人）玩的游戏，是电子出版物的一种。单机游戏包括除了网络游戏以外的PC单机游戏出版物和局域网游戏出版物。单机游戏通常分为：PC单机游戏、视频控制台单机游戏、掌上设备单机游戏、交互电视单机游戏、街机游戏。

网络游戏也称网络游戏出版物，是利用TCP/IP协议，以Internet为依托，可以多人同时参与的游戏项目。网络游戏有两种存在形式：一种是必须连接到互联网才能玩，而单机状态则不能玩，这种形式有的游戏需要下载相关内容或软件到客户端，有的则不需要；另一种则必须在客户端安装软件，此软件使游戏既可以通过互联网同他人玩，也可以脱网单机玩。网络游戏的安全运行方式分为：大型角色扮演类网络游戏、中型休闲网络游戏、棋牌网络游戏。

大型角色扮演类网络游戏通常由玩家创造和操控一个或几个游戏主角，游戏主角通过赢得战斗、完成任务累积一定的经验值（Experience）后提升等级，获得金钱和高级装备，同时游戏主角学习到新的魔法和技能，属性（Attribute）增强，能力由弱变强，玩家融入游戏情节中，视自己为游戏故事的一部分，而角色的属性通常包括生命（HealthPoint）、魔法值（MagicPoint）、力量（Power）等。大型角色扮演类网络游戏使得成千上万的玩家可以在一个虚拟的世界中互相交流，玩家可以使用拥有不同特点的角色来体验生活，游戏本身是持续的、发展的，玩家通过即时的信息互相沟通。代表作品有：《热血传奇》、《传奇世界》、《魔兽世界》、《梦幻西游》等。

中型休闲网络游戏与大型角色扮演类游戏的主要区别在于采用回合制，即：一场游戏在一小段时间之内结束，而且此类游戏以纯粹娱乐为主，不强调剧情。通常游戏玩家不需要为玩游戏而付费，但游戏中的虚拟物品需要花钱购买。休闲类网络游戏具有三个显著的特点：一是游戏过程主要是回合制；二是游戏题材多与传统文化、体育活动有一定联系；三是收费模式多以会员及道具为主。按其游戏特性可分为：棋牌类游戏、对战类游戏、文化体育类游戏；按其运营方式可以分为游戏平台游戏以及中型休闲网络游戏。代表作品有：《泡泡堂》、《冒险岛》、《劲乐团》等。

棋牌网络游戏本属于休闲网络游戏，但是由于棋牌网络游戏将生活中的棋牌类游戏（包括麻将）移植到网络上，与中型休闲网络游戏有很大的不同，同时在中国市场上已形成了一个独特的网络游戏分支，因此棋牌网络游戏成为单独的一个网络游戏分类。

网络游戏的运行平台分为：PC 网络游戏、视频控制台的网络游戏、掌上网络游戏、交互电视（iTV）网络游戏等。PC 网络游戏是以 PC 为硬件平台的网络游戏，可以不安装任何游戏软件，直接上互联网玩。视频控制台的网络游戏是以专门的视频控制台加上电视或显示器为平台玩的网络游戏。视频控制台如 Sony 的 PS/2 或微软的 Xbox 等。掌上网络游戏是在掌上电脑、手机等掌上设备玩的网络游戏。交互电视（iTV）网络游戏是在交互式电视上玩的网络游戏，交互式电视是具有上网及信息处理功能的电视，它也是信息家电的一种。

二、网络游戏广告的现状

网络游戏一般采取内置广告的形式，目前，主要有以下4种植入形式：

第一，在游戏场景内植入各式IGA（In-game advertising）。（1）路牌广告/Flash，在游戏场景中，设立固定的广告位置，以静帧图片或者FLASH形式展现广告内容。（2）3D立体物件，模拟广告中产品的形态，建立3D模型，在游戏场景的显眼位置进行展示。（3）场景特制广告，就一完整的游戏场景进行全方位的广告内容植入，在此场景中不再出现其它品牌或产品的广告，为广告主定制的冠名场景。（4）游戏内道具赞助，广告客户也可以赞助游戏内的各种道具（例如：武器、服饰、工具等），与玩家产生直接互动。可以对现有道具直接进行冠名，同时可适当调整道具设计，以突出品牌。也可以根据广告品牌或产品的诉求点，特别定制能够反映其特质的专属工具。而不经任何修改，凭借以现有道具自身的吸引力，直接用于消费者促销的方式也很普遍。（5）游戏内NPC宣传，在角色扮演游戏中可以加入特制的NPC（Non-Player Character），为品牌做宣传，例如：关于新产品、促销活动等的各种信息发布；为玩家提供游戏提示或礼品，增加玩家对品牌的好感；还可以有一些特别时点组织玩家参与的品牌赞助任务。这些NPC的形象可以根据客户要求设计。（6）游戏内PIG文字广播，游戏内PIG（Pronouncement In Game）文字广播，实时大量覆盖在线的玩家，引起注意。可以配合宣传道具赞助、品牌任务或其他与游戏相关的赞助活动，吸引更多玩家参加。

第二，游戏登录/退出/下载界面广告。游戏登录/退出/下载界面是所有游戏玩家的必经之路，流量最高，且广告展现的时间有保障，具有一定的强制性，因此也被称为游戏广告的“硬广告”。

第三，游戏形象授权合作。游戏形象授权是游戏广告走出游戏平台，由虚拟到真实最直接的手段。广告客户可以选择和自己的品牌或产品形象相吻合的游戏人物形象，将其拟人化，用于产品包装的图案设计，或者用于广告制作或活动的各类宣传素材中。

第四，游戏官方网站。网游玩家对他们所热爱的游戏十分关心，经常到官方网站了解游戏的新消息和活动，并在论坛上与其他网友交流，因此游戏官方网站也具有广告宣传价值。常见的官方网站广告形式类似于门户网站所具有的广告形式，弹出窗口、浮标广告、全屏广告、流媒体视频广告等都是广告主选择较多的方式。

三、网络游戏广告的特征

随着游戏内置广告技术的发展，目前游戏广告的技术已具有更高的动态性，能随时改变游戏中的图像、音乐等内容，更好地满足游戏广告主的要求，在最短时间内到达目标客户。网络游戏市场蓬勃发展，中国网络游戏市场已经成为国际公认的最具发展潜力的市场。网络游戏媒体化所带来的商业价值已成为网络游戏本身运营收入以外，最具有发展潜力的所在。游戏内置广告平台是基于网络游戏这个商业模型之上的一个商业模型，从战略布局的角度看，哪家公司拥有的游戏多，哪家公司拥有的广告受众就多，因此需要不断地圈定新游戏。游戏少，平台再先进，技术再领先也不会有人投资。而且在圈定游戏的时候还要注意，MMO 与休闲类游戏相比，无疑休闲类现实题材网络游戏是最适合广告发布的资源，那么这些游戏主要是舞蹈、体育、射击类，而且运营情况良好的游戏，在双方合作时的要求和标准也会高。

第一节　《成吉思汗》与《刺陵》联姻

麒麟旗下的《成吉思汗》自 2009 年 7 月份公测以来，吸引了数千万玩家，在线人数屡创新高，很快突破 60 万人次大关，并经千万玩家投票，在中国网游界最权威的民意代表——金翎奖大赛中当选为“2009 年最受玩家喜爱网游”，最终由“黑马”蜕变为“大腕”，其惊人的发展势头最终被盛大网络看中。而耗费新台币 4 亿元制作的华语巨片《刺陵》结合东方式的探险、中国兵器、寻宝及娱乐，讲述一正一邪两队探险者大漠夺宝的故事，情节扣人心弦，画面丰富逼真，给受众带来一种寻宝的“游戏式”真切体验。“成吉思汗”与“刺陵”诸多前世巧合，也就注定了它们的后世姻缘。

《成吉思汗》与《刺陵》喜结良缘

2009 年 12 月 4 日，网博会开幕第一天，盛大网络旗下盛大在线有限公司和国内影视行业巨头中影第一次达成战略合作，同时启动国内最成熟的游戏玩家平台和国内最大的影视院线，联手力捧 2009 年度新网游总冠军——贺岁资料片《成吉思汗·刺陵》年底公测，拉开了年度贺岁档序幕。如果将盛大比作网游的沃土，那么中影堪称网游的及时雨。双方能够共享市场资源技术，在游戏中融合电影大片制作的精髓，从剧情、动作宏大的场景设计再到华丽震撼的视觉效果，吸引更多的玩家。这两家公司同时出手，意味着短时间内《成吉思汗》的玩家人数将大增。

2009年12月18日，麒麟游戏震撼推出资料片《成吉思汗·刺陵》，大量全新的内容以电影《刺陵》为主题。该资料片不仅还原了电影的探墓寻宝场景，让玩家看到电影中熟悉的方方面面，同时还采用更加绚丽灿烂的特殊效果，给玩家带来视觉上的震撼，设计了以周杰伦为原型的NPC，使玩家在玩游戏的同时，能和自己的偶像一起展开华丽的冒险。广大粉丝影迷在观看电影大片的同时，还能在游戏中享受一把真实体验的感觉，与所喜爱的明星、所梦想的电影零距离接触。

此次"联姻"及资料片《成吉思汗·刺陵》的推出，对盛大在线和中影双方来说，带来了不错的结果。一方面电影《刺陵》能够在首波放映高潮过后，继续保持知名度。在广大的游戏玩家中，给电影打出的宣传，使得整个游戏都可视为影片的广告宣传。尽管电影最终票房成绩不佳，其原因更多源自影片本身的内容及制作，但是此种宣传形式还是有一定积极作用；另一方面，借助影片的前期宣传及男主角周杰伦的知名度和号召力，游戏在广大年轻人特别是周杰伦的粉丝中，争取了更大范围的关注。游戏在2009年12月18日正式开启公测后，一个小时内，近百组服务器相继急速爆满，官方紧急连开5组新的服务器，以此分担各个服务器的压力，给予玩家流畅稳定的游戏环境。人数入驻高峰从12月18日18：00公测开启后，一直到第二日清晨依然未有消减，由此可见游戏宣传的成功以及玩家们对游戏的高度关注。

游戏与电影的"联姻"于此并不是第一次。1996年，英国EIDOS公司推出了一款名为《古墓丽影》的游戏。该款游戏在发售后没多久就引起了全世界广大游戏玩家的兴趣，在PS游戏机上甚至卖出了百万份的成绩。2001年，由安吉丽娜·朱莉主演的同名电影上映，取得巨大反响。在众多游戏改编电影中取得相当不错的成绩，从而让改编流行游戏拍成电影大卖的商业模式达到一个巅峰。而有的则是电影大获成功后，推出同名的游戏，但是此后的游戏比之电影，并不为玩家接受。由此可见，以前电影与游戏的关系，是一种"电影改编自知名游戏"或"游戏改编自大片"的模式，属于衍生关系，游戏和电影不是两个单独存在的个体。而如今，《成吉思汗·刺陵》在中国又开辟了游戏和电影合作的新途径。

"大娱乐"时代的"近亲联姻"

促成此次二者的合作，最主要的还是利益。电影与游戏同属于文化产业，二者的内在娱乐精神具有相同的一致性，故而“联姻”是具备可行性的。随着国内网游企业的加速发展，国内各大牌网游企业纷纷掘金娱乐产业，大娱乐化战略初露端倪。从电影角度看，在未公映之前，借助大型网游的知名度和游戏内容来吸引观众，有不小的作用，从而实现在品牌、受众、资源、市场等方面的互通和整合，再加上现在的网游都倾向于找明星代言，如周星驰之于《开心》，胡歌之于《梦幻诛仙》，周迅之于《诛仙2》。面对高度一致的目标受众，依靠高曝光率、高投资投入、高口碑效应、高创新性以及明星效应来维持竞争优势地位的游戏影视产业，双方的合作可谓“珠联璧合”。

国内电影行业以每年50%的速度在增长，但是年收入只有62亿元，其中还包括国外影片，与年收入超过258亿元的网游业相比，只能算小行业。“每年中国拍摄500部电影，只有150部能上院线，其中只有30部能赚到钱，而这之中可以直接在院线赚到钱的也就10部。”电影对人们的影响力不容小觑，在文化产业中，其制造话题、制造明星的能力使其居于当之无愧的龙头地位，而网游虽然利润丰厚，但是对于大多数人来说，它的受关注程度与电影不能相提并论。在互联网普及的今天，传统的娱乐业发展脚步已经放缓，市场需求也已达到饱和状态，而依托于互联网的新兴互动娱乐业则迅猛发展，网游是最好的实例。伴随着人们消费升级以及消费习惯的改变，新兴文化产业与传统媒体的融合趋势势不可挡（图9-1）。

图9-1 《成吉思汗》与《刺陵》

天造地设的“绝佳联姻”

天时。2009年12月8日，电影《刺陵》首映。与原本的上映时间相比，这个时间避免了与电影《三枪拍案惊奇》、《阿凡达》等大片巨制的正面交锋。而2009年12月18日，《成吉思汗·刺陵》公测开启，二者的时间，都可划归为贺岁档。电影一贯有推出贺岁档的传统，在新旧年交替之际，观众的娱乐性高涨，即将到来的元旦、春节假期更是休闲娱乐的黄金时段，此时推出电影能更多地吸引观众，满足观众的娱乐需求。再加上近年来贺岁片的大量推出，在观众心目中，贺岁档的概念已成熟，可抓住时机进行推广。而此次资料片的推出，也首先提出了网游贺岁资料片的概念，抓住了黄金假期、学生玩家增多的有利时机。既然电影可以有贺岁档，那么同属娱乐业的游戏亦可以有贺岁档，并且能得到不错的反响。二者的推出相隔十天，能在电影上座率减退的时候，再次把电影推至观众面前，引发另一波的收视高潮，而游戏则可以借助电影前期的宣传来打响自己的知名度，这如同电影是游戏的宣传片。

地利。二者此次的合作，早期在大众面前并没有经过有效的统筹营销策划，可谓偶得之作。之所以能够合作成功，与双方的内容以及游戏的成功是分不开的。首先，二者的主题相合，都是以一代天骄和蒙古大漠为背景，探索千百年来的未解之谜；其次，二者的内容相同，游戏中，玩家们可以从钥匙老人（NPC）处，穿过“时空之门”，回到成吉思汗的身边，助其建成蒙古帝国，体验英雄的成长经历。而在电影《刺陵》中，周杰伦所饰演的角色也“穿越时空”，回到古代战场并潜入一代天骄陵墓中。有了以上的相似之处，二者的联手可称为“天作之合”，拥有“地利”之便。

人和。促成此次合作的最大原因，应是消费主体的相似性。影视和游戏同属娱乐产业，拥有共同的消费主体——年轻人。而此次合作中，有一个宣传“中间人”——周杰伦。网游的主要玩家群体是年轻人，是年轻人的天下，而《刺陵》的男主角周杰伦又正好是时尚、动感、年轻的代言人，在年轻群体中具有一定的号召力，能够起到联系电影和游戏的桥梁作用。

尽管此次的合作具备了天时地利人和，但是，这些优势并非从一开始就策划设计，而是在偶得的条件下，由双方的高层主创撮合而成，实乃“意料之外，情理之中”。真正成功的互动合作应该源自双方的深入策划设计，将之视为一体的统筹安排。如果二者的合作没有对市场营销的细节沟通和真正的个体规划，对网游来说就难以长期吸引玩家，只能如同“鸡肋”，食之无味弃之可惜。从电影的拍摄开始，相关游戏就开始开发，电影公司和游戏公司对于拍摄和开发周期有着强力的控制，同时长期合作才能达到默契。如张艺谋电影《三枪拍案惊奇》和网游《麻子面馆》的拍摄开发，二者在前期开发拍摄阶段就已经策划就绪；完美时空公司投资支持的电影《非常完美》也算较为成功的一例。但是由于电影拍摄时间的不稳定性，与游戏的开发进度及宣传很难完美地配合，双方的合作进度可谓困难重重。内容上，在保持高度一致的同时，还应互相独具特色，创新开发。

“电影式网游”的共赢效应

二者联姻，开创了娱乐新概念——“电影式网游”的娱乐服务，给中国的网游发展提供了一个值得借鉴和参考的模式：影视化，明星化。对于网络游戏而言，塑造一个良好、独特的品牌形象，有利于改变其“社会地位”偏低（利润收益高，但是在消费者心目中形象地位不高）的现状。影视业作为传统娱乐业的龙头老大，其地位、号召力的影响是巨大的。相比之下，网游界近几年来不断传出负面消息，更抹杀了其在消费者心目中的形象，尤其是给家长们造成反面的心理印象，排斥甚至抵制自己的孩子玩网络游戏。借助影视的良好口碑，网游能够提升自己在娱乐业的“社会地位”。

每一个游戏都有自己的世界观及风格主题。独特的世界观，才能使得游戏不单单只具备高超的技术、华丽的视觉效果，不只是一个花架子。拥有更深刻的东西等着玩家去发掘，才能长久地吸引玩家。当游戏和影视的主题相同时，在影视的宣传下，游戏独特的世界观主题也能得到彰显，如《成吉思汗》与《刺陵》的主题都是“探索”。一个新兴的游戏公司，借助与知名影视集团的合作，采取“攀龙附凤”的方式，能够更快地塑造自己的品牌形象，打造出知名度；而已成名的网游公司则可以借助电影的放映，强化本公司及旗下游戏的品牌传播度和穿透力，如完美时空公司投资拍摄《非常完美》，深层次指出本公司游戏也是“非常完美”的。

从另一个角度来看，既然游戏能作为宣传的载体，那么也可以把它视为一种独立的类似电视、平面的独立终端媒体，在植入式广告的基础上迅猛发展。现代人的消费心理属于娱乐消费，而网游作为娱乐业中势头最猛、吸金能力最强的娱乐代表，将其作为独立媒体符合行业趋势。

双方的合作，是不同媒体跨领域合作的具体表现。传统的影视媒体与高速发展的互联网媒体联手，给消费者们呈现的是更加多样化的娱乐形式。对传统的已饱和的娱乐市场，可以另辟蹊径，开发新市场或进行原有市场的整合重组。无论是不同领域还是同一领域内的产业整合，在市场经济运作成熟、市场竞争愈发激烈的当下，都能够大幅度地提升全社会的资源利用率和产业回报率，对于消费者，则使得其能在最短时间内享受到更多、更好的产品服务，节约时间和使用成本。

小结

网游与电影的合作，表示了媒体的跨领域合作。让网络游戏充满电影般的唯美与艺术，让电影充满网游般的刺激和时尚，能给大众带来新的感官享受。中国电影在朝着数字化、科技化的方向发展，与拥有绝对领先技术优势的网游合作，能走得更好、更远。跨领域合作符合市场经济的内在价值规律——资源共享，也符合社会对产业经济创新的要求。必须经过系统、合理的策划，才能充分发挥合作方各自的优势，物尽其用，满足消费者的需求。在不断的发展壮大中，网络游戏在广告方面的作用，可以发展为一种终端的宣传媒体，来进行广告宣传。尽管从理论上来看，二者的合作有很多的好处，但是真正的效果还是应该由市场的反应来衡量，在跨业合作这条路上，各方还是“路漫漫其修远兮”，需要继续实践探索。

（李莹）

◎思考题：

1.《成吉思汗·刺陵》的运作成功给传媒业带来什么启示？

2. 传统电影与网络游戏如何联盟？

第二节　乐事薯片牵手“开心农场”

网络游戏最近几年在我国迅猛发展，网络游戏庞大而稳定的客户群蕴藏着巨大的利润空间，众多业界、学界人士注意到，网络游戏已经不仅仅是一种娱乐形式，更是一种全新的媒介载体。网络游戏植入式广告，则因为价值空间大、用户消费能力强、接受力高、价格低廉四大优势拥有美好的发展前景。

网络游戏植入式广告兴起以来，给广告业带来极大的震撼，广告的边界无疑再一次扩大了。植入式广告，因其鲜明而突出的植入特点，将广告信息从硬性接收变为双向互动和潜移默化的潜意识影响，从而成功地将广告信息的有效性和印象度大大提高。美国全球品牌内容营销协会分会主席 Cindy Callops 曾经说过:“我们正从一个营销沟通的打扰时代,进入一个植入的时代。”

网络游戏植入式广告,无疑带给了广告业界和广告主革命性的新广告思想和广告手段。广告信息巧妙地植入网络游戏之中,通过将品牌标志、产品外观、产品性能功效、品牌内涵、产品特殊利益,以静止或动态画面设计出独特的游戏关卡和故事情节的方式,与玩家互动,广告给予游戏玩家留下的印象和所刺激产生的需求要远远超过其它形式的广告。网络游戏植入式广告给予广告业和广告主的影响越来越大。下面以乐事薯片在“开心农场”的植入式广告为例,浅析网络游戏植入式广告的一些特点及趋势,给将来的广告活动提供一些借鉴和经验。

乐事薯片种进“开心农场”

2009年,除了继续通过电视广告、店内促销等方式宣传乐事“100%天然土豆”概念之外,乐事首次采用互联网流行的应用程序进行植入式推广,通过SNS游戏互动的形式与网民进行乐事薯片“100%天然土豆”概念的深度沟通。2009年4月8日起,乐事在校内网(人人网)游戏“开心农场”中进行广告植入,其用户可通过种植乐事种子,亲身感受成为乐事农场主的乐趣,种植100%天然土豆,生产乐事美味薯片,壮大自己的农场。乐事农场一开通,立即受到用户的广泛关注和参与,并引起了营销界的关注。500多万人参与乐事农场并体验了乐事100%自然、纯粹、健康的品牌概念。

这一次在“开心农场”的植入式广告,实现了乐事品牌理念与用户行为的完美契合,受到了参与用户、营销界的多方关注。截至活动结束,在乐事农场中种植土豆人数为5300759人,购买工厂人数为3853294人,生产薯片人数为3681176人,拥有TVC背景人数为3312241人。

从活动前到活动后,用户对乐事薯片的核心诉求有了更加清晰的了解,乐事品牌知名度、好感度、认知度等方面均得到有效提升,其中品牌知晓度从活动之前的90.8%提升到95.1%,品牌喜好度提升近1倍,从39%提升到72.4%。在两个月的推广中,无论是预购还是首选乐事薯片,选择“肯定会”的比重均提高了1倍左右。此次活动成功促进了线下的销售增长(图9-2)。

图 9-2　乐事农场截图

乐事薯片让网民“偷着”传播

“开心农场”的出现必将载入网络时代的史册，前赴后继的“农民”——“农场”玩家们不断传播着“农场”的乐趣，也在“偷菜”中传播了植入其中的广告。乐事薯片此次植入广告的成功恰是利用了“农场”的这些特性。

基于SNS概念的网络平台，“开心农场”通过网络游戏对网络玩家产生粘连性，将乐事薯片的广告信息潜移默化地灌输到目标受众的意识中，而不仅仅依靠视觉进入他们的大脑，真正达到“润物细无声”的境界。SNS网络媒体——校内网（人人网）受众覆盖约7400万年轻用户，这些游戏人群正吻合了乐事薯片的主要消费人群，而且用户在参与过程中，在“开心农场”内自己种植土豆，自己除草施肥，然后收获并加工成乐事薯片，并分享给好友，共同享受劳动的乐趣，同时还逼真地实现了品牌的内在植入，通过在“开心农场”的种植生产，为品牌树立纯天然、新鲜健康的附带价值，使用户在体验后对乐事薯片有更加深厚的喜爱度，通过白领阶层对自然、健康的心理诉求映射到对品牌的喜爱上。

乐事抛弃以往与用户之间“一对一”的品牌传递方式，通过在网络游戏中植入广告，形成品牌与用户之间全方位、多对一、多对多的互动模式，这种互动成功地黏住了品牌已有的忠诚用户，对目标用户进行了包围及实证性说服。事实证明这种广告形式相当有效，并受到了广大用户的真心追捧：无数热心用户甚至自发制作了乐事“农场”的种植攻略，发到网站、博客、群组共同分享，种植加工“我的乐事薯片”成为年轻人群体最为热门的话题和行为风潮。

这种类型广告在引发年轻人强力关注和跟随参与的同时，强化品牌心理，潜移默化中争取到了消费者的好感，对实际的线下销售也产生了强力拉动，它是一种比较完美的网络营销形式，非常值得借鉴。同时此案例能够把握最新的社会和网络流行风潮，最快速地在最匹配的平台上进行整合植入应用，抢吃第一杯羹，从而获得了最大化的用户好感和追捧。

这次活动出乎意料的成功，显示了网络游戏植入式广告的独特魅力及潜力，并且让我们更坚信，这类网络游戏植入广告模式，并不是生搬硬套地加强广告品牌展现，而是要更多地贴近玩家用户的心理，使游戏与产品更好地融和，才能够创造更大的惊喜！

快消品营销是网游植入的最佳拍档

中国互联网用户以每年超过20%的速度迅猛增长。CNNIC 第24次互联网统计报告显示，2009年，我国网民规模已达3.38亿人。在这3亿多网民当中，10～19岁网民占比33%，20～29岁网民占比29.8%，这个群体都是休闲食品、饮料等快消品的主要消费群体；30～59岁网民占比30.6%，这个网民群体是酒、烟、日化用品等快消品的主要消费群体；而网民男女性别结构保持在53∶47的比例，说明女性网民的数量继续保持增长，这个群体是日化用品等快消品的主力购买者。同时与2008年相比，中高收入网民占比增大，月收入1500元以上的网民占比从40.3%上升至41.8%，这些数据表明互联网上活跃着一个数目庞大且极具潜力的潜在消费群。正因为如此，网游植入等网络营销手段才逐渐受到中国企业的青睐，成为最值得尝试的营销策略之一。

调查还显示，快速消费品消费群体与网络游戏用户往往是吻合的。以快速消费品行业主力军——食品饮料行业为例，它们的核心消费群及潜力最大的消费群多为15～30岁的年轻用户。而互联网用户整体比较年轻，核心用户为18～24岁的年轻人，调查显示这些群体大多都玩网络游戏，而他们正是快速消费品行业最具价值的消费人群。快速消费品行业客户正在不断增加网游植入等网络推广的预算，以实现更精准的推广效果。网络游戏植入式广告具有成本低、效果好、持续时间长、操作方便、互动性强等优势，而且用户构成逐渐以青年知识分子群体为主，这样一个受众群体在消费水平、信息获取、受互联网影响程度、消费偏好等指标上都有利于快速消费品的推广与销售。在行业标杆企业成功案例的示范及网络营销服务商们的市场普及与推动下，越来越多的快速消费品企业在制定营销战略与策略时开始将网游植入广告等网络营销方式纳入到实施范围中。

快速消费品行业在应用网络游戏进行植入式广告营销时，一定要针对目标市场和人群进行一定的调研，确定好方式和游戏的结合度再进行，否则效果会大打折扣。目前，网络游戏植入式广告的应用范围和形式已经非常广泛，从游戏登录界面到游戏内场景，再到道具物品，各种品牌信息充斥其中，有的将游戏中一些易耗的物品、道具命名为品牌产品，一方面可以给玩家新奇和真实的感觉；另一方面可以给那些品牌带来强大的传播效果。例如，可口可乐在网络游戏《魔兽世界》中作为神奇魔水出现，游戏角色饮用后可以立刻恢复体力、提高作战能力，也给予玩家一种隐含着“喝可口可乐，要爽由自己”的品牌联想。此外，还有《大唐风云》中的绿盛牛肉店和绿盛 QQ 能量枣，等等。

总之，在这个消费者主宰的世界里，快速消费品行业一定要学会合理有效地利用网络游戏植入式广告等网络营销方式，将产品的形象和信息完整地传递给目标消费者，将品牌融入消费者的生活中！

网络游戏植入式广告健康之路

网络游戏植入式广告区别于以往任何一种广告形式，它既丰富了游戏的内涵，又加强了玩家之间的交流。通过分析受众的需求并进行相应的诉求，它在一个合适的时间、合适的地点将产品推到目标受众眼前。

传统广告通过直接的表白和诉求唤起受众对产品和服务的需求欲望。而植入式广告则通过精心策划把产品或者品牌安排到游戏媒介的某个情节当中，使它们成为游戏的重要组成部分，从而达到“润物细无声”的效果。可以说植入式广告跳出了传统广告的直白诉求模式，以更加隐蔽、积极、动人的形式潜入观众的视野，轻而易举地突破受众对广告的心理防线。如果说传统广告是广告主在射击的话，那么植入广告更像是广告主在钓鱼，愿者上钩。

作为一个新兴的广告领域，游戏内置广告拥有针对性强、形式多样、与受众群体的互动密切、投放精准可控等诸多优点。从这个意义上说，游戏作为一种新媒体要胜于传统媒体。

除了游戏本身要保证高质量外，游戏中广告的设计也必须注重用户的感受与体验，不应该成为虚拟世界中的“广告牛皮癣”。“强奸式”的骚扰广告无异于“杀鸡取卵”，如果不考虑用户的体验，你有权利来插入恼人的广告，用户也有权利退出游戏世界。

现在IGA的大部分形式还集中在产品或品牌信息的游戏场景嵌入以及道具植入上。在现阶段，这两种方式还有较大的生存空间，主要起到潜移默化的“品牌曝光”作用。但是有朝一日玩家们会对IGA司空见惯，随着新鲜感消逝，IGA广告效力会因边际效应递减，乃至蜕变为一种干扰。IGA公司需要具有创意的深度植入广告，而不要仅仅将网络游戏作为一个“摆放”广告的媒体平台。

小结

在渠道同质化和终端同质化广告营销的今天，谁将在新的竞争中分到更多的一杯羹？植入式广告与网络游戏互动营销将成为众多运营商差异化营销的重要组成部分。在今天的互联网上，最稀缺的无疑是受众的“眼睛”和“耳朵”。网络媒体正是以免费的内容作为诱饵，交换购买受众的“眼睛”和“耳朵”，然后将它们打包卖给广告主来获取利润。同样作为媒体，网游也不例外。“无聊的30秒”成就了江南春的分众帝国，那么中国千万网游玩家的“眼睛”和“耳朵”又将能发挥怎样巨大的潜力，如何发挥网络游戏植入式广告“随风潜入夜，润物细无声”的功效，还需要我们孜孜不倦地进行探索和发展。

（王文浩）

◎思考题：

1. 如何处理好游戏植入式广告与用户体验之间的关系？
2. 请分析绿色网游与网络游戏植入式广告之间的关系。

第三节 好丽友·好多鱼牵手卡丁车

现在市场上的零食花样繁多，口味各异，几大副食品牌的竞争也非常激烈，恰恰、卡夫、李锦记、金帝等这些品牌在消费者中力争自己的席位，扩大自身宣传以及进行产品口味的升级。由于中国市场需求大，消费水平高，许多国外品牌都竞相进驻中国市场，在宣传推广方面都非常花心思。

“好多鱼”成为近年来许多孩子的新宠，是“好丽友”品牌旗下2006年5月上市的一款以海洋生物为造型的口味多样的饼干类食品。“好丽友”源于1956年的Orion，是韩国四大食品公司之一。Orion自20世纪90年代中期就进入中国市场。“好丽友”生产的产品包括好丽友·派、好丽友·蛋黄派、好丽友·鲜莓派、好丽友·熊猫派派、好丽友·提拉米苏、Q蒂摩卡巧克力蛋糕、好丽友·水果口香糖和好丽友·木糖醇无糖口香糖等。它的影视广告投放都是以“友谊”的主线设计情节，在学生看来都是属于非常美好的男生女生纯真友情，不仅容易被留下深刻印象，同时也牢牢把握住了消费主体的心理。

“好多鱼”的主题是美妙丰富的口味加上海洋探险的乐趣，不同种类的口味不断推出，给消费者带来一个又一个惊喜，外形设计小巧可爱的卡通海洋动物、精彩的海洋探险故事和妙趣横生的海洋探宝游戏，让消费者在打开每一盒“好多鱼”之后都能体会到不同的海洋探险乐趣。2009年“好多鱼”推出盒内海底寻宝活动，按包装拆线拆开盒子，盒内侧印有海底寻宝活动图，这是一个比较有趣的小游戏。这个方法与近年来儿童在吃食品的时候能得到包装袋里的小礼物类似，比较早的就是“小虎队”干脆面中带有“旋风卡”。这种商业做法在成年人看来可能比较低级，但是对于它的消费主体，尤其是儿童，则非常有效，甚至很多孩子是冲着积攒卡片而购买食品的。所以说“好多鱼”本身带有的娱乐性很巧妙地抓住了孩子爱玩的天性。

借“网”出位，打造“网络食品”

2004年12月12日，浙江绿盛集团和天畅科技正式签署战略结盟协议，推出“中国第一网络食品”概念，创造了“牛肉干+网游”的合作营销模式，使得传统食品牛肉干借助网络游戏的方式迅速在全国推开。4年间浙江绿盛集团获得了丰厚的利润，牛肉干年销售额由2001年的1038万元增至2005年的3.2亿元。

“好丽友·好多鱼”亦是踏着这个成功的案例走来，这种合作模式同时也被很多企业所运用。例如，“梦幻西游”中“营养快线”的植入，“诛仙”网游中的“雀巢”植入等。更典型的是“三星”在“劲舞团”

中长期植入广告，这个案例和“好多鱼”之所以类似，就是因为它们都是两大韩企的强强联手进驻中国市场。

这些网络食品通常都依附于网络游戏来进行推广，网络是当下传播最为有效的途径之一。尤其对于一些时尚的食品更适合用网络为平台向年轻人展示，有较为明显的年龄划分，多为零食。这样的零食不分性别，但是却在无形中迎合了女性网民。现在女生玩网游的越来越多，因此以青少年为主体的网络平台上一些轻松消遣的食品就成为主流，很少有专门的烟酒广告在网游中进行植入。目前，很多企业不仅选择在网络上进行宣传，而且纷纷开始借助网络游戏来扩大影响，给食品穿上了新概念包装的时尚外衣，借“网”出位，想借网络吸引庞大的网民群。当下，网民数量相当庞大，网游也是现代年轻人主要的娱乐之一，于是引得越来越多的食品厂家推出了“网络食品”。这种新型的广告宣传将会被更广泛地运用在其他领域（图 9-3）。

图 9-3　好多鱼牵手卡丁车

“好多鱼”开上“卡丁车”

“好丽友”作为一个韩国食品品牌在中国享有非常高的知名度，它用张东健、林志颖这些青春偶像明星做代言。而“好多鱼”则用儿童做影视广告，一定程度上限制了青少年的购买。青少年喜欢新潮，追求时尚，近年来“韩国”这个名词在众多年轻人心中几乎等同于“时尚”，化妆品、电视剧、歌曲劲舞、明星艺人等都成了年轻一代竞相追捧的对象。“好丽友·好多鱼”作为韩国品牌，并用帅哥做代言，在追逐“韩流”的时代中占尽了优势。

"跑跑卡丁车"是韩国NEXON公司2006年推出的一款休闲类赛车竞速游戏，在青少年人群中很受欢迎。游戏中道具繁多、赛道丰富、竞速漂移炫酷等都使得此款网游经久不衰，可谓经典，并且拥有庞大而固定的粉丝团队。"好丽友·好多鱼"在2009年5—9月在"跑跑卡丁车"里面进行了广告植入。买"好多鱼"送兑换卡，按等级积分可以获得黄金龙车PRO10个、金猪头饰30个、"好多鱼"气球100个，并且在游戏过程中和领奖台上出现"好多鱼"的广告等。"跑跑卡丁车"历来很少植入广告，"好多鱼"的出现无疑非常出彩地跃入玩家的视野，因此也被牢记。

跑跑卡丁车的庞大游戏玩家符合"好多鱼"的消费人群。网络游戏是当下年轻人生活不可或缺的活动，其中玩"跑跑卡丁车"的青少年是相当庞大的群体，"跑跑卡丁车"在中国的名气很大，固定粉丝也相当多，年龄跨度也很大，但青少年依然是其最为巨大的玩家群体。它不会像"劲舞团"那样遭到讽刺、抵制与排斥，因为"跑跑卡丁车"历来很少植入广告，并且仅凭经验值的累积就可以获得各种车辆，而非"劲舞团"或者其他网游那样一定要用金钱来兑换。这样对儿童和青少年这些没有经济收入的群体和不沉迷网游的群体来说提供了一个相对轻松的环境。"跑跑卡丁车"也不像"魔兽世界"等进行系统的广告炒作，更很少出现爆粗口等一些不良环境影响，是比较干净纯粹的玩家平台，所以"跑跑卡丁车"的口碑一直很好。"好多鱼"选择在此做广告并没有带来负面影响，不会像"三星"低端手机在"劲舞团"提供的"非主流"平台上自贬身价，并且由于游戏本身带来的"反韩运动"累及"三星"。

"好多鱼"短期广告获得长期效应。"好多鱼"在"跑跑卡丁车"里面只做了几个月的广告，原因是"跑跑卡丁车"的玩家基本上比较固定而且青少年众多，所以短短的时间内，只要是固定玩家都会了解这个品牌，不会像361°那样在QQ游戏里面长期植入，因为QQ游戏不一定是玩家天天在线必玩的项目，很多是因为无聊，想起来了就在QQ大厅玩一把。所以"好多鱼"植入短短几个月，但是已经完全达到了预期的效果，在游戏过程和领奖台上都有"好多鱼"的标志，加上活动兑换游戏币等物件，短期内会迅速经过口碑相传，人气大大提升。

"好多鱼"与"跑跑卡丁车"的相同血统更有利于广告传播。"跑跑卡丁车"和"好多鱼"都是韩国企业进军中国市场的品牌，它们之间的互相扶持扩大了在中国的影响力。很多外国企业通常采取本土化的发展战略，例如"可口可乐"会在春节恭贺新禧时运用中国元素设计广告宣传，用中国人所喜爱的本土明星做代言，从而拉近与中国市场消费者之间的心理距离。但是目前我国的现状却是非常特殊的，虽然近年来兴起“国学”热，但“韩流”仍然占据着相当大的市场，随便一个三流的韩国明星都可以在中国捞金，在韩国过时的服饰可以被中国年轻人当做时尚来追捧，这些畸形的心理在某些人身上体现得非常明显。“好多鱼”和“跑跑卡丁车”同为韩国品牌，它们在这个时期选择进入中国是为了轻松地笼络消费者。所以说“好多鱼”选择在这一时期和“跑跑卡丁车”合作不失为一个很好的营销策略。

“好多鱼”的“卡丁车”不能包打天下

“跑跑卡丁车”造就了技术游戏的另一个里程碑，它引发了另一个CS年代，成为游戏行业的一只肥羊、一棵摇钱树。丰富的比赛是一些技术游戏所不能代替的，跟CS一样，它是竞技游戏中最受欢迎的比赛。但是这两年“跑跑卡丁车”却在走下坡路，不像前些年那样红火，各大网游的频频出新也使得“跑跑卡丁车”人气下跌，但是固定的庞大粉丝团一如既往地支持，多数是“80”后，这样分析，“好多鱼”的宣传对象也是有偏离的。“好多鱼”作为食品，口味上面并没有占优势，没有让消费者在购买之后觉得贴心回味的口感。如果说企业仅仅是想依靠附赠的寻宝游戏来吸引消费者购买，那就大大限制了消费群体。如果消费对象包括青少年，那么就应该在口味和外包装上更迎合青少年。“好多鱼”的包装比较幼稚，口味一般，使得它与“上好佳”、“乐事”等品牌有差距。

“跑跑卡丁车”的玩家知道了“好多鱼”的这个广告后会去购买这个产品来兑换道具，的确会大大提升该产品的人气。而不玩“跑跑卡丁车”的青少年买了“好多鱼”后看到送兑换卡，也会去注册“跑跑卡丁车”，可谓双赢。但是迄今为止，除了玩“跑跑卡丁车”的群体，“好多鱼”在青少年当中知名度和满意度仍然比不上“上好佳”等类似品牌，还需要继续扩大宣传，网络是目前传播最为迅速的媒体，除了投放影视广告外，投放在网络游戏里无疑是最适宜的方法。虽然青少年对“好多鱼”没有像儿童那样感兴趣，但由于他们是“跑跑卡丁车”玩家，还是会去尝试购买，这就给了“好多鱼”更多的机遇，但是在活动结束之后，还能不能保住青少年消费者继续购买就要看“好多鱼”本身有没有吸引力了。因为“好多鱼”本身口味没有什么特别之处，价格却比同类产品高一些，这样对青少年来说性价比是比较低的。

“好多鱼”作为“好丽友”旗下的一个饼干品牌，虽然在2006年上市但却没成什么气候，知名度不高，很多人对“好多鱼”不太关注。包装很幼稚，非常花哨的设计加上很多海洋动物，看起来很像标准的儿童食品，而不是像“上好佳”、“旺旺”等这些青少年也很喜欢的品牌包装，活泼、可爱、色彩艳丽但不会显得幼稚。当然，或许对孩子们来说“好多鱼”的包装设计是很有趣味的，但是既然选择了在“跑跑卡丁车”上面植入广告，就应该知道，虽然该品牌是针对年轻人的，但绝对不能仅将儿童作为消费对象，青少年也是相当重要的消费主体。包装上的设计不太符合青少年的审美趣味，实际上缩小了消费群体的范围。

“好多鱼”和“跑跑卡丁车”这样的韩国品牌，虽然在现代这种“韩流”的社会风气下很容易在中国市场上拉拢消费者，但是这种风气也是暂时的，近年来“国学热”的出现也在彰显着民族文化的回归。儿童和青少年自身的价值观没有成型，“韩流”深深地影响了中国青少年的成长，但是在“韩流”过后，如果韩国品牌依然想要轻松而又牢固地立足中国市场，它必须有“内容”使中国消费者信服。

小结

随着社会的演进，互联网终于在不可动摇地“互联”着几乎人类所有的事物，从数据到信息，从娱乐到食品，网络媒体让现代人真正进入了一个“网”的时代。网络游戏，一个不是为了结果的愉快过程，已经慢慢侵蚀到了很多人的人生目标，网络游戏显然从一开始就是披着“经济”外衣的娱乐，庞大的游戏玩家，不但刺激了网络游戏的开发市场，也激荡着广告主的欲望。“好多鱼”等一大批品牌也已大批量地进军网络游戏空间，将自己的广告传播或“明目张胆”或“犹抱琵琶半遮面”地植入到了这些游戏当中。

（段琬璐）

◎思考题：

1. 好丽友·好多鱼的成功给我们带来什么启示？
2. 企业如何实现网络虚拟产品和现实消费品的转化？

第四节 雪佛兰 Cruze 网络体验营销

时代潮涌，变革萌动。自互联网进入中国发展至今，中国的营销界正发生着巨大的变革，媒介碎片化、产品品牌同质化，消费者对各类营销活动早已“疲劳”。随着论坛、社区等网络媒介的不断兴起，互联网营销的形式及其所依托的工具都在不断变化着。Web2.0 用互联网的力量把人们聚到一起分享信息、创造内容，并通过社会互动来寻求平衡。而它的出现也使得企业比以往任何时候都更在乎消费者的切身感受和实际利益。

网络媒体不断推陈出新的新形式，为企业的营销传播活动提供了更广阔的空间。而在金融危机席卷全球的 2009 年，在各行各业纷纷萎靡之时，为数不多的成功营销变得更加值得探讨。在这些成功案例之中，通用旗下的雪佛兰 Cruze 凭借与大众不同的网络营销，高调荣登十大 A 级车榜单，成为最后的大赢家之一。

Cruze 视频让“病毒”疯狂起来

无数的案例证明，一款车成功的关键在于营销，而营销的关键就在于能否抓住消费者的心理。逐渐成熟起来的中国消费者对汽车的认识和选购已越来越理性。当市场上越来越多的车型充斥在消费者面前时，常规的营销手段已经很难再俘获人心。因此，近年来，为了打动消费者，汽车营销花样百出，网络营销、文化营销、电影广告植入、音乐会营销等全新的营销方式纷纷横空出世。

在 Web2.0 时代，营销精髓就在于提高受众的关注度和产品的关联度。网络媒体最大的优势和核心资源就是互动性，网络上的任何内容都是网友的接触点，因此应该把握媒介载体的特点，基于目标消费群的关注内容开展营销传播活动。汽车营销在选择营销载体和营销方式时必须考虑品牌的诉求点，寻找适合企业的特色营销载体和方式，才能展开具有强大互动性和营销力的网络营销活动。上海通用汽车在拥有 11 年历史的同时也成为知名的汽车销量大户，旗下多款车型在同级别车型中都堪称领先。上海通用将许多先进有效的营销技术带到中国市场，而它的成功很大程度上要归功于实力强大的营销团队和营销方案。

要提高营销活动与产品的关联度，关键是营销活动的表现形式，需要运用合适的媒体，通过丰富的表现形式，将产品的信息与受众关注的内容进行有效的连接融合。最近一段时间，几段被网友热议的网络视频主角竟然都是通用旗下的“大将”。从科帕奇反拖清障车到“野蛮女友”胁迫男友买新君威再到“可乐+曼妥思+新乐骋”，通用旗下的诸多品牌一时间纷纷活跃于消费者面前。最终，让人拍案叫绝的“胆小男疯狂试驾”视频迅速占据受众眼球，上海通用2009年的主打“红人”Cruze脱颖而出，强势登场。

在此之前，汽车行业包括通用在内，一般都是在汽车新品上市的时候才开始推广，在传统媒体和网络上大量集中传播。然而，这次Cruze的推广却是在2009年4月正式上市之前6个月就已经开始，而且只依赖互联网。新车还没有发布，但能够达到宣传目的的视频就早已在网上肆虐。这一次，通用联手优酷创意团队，携手打造寻找Cruze先锋活动。优酷采用种子视频营销、“病毒”营销、拍客营销等多种模式，为Cruze量身打造一系列的实施方案，并分为三大阶段进行。第一阶段，为了引起消费者对Cruze的关注并促使其踊跃参加Cruze的疯狂试驾活动，广告商模仿网友DV自拍的效果，在网络上投放以“自己开，更过瘾”为主题的系列“病毒”视频：试驾篇、火花篇、桌布篇，以记录消费者参与试驾的“恐怖”经历和他们用Cruze进行的不可思议的游戏活动。视频一经投放，就得到网友巨大的关注，每天的点击率至少20万人次，Cruze官方网站访问量约500万人次，总访问量超过1200万人次。第二阶段，在持续进行上述视频传播的同时，还利用拍客全程记录Cruze疯狂试驾活动的全过程，以真实记录的形式对品牌信息进行全方位的深入介绍。第三阶段，先锋试驾活动层层递进，线上线下整合于一，在推崇活动创意的同时，更将网络的互动性发挥到了极致。

这些模拟网友自拍的视频，具有强烈的真实感，巧妙地弱化广告特点，摒除了用户的心理芥蒂，此般诙谐的表现手法以及独特的视角，起到了很好的宣传效果。通过各种渠道多维度、全方位进行推广，种子视频在网友间激起广泛的讨论，保证了活动的广泛告知和后期参与。至此，种子视频站内浏览总量超过400万人次，约5446人转发视频，其中“小夫妻的Cruze疯狂试驾经历”和“自己开，更合适”的引用次数均高达1600次。“病毒”传播之后，广告商继续趁热打铁，选择了《越狱》男主角温特沃斯·米勒代言Cruze，以“I'm on my way”为主题的TVC和平面广告迅速出现在各大媒体之中，传播活动达到高潮。

继“病毒”视频之后，通用又不失时机地推出了“Cruze 先锋试驾营”活动，第一阶段的“全球同步西班牙真实道路试驾”网络招募，通用汽车高调邀请世界各地的车迷前往西班牙抢“鲜”试驾 Cruze，引起网友强烈反响。这种营销方式独辟蹊径，耗费巨资在全球范围内试驾，既展示了通用对于 Cruze 的重磅主推，突出其全球战略意义，又让很多平凡网友从台下走向舞台中央，通过指尖便可由“看客”变身“车手”，纷纷大呼过瘾。在“西班牙先锋试驾”取得巨大反响之后，第二波随即而出，“首批国内试驾”火热开启，通用汽车邀请网友参加中国区四城市赛道试驾，抢先试驾 Cruze 纵横赛车场，这般盛大的第二波活动，让无缘西班牙之旅的 Cruze 迷热情再度高涨，较之此前确为有过之而无不及。

结果可想而知，上市当天销售部门就接到了超过一万辆的订单，第一个月的销售量为 8673 辆。如此供不应求的销售局面使得厂商大为欢呼，而此次营销也成为雪佛兰自 2005 年进入中国后效果最好的一次营销活动。

Cruze 携手 QQ 进入 SNS 社区

据悉，在汽车界，紧凑型轿车由于在经济性、舒适性、动力性方面能达到很好的平衡，因此是汽车市场上竞争较为激烈的领域。而 Cruze 是一款强调操控性的紧凑型轿车，它能够满足年轻人追求时尚、动感的心理，所以营销的关键便是如何针对这些人进行传播，体现出产品特有的魅力。显然，通用幸运地找到了这一关键的制胜方式，继先锋试驾营后，通用即刻联手腾讯进行 SNS 营销。在腾讯介入 Cruze 推广活动后，通用发现腾讯的大多数用户是年轻一代，他们崇尚娱乐，喜欢挑战，与 Cruze 的目标受众契合完美。于是丰富的 SNS 传播组合出击了：运用 Qzone 日志+QQ 播客传播 Cruze 视频；植入 Qzone 礼物组件，1 个月内覆盖了 700 万用户，过滤出大批高质量的潜在用户。最终腾讯完成高达 45% 的官网注册率，其中男性用户达 75%，25~35 岁用户超过 51%，远超其他门户网站。至此，Cruze 结合腾讯一起成功“越域”，“澳门追击令”试驾活动正式成为一个全国性的赛事。此次活动可以称作史上最强创意，最有挑战性，最具互动感的车友活动，整个活动通过网络选拔赛、城市晋级赛、特训营三大阶段，从网友车迷中选出 16 名“特工”成员，经过特训营对车技进行强化培训，最后在澳门“追击”Cruze 代言人米勒。“澳门追击令”引发了消费者的疯狂热情，强力拉动了线下实际销售。据统计，2009年9月Cruze以11031辆的超高销量轻松迈过“月销万辆”这个轿车市场的公认分界线，这意味着Cruze仅在上市半年内就超前跻身A级汽车的主流行列。

从上市前的“Cruze先锋试驾营”到上市后的“澳门追击令”，Cruze都将专业赛道设为主要舞台，这不但符合Cruze本身动力强大和操控出众的特点，也高度迎合了年轻人挑战自我、追求速度的喜好。米勒在澳门会带给人们怎样的惊喜，个性十足的Cruze又会“先锋”至何种程度，这些不仅吸引晋级者的高强度注意，也成功抓住了未能晋级但持有兴趣的网友的心。让代言人亲自参与同车迷的赛车追逐游戏，开创了代言人营销的另一先河。而视频与活动的结合，有效地放大了线下活动的效应，跨媒体的营销在人群覆盖上形成互补，并借助自身特有的优势开发更多元的营销方式，从而实现传播上的科学与高效的统一（图9-4）。

图9-4　雪佛兰Cruze试驾活动

Cruze中投射的营销新模式

Cruze的成功，不外乎两大原因：绝对的特色营销方式和绝对的产品性能。而针对Cruze的营销方式，似乎更多的眼光都聚焦在病毒视频营销和SNS营销上。的确，Cruze的大获全胜很大程度上离不开其超前的“病毒”营销以及游刃有余的SNS营销。但是，我们对于Cruze的成功营销，觉得更值得探讨的是其试驾之举。

长久以来，试驾以及和消费者的近距离接触与互动都是让汽车厂商和经销商百般烦恼的难题，一方面这一形式的执行过程十分复杂繁琐；另一方面，更为重要的是，若是砸入巨资举办活动但结果却是参与者寥寥，难免会挫伤元气。然而，有趣的事情发生了，一项调查显示，对于目前各汽车厂家采取的层出不穷的营销模式，网友能参与其中的试驾活动却是最受欢迎的，支持率达32%。其他能给网友带来理性和感性认识的评测文章与各种车展，也颇受网友追捧，支持率分别为28%和23%。而厂家乐此不疲的各种营销活动如挑战赛、各类体育文化活动以及各种类型的广告等，似乎只是厂家在唱独角戏，网友并不感冒，关注度均不超过10%。这种具有戏剧性的调查研究结果表明，试驾已变身为一个中性词，有人欢喜有人忧。调查还显示，近1/3的试车者会在一个月内购车，而购车计划最长的也不会超过一年。因此不可否认的是，在汽车销售竞争压力越来越大的今天，试驾这种销售方式的确为消费者提供了相对广阔的选择空间，它是我国汽车销售理念的进一步发展，也的确对汽车销售产生了重要影响。但这种销售方式也存在一定的弊端，比如试乘试驾一般受路程、场地、时间等条件限制。而且让所有目标人群都进行试驾实际体验太过夸张也不够现实。于是，寻求一种既能解除汽车商的苦恼，同时也能满足消费者的试驾欲望的两全其美的解决方式变得迫在眉睫。

Cruze跳出传统思维，以新的思路巧妙地解决了这一问题。从模仿网友自拍的试驾视频到近乎纪实的参与者试驾视频，其实我们不难发现，这样的活动，少数人在实际体验，更多的人是在虚拟体验。而通用更大的目标和市场就是锁定在未能亲自体验试驾的消费者身上。这些消费者未能有幸参与试驾，但对于身临其境的刺激却难以忘怀，消费的欲望就这样在潜移默化中被强烈激起，而最终导致直接消费。

汽车作为特殊的消费品，消费者非常注重购买前的体验之感，毕竟买车的花费相对庞大，理应多加考虑选择。同时汽车也是一种易实现体验营销的产品，所以随着网络营销的发展，汽车虚拟体验营销逐渐兴起。网络营销凭借其低成本、大范围传播等优势受到企业的青睐，企业借助网络来开展体验营销，就是所谓的虚拟体验营销。受2009年金融危机的影响，汽车业处于萎靡状态，频繁推出新款车型、让利销售以及趋同的4S体验等方式已很难抓住消费者的心。为此企业唯有另辟蹊径，为用户提供更加完善的体验服务才能保持市场份额。Cruze显然注意到了这一点，于是精心设计了非常刺激且具备视觉冲击力的试驾活动，继而拍摄成视频发至网络，受到网友的热捧和传播，更为后期的试驾参与活动提供可能，将视频营销的效果发挥到极致，而后再从车友中精心选取体验者，体验由专业车手才能进行的疯狂驾驭感觉，让同为车友的浏览者如同身临其境般感受到驾驶的惊险刺激，有深切的代入感，从而激发起车友对试驾的期待。而“自己开，更过瘾”的口号则更进一步激起网友参与试驾活动的内心冲动。

体验营销新模式：网络虚拟体验营销

营销理论的发展，从最初的产品经济到服务经济，再到现在的体验经济阶段。所谓体验营销，伯恩德·H. 施密特博士在他的《体验营销》中定义为：体验营销是站在消费者的感官、情感、思考与行动、关联五个方面，重新定义、设计营销的思考方式。根据马斯洛需求层次理论，在消费需求日趋差异化、个性化、多样化的今天，消费者已经不仅仅关注产品本身所带来的“机能价值”，更重视在消费过程中达到“自我实现”。在我们看来，体验形式其实是早就存在的一种方式，只是此前未被企业看重并赋予如此大的营销意义。如以前人们选购产品时会采取试穿、试用、检查等方式进行实际体验或通过单页小册子和广告信息进行间接体验。但在新的阶段里，体验已经成了一种全新的概念，它既集合了有形与无形产品和服务的特点，又有其自身的特色。在网络技术不断发展的形式下，这一营销概念和理论也有一些新的发展，出现了一种更新的体验——虚拟体验。

托夫勒在他的《第三次浪潮》一书中预言：“服务经济的下一步是走向体验经济，商家将靠提供这种体验服务取胜。”传统的营销在很大程度上仅仅关注产品或服务的特色，以及能够给消费者带来的物质利益。但在Web2.0时代，很多网站慢慢意识到消费者对网络的依赖，开始为客户在虚拟的网络世界中提供虚拟的商品、服务和体验。这些虚拟的营销体验吸引了消费者越来越多的注意力，占据了消费者的时间，而消费者也愿意对虚拟的体验进行消费。虚拟体验营销正是把焦点放在消费者的“虚拟体验”上，让消费者在网络社会的文化背景中进行消费体验，以这种虚拟的体验来打动消费者，从而实现销售目的。比如以虚拟体验著称的“试衣网”，正在成为提高消费者网络购物满意度的一个重要途径；荣威汽车的网上4S店，在虚拟展示现场，有虚拟销售员做现场的讲解，同时消费者可以通过各个角度了解汽车的外观和内饰的各个细节；SONY数码相机的3D展示模型，让消费者可以通过上下、左右拉动浮标，全方位了解产品，消除网络购买的不确定性，让消费者建立购买信心。哲学家海德格尔说过："只拥有一个现实世界是不够的，我们还必须拥有一个诗意的世界。"由此可见这句话在市场营销中同样成立。

总之，网络给企业提供了一个全新的营销方式，它的功能远远超越了传统的广告推广形式，它将现实世界的一切营销活动虚拟化，借助虚拟世界对消费者产生更为深刻的影响，而虚拟体验的目的不仅仅是宣传产品、促进销售，更多的是借助虚拟体验来帮助企业树立良好的品牌形象，渗透企业文化。因此，越来越多的企业开始在网络虚拟体验营销上有所动作，而这也预示着网络虚拟体验营销将在未来的企业市场营销战略中扮演尤为重要的角色。

网络虚拟体验营销是在消费者的消费需求向更高层次转移的条件下形成的，它建立在产品质量优越的基础之上，通过虚拟体验让消费者建立接近真实的体验，其最终目标终究还是要实现实际意义上的体验。因此，若想通过虚拟体验营销的方式谋求营销成果，就需要有领先的虚拟体验设计技术，以满足目标人群个性化的需求，以能够吸引人的绝佳创意与逼真的设计和消费者实现最充分的互动。但需要注意的是，不是任何企业都适合进行虚拟体验营销，企业必须根据具体的营销需求以及消费心理的变化有选择地加以运用。如果企业仅仅因为其是新的有效营销方式而全盘套用，不顾产品或服务的质量盲目追求体验经济利益，这样不但不会成功营销，反而会产生不利影响。

Cruze对网络虚拟体验营销方式的成功运用，给汽车营销甚至整个产品或服务行业营销都带来了新的营销途径的思考和借鉴。相信通过虚拟体验和现实体验的有效整合和相互补充，未来消费者的消费体验将会进一步得到优化，而企业的向前发展也必将进一步加速。

小结

在产品同质化越来越严重、消费个性化越发强烈的今天，依赖于传统的营销方式推广新产品，提高产品的知名度并体现产品的差异化特征已经愈发困难。体验营销在新的消费形势下为企业提供了新的视角，结合网络时代的特征，虚拟体验正在成为一种独特的体验营销模式。这种模式将现实世界的营销活动予以虚拟化，把焦点放在消费者的"虚拟体验"上，更好地开启与消费者之间的情感按钮，更快地攻破消费者的心理堡垒，使他们在潜移默化中接受产品或品牌所传递的信息。

（董倩）

◎思考题：

1. 雪佛兰 Cruze 是如何实现网络体验营销的？
2. 请分析线上体验行销与线下体验营销的不同之处。

第十章　网络口碑广告

专业导航：网络口碑广告

在网络社会，网络媒体是媒介融合的平台性媒体，所有媒体都将在网络平台重新寻找自身的生存定位。网络媒体的最大特性是交互性，而交互性的本质是指消费者掌握了网络传播主流话语的控制权，网民的口碑传播也越来越重要。这促使网络营销模式发生根本性变革，从而产生了诸如病毒营销和口碑营销等新型营销模式，其中，由 AIDMA 模型演化而来的 AISAS 模型受到人们的广泛关注。

一、E. S. 刘易斯的 AIDMA 模型

随着大众传播时代消费者洞察的不断深入，1998 年，美国广告学家 E. S. 刘易斯提出了 AIDMA 模型，该模型被奉为经典消费者行为理论模型。该理论认为，消费者从获取信息到最终购买，需要经历 Attention（注意）、Interest（兴趣）、Desire（欲望）、Memory（记忆）和 Action（行动）五个阶段，简称 AIDMA 模型。

（1）Attention（注意）。独特的广告创意、精彩的促销活动和精巧的产品包装等，都能引起消费者的注意。特别是在广告信息泛滥的大众传播时代，信息滥觞，消费者的注意力成为一种稀缺性资源，获取消费者的注意力则是营销成功的基础。

（2）Interest（兴趣）。兴趣是指消费者对某件事物和某项活动的选择性态度和积极的情绪反应。兴趣与需求、认识、情感紧密地联系在一起，需求状况、认知程度和情感反映，都将影响消费者对产品的兴趣走向。

（3）Desire（欲望）。根据马斯洛的需求层次理论，消费者的需求分为生理需求、安全需求、社会需求、尊重需求和自我实现五个需求层次。只有把产品特征与消费者的需求欲望紧密结合起来，获取消费者认同，才可能形成购买行为。

(4) Memory（记忆）。消费者购买需要一定的消费环境和消费条件，并不是所有的消费欲望都能产生购买行为。在媒体购物的诚信体系、流通渠道和售后服务尚未完善的情况下，消费者经常是选择延时购买，而不是即时购买，因此，强化消费者的记忆非常关键。为了强化消费者记忆，广告主一般采用广告循环播放和建立 CIS 系统的方式维持记忆。

(5) Action（行动）。为了使消费者的记忆形成购买，广告主经常采用一些促销活动，促进消费者购买。然后广告主通过售后回访等方式，积极与消费者建立信任关系，争取消费者重复购买。

AIDMA 模型存在着一定的缺陷，它对耐用消费品等高卷入度商品的购买分析较为适用，而对快速消费品等低卷入度商品则不一定适合。

二、日本电通的 AISAS 模型

随着网络时代的来临，社会传播结构呈现出“碎片化”的发展趋势，每个网民既是传者又是受众，主流话语的主控权已经逐渐转移到受众手中。在产品销售模式方面，以电话购物、电视购物、网络购物和手机购物等为代表的媒体购物，已经逐渐成为消费者的主流消费渠道，而传统的渠道商和终端商也朝着物流商和品牌体验店的方向发展。传播环境和营销环境的变化，改变了消费者的消费行为、消费体验和消费习惯，这也迫使广告营销模式进行创新。

面对网络时代消费者消费模式的变化，2005 年，日本电通公司在消费者洞察的基础上，推出了 AISAS 模型，受到网络营销界的广泛关注。该模型认为，在网络时代，消费者的消费行为一般经历 Attention（注意）、Interest（兴趣）、Search（搜索）、Action（行动）和 Share（分享）五个阶段，修正了 E. S. 刘易斯的 AIDMA 模型。

北京电通广告有限公司电通传媒总经理坂井克臣曾对 AISAS 模型的运作方式进行了阐释：在 AISAS 的五个阶段，接触点的工作一开始就是要引起消费者的注意，注意了以后还要引起消费者关心，消费者关心了就会上网搜索或通过朋友了解这是怎样一个产品或品牌，然后吸引消费者到购买的场合。消费者购买以后还会在网上发表自己使用以后的感受并会告诉其朋友，这样消费者就非常积极地参与到了传播中。传统的电视以及平面广告在注意和关心环节还是很有效的。到了检索阶段，消费者的工具不光是网站主页，还有手机上网、口碑、专业杂志等，然后就是店面和销售点的管理。到了共享阶段，则包括顾客关系的管理以及博客等“消费者自发媒体”CGM（consumer-generated-media）的管理。

与E. S. 刘易斯的AIDMA模型不同之处在于，日本电通的AISAS模型强调了Search（搜索）和Share（分享）的重要性，并且强调AISAS运作过程是一个循环往复的过程，并在不断的重复中，提升了消费者对品牌的忠诚度。日本电通的AISAS模型是对网络时代消费者行为洞察的一种尝试，还有待进一步验证。

第一节 “封杀”王老吉

2008年5月12日14：00，汶川大地震在霎那间震动了全国人民的心。在这场特大灾难中，企业的赈灾善举成为人们关注的焦点，捐赠额和反应速度，也成为社会公众评判一个企业是否乐于履行社会责任的标杆。2008年5月18日，在中央电视台举办的“爱的奉献”大型募捐活动中，生产红色罐装王老吉凉茶的加多宝集团当场捐出了1亿元，于是一夜之间，这个民族品牌迅速崛起，成为公众关注的焦点。

慈善捐赠与品牌形象重塑

2008年5月19日，天涯论坛上出现了一篇题为《让王老吉从中国的货架上消失，封杀它》的帖子，宣称：“王老吉，你够狠！捐一个亿，胆敢是王石的200倍！为了整治这个嚣张的企业，买光超市的王老吉！上一罐买一罐，不买的就不要顶这个帖子啦。”该帖在发表之后，迅速被搜狐、网易和奇虎等国内人气最旺的几大论坛所转载，受到网友的热捧。几天之后，类似的帖子已经充斥在大大小小的各类网络社区。“要捐就捐一个亿，要喝就喝王老吉”和“上一罐，买一罐”等言论像病毒一般在短时间内迅速在网络里扩散，成为民众热议的话题，也使得王老吉的销售额不断攀升。

在重大灾难面前，利用爱心捐款等社会热点进行炒作，虽然会让人觉得有些过于显眼，但是从整个的事件来看，这确实是一个相当成功的营销案例。抛开捐款行为不说，单从帖子的内容、构思和传播速度来看，这是王老吉在网络上展开的一次系统的事件营销，并且取得了惊人的传播效果。在较短的时间内，通过帖子传播的带动效应，王老吉的销量直线上升，同时也丰富了王老吉的品牌形象，摆脱了在此之前其存在的定位不准确等品牌问题。更为重要的是，该次事件使王老吉赢得了广大网民和民众的支持，得到了良好的品牌荣誉和较好的口碑效应，其效果可谓是“名利双收”。

王老吉在这次事件中不仅很好地诠释了一个企业所应当承担的社会责任和社会义务，并且为王老吉及加多宝集团进一步发展指明了方向。长期以来，王老吉的功能定位总是徘徊在模糊的边缘，它是属于功能性饮料还是茶饮料？似乎模棱两可。然而在赈灾事件之后，随着加多宝集团代表人阳先生手持的那一张红色支票，以1亿元捐款成为国内单笔最高捐款企业，瞬间打破了王老吉的这种被动局面。网络舆论效力随即影响到现实生活中，王老吉开始出现在很多原先并没有覆盖到的销售渠道上，受到渠道商和销售终端的热烈欢迎。很快王老吉在一些地方出现了卖断货和供不应求的现象。因此，王老吉借助消费者的爱国情结和民族认同心理，巧妙地进行产品宣传，开展病毒营销，打了一场漂亮的情感营销战（图10-1）。

图 10-1　王老吉事件截图

焦点事件与企业“病毒营销”

因为一个亿的捐助金额，加多宝集团被推到了舞台的中心，吸引了无数公众的关注。这是一次典型的“病毒营销”，它是以围绕热点事件中的口碑传播来达到销售目的的。“封杀”王老吉事件，在最恰当的时间通过最正常和最流行的途径，以迅雷不及掩耳之势传播开来，并且得到了广大消费者的认同，可以说这是一次非常漂亮的营销战役。事件策划者十分精准地把握了当时的社会舆论大形势和大方向，时机掌握和宣传手法充满大气和主流的感觉，对消费者的心理也起到了很好的引导与掌控作用。

整个事件是以加多宝集团在汶川大地震时捐款一个亿为开端的，而这正是该事件中最重要的基础。在当时的情况下，“一方有难，八方支援”成为最响亮的口号，且不说来自国外的国际援助，作为中国人和中国企业，在国家危难之际，有钱出钱，有力出力，这是整个社会舆论和社会行为的重要标准。但是捐赠金额的多少就看各自情况，王老吉在这之前的销售情况也只能说是不坏，但在消费者心中并没有什么根深蒂固的位置，美誉度并不是很好。在这种情况下，加多宝集团直接捐出一个亿，这对于任何一个企业都不算小数目，不论加多宝集团的初衷是真的要回馈社会和承担社会责任，还是为了以此为契机抓住消费者的心，这种行为本身就值得所有人赞许和支持。也正因为如此，王老吉这个品牌受到了前所未有的关注，社会舆论对于其评价有了很大的提高，品牌形象也一下子就树立了起来。有了这个不可抹杀的基础，王老吉这次的营销活动基本可以说是立于不败之地了。

而选择在捐款的第二天就以普通网民身份，在点击量数一数二的天涯论坛上发表帖子《让王老吉从中国的货架上消失，封杀它》，营销时机和营销方式都掌握得非常到位。第二天就发帖，虽然没有等到社会舆论对于捐款事件的了解及认识深入到一定程度，但是却表现得十分真实可信，如此及时的发帖也会使人们对于捐款事件产生更大的兴趣去了解和探讨，在无形中增强了帖子的宣传效果。而通过网络论坛的途径进行传播，则显得自然和理所当然，网络传播速度快且成本低，并且可以通过与网民互动的方式来达到引导消费者建立对于王老吉品牌的信任与好感。在网络技术日益发达的今天，没有其它什么传播途径，可以比网络更快更大范围地传播热点事件。因为有事前捐款一亿元的不争事实，这篇帖子正话反说的语气也就充满了感染力，在当时的社会大背景下极其容易调动人们的爱国情绪。这也使这一热点事件和王老吉的品牌在短时间内得到了社会各个方面的关注，成功地吸引了广大消费者的注意力。

而整个营销活动中的中心环节，即王老吉品牌的口碑传播，也随着这篇帖子的走红有条不紊地向前推进着。品牌形象一般是通过自身产品的质量、服务和企业形象等方面慢慢建立起来的，是一个十分艰难、缓慢的过程。而王老吉却借助捐款一亿元和天涯论坛发帖等一系列事件，把自身的品牌形象成功地进行提升，并且通过天涯论坛上帖子里正话反说的观点，把支持王老吉这个充满爱心的民族企业和购买其产品直接联系起来，给社会公众一种直观的感觉，即不买王老吉的产品就是不支持王老吉这个企业，而人家刚刚捐了一亿元给灾区人民，不支持这个企业就等于没有爱心，没有同情心。有了这样一种感觉和认识，社会公众对于王老吉肯定是要交口称赞的，在一片叫好声中，产品的销售量自然也会大大增加。

通过对捐款事件的大力宣传，对于没有购买过王老吉产品的部分消费者来说，“人人都说好的东西大概也差不到哪里去”这种随众心理，使王老吉的品牌知名度飙升起来，从而进一步增加了产品的市场占有率。这次营销活动中，策划者利用天涯论坛上的一篇帖子，引导广大网民关注王老吉捐款一亿元的事实，进而以此为载体为自身品牌树立了很好的口碑，且得到了快速广泛的传播，使企业品牌的美誉度得到大幅提升，也为产品的销售做了很好的引导宣传，直接引发了之后市场对产品的巨大需求。

天时地利人和

首先，在传播载体上，策划者做到了别出心裁，采用了正话反说的手法来吸引人的眼球。帖子的标题《让王老吉从中国的货架上消失，封杀它》从字面上看完全是恶意的针对王老吉，并且态度十分决绝恶毒，十分容易让人联想到食物中毒等方面去。对于绝大多数人来说，看帖子肯定是先看标题，创作如此恶毒的标题，在王老吉刚刚捐款一亿元的情况下，是会引起人们强烈的好奇心的。而打开帖子之后，人们却会发现这是一篇正话反说、似贬实褒的文章，使人们对于王老吉捐款一亿元的事件有了很深入的了解和认识，并且在与其它企业的比较过程中，无形中提升了王老吉的企业形象。人们在感受到作者幽默的同时也被作者引导着，文中很煽情地用反话对王老吉进行了形象的塑造，显得自然、真实、不做作，十分容易令人信服且不反感。通过“企业捐款排行榜”中其它企业的反差对比，使社会公众自然而然地对王老吉生出亲近之心，提升了企业品牌的美誉度。

其次，本次营销活动的时机也很特别，汶川大地震百年一遇，在当时的情况下，国内的民族爱国情绪十分高涨，国内舆论对于支援灾区的事件也十分敏感，反应也十分迅速。社会公众的注意力，也都密切关注着抗震救灾的一系列活动，而王老吉很好地抓住了这个机会，从而走进了广大公众目光聚焦之地。社会公众的热切关注使王老吉有了绝佳的契机，从而进入了企业从社会获取财富，然后企业回馈社会，社会再支持企业的良性循环之中。

另外，在这次营销事件中，基本看不到企业参与的痕迹，仅能从最后的结果来推断出这是一次企业的营销活动，企业在事件发生过程中隐藏得很好，避免了相当多的质疑和麻烦。不着痕迹的手法十分独特，却有着很好的效果，避免了企业被炒作过度所带来的麻烦。

小结

在这个事件营销中，创意口号、煽情情节和争议性对比，这三个闪光点形成这次成功的“病毒营销”。帖子的标题利用“封杀王老吉”、“够狠”等字眼正话反说，利用带有负面字眼的标题吸引网民关注，深具“标题党”的创意。利用在中央电视台大型募捐活动中的突出表现，借助“公益”来煽情，把网民的好感直接引导为实际行动。利用当时人们热衷比较各企业捐款数额的舆论，在帖子中直接与其它企业进行对比，惹出争议，突出自身，在加速话题扩散的同时，又争取到网民对自己的支持，提高了事件传播的网络口碑指数。在广告宣传中，想要成功取得理想的效果，就需要有极富创意的口号和极富创意的宣传手法，另辟蹊径，充分利用各种环境下的有利条件，这样才能高质量地完成广告宣传并达到目标。

（宁萌）

◎思考题：

1. 请分析“封杀”王老吉事件带给我们的启示。
2. 如何在重大社会危机和自然灾害中进行网络营销？

第二节　贾君鹏，你妈妈喊你回家吃饭

2009年7月16日，百度“魔兽世界吧”发表了一篇题为《贾君鹏，你妈妈喊你回家吃饭》的帖子，在短短的5个小时内，被超过20万名网民浏览，引来超过1.7万条回复，被网民称为“网络奇迹”。“贾君鹏，你妈妈喊你回家吃饭”也迅速成为流行语。“贾君鹏事件”是一次互联网行为艺术，是一次贴吧文化狂欢，也是一次经典网络营销事件。

“一句吃饭引发的血案”

2009年7月16日10：58，一个名不见经传被成千上万网民称为“贾君鹏”的网民，突然在短短几小时迅速走红网络。许多网民在百度“知道”和新浪“爱问”纷纷悬赏寻问“贾君鹏”到底为何人，更有不少网民加入恶搞行列，组成异常庞大的“贾君鹏家庭”。有网民把“贾君鹏事件”戏称为“一句吃饭引发的血案”。而“贾君鹏”在这么短的时间内走红于网络堪称是一个奇迹。百度“魔兽世界吧”里一句“贾君鹏，你妈妈喊你回家吃饭”近乎调侃式的话，在短短的5个小时便引来了超过20万名网民的点击浏览，近两万名网民参与跟帖。许多网民把自己的网名改为“贾君鹏的妈妈”、“贾君鹏的姥爷”、“贾君鹏的二姨妈”、“贾君鹏的姑妈”……形成异常庞大的“贾君鹏家庭”。

我们在百度“魔兽世界吧”看到，《贾君鹏，你妈妈喊你回家吃饭》一帖是在2009年7月16日10：58发出的，发帖者的IP地址为“222.94.255.*”，帖中内容只有“RT”两个字母，意思为“如题”，对“为什么发帖”和“贾君鹏是何许人物”等问题并没有作出解释。一名自称是“贾君鹏”的网民在跟帖中回复称：“我今天不回去吃饭，我现在在网吧吃饭呢。你帮我给妈妈说一下。”不过该名自称是“贾君鹏”的网民却很快被其他网民戳穿，发现该ID的注册时间为2009年7月16日11:00，比发帖时间晚2分钟。“肯定是恶搞的。”其他跟帖网民说。

这句“贾君鹏，你妈妈喊你回家吃饭”，迅速蹿红网络，已经成为2009年网络流行语。然而，在这场网络大狂欢的背后，难掩亿万网民内心深深的寂寞。其主要原因是由于当代网民内心生活的空虚寂寞。虽然发帖者在帖子中只留下一个并不完全的IP地址和RT两个英文字母，但却吸引了数十万网民的关注，不少网民均在跟帖处发出疑问，打听究竟谁是“贾君鹏”，并希望有人能够把“贾君鹏，你妈妈喊你回家吃饭”的事情解释清楚，但却一直没有知情人士出来解释。对于“贾君鹏”在5小时内迅速走红网络，不少网民均认为这是互联网的奇迹。“帖子发在魔兽世界吧内，可能与魔兽世界有关吧。”一匿名网民猜测称。

在“贾君鹏事件”的影响下，网络上出现了各种山寨版，“××，回家吃饭”被网民大量戏用，其中最引人注目的莫过于“台湾，祖国叫你回家吃饭”了。在网上某手机店铺，一款知名品牌手机打出这样的广告语："贾君鹏，你妈给你买手机了。"网上甚至出现了"贾君鹏，你妈妈喊你回家吃饭"字样的T恤，还有100多件网购产品，都用上了"贾君鹏温情推荐"等用语。2009年8月，在宁波一家公司附近的献血点，出现了一张相当"雷人"的宣传语："贾君鹏，你妈妈叫你来献血。"网络名人"贾君鹏"越来越具有号召力。

"贾君鹏"走红后，经各大网站"宣传"，许多不玩魔兽的网民也开始纷纷涌入"魔兽世界吧"围观，更有不少网民加入恶搞大军，在网络上发布自己杜撰的"贾君鹏"故事。在天涯论坛，一位署名为"TY版猪吃G8"的网民上传了数十张自己制作的"贾君鹏"恶搞图集。至此，"贾君鹏"已经脱离了原帖，像当年的"小胖"一样，成为网络恶搞文化中的一个新品牌（图10-2）。

图10-2 贾君鹏事件照片

"贾君鹏带你回家"

该帖从发帖时起，直至隔日凌晨，"贾君鹏"三个字从未掉落出"魔兽世界吧"首页之外，与吧内的置顶帖形成呼应之势。帖中由于贾氏家谱延展很广，以致吧内的各亲友邻里都相约前往发帖，在2009年7月，在吧内形成"第一座万层大楼"。然而依然有人问：贾君鹏是谁？"贾君鹏，你妈妈喊你回家吃饭"，一句儿时在街边玩耍时，才会听到的熟悉的用语，却夹带起我们心中一串幸福的回忆，看似诙谐好笑的一句话却很温馨暖人。

“贾君鹏事件”一夜成名后，有人将该帖形容为一篇引人入胜的超微型小说。帖子虽然只有十多个字，但人物、情节俱全。在人物形象方面，有一个含辛茹苦的母亲，一个爱玩魔兽的儿子，还有儿子的一个好友共三人，但这三个人物都限定在一个情节中，所涉及的内容包括未成年人教育、网瘾和魔兽世界等热点话题。但到如今，我们已经不能单纯地将“贾君鹏”当成一个现实中存在的人来看待，他已经超出了我们对于一个人的认知，网上流传的各种关于他的故事和说法，只代表了“魔兽世界吧”的一种集体怀旧意识。

许多网民把自己的网名改为“贾君鹏妈妈”、“贾君鹏姥爷”、“贾君鹏二姨妈”、“贾君鹏女友”等，形成了异常庞大的“贾君鹏家庭”。“贾君鹏，你妈妈喊你回家吃饭。”这是一句很家常的话，却引发了网络“过家家”效应。网络可以匿名，方便角色扮演。归根结底，就是一场游戏，图个乐子而已。大量网民将网名改为“贾君鹏妈妈”、“贾君鹏爸爸”、“贾君鹏妹妹”、“贾君鹏二姨妈”、“贾君鹏爷爷”等，模拟相应的人物口吻回帖恶搞，或巧言哄骗或厉声呵斥地招呼“贾君鹏”回家吃饭。随着回帖量的大量攀升，“贾君鹏”的家庭成员也不断增加，还有网民图文并茂地画出了其老少五辈的庞大家族谱。

而最大的兴奋点是形成了贾式语言的流行。“××，回家吃饭”的格式，开始被冠以各种版本，比如：“易中天，校长叫你回家吃饭!”而名人们也开始利用贾式语言调侃别人。在事情引发巨大反响后，曾有人问跟帖的网民为什么会跟这样一个帖子，网民的一句话成为这一事件的又一关键词——“我们跟的不是帖，是寂寞。”

在2009年“中国营销盛典”大会上，随着网络营销的兴起，大会首次设立了“年度互动营销奖”，而这个奖的得主竟是颇受争议的“贾君鹏式广告”。著名媒体评论人长平撰文认为，“贾君鹏”的走红，并不意味着商业策划活动中的欺骗和舆论操纵就能够得到人们的认同。“可以肯定地说，如果一开始就知道这是一个公关策划，而不是一个母亲的真实呼唤，或者一个网民的无聊涂鸦、一个游戏玩家的寂寞留言，人们的心理反应会有很大不同。”他同时提到，悲观论者认为，包括网络在内的新闻媒体总是试图操纵受众。“我对舆论并没有这么绝望，但是这些看法值得我们随时警醒。”

创意无极限

一篇文章名为《从“贾君鹏”事件看互联网推广的奇迹》，说明网络推广的奇迹是可以创造的，关键在于把握方式。从贾君鹏事件突然走红，人们就开始猜测，这是幕后有人在策划，还是网民无意识的自我行为？《“贾君鹏事件”系人为策划，800多人发帖进账6位数》的帖子粉碎了人们的猜想，该文认为贾君鹏事件是某个网络营销团队精心策划的一场有目的的“闹剧”。如果说该新闻是真实的，那么这个策划无疑是成功的。

首先，从发帖环境的选择上来看，《贾君鹏，你妈妈喊你回家吃饭》这个帖子是发布在“魔兽世界吧”里。《魔兽世界》游戏在中国很受欢迎，玩者众多，而且都是熟知网络和相对空虚的人。正当《魔兽世界》停止服务和玩家不满之际，推出这样的消遣方式，自然引来很多人围观参与，于是愈炒愈热，一夜之间红遍网络，这也是事件策划人始料未及的。网民的情绪迅速被点燃，干柴烈火，轰动一时。

其次，从宣传内容上来看，该帖子火起来以后，很多人都对帖子做了剖析，这个帖子并没有高难度，是最普通平实的语言。策划者也表示说，这个创意，唤起了网民的童年记忆。成年以后，很少有母亲大声叫喊“回家吃饭”，这句话一出，内心的感情一下子就涌出来了，朴实纯真的童年记忆历历在目，网民的情绪被带动起来，于是应者无数，积极回帖，寄托着对童年的回忆和对现在生活的不满等。

最后，从宣传的方式上来看，帖子以“贾君鹏亲戚”注册的ID的回复最引人注目，如果这是策划的行为，确实很有趣，“一家人”都上线了，网民好奇心被激发，很想看看这“一家人”到底在玩什么游戏，也在从中体会乐趣。这个方式确实是前无古人，方式独特，后来者可以吸取借鉴之。

现在分析这个事件，难免有事后诸葛亮的嫌疑，但我们可以从中学习其推广方式。互联网的奇迹每天都在发生，有意无意的，谁都可能成为推波助澜者，与其替人做嫁衣裳，还不如试着做一个始作俑者。网络创意最多，同时网络也是最缺少创意的，什么创意都不为过。成功了，被人叫绝，冠以各种各样的美名，被追为时尚、流行；不成功了，只是被人一笑置之，最多被赋予“无聊”、“炒作”的嫌疑，没有一点损失。所以说，网络创意谁都玩得起，只是看网民有没有兴趣罢了。

小结

“贾君鹏”式广告能给大众一定的新鲜感。相对那些正经八百的广告词，这样一句俗语无疑能快速抓住大众的眼球。有人称赞其广告为有创意，但也有不少人指责其广告为炒作。确实，在现实生活中看到如此一句“贾君鹏”式的广告语，不免感觉有点雷人。友商网所做的户外广告“王老板，友商网喊你回家算账”却引起了法律诉讼。不同版本的广告带给商家的效益是不同的，一个好的广告应该富有独特的创意，同时也能引领潮流，而不是跟随潮流。

（张彦）

◎思考题：

1. 请分析“贾君鹏，你妈妈喊你回家吃饭”的文本传播特点。
2. 如何引爆网络口碑传播？

第三节　条条大路通罗马，芙蓉成名有妙招

2005年网络上疯狂地掀起一股芙蓉姐姐风潮，芙蓉姐姐迅速成为广大网民热议的网络红人，其网络知名度甚至一度超过了娱乐明星。在这个“娱乐至死”的网络时代，一个草根阶层竟然能够如此走红，引起社会公众的普遍关注。

从来处来，到去处去

芙蓉姐姐，真名史恒侠，1977年7月19日出生于陕西省武功县一个普通职工家庭，毕业于陕西工学院机械系。芙蓉姐姐本为众多清华大学考研大军中的一员，从2002年起，活跃于水木清华、北大未名及猫扑等各大论坛，通过贴帖子、上传照片和视频等方式展现自己，其极度自恋的形象迅速引起了网民的关注，其论坛访问量及网络点击率迅速上升，成为网络红人。

此后，芙蓉姐姐开始与网络推手合作进行系统的网络宣传，其网络宣传开始步入有组织、有计划的炒作轨道。芙蓉姐姐的网络日志开始由专业网络推手代为写作，照片也由网络推手代为策划拍摄。并且网络推手们还

通过事件炒作等手段，使得一些报纸、电视等传统媒体的目光也聚焦到芙蓉姐姐身上。芙蓉姐姐因此得以由虚拟网络走向现实社会，一些娱乐公司也开始与其洽谈合作，芙蓉姐姐逐步融入娱乐圈。这相比同时期的其他网络红人而言，是一个标志性的转折。

把握受众需求，玩转眼球经济

芙蓉姐姐的成名源于眼球经济时代下受众对于美女效应产生的审美疲劳甚至产生逆反消费行为。面对横空出世的芙蓉姐姐这样一个“与众不同”的新鲜事物，社会公众更容易产生兴趣，芙蓉姐姐就是把握住消费者“审丑”的这种需求进行差异定位迅速占领区域市场。在当下这个时代，吸引注意力的最佳渠道莫过于网络了，而要在网络上吸引网民的眼球，就得熟悉网民的消费心理，洞察网民的基本需求、关键需求和共同需求之间的相互关系。

网民上网的最主要目的是获取信息和休闲娱乐，并且有很大比例的网民都集中在青壮年阶段，猎奇心理相当旺盛，热衷于新鲜事物，芙蓉姐姐们正是看中了众多网民对于女性的关注，图文并茂地“俘获”了一个又一个网民。

企业营销又何尝不是如此？把握消费者的需求是企业营销的起点，没有对消费者需求的深刻理解，要想吸引消费者的注意谈何容易。时下我们很多企业常抱怨产品不能引起消费者的注意，实际上就是没有把握好消费者时刻变化的需求。要想在旧有的市场上推出新产品，就必须了解此时的消费者对怎样的产品充满消费兴趣，然后标新立异，突出本企业产品同旧有市场中的已有产品之间的差异，并强调其能更轻易地满足消费者需求的特征。在竞争与日俱增的市场环境中，产品同质化和营销手段同质化的趋势明显，企业要想制胜市场，就得实施与众不同的营销策略，从而获得差异化的竞争优势。

清水出芙蓉，网络出芙蓉姐姐

芙蓉姐姐通过在网站上发表一些极度自恋的文章，并上传一些自己搔首弄姿的“动人”照片，树立自己极度自恋并自我陶醉的形象，引起广大网友的注意。芙蓉姐姐早期照片一出现在水木清华论坛，就立即引起网友们的极大兴趣，由于芙蓉姐姐“文舞双全”，且喜欢在照片中摆出独特POSE，因此她的照片立即在众多网友自拍中脱颖而出，甚至是美女校花也无法与她的风采相媲美。不仅仅是水木清华，甚至在猫扑网和北大未名论坛也引起了巨大的轰动，再加上其视频中奔放的舞姿，文章中自信的文采，以至于凡是看过芙蓉姐姐的照片和文章的网友都会情不自禁地表示心脏受到巨大的震撼。

虽然如此，网友们还是冒着搞垮身体的危险紧紧追随着芙蓉姐姐曼妙的舞姿。只短短的几个月时间，芙蓉姐姐的Fans就遍布各地网络。而芙蓉姐姐的照片也被传到了网络的各大小论坛，在被传到天涯论坛后，论坛成员则呼吁为其成立了“芙蓉教”。

借势炒作，青出于蓝而胜于蓝

芙蓉姐姐经常借用一些娱乐明星炒作自己，如在大片《赤壁》宣传时，芙蓉姐姐曾宣称林志玲的身材不如自己的身材好，并在网络上上传自己挤弄乳沟的所谓性感照。而对于风靡美国的Lady Gaga，芙蓉姐姐更是借用得淋漓尽致，甚至宣称她是模仿自己而成名的。芙蓉姐姐很善于抓住社会热点对自身进行炒作，只要能引起注意，不管好坏，都要被芙蓉姐姐拿来炒作一番。

芙蓉姐姐曾与单位一位男同事发生肢体冲突，据说冲突是因为“男孩透露了女孩的隐私”。事件发生后，芙蓉姐姐并不忌讳谈论此事，而是乐于接受采访，并公布被打后的照片。本来是生活中的一件小事，芙蓉姐姐却在网上大肆炒作，可见其“事件营销”的功夫，特别是打架的原因是隐私问题，无疑又进一步勾起了网民的注意力神经。

芙蓉姐姐借势走红的策略，在营销上实际就是渠道营销和事件营销的问题。在渠道已成为企业竞争焦点的今天，如何合理与适时地选择渠道，关系到企业营销的成败。

条条大路通罗马，广修渠以蓄水

芙蓉姐姐通过发帖子、上传照片和表演视频迅速在网络上引起最广泛的关注，芙蓉姐姐也一度成为网络最受热议的网络红人之一，不过这只是芙蓉姐姐蹿红网络的第一步。

为了回应网友及某些媒体对她的批评，芙蓉姐姐相继出席了一些记者招待会，进一步对自己自恋自大的形象进行宣传，并借此获得人气。此后，芙蓉姐姐还进入电影行业，参与拍摄了《A面B面》，虽然在电影中她只是个配角，但是在影片宣传会上，芙蓉姐姐也是凭借雷人打扮和雷人语言抢尽主角风头。

芙蓉姐姐横空出世，以绝对的“自信”和“骄傲”展现真实的自己，凭着她的独特和执著，在网络世界引起了巨大轰动，并且其影响力逐渐由高校BBS扩展到各类媒体，芙蓉姐姐连续3年笑傲“百度搜索风云榜”冠军，更是被各大媒体称为“前无古人，后无来者”。

芙蓉姐姐认为，她这位“网络常青树”以4853862的票数，连续上榜1170天的骄人记录缔造了“一个又一个网络神话”，她“横溢的才华、流畅的笔墨、自强不息的性格、无视世俗的率真”已成为网络时代的焦点。对于这种有着极度自恋倾向，而逐渐危害到群众审美的现象，各界评论不一。

芙蓉姐姐在2009年获得“2009年中国互联网经济领袖论坛”个人网站奖项，这是她首次获得互联网个人奖项。该论坛由《互联网周刊》、中国社会科学院信息化研究中心、对外经贸大学中国开放经济研究院共同举办，活动场地选在北京大学百年大讲堂。另外，芙蓉姐姐还成为某个中国城市的形象代言人，作为城市形象宣传大使，更是引起了人们的广泛关注。

走恶俗路线，为知名度加分

芙蓉姐姐的外表和文笔与普通女孩子没有什么根本区别，能够成为名人不是因为芙蓉姐姐貌若天仙，更不是芙蓉姐姐才华出众，而是空前绝后的自己爱自己，且可以勇敢地在众多眼球下忘我陶醉。她频繁地上传一些在网民看来很恶俗的照片和视频，宣称自己美如黛玉，尤善舞蹈，不惜损坏个人形象以换取网络知名度，她的这些行为对营销学也有一定的影响。

通过恶俗形象为知名度加分，在企业早期获取知名度不失为一种方法，如脑白金广告，就是采取恶俗的形式吸引消费者的眼球，不过这种方法必须慎用，否则后期企业发展壮大后难以改善在消费者心目中的形象。

芙蓉姐姐从水木清华红到天涯网站，再到网络、电视和平面媒体，她的迅速成名与其善于借助外力扩大影响不无关系。芙蓉姐姐首先是选择水木清华等这样有影响力的论坛，小有名气后，就有计划地把自己图文并茂的帖子发到更富影响力的“天涯论坛”上。而当她成为“网络红人”之后，经报刊、广播电视的广为报道，她的影响力更是实现从虚拟世界到现实世界的渗透。聪明的芙蓉姐姐乘势而上，通过出席各种记者招待会，并进入电影行业的形式，进一步扩大影响力。

吃着碗里的，盯着锅里的

芙蓉姐姐是具有深刻的自我认识的，她的照片是经过精心设计的，她的诗歌也是经过精心润色的；芙蓉姐姐是深入了解了消费者心态的，她也是深入体察了媒体需求的，这些元素似乎都不重要，但是结合在一起，却让芙蓉姐姐的个人影响营销获得成功。尽管在各种案例当中，都在说营销是胜于定位、胜于策划和胜于执行，但是都忽略了细节的作用。企业在营销过程中，应注意产品在各个细节上的体现，要切实让消费者能够感受到自己产品的与众不同，只有这样才能让消费者一眼就能记住产品并形成固定的购买习惯。

芙蓉姐姐并没有只紧紧抓住网络媒体这一根“稻草”，而是将其事业拓展到电影、综艺等新的领域，并力图在新的领域占据一席之地，以确保假使有朝一日淡出网络，也不至于完全沉寂，这一点就比流氓燕和菊花妹妹等网络红人要高明很多。从企业品牌塑造和新品牌开拓角度来说，芙蓉姐姐的多角度发展也为企业营销提供了一种思路。在企业原有产品的基础上，开发新的产品，以确保能够在旧有产品疲软的时候，及时替代旧有产品的位置，避免企业支柱产品链断节，实现企业的可持续发展。一些企业就是由于缺少可持续发展的眼光，仅仅局限于现有产品的生产和宣传，导致企业在产品同质化日益严重的竞争中逐渐失去核心竞争力，最后走向倒闭。

小结

芙蓉姐姐利用网络实现从虚拟到现实的成名之路，其背后的网络策划团队无疑起着举足轻重的作用。芙蓉姐姐作为一个网络红人，虽然备受非议，但是其成功确实值得关注，不管这种成功在道德上是否值得我们去学习，但是将其作为一个营销案例，的确是一个比较成功的典范。芙蓉姐姐的案例也向我们说明了这样一个事实：传统营销模式正在面临转型，专家不再，明星不再，应该放弃传统思维构架，构建创新思维模式。

（王山红）

◎思考题：

1. 如何评价芙蓉姐姐的炒作行为？
2. 请分析网络红人广告代言的可能性与可行性。

第四节 百度更懂中文

在网络营销的各种范式中，病毒式营销作为一种独特的网络推广模式，获得了众多企业的追捧。2005 年百度推出的“百度更懂中文”系列广告便是病毒式营销的一个经典案例。

“唐伯虎篇”

在城墙上，有一张悬赏文字告示。一个老外带着一个美女走过来，看着这张告示。老外说：“我知道。”而且他做出很有学问的样子。随后，风流才子唐伯虎出现，说：“你未必知道。”观众欢呼：“唐伯虎！唐伯虎！”唐伯虎潇洒地向观众挥手，然后对老外说：“我知道，你不知道我知道，你不知道。”随即老外说：“我知道。”观众一声叹息：“唉！”这时观众中的美女陆续走到唐伯虎的身边。

唐伯虎说：“你不知道我。”观众继续欢呼“唐伯虎……”老外说，“我知道”，唐伯虎答：“未必。我，知道你不知道，我知道。你不知道我知道你不知道。”随后老外带来的美女也走到唐伯虎的身边。老外吐血而倒，观众欢呼：“百度更懂中文！”

随后画面出现广告语：最理解中文，特有中文分词和切词技术，理解更精准；最明白中文，人性识别及音译关键词，合乎中国人习惯；最尊重中文，完全中文自然语言处理与网页分析技术；最专注中文，全球最出色的中文技术团队，无可匹敌；最享受中文，拥有全球最大的中文社区，贴吧。

“孟姜女篇”

城墙上，导演带领一干人正在拍孟姜女哭长城一出戏。一拉二胡的盲人进入角色，开始拉起幽怨的二胡。孟姜女上场，态度扭捏。导演喊：“孟姜女，你紧张啥子嘛？这次，你一定要哭出来。哭大一点，把眼泪哭出来。喔，来，准备，开始。”

众人急切盼望，等待孟姜女哭倒万里长城。可是孟姜女一直哭不出来，反而笑场。导演等人无奈离开：“你搞啥子搞嘛！”突然听到哭声，众人回头一看，皆惊，孟姜女开始哭了，霎时泪流满面，泪水越来越多，渐成黄河之势，已淹没长城。导演等人只能在水中游。导演说：“这个流量真是大得很喔。”

随后画面出现广告语：百度，中文流量第一。有问题，百度一下。百度，全球流量最大的中文网站。一亿中国网民，平均每人每天访问百度两次。百度，占据中国44%的搜索市场。网页、新闻、图片、MP3搜索，百度全面领先。权威机构一致评估，百度是中国中文搜索的NO.1。

“名捕篇”

城楼下，一捕头在捉蛐蛐，突然接到命令：“抓！”于是便抓住了大刀王五，山鸡，王保长，潘金莲，时迁，007，詹姆士和邦德等，俱已抓捕到案。

随后画面出现广告语：百度，想抓谁，就抓谁。有问题，百度一下。高速，平均搜速不及0.01秒，眨眼闪现；海量，收录中文网页高达6亿，是第二名的1.5倍。敏锐捕捉最新鲜的话题，百度总是快人一步。严格严打作弊，如实展现内容原貌。无所不能，囊括PDA搜索、WAP搜索、硬盘搜索等。最新消息，百度抓取的中文网页达到8亿，全球第一。

中国创意，源自中国

“百度更懂中文”系列广告创意源于中国元素和中国式幽默，其主要构成是“中国元素+中国式幽默+娱乐化”的手段。百度通过此创意传达的信息是因为作为本土品牌，更懂得中国人心理和生活习惯，所以能更好地服务于中国人。

广告的语言是不同于日常生活语言的，广告语言的亮点表现在是否具有煽动性，这也是广告语言最为显著的特点。“百度更懂中文”系列广告在语言上很具有煽动性，生动可感，形象性强，个性突出，合乎规范，书面语言和口头语言，完美结合，用语浅显精短，让人一看就理解。广告语言不仅体现产品、企业、服务和观念的个性，还体现文案语言的自身特征。“有问题，百度一下”及“百度更懂中文”都是做得很专业的广告语言，且通俗易懂。“最理解中文，特有中文分词和切词技术，理解更精准；最明白中文，人性识别及音译关键词，合乎中国人习惯；最尊重中文，完全中文自然语言处理与网页分析技术；最专注中文，全球最出色的中文技术团队，无可匹敌；最享受中文，拥有全球最大中文社区，贴吧。”可以说在把百度自身的文化、实力和优势一一呈现的基础上，很强劲地刺激了目标受众的观感神经。

另外，本则广告运用戏剧性的语言表现，利用中国语言特色“我知道你不知道我知道你不知道我知道你不知道”在广告中的绝妙演绎，以及唐伯虎巧妙运用几个标点，气得老外吐血，剧情让观众直呼过瘾。同时，也突出了百度在中文分词技术方面的独特优势。

视频广告基本是由声音和画面等组成，声音包括声音和音乐，画面包括图像和文字。广告本身要做到以上元素的完美融合，方可制作出效果极佳的作品。“百度更懂中文”系列广告在这方面的表现堪称完美：主人公唐伯虎的声音，巧妙利用喜剧演员周星驰电影中常用的语言表达方式，让人听到有心情愉悦感和熟悉感，避免观众的抵触；同时背景音乐配以轻松悠扬的旋律，使人赏心悦目；图像包含具有中国传统韵味的古代街市和具有文化底蕴的古城墙，还有标准的中国元素古代告示和尼姑；而文字在整个过程中，真正起到了画龙点睛的作用，由标点符号不同造成的文字意义变化，是完完全全的中国文化。整个视频在各个元素的融合上做得很完美，这也是广告策划活动成功的关键。

中国谷歌，更懂中文

成立于2000年的百度经过5年的迅猛发展，在2005年已经成为中国互联网搜索引擎行业的巨头。在2005年底，百度公司为迎接百度登录纳斯达克股市，需要在上市前进行大规模的立帜式品牌形象运动，巩固百度的“第一中文搜索引擎”的王者地位。于是，面对强大的竞争对手谷歌的竞争，百度准备发动广告宣传攻势，尝试超越对方。而相比谷歌，百度没有大额预算支付庞大的推广费用。在这个前提下，他们巧妙应用了病毒式营销的策略：投入大约10万元，拍摄3段视频广告，即“百度更懂中文”系列广告“唐伯虎篇”，“孟姜女篇”和“名捕篇”。但由于资金所限，通过电视进行投放显然有难度。于是百度选择了互联网，巧妙地通过百度员工和他们的朋友，以邮件、QQ、论坛来上传这些幽默的视频。

如何通过广告在同类行业的激烈竞争中突出自己的特色，在广告策划中是很难做到的。但在该系列广告中就很好地做到了这一点，而且做得相当成功，受到了很多专业人士的高度评价。在针对竞争者的情况，深入调查研究和对比分析自身的特点，做到“知己知彼”的基础上，百度公司得出与自己最大优势是“更懂中文”，最终策划出“百度更懂中文”系列广告，展现了企业产品的特性和竞争优势。

现代网络社会是个庞杂壮观的系统，高节奏和高速度社会发展，使浮躁不安的社会公众在网络这个虚拟的世界中寻求刺激，寻找社会认同，只要有一点符合大多数人的价值观，就能在网络世界得到推崇。“百度更懂中文”系列广告别具一格的方式充分迎合了互联网受众寻求新奇搞怪的心理，符合他们的价值观和审美观，受到他们的拥护（图10-3)。

图10-3 《百度更懂中文》

中国百度，更懂中国

百度通过调查，明智地选择病毒式营销的推广策略，巧妙地通过百度员工和他们的朋友，以邮件、QQ和论坛来上传和传播这些幽默的视频。从百度员工发电子邮件给朋友和一些小网站挂出链接开始，仅仅用了一个月，“百度更懂中文”系列广告就在网络上至少超过10万次下载或观赏，如同病毒一样猛烈地蔓延传播。直到现在，在中国的很多网络搞笑交流中心、视频中心、个人博客和BBS论坛上，还提供观赏下载该系列广告。

“百度更懂中文”系列网络小电影式广告片，仅花了几十万元的制作费，没有花费一分钱媒介广告费，没有发过一篇新闻稿，而根据艾瑞市场调查公司、《21世纪经济报道》、《第一财经日报》和中国营销传播网等市场研究机构调查结果显示，“百度更懂中文”系列广告，在网络上传播的最高峰时期（2005年12月），在谷歌和百度上都能搜索出超过90万个网页页面提供了该片的下载和播放，点击率超过5000万人次，受到直接传播的网民高达2000万人以上。从广告效果来看，这相当于1000万元人民币以上的传统广告投放效应。

并且这种沟通不像传统的电视广告投放（夹杂在众多的广告片中），所有的观看者都是在不受任何其它广告的干扰下观看的，而且观看次数不受限制，因此，“百度更懂中文”系列广告深度传播程度亦远非传统电视广告可比。

“孟姜女篇”、“唐伯虎篇”和“名捕篇”，分别对应“中文流量第一”、“更懂中文”、“快速搜索”三个关键概念。这三个短片有一个共同的诉求——百度更懂中文。“百度更懂中文”系列广告帮助百度超越了谷歌，根据2006年下半年CNNIC的调查报告显示，在首选市场份额上，百度为62.1%，比2005年同期增加了14.2%；谷歌为25.3%，比2005年的33.3%减少了8个百分点。

2006年10月27日晚，“百度更懂中文”系列广告在昆明举行的颁奖仪式上荣获了艾菲奖，颁奖词宣称：“广告与消费者之间的沟通，从传统广告的被动式的、填鸭式灌输的传播路径，变成了消费者完全的主动观看及传播扩散，其传播深度远非传统媒体可比，其传播模式是颠覆式的革命，令人拍案叫绝！百度的案例，无论从创意上、诉求上、传播方式上，堪称实效广告的典范杰作，获得艾菲奖评委的一致首肯、好评，以实效为灵魂的艾菲奖金奖非它莫属!”

中国百度，时势英雄

此次百度用小电影的方法做出了“唐伯虎篇”，“孟姜女篇”和“名捕篇”系列广告。虽然说不是原创，但是也绝对吸引人眼球。百度的颠覆之举，在于把病毒式营销的方式引入了“百度更懂中文”这个传播运动中。这一品牌运动不通过传统电视广告形式在电视台投放，切合百度作为互联网品牌的创新精神，也增强了百度与网民的互动效果。

“百度更懂中文”系列广告是为迎合广告受众心理，运用优秀的广告创意和病毒式营销策略，使受众由被动的接受变为主动的传播，从而达到难以置信的传播效果的一次漂亮的营销活动。“百度更懂中文”网络推广活动是典型的病毒式传播，这是一种低成本、高效果的品牌推广方式。病毒式传播是网络营销中一种非常有效的方法，而且不用投入太多的广告费。从其本身来看，需要几个共同的因素：

第一，传播对用户有价值的东西。只有对用户有价值的东西才会被大众相互传播，“百度更懂中文”系列广告走红与当时互联网的视频资源不多有很大的关系，如果放在现在的背景下，就不可能有此效果。

第二，利用好现有资源进行网络传播。每个人都生活在社会网络之中，网络之中可能是朋友、家庭成员和同事。六度空间理论告诉我们，只要通过六个人就可以认识任何一个陌生人。百度正是通过百度员工及其朋友先传播开来，进而不断地扩大再扩大，造就了千万人观看的效果。

第三，利用公众的积极性。唐伯虎恶搞的表达形式，很迎合80后网民的口味，这样他们就愿意与年龄层次相仿的网友分享这段视频。网络社会中分享很重要，只有网民主动分享，才能够造成病毒式传播。因此，病毒式营销的精准运用是百度此次营销成功的关键因素。

小结

病毒式营销的运用也需要策略，选择其作为网络推广手段更应慎重。在国外，宝马汽车邀请全球9大导演各拍摄一部10分钟左右的电影，放置在网络供人下载观看；在国内，丰田威驰汽车请张艺谋导演一部小电影，同样采取病毒式营销策略，但是效果远没有百度的“百度更懂中文”好。“百度更懂中文”系列广告的成功有三个重要因素：特定时代+病原体+人际传播，因此，病毒式营销不是一个简单的“引爆点”所能完成的，而是一个系统过程。

（秦园园）

◎思考题：

1. “百度更懂中文”系列广告有什么特点？
2. 请分析网民收藏广告的行为动机。

第五节 “烎” 文 化

在已经结束的联想 IEST 2009 中国区预选赛 DOTA 线上赛的比赛中，有一场比赛深深地感染了所有观看过这场经典战役的玩家。虽然比赛的双方实力差距悬殊，一方是囊括 WCG、EOG 全国冠军头衔的 EHOME 战队，另一方则是默默无闻的被自称为“烎队”的路人战队，但正是因为低调的路人战队顽强的求胜意识，使得这场比赛显得荡气回肠。在整场比赛中，“烎队”展现了不畏强敌的精神风貌，尽管最终还是落败，但是依旧被 DOTA 的粉丝们视为一场经典赛事。“烎”这个字也逐渐在游戏玩家中流行起来，用来形容自己充沛的竞技或游戏状态，而在联想 IEST 2009 上的“疯狂表现”，使得“烎队”获得了 2009 联想 IEST 特别颁发的“烎文化传播奖”，同时也收获了由联想提供的“烎机”——联想 ideacentre K 锋行 King 台式电脑，希望他们用这台“烎机”，继续在游戏中充满状态“烎”起来。

最烎的烎字

“烎”读音“yín”，原意为光明，而在百度百科最新的解释为：在游戏中，意义衍生为“遇强则强，斗志昂扬，热血沸腾，你越厉害，我越要找你挑战，希望在竞争或对抗中一比高下”。而从字形来看，“烎”字或许被理解为：不管三七二十一直接开火再说。

2009 年 9 月，“烎”开始流行。根据百度百科的权威说法，在 2009 年 9 月份开始的 2009 联想 IEST 大师赛预选赛中，出现一只自称“烎队”的比赛队伍，向某冠军团队发起了挑战。在整场比赛中，“烎队”表现出无畏无惧的精神风貌。“烎”这个字也逐渐在游戏玩家中流行起来，用来形容自己充沛的竞技或游戏状态。

“烎队”火了之后，便有网民开始在网上组建“烎教”，并被称为史上最虎的神教。很快“烎”字也征服了美女的香肩。现在，网上广为流传的一张图片是，在某周末中关村的IEST赛场，一位右肩胛部位文着“烎”字的美女激情观战。有了“烎教”，有了“烎女郎”，“烎”字不火似乎已经不行了。

此前，“烎”这个字还作为网页乱码而存在，此后，包括CCTV、BTV和凤凰卫视等近十家电视媒体，以及包括《中国青年报》、《东方早报》、《文汇报》、《羊城晚报》、《新闻晨报》、《南方都市报》和《苹果日报》在内的近30家平面媒体，争相对一夜走红的“烎文化”进行了大篇幅的报道和评论。当“男人最重要的不是帅，是烎”、“中国人烎起来”等成为热门的网络流行语、被人们广为利用和评说的时候，“烎”字已经跳脱出它的本义，替代“囧”和“槑”，成了新一代的网络新文化。

互动营销新境界

“烎文化”的打造，是中国本土最大的公共关系机构蓝色光标，针对联想IEST 2009赛事及品牌推广所策划的一次网络营销活动。“烎文化”紧紧抓住了游戏玩家的精神内核，通过基于网络文化的打造，在环环相扣的互联网运作中，将“烎”的字形和字义在游戏玩家中迅速引爆，并延伸至大众文化，最终成为社会热议的热点话题。“烎文化”是2009年被众多网络营销和推广专家奉为经典的案例之一。“烎”饱含激情且积极向上的文字风格和精神内核，与略显浮躁的网络热词大相径庭，而它也正以这样的“标新立异”，成为网络文化的新锐。

营销圈有句顺口溜：“三流企业卖产品，二流企业卖品牌，一流企业卖文化。”它讲述的是企业营销的三种境界，如果将其套用在企业的互动营销上同样适用：三流互动营销卖产品，二流互动营销塑品牌，一流互动营销玩文化。“烎”的流行，是联想集团面对网络营销时代的一次网络文化营销。

之前流行的“囧”，更多的还是自发的，引申的意思是当代人的愁眉苦脸。而“烎”则不同，一开始现身在联想主办的游戏大赛，其引申意思是游戏玩家们的激情“开火”。和“囧”相比，“烎”的积极性更强。“烎”代表了网络主流人群80后和90后的独特文化特质，热血沸腾而又斗志昂扬。

联想借游戏大赛力推“烎文化”，正是将“烎”代表的积极意思和联想的品牌和产品联系起来——“游戏、积极、青春”等名词都可以成为联想“烎文化”的关键词，从而形成对网络主流人群的吸引力。从“烎”受到的关注程度就可以看出，这次互动营销已上升到文化营销的境界。

资源是会枯竭的，唯有文化生生不息。所以，一流的互动营销一定要赋予品牌文化内涵，以满足广大消费者对品牌文化的需求。因为文化对一个企业来讲是灵魂，是企业长期生存下去的支柱，任何一个成功企业都依赖于其不断完善的文化体系的建设（图 10-4）。

图 10-4 网民烎文化 T 恤

烎字的文化认同

“烎”，原本是一个生僻字。蓝色光标为推广联想 IEST 2009 赛事及品牌所策划的“烎文化”，则将“烎”这个字赋予了新的意义并在大众中迅速传播开来。烎在这里被用来形容一个人的斗志昂扬和热血沸腾，或用来表示“霸气”、“彪悍”和“制霸”等诸多意思。而由尔冬升导演的 2010 年大制作贺岁片《枪王之王》预告片，则以“2010 年烎爆全国”作为宣传口号，更是凸现了蓝色光标打造的“烎文化”的影响力。

更难能可贵的是，“烎文化”的打造，是一次完整的和直接导向企业文化价值和经济价值的互动营销活动。因为我们从中看到了联想 IEST 2009 赛事全新的面貌，2009 年的联想 IEST 不再是 sky 和 moon 等国际知名选手的舞台，而敢于挑战冠军队的“烎战队”同样也可以成为玩家拥趸的草根和精神领袖。联想 IEST 2009 官网拥有几亿的点击量，许多玩家在这个平台上探讨着“烎”的精神、人物和赛事；号称“烎机”的联想系列电脑，也正在如火如荼地迎来火爆的销售高潮，据称仅线上团购活动，就已经在短短的一个月内达到了 1 万台以上的销售成绩。

网络新文化运动

“烎”的风靡，充分说明了商业推广也可以获得网民的认可并且引领网络潮流。而在其背后，则是蓝色光标对于网民喜好的深入把握，以及对于网络传播规律的准确掌控，更体现出蓝色光标在互联网营销领域绝佳的创意能力。从传统的互联网营销模式上升至塑造网络锐词的网络文化营销，蓝色光标在互联网营销领域已经创造了新的高度。

打造“烎文化”的意义与传统的网络营销方式完全不同。“烎”的出现，是一次真正的由企业主导的网络新文化运动，它是从网络最为根本的核心——文化做起，主动创造网络营销机遇，调动用户的认可和信赖，从而使自己的营销行为和品牌形成价值。当很多企业和网络推广公司，还在用传统创意和思维模式，去运营自己的企业品牌和产品时，“烎文化”的成功，已经在向这种传统方式“开火”。这个案例就是对这种传统的颠覆，它传递着化被动为主动的营销思维和运作模式。

文化认同成就品牌

当回首整个推广过程，就会发现这种对网络深邃理解的背后，是对网民心态和网络媒体的熟稔了解及成熟运用。据数据统计，在整个“烎”文化建设和推广的项目中，网民和媒体的自传播率高达 98%。这是创意的结晶，更是好的推广方法的结果。

“烎文化”的推广，集合了事件营销、论坛传播、搜索引擎管理、SNS 传播、WIKI 维护、博客传播和 B2C 渠道运作等多种网络营销手段，通过恰到好处的媒体角色分配和步步为营的运筹帷幄，加之环环相扣的时间与内容管理，将“烎”字推上互联网这一舞台，整个环节一气呵成。

最为关键的是，精妙的推广细节设计，不仅将“烎文化”和联想品牌牢牢地捆绑在一起，同时还通过精神内核的推广和运作，将联想对游戏玩家的精神洞察诠释得淋漓尽致，使得游戏玩家为联想品牌和 IEST 这一电子竞技赛事，形成很好的品牌信任度和粘连度。而“烎文化”的推广，也为后期联想推出“烎机满状态”的营销活动起到了很好的铺垫作用。

不得不提的是，游戏玩家一族一直是为普通大众不接受和不理解的人群。而“烎”字，通过其精神内核上的沟通，让普通大众对游戏玩家的精神形成了理解甚至是认同，这对于将游戏玩家纳入核心用户群的联想来说，无疑是开拓了自己的产品营销之路。

“说‘烎’更能代表当下的网络生态，是因为这正是一个网民四处‘开火’的时代。通过互联网掌握话语权的网民，正在享受着获得发言渠道和表达自己观点的乐趣与快感。”“无论是创业，还是竞争，人是需要一种精神的，那种斗志昂扬、热血沸腾、敢于挑战并且战胜对手的‘烎’精神。”更有媒体用“烎”来形容伤后复出、首战告捷的刘翔，或是用“烎”来演绎新时代的中国精神。

小结

对于一个企业的品牌推广来说，与消费者建立文化沟通是极其重要的品牌资产积累过程。这也说明在网络互动营销中最重要的是寻求品牌价值的关键，寻求品牌与目标用户之间的精神认同。这种认同可能发生在传统的媒体和传统的推广方式中，但是更存在于拥有庞大用户的网络媒体阵营中。联想的“烎文化”推广战略，已经由单纯的形象塑造，上升为对网络文化的打造，从而与消费者实现情感和价值上的沟通。

（李子豪）

◎思考题：

1.“烎文化”的成功对企业网络文化营销带来了什么启示？

2. 请分析网民对生僻字的使用习惯和使用心理。

第十一章　个人网络广告

专业导航：个人网络广告

互联网的出现彻底改变了传统的媒介时空，信息传播的控制权被进一步解构，作为社会精英阶层专属的媒体开始进入草根阶层。伴随着 Web2.0 技术的飞速发展，网络媒体一改过去对传统媒体的复制和变异，真正进入了“交互”的时代，普通的大众拥有了越来越多的信息发布渠道、传播方式和发布权，“个人媒介”成了这个时代的里程碑。

一、个人媒体时代的来临

网络媒体的一个价值取向就是将受众变成“信息源”。库利的“镜中我”理论，把人通过别人认识自己视为人的社会化过程，也就是说，人只有在被别人感知、认可后才能回答“我是谁”的哲学命题，而传播是这个过程唯一关键的要素。网络时代实现了普通大众通过“大众媒介”实现让别人认知自己的可能，换句话说，网络不仅是一种媒体，更是一个平台，在这个平台上，赋予了每个人前所未有的空间来传播和展示自己，得以从一般的受众变成公众，自主地进入公共领域，对公共事务发言。这种新兴的媒体，正在重构着整个社会空间的人与人、人与群体、人与国家的传统关系。从 1984 年 BBS（Bulletin Board System）概念和技术的出现，就注定了个人媒体时代的来临。

作为独立信息发布的个人，在被赋予了前所未有的权力后，受众之于传媒产生了强烈的社会交往依赖性。大众开始全面跟进网络媒体的不断演变，网络媒体也在讨好似的不断满足大众的兴趣和欲望，在改变了 Web1.0 时代单纯的“过滤式”、“训导式”的信息传播，网络媒体进入了基于 Web2.0 技术的交互时代。网站内容的制造者是互联网上的每一个用户，他们同时也成为互联网的作者；大众不再仅仅是在互联网上单纯地冲浪，同时也成为网络波浪的制造者。

二、个人网络广告的形式

个人网络广告的形式不是仅仅局限于一种静态网页的展示和传播，而是紧密结合网络新技术的传播应用，通过对个人独具特色的地方进行整合式传播的行为。在信息传播过程中，总有一些人处于信息传播的上游，他们通过不同的形式和渠道，或多或少地对媒体资源占有一定的优势，他们凭借广告策划基本上可以随意地进行信息的发布，而几乎毫不费力地被各种媒体予以关注和报道，我们称之为“信息关键人”。个人网络广告在一定程度上正是塑造这一信息传播角色的过程，尤其以不断出现的“网络红人”为典型代表，他们正是基于个人网络广告，引发极具争议性、爆炸性和稀有性的事件，使得他们从普通的大众进入到舆论焦点或公众人物。综观目前个人网络广告的现状，可以将其形式概括为以下几种：

第一，个人域名网站。即专属个人的网站，网站所有内容均与个人有关，并独立于其他网站，直接与网络服务器链接。这样的网站一般都需要专门的设计模板，进行内容的后台上传、管理。由于这样的个人网站在链接上是独立的，所以推广和传播起来，相对就比较困难，因此，目前一般的个人网站做的都还不是很成功，当然一些知名人士可以借助一些网络公司进行设计、推广，效果自当别论。

第二，网络虚拟社区。虚拟社区是目前个人交流和传播的主要平台之一，也是个人网络广告的人气聚集地，这些空间通常分为综合性的社区、分类型的社区和其他社区。综合性的社区往往内容比较丰富、多样，而且以“娱乐”为目的的信息占据主要地位；而分类型的社区则以相同的兴趣爱好、居住区域等来组建交流空间，内容比较单纯、统一，甚至有些专业，基本上比较排斥其它类型的内容的传播和干扰；其他社区是既有综合性，又具有分类性的社区。个人网络广告有极大部分的传播是基于社区空间的，尤其以多产名人的“天涯社区”为代表。而利用社区推广的动机却存在不同，有个人发起、大众自发参与的真舆论热点，也有企业组织依靠网络推手幕后发起、并诱使大众参与的假舆论热点，这往往表现为企业的网络口碑传播或网络营销事件。

第三，博客。博客实际上就是个人网络广告传播行为。其存在方式有托管式博客、自建独立网站的博客和作为某个网站的一个频道或栏目的附属博客。时下最流行的托管类博客无须注册域名、租用空间和编制网页，由博客服务商提供一定的网络空间和可选的博客模板，博客用户利用模板管理在网络上发布文字、音乐、图片等信息，创建自己的网络主页。博客的出现使得网络使用者不再需要专业的建站知识就可以拥有自己的主页，并通过博客的发布与人交流。该部分内容可参考本书相关章节。

第四，微博。即微博客的简称，是一个基于用户关系的信息分享、传播以及获取平台，用户可以通过 WEB、WAP 以及各种客户端组建个人社区，以 140 字左右的文字更新信息，并实现即时分享。最早也是最著名的微博是美国的 twitter，在中国，2009 年新浪首次进行微博内测。微博以其快捷、方便的博客撰写方式，迅速受到大众的追捧，这也是个人网络广告的一个质的飞跃，它基本实现了手机撰写博客的可能，也就是将移动媒体和互联网媒体结合的完美之作。虽然微博的“微”让一些个人产生了不很过瘾的感觉，但是动动手指即可在网络上任意传播的行为的确很有意义，它进一步发挥了手机“多媒体移动接收器”的功效。

三、个人网络广告的趋势

个人广告的欲望应该是从孩童时候就已经产生的，凡是墙上有空的地方，总能看见歪歪扭扭的粉笔字，多数是“某某是个大好人”、“我喜欢某某”等，小朋友们用最原始的广告方式表达着自己的喜好和情感。时光荏苒，互联网无处不在的今天，这种原始广告居然也被搬上了网络新媒体。个人网络广告是个体对信息传播话语权的本性争夺和占有，它包含着人类特有的天性，必然会在网络新媒体的发展中大放光彩。

第一节 选秀明星曾轶可

媒介时代的到来，“注意力”让很多人感受到了其中的财富，他们一方面担心大众心中缺少激起兴奋的事件和人物，另一方面又马不停蹄地制造着能够让大众谈论和关注的事件和人物。“超级女声”就是这个时代的产物，它是那么的“成功”，以至于连美国的《时代周刊》也将极为珍贵的封面让给了“超级女声”——李宇春，似乎在炫耀网络时代的平民化、去精英化，事实上，这其中却纠结着许多的利益关系。

再续“超级女声”

随着 2004 年湖南卫视举办第一届“超级女声”，出现意想不到的火爆场面之后，全国各地各种各样的选秀节目铺天盖地地出现，湖南卫视当然是“再接再厉”继续把这把火往下烧，继续赚取眼球，赚得利益，把中国人民的审美情趣继续往下打压，一步步把邪恶的低俗烧成空气灌输进观众心中。

在这样一个迷乱的社会里，各种各样的怪胎都会出现，大有不把人恶心死绝不罢休之势，于是在2009年擅长创造“璀璨”的草根文化的湖南卫视重整旗鼓，开创“快乐女声”选秀节目。在各种各样的利益、目的、机缘巧合的推动和促使下，我们的“曾哥”曾轶可带着她那堪称“大规模杀伤性武器”的“绵羊音”横空出世了，于是，在我们的信仰里，除了那神一样的“春哥”之外，我们又有了一个膜拜对象。

选秀活动历来不缺少轰动性的人物、轰动性事件，主办方会通过各种方式、手段来吸引观众的眼球，观众会为自己喜欢的选手加油助威，贬低对手，有时也会对那些正义性人物进行强烈的批判，而现在网络的发达也为观众的发泄提供了方便，于是网络上的战火开始愈烧愈烈，而这正是主办方乐于见到的，可以说这正是主办方想方设法想要达成的目的，只有引起越来越多的人的关注，不管是正面的新闻还是负面的新闻，才能提升节目的收视率，进而赚得大笔广告费。相反，如果一个选秀节目平淡无奇，无法吸引观众的眼球，那它就是一场失败的活动，这是任何一个主办方都不想见到的情况。没有焦点、没有新闻、没有争议性的人物，这种情况主办方都不会让它出现，他们会尽可能制造新闻，制造焦点，把那些争议性的人物推向前台。可以说主办方为了金钱无所不用其极，在2005年的时候他们将我们的“春哥”横空推了出来，让我们看到了晴天霹雳，于是这一次他们又再接再厉，使出浑身解数一步步向我们的底线逼近。

一个小女孩的梦想成真了

2009年5月13日，曾轶可抱着试一试的态度参加了快乐女声的沈阳唱区海选，初次参赛的她演唱自己原创的歌曲获得待定，到6月12日入围了快乐女声60强。从一开始曾轶可那让人忘不掉的绵羊音就刺激着人们的神经，人们诧异一个唱歌这么跑调的人能有如此自信站在舞台上用她那极具杀伤力的声音自顾自地唱着，这该需要多大的自信啊！而主办方却像发现了救命稻草一样欢呼，他们终于发现了一位能够引起观众特别注意的选手，他们认定，这就是他们的赚钱点，他们要从曾轶可身上榨取每一滴资源，曾轶可是他们收视率提升的一大源泉，主办方是不会让她被淘汰的，那些所谓的评委们当然也知道这是怎么一回事，评委也是主办方花钱请的，拿的是主办方的钱，岂能不按主办方的意思来做？于是，曾轶可凭借她那无坚不摧的绵羊音，攻城掠地，光芒四射，一步一步迈向全国20强。而评委们也与她玩足了互动，各种各样的评语都出来了。“需要个性的音乐，曾轶可的音乐很有灵气、很真诚，作品很有意思，打动了我。这个舞台是开放的舞台，最不稳的曾轶可给我眼前一亮的感觉”——沈黎晖。“她太好认了，是属于那种在1万人里立即就能记住她的，无论是气质还是声线。听她唱歌像是听到银针掉到青石路上掷地有声”——伍思凯。“没有夹杂任何商业气息和其他乱七八糟的东西的音乐。我想说她的创作如夏夜的一杯清水般打湿人心”——高晓松。当然还有包小柏的名言：“这所房子看起来四平八稳，但小木屋是没有地基的，所以暴风雨来的时候，很容易被吹倒，可是你真的运气很好，狂风暴雨来的时候有别的高楼大厦帮你挡住了，而那些高楼大厦就是其他的选手，只有当其他选手都倒下的时候，暴雨才会淋到你……”

网络媒体的煽风点火

在台上互动那么激烈的时候，台下也一刻没闲着，各位选手的贴吧火热开启，尤其是关于曾轶可的贴吧更是火热得不得了，什么“曾哥吧”、“曾轶可吧”帖子铺天盖地般出现。这里面当然少不了主办方的操纵，他们就是要把网民的情绪充分调动起来。在中国，网民的力量是强大的。

在网民的强力关注下，有人认为曾轶可的成功是因为“上头有人”，甚至传言其父亲是湖南常德卷烟厂的厂长曾献兵，由于该厂是湖南卫视的广告大户，曾轶可自然会受到优待。但据调查，曾轶可的父亲是湖南涉外经济学院的行政管理人员，她的母亲是私立医院的眼科护士。其父的同事表示，曾家的经济条件一般，没有所谓“后台”，“一家人都很低调”。虽然最终谣言被破除，但是曾轶可已免不了处于风口浪尖上。于是，主办方看到了机会，他们将曾轶可的父母请到现场为自己的女儿加油，这才有了现场感动了曾轶可粉丝的那一幕出现。

网友称曾轶可的嗓音为“绵羊音”，并授予她“绵羊天使”、“绵羊妹”称号，迅速成立了“曾哥教”，口号是“信曾哥，唱歌不跑调”、“信曾哥，考试不挂科”。对于这些网络上的“嘲笑”，曾轶可显得不以为然。当被问及是否介意被称为“绵羊音天使”时，她开玩笑地说：“喜欢啊，可是我是天使吗？是那个屎吧，你知道的。”而对于自己比赛中频频出现的“笑场”、“忘词”等现象，她自圆其说：“能不能不叫笑场，叫微笑地唱，行不行？忘词就叫思考呗。”网友出于并不友善的目的拿其与“超女”冠军李宇春相比较，曾轶可的回答更是让人匪夷所思：“我跟她都是好人，但是特点不同吧，相同的是头发都比较短，但她可能舞台魅力比我好，唱功也比我好。只是我写歌，她好像没写吧。反正不重要啊。”

曾轶可最终获得2009年快乐女声第9名。看似一帆风顺的晋级之路，整个过程却充满曲折，而整个事件的导火索是2009年6月18日晚的20强突围赛。对于第一轮中不断出现的走音问题，评委包小柏已经动了淘汰曾轶可的念头，而另外一位评委沈黎晖觉得她的原创作品非常有灵气，声音具有个人特色，决定让曾轶可待定。包小柏与沈黎晖首次产生了意见分歧。第二轮演唱，曾轶可抱着吉他，选择演唱自己的原创歌曲《狮子座》，评委包小柏认为她没有实力晋级全国20强。而沈黎晖依然坚持自己的决定，并使得曾轶可成功晋级“快女”全国20强。包小柏和沈黎晖再次产生意见分歧，包小柏最终“愤然离席”。

大概主办方认为只靠曾轶可的独特嗓音吸引观众还不够，于是开始制造起其他方面的新闻，而最火的新闻莫过于让评委为了曾轶可的去留而意见分歧，大吵大闹，这通过电视直播直接将矛盾暴露在观众面前，更增加了趣味性，调动起了观众的兴趣，都想看看往下要怎么发展。于是曾轶可的“唱功”、网民的恶搞、评委的对战，使这场策划活动越来越火爆，越来越吸引眼球。

终于，曾轶可被淘汰了，但是她已经赚足了眼球，赚足了人气，成为了大众闲聊时的话题，成为一群人痴迷的偶像，像这种成为大众关注的人是不愁在娱乐圈里继续混下去的，于是，比赛结束后，曾轶可便在2009年岁末发行个人创作专辑《Forever Road》。她是这一届选秀大赛中第一个出个人专辑的选手，由此可见当初那么多的话题，那么多的争议是没有白费的，现在终于转化为了成果，对主办方，对曾轶可自己，对唱片公司可谓三赢。

三家赢，三家辛苦

大家还是议论着包小柏和曾轶可的针锋相对，包小柏的话值得深思却又能轻易参透，毕竟，因为曾经离开过，所以看得更清楚，他心中的比赛，无论“黑幕”还是“炒作”，都多少缺失了以音乐为本的公正。可惜，除了他，谁又愿意站出来说一句——曾轶可你唱得真是不咋的，真没理由留到现在。没有人说这句比赞美听起来更真实的话，而评委们，究竟在怕什么？也许，前怕粉丝，后怕电视台。

一场比赛，最辛苦的功臣无疑是制作方——电视台，从接洽广告商、联络评委、包装选手，甚至包括“炒作新闻”，这些边边角角、细枝末节，都需要电视台亲力亲为地操作。一场比赛，最重要的噱头似乎是选手们的黑幕：谁家的爸爸是大公司老板、谁曾经在酒吧驻唱时交过无数男朋友、谁的创作才华其实都是抄袭的、谁是通过“潜规则”被“保送”的……这些黑幕，远比选手们在台上稚嫩地又唱又跳来得精彩。一场比赛，最关键的生杀大权看似在评委手上，造型师评委从选手的外形上看端倪，音乐人评委在选手的唱功上做文章，唱片公司老板当评委则从选手的可包装性和星途、人气上做取舍，评委们的眼光和意见，看似直接决定了选手的去留，只是这些都只是表面，评委真能做主吗？也许并不尽然。否则，为什么宁愿留下新闻一大堆的曾轶可，也要忍痛割爱专业资深的包小柏？为什么春晚承认曾轶可有一大堆缺点，但自己就是爱上了她的优点？为什么发抖的绵羊音和笑场的“忘词大王”，就是赢了唱功和舞台表现力都在其之上的其他选手？真的因为她的原创精神吗？真的因为她的可爱纯真吗？答案在评委、选手和电视台的良心中，没人会像包小柏一样说出来，尽管说得还是略显含蓄，不那么直白。曾轶可成名了，不管以前的是是非非，现在她可是又出唱片又演电影，可谓趁着这场演出一举成名，和主办方，唱片公司欢庆胜利，留下纷纷扰扰的吵闹与争论。

小结

与其说曾轶可的成名归功于商人们的用心构思和巧妙策划，还不如归功于网络媒体时代的发达。我们在揭示其中的猫腻的时候，更要看到在这样的时代，娱乐已经成为大众生活不可或缺的必需品。而娱乐从来都是伴随着这样那样的利益关系的，大众在享受“刺激”、“兴奋”的同时，也在向商人们捐赠着自己的时间、金钱、注意力和精力，因为这是最基本的经济原则。

（苏道旭）

◎思考题：

1. 如何正确评价曾轶可现象？
2. 请分析选秀类节目对参赛选手的炒作模式。

第二节　网络总统奥巴马

奥巴马是如何取得全球尽知的辉煌成就的？是谁将他睿智、果敢、勇于担当的形象传递给美国人民？是什么使奥巴马这个品牌成为风靡美国的年轻形象品牌？是什么让如此多的世界人民为奥巴马疯狂？奥巴马竞选成功可以说是借助了一项有力的武器——网络媒介。奥巴马获选总统，成就了美国历史上第一个黑人总统的美国梦，他的成就也诠释了广告、营销、公关的政治功能。伴随着新媒体和数字技术的飞速发展，媒体技术已经毋庸置疑地渗透到了大众生活的方方面面，能否有效地利用这些技术，将成为决定成败的关键。奥巴马的成功登基，与他娴熟地利用网络媒体不无关联，而且可谓是网络社区一个划时代的里程碑。

Web2.0总统巧借广告深入民心

奥巴马网络竞选广告共有三个阶段，即竞选初期阶段、竞选白炽化阶段、竞选成功阶段。竞选初期阶段的网络广告主要向民众展示个人形象，让民众对自己有初步的认识和了解。竞选白炽化阶段的网络广告主要是宣扬自己的政治主张，以此来吸引更多的支持。竞选成功阶段的网络广告主要是政府及奥巴马个人的政治宣言、前景展望，为新政府的执政拉开精彩的序幕。

竞选广告CHOICES，奥巴马向民众介绍自己的出身、求学和工作经历等，基本上是个人的演讲式宣传，让公众了解他、认识他、相信他，并且借助政界人物、亲人、朋友对奥巴马的印象解说，达到很好的口碑传播效果，进而引起民众对奥巴马的认识和信任。

竞选白炽化阶段的广告共有四个系列。其一是“美国诺言”广告，通过当众宣扬自己的诺言，展现一个美好的画面，给民众自信和希望，以一种光明赢得一份支持，更加表现自己的年轻活力和力量。一切皆会好转，胜利属于每个人、整个美国。其二是“竞选宣言歌曲演绎”广告，奥巴马竞选稿被转化为歌曲进行演唱，便于广泛而准确地流传，让人们更易记忆，更能引起共鸣。一句“YES WE CAN”成为人们对这位竞选者最深的记忆，产生了口头禅式的口碑效应。其三是“民众反应”广告，通过传达民众对新竞选方式的反应，更能表现民众的感受，引起共鸣，与其说是总统竞选，不如说是一种时代前沿的引导。其四是“最后的竞选广告”，以成熟的麦田画面开始，进而是民众的喜悦和激动，接着是奥巴马与民众的互动。整则广告以奥巴马获胜之后民众的一份喜悦和一份期待来表现，民众生活的改变，以平凡而真实的生活细节描绘美国人民的改变。最后是奥巴马与民众亲切地交谈，更加表现出他的亲和力。

通过一系列网络竞选广告，奥巴马这个无人不知的品牌成为风靡美国的年轻形象品牌，整个世界都在关注这场前所未有的美国总统竞选。奥巴马成为“第一位黑人总统”的时候，也成为“第一位互联网总统”，被全球人民追捧。同时，奥巴马网络竞选广告还诉求了大量的情感因素，并产生了强烈的民族情感。美国民众对奥巴马及民主党有着强烈的好感和充分的信任感。通过这些广告，人们对奥巴马这个年轻形象可谓是达到了崇拜的境界，人们信任他，相信他能够带领美国走出困境，重新树立美国强大的形象。奥巴马的反对战争、谋求政治和平和经济发展的宣传引起了民众的共鸣，同时对军事、政治强硬派的麦凯恩是个有力的打击，让其成为一个思想守旧的、保守的白人形象。一系列网络广告的推出，使得奥巴马的支持率一路走高，并最终竞选成功，同时也间接地宣扬了奥巴马和民主党的政治主张（图 11-1）。

图 11-1　奥巴马当选《时代》杂志封面人物

Web2.0总统巧借东风成功推出

奥巴马的成功借助的不仅仅是网络媒体，还有那些困扰大众的焦点问题，奥巴马正是恰如其分地把握住了民众的这些内心需求，并在不同的场合、不同的媒体向民众传达了代表希望、幸福和美好的言论，这都为奥巴马增添了成功的砝码。

首先，巧借国内国际环境来为竞选拉票。奥巴马看到战争给美国带来的窘境，伊拉克战争仍在继续，阿富汗战争余音未了，每天都在上演着美国大兵被袭击的惨痛场面，这使得美国政府焦头烂额，美国民众对战争充满了愤怒和恐惧。布什政府失败的执政让民众看不到希望，奥巴马通过网络广告表达了和平执政的宣言，让人们对政府有了新的期待；经济危机阻碍美国的发展，世界经济危机对美国的影响是一大撞击，高失业率、民众幸福指标降低这一切都破坏了经济健康发展，网络竞选系列广告的推出宣扬了奥巴马及民主党对美国经济前景的展望，给人们带来了希望和光明，更加能够提高奥巴马的威信；区域性战争的存在给世界发展带来困境，全球人民都在努力谋求和平，奥巴马网络竞选广告宣扬自己的和平主张，更加能够得到全球人民的支持，成为其成功竞选的有力武器；全球性经济危机，使得全球人民陷入恐慌，而一向有“世界第一强国”的美国更是全球民众的聚焦点，人们期待美国能够在经济危机中开拓新道路，带领世界走出困境。美国引领时代的富强，奥巴马网络竞选广告的推出可谓是众望所归。

其次，巧借网络媒体为竞选开拓新渠道。奥巴马竞选广告是“以网络广告宣传为主，传统广告形式+新型广告形式+特型式广告（流媒体）+网上投票（互动形式）+专题传播”的复合式广告宣传形式。传统媒体的运用使得奥巴马的形象充盈大街小巷，信息覆盖率较高。但是传统媒体存在固有的缺陷，单纯依靠传统广告形式不足以达到极高的受众覆盖率。网络广告媒体的成功运用，使得奥巴马竞选广告得到更广泛的传播，这是“草根力量，长尾效应”的综合运用。奥巴马草根性网络传播使得每个民众都成为事件的参与者、奥巴马的支持者，“长尾吸金大法”更是为奥巴马积累了6.6亿美元巨额竞选筹金；网络公关的有效出击，对奥巴马个人形象定位、作为目标受众的广大民众以及竞争对手希拉里和麦凯恩的分析等都进行了详细的传播策略。

网络口碑营销的最高境界——激发病毒式营销的传播力，奥巴马的竞选团队甚至发动了病毒式营销这种形式。一封名为《我们为什么支持奥巴马参议员——写给华人朋友的一封信》的邮件到处传播。“这是您在最后几天里所能帮助奥巴马参议员的最为有效的方式之一。”更大亮点是评选结果一公布，便封锁了相关的一些网络，理由是防止一些别有用心的人利用网络制造混乱。

营销2.0理论的成功运用，博客战争、论坛贴吧的生动化运用使得奥巴马和民众有了“一对一”等多种方式的互动交流。奥巴马的竞争者之一希拉里通过自己的博客发布了自己的竞选宣言，并且不断通过博客这一窗口展示着自己的政见和观点，选民可以在她的博客中发表对她的看法，希拉里的团队则会选择好的博客放在首页进行推广。而善于学习的奥巴马则通过自己的博客为自己鲜明地树立起清新、年轻、锐意进取的候选人形象，拉近了选民与自己的距离，更具亲和力，更有竞争力。无论是希拉里还是奥巴马，都生动演绎了博客在总统竞选广告战中的重要性。

视频网站传播——新媒体力量的生动化运用。奥巴马曾经是一个社区创建者，深知网络力量的他在本次竞选中也操起了老本行，他的竞选团队创建了一个社交网站来增进奥巴马在网络的影响力。奥巴马在Facebook拥有一个包含230万拥护者的群组，而在最流行的视频类网站YouTube上，仅仅一星期，其竞选团队就上传了70个奥巴马的相关视频。这些网络上的竞选视频，开拓了除电视媒体外更广阔的广告平台，这些看起来非常草根的网络节目，实际上是由专业的奥巴马竞选团队量身定做的。但它们看起来更平实，更让人容易接近，所以实际上这些视频所获取的关注不比那些制作精良的电视广告差。其中奥巴马关于种族问题的37分钟演讲，自上传至网络以来查看率已经超过500万次，使他成为网络“红人”中一颗闪亮的明星。

关键词购买——搜索引擎广告的精准狙击。大家广为熟悉的搜索引擎广告也没有被奥巴马忽视。奥巴马购买了Google的“关键字广告”。如果一个美国选民在Google中输入奥巴马的英文名字Barack Obama，搜索结果页面的右侧就会出现奥巴马的视频宣传广告以及对竞争对手麦凯恩政策立场的批评等。奥巴马购买的关键字还包括热点话题，如“油价”、“伊拉克战争”和“金融危机”。只要一搜索，即知道奥巴马对这些敏感问题的观点评论，有助于人们更好地了解这位竞选人。可以想象，美国人日常搜索的关键词都打上了奥巴马的烙印，想不关注奥巴马都难。这可难为了同台竞争的麦凯恩，麦凯恩在互联网的信息，就这样轻松地被狙击了。

游戏新媒体的成功运用。网游是21世纪一个FATION的代名词，网游聚集了大量的时代新人，而且凝聚了一个明确的消费群体。网络游戏成为广告的一个新载体。自参选之日起，奥巴马的宣传广告就充斥着美国电视、网络、报纸等媒体。除了传统渠道，奥巴马还发现了一个新的广告载体——电子游戏。这些广告通过在线游戏对战服务投放，主要集中在赛车、橄榄球和篮球等体育类游戏中。当玩家用微软公司出品的XBOX游戏机连上互联网玩在线对战时，这些广告就会更插入游戏中。奥巴马是第一位在网络游戏中打广告的总统候选人。

奥巴马在2008年6月初党内胜出之后，已经在全美18个州投放了电视广告。他还投入3500万美元，在哥伦比亚广播公司购买了9月和10月的广告时间，为大选做最后冲刺。他还在全国广播公司（NBC）2008年北京奥运会的转播期间投入竞选广告。NBC一直是美国的奥运转播商，其奥运会转播在过去十几年间创造了黄金时段的收视奇迹，平均收视率达到15%。美联社报道，奥巴马的广告片在哥伦比亚广播公司、全国广播公司、福克斯电视网等媒体同步投放。他面对镜头宣称："美国，变革的时刻到来了。"他呼吁选民："选择希望而非恐惧，选择团结而非分裂。"

Web2.0总统巧借网络成为经典

21世纪是"近邻社会"，媒体的成功运用拉近了距离。把信息和情报放在第一位，金钱就会滚滚而来。同样，你能被多少人知道，决定了你能获得多少认可。这就告诫我们要有意识地把不同国度、不同肤色、不同价值观的人看做自己的朋友，转化为支持自己的力量，而不是定位为竞争的敌人。

Web2.0时代，互动广告将逐渐成为主流传播方式。博客、视频网站、贴吧等互动性广告调动人们的高参与度，这是对网络营销2.0的成功运用。互联网、网络营销已经成为新时期政治斗争、商战的决定性手段。同时应强调网络宣传，不仅仅是口号，还必须落实到行动上。网络宣传能快速成就品牌，有效地宣传是品牌传播成功的保障。"草根力量、长尾效应"，草根力量再度演绎"水能载舟，亦能覆舟"的真理。费斯诺定理：人有两只耳朵、一张嘴，这意味着人应该多听少说。个人形象品牌传播过程中应该多和目标受众交流，让他们多发言，这样才能更好地了解，更好地制定对策。

复合式宣传的启示。米格-25效应:“所谓最佳整体,乃是个体的最佳组合。”复合型广告传播形式已经成为个人形象传播的有力武器。没有创新精神的人永远只能是一个执行者,只有敢为人先的人,才最有资格成为真正的先驱者。Web2.0必将和传统媒体分庭抗礼,成为新媒体的重要组成力量。

看到别人的需求,你就成功了一半,满足了别人的需求,你就成功了全部,这就是“客户营销”。要明确不管你做什么、怎么做,你想要达到的最终效果是要得到客户的认可,这就决定了必须把客户放在最重要的位置,不断地去探索他们的需求,满足他们的需求,而不是一味地盲目宣扬自己。

小结

美国总统大选已成为过去式,奥巴马的胜利代表着太多太多的革新,尤其是网络互动的应用。奥巴马筹集的超过5.2亿美元的竞选经费,据估计超过85%来自互联网,其中绝大部分是不足100美元的小额捐款。凭借着网络的力量,奥巴马用互动的手法赢得的不仅仅是捐款,更是一张张珍贵的选票,以及伟大的美国梦的传奇。奥巴马的多重胜利,代表了这个时代最新鲜、最互动、最民主的一面,否则NIKE也不会选择他的头像作为新款鞋的图形。从这个意义上说,奥巴马不单单是一个成功的总统,更是美国最出色的广告人,是“不做总统,就做广告人”的现实写照。

(张政艳)

◎思考题:

1. 请分析网络媒体对奥巴马竞选成功所起到的作用。
2. 在网络时代政治精英如何塑造个人形象?

第三节 街头明星“烧饼帅哥”

互联网技术的突飞猛进,使得网络媒体在大众的生活中扮演着越来越重要的角色,尤其是对于普通民众来说,网络媒体成就了传统媒体时代根本不敢想的事情,普通大众开始逐渐利用这一新兴媒体,通过展示自己或者展示别人来向社会传播自己的声音,表达自己的意见。而网络红人——“烧饼帅哥”就是一个鲜活的例子。

都是“太帅”惹的“祸”

“烧饼帅哥”是在长沙的“堕落街”（即麓山商业文明街）上卖烧饼的一位年轻帅气、有些酷酷的但又有些忧郁的小伙儿。他的本名叫包建斌，身高186cm，1986年出生，河南信阳人。2009年3月他的工作照被网友上传到网上，立即引起了轰动，引发了网友的各种揣测与讨论，“烧饼帅哥”成了网络上迅速走红的平民明星，一跃成为焦点人物。接连几个月他备受网民的关注和热捧，各大电视台纷纷报道了关于他的种种新闻，并邀请他亮相各类节目，其中包括“鲁豫有约”、“快乐大本营”等，甚至湖南电视台的新年联欢晚会也有他的参演部分。

从“烧饼帅哥”走红时起，之后的几个月不停地有电视台开始播报他的相关新闻，网友也在网上不断上传有关他的各类消息。于是，他的确像个明星一样成了公众眼中的透明人，不再神秘莫测。从一开始被猜想是体验生活的富家子弟到记者实际去采访时，我们才知道他只是为了生活才卖烧饼。而他本该是在求学的年龄却在经营烧饼生意，其实是因为早年母亲由于脊髓炎去世，家庭陷入经济危机，导致他和妹妹不得不放弃学业开始走上谋生之路。网上也有人报料，他的烧饼店十分受附近大学生的青睐，常常客源不断，很多人去都是“醉翁之意不在饼”，甚至有在校的学生为他写诗发表在学校论坛里。时隔不久，网上又爆出烧饼帅哥的店铺被隔壁水果摊女老板彻底掀翻，“堕落街”面临拆迁等报道，再次引发网友和大众的热切关注，媒体争相报道。而在包建斌的新店铺开张之前，又有网友将这一消息发表在网上，沉寂一时的“烧饼帅哥”重新走进人们的视线。从2009年3月起之后的整整一年，“烧饼帅哥”事件时有后续报道，间隔时间也并不太长，故热度一直居高不下，包建斌的人气也是只增不减。

“烧饼帅哥”事件不像其他很多网络人物的炒作那样刻意而有目的性，也不带有主观色彩，它只是一个无意的“广告宣传”，客观而有事实可依，并且它的效果是十分良好的，反响和意义也是积极正面的，是一个成功的网络广告案例。

从无意“帅”到有意“帅”

2009年3月，有网友将包建斌的工作照上传至网上，随后红网、天涯社区等纷纷转载，一时间引来网友的热捧，“烧饼帅哥”的名号也就此产生。当电视台去采访包建斌时，我们才知道他之前并不知晓自己已经成了网络红人，被问及此事，他也曾表示不知道是哪个好事者将其照片传上网，自己也是后来听说了才专门上网查看的。起初被采访时包建斌坦白地告诉大家照片上网并没有给他的烧饼生意带来更好的收益，并且坦诚地回答采访者提出的各种问题及网友的猜测。从各电视台的采访报道中我们不难看出包建斌质朴腼腆略带忧郁的性格，他也并没有因为走红的事而有所改变，依旧真诚、善良、低调地做好自己的本分工作。

包建斌也有做模特的梦想，记者为此曾专门采访了一手打造了胡兵和李学庆两代首席男模的著名经纪人傅盛，也有模特公司邀请包建斌进其公司发展。可他不像其他同龄人那样不切实际，一走红就想方设法地炒作自己、表现自己，在媒体的大肆炒作面前，包建斌也并没有被冲昏头脑，在记者采访时他肯定地表示，即使有机会做模特也不会放弃卖烧饼。他身上有很多同龄人都没有的脚踏实地的精神，不会因为一时的出名而接受别人极力想拉拢他进娱乐圈的邀请，而只是更加专注于自己的烧饼店，并立志将烧饼店做出自己的品牌。

2006年3月包建斌到长沙的“堕落街”做烧饼生意，附近有几所高校，光临烧饼店的大多是在校学生，尤其是女学生，其实他早在那时候就已经开始受关注了。2009年红遍网络后，包建斌受邀参加“鲁豫有约”节目，当鲁豫提及有女学生为他写诗时，他承认知道这件事并道出较早时候已有学生用文言文为他写诗，只是现在已经找不到了。他还坦言2007年就有学生在学校的论坛里讨论过他的事情。而如今在网上可以轻易找到的为他所做的诗，就是因为烧饼店所处的地段即将被拆迁，一个名叫“飞檐走壁”的网友为了表达对他的不舍之情而发表的小诗。是网络与媒体将这些原本鲜为人知的事情公之于众，让我们看到了“烧饼帅哥”特有的魅力与吸引力，他是当之无愧的网络平民明星。

2009年5月31日，电视台与网络媒体再度爆出包建斌的最新消息，他的店铺在5月30日上午被隔壁水果摊的女摊主掀翻，并进了派出所由警察出面调解。原来由于烧饼店的生意火爆，客源不断，常常挡住隔壁的水果摊，水果摊的摊主甚至贴出告示牌注明“购买烧饼或看帅哥的美女先生们请往左边一点”，可见水果摊摊主对烧饼店已是积怨已久，终于在5月30日爆发。网上迅速上传了与此事件相关的新照片，其中的两张很引人注目，一张是水果摊老板放置的告示牌，另一张则是烧饼店被掀翻后，包建斌蹲在店铺旁边一脸无奈地看着一片狼藉的摊子，相信大多数人看到这张照片时都会为之动容。此事过后，由于拆迁，“烧饼帅哥”的烧饼店沉寂了数月。

2009年7月，著名主持人倪萍复出，亮相在旅游卫视策划的“我的梦想”圆梦活动。而失去烧饼店的包建斌也并没有放弃前进的脚步，他一方面与家人不停地寻找新店铺，一方面报名参加了“我的梦想”活动，并幸运地进入了60名之列，获得了1万元奖金。在与倪萍对话时，他表示自己的理想就是做自己的品牌烧饼，开连锁店。也许他并没有想要借用网络和媒体炒作自己、帮助自己，可是网络却在无意中选中了他，是他的帅气和真诚很好地宣传了自己，并有意无意地激励自己向着成功越来越靠近，包括他的新店铺招牌的设计，也是一位热心的网友帮助他完成的。

2009年8月，网友“城市流浪猫”在红网论坛发帖爆料，称“烧饼帅哥”有了新的归宿，就在登高路上的大学城，8月28日新店“帅哥烧饼”即将开张。选择28日，正好是各院校开学的日子，学生聚集，势必是个很好的生意日和宣传日。而登高路正是去景区的主要通道，游客也不少，对生意有很好的促进作用。在记者前去采访时，包建斌也表示虽然新店铺租金比原来高很多，每只烧饼的价格也涨了5角钱，但还是可以吸引很多顾客的，他对未来充满了信心。对于店铺名称，记者也问到怕不怕太张扬而有损他的形象，包建斌却回答说名称只是一个代号。由此可见他的心态还是依旧坦然、真诚。这个事件的报道无疑是对新店铺最好的宣传，相信这次包建斌将不会再说没有给他的店铺带来更好的生意了。新店铺经营后，也有记者跟踪采访经营状况，通过电视台对顾客和周边商家的采访报道，烧饼店的生意只会朝着越来越好的方向发展，而事实也确实如此。在上“鲁豫有约”时，包建斌坦言已经拥有了两家店铺，并且雇用了自己的员工，只是限于店铺太小，不能雇用更多的员工，相信他下一步的努力方向将不仅仅只是增加烧饼店的特色与新意，留住回头客，吸引更多的顾客，同时还会开始努力扩建自己的店铺。

“帅”要“帅”得耿直

包建斌原本只不过是一个为了生活而努力挣钱、积极打拼的小人物，这样的人在我们的身边到处都有，他们（包括我们）都是那么平凡、默默无闻。可是网络却将包建斌从平凡中拉了出来，让他成为众人关注的焦点，是网络让我们知道他、了解他、明白他，他并不是甘于被现实压迫的庸人，他正视现实但不埋怨生活，不抱怨现实的残酷，而是一步一个脚印地为了自己的理想和目标努力打拼，他脚踏实地不浮夸，沉稳低调不张扬，他也有属于自己的那片天空，有想要追逐的东西。网络带给了他希望和机会，同时也带给他质疑与陷阱，庆幸的是，他可以清醒地面对这一切，并很好地运用这一切。也许他不曾料想过自己会有被众星捧月般对待的那一天，也许他会默默地卖烧饼仅仅只能糊口地度过一生，无法实现在长沙买房买车的梦想时，无法实现开连锁店的梦想，但当幸运女神突然降临在他面前，当他的梦想不再只是遥远的梦想时，他并没有迷失自己，他依旧选择踏踏实实地一步一步地前进，或许他自己起初还无法明白网络带给他的是什么，但一路走来，相信他已经感受到，是网络向他开启了生命的另一扇大门，一条通向成功的捷径。网络的上传率、点击率，网民的热捧，媒体的关注带给他的是无形的帮助，这些宣传都是为他做的最好的广告，但他没有滥用这些帮助，而是保持真实的自己，不停地坚持慢慢地努力就是他运用这些帮助最好的方式，走出了最正确的道路，走向了离成功最近的捷径。

网络红人宣传近年来一波接一波，可是有不少是为人们所厌恶和不耻的，真正成功的寥寥无几。“烧饼帅哥”的案例算是为数不多的成功的一个。而它成功之处也许源于它初始的单纯、无目的性和当事人本身的脚踏实地、从容沉稳的心态。“烧饼帅哥”事件不是有人刻意策划制造的，没有直接的、显而易见的目的性和功利性，而是将事实客观地展现在大众面前，当事人本身也很单纯善良，没有任何侥幸或是虚荣的心理。因此，网络只是借由其强大的宣传力将有关包建斌的事实推向大众，媒体也同样是没有主观色彩地报道，剩下的就是由网友和大众自己来判别和选择对待这一事件的态度和行为。当然，不可能没有批评没有质疑，但相比之下，正面的影响和意义远远超过负面的，所以包建斌成了人们心中努力、务实、真诚、有责任心的帅哥，这对“烧饼帅哥”事件无疑是最好的肯定，也是对包建斌最积极、最正确的宣传，推动着他向着成功一路直行不拐弯。

小结

烧饼帅哥的案例是成功的，这样的案例也发生在“糖葫芦西施”康晓涵、“北京最帅交警”孟昆玉、《一个摩的司机的日记》作者转弯等这些人身上。这些案例的成功不是偶然的，看似无意，却也有着一定的必然性。首先，得益于这个时代是一个网络横行、席卷地球的时代，任何人或事一旦被搬到网络上就不再是小人物、小事件，因为他们都会引起轩然大波，引发各种讨论与不同程度的关注，或赞扬或贬斥或尊重或打压，不论是怎样的反应与影响，都能使他们瞬间成为红人或焦点事件，这就是网络力量的强大，不容小觑。其次，从2003年开始，各种类型的网络红人层出不穷，他们都是从普通的平民百姓通过网络迅速吸引一定数量人群的注意，拥有知名度。而这也造成了一个不容忽视的误区，一些渴望迅速成名的人群看到了希望，开始以各种手段、形式借由网络宣传自己，这就导致了网络红人在大众眼中只有知名度而缺乏美誉度。但是这几年网络红人的发展路程渐渐发生了改变，不再是为了红而疯狂，为了红而丑，渐渐褪去了网络红人的目的性与蓄意性，相反，一种质朴、积极、正面、健康的价值观和心态正渗透于网络之中，“烧饼帅哥”、“糖葫芦西施”等就是最好的证明。最后，这些成功案例中的当事人都具有清新、阳光的形象，积极、健康的心态，并且保持着真实的自己，真诚而泰然地对待自己走红的事情，从他们身上所体现出来的是质朴自然、不加修饰的本色，这是最难能可贵的。

（郭琳）

◎**思考题：**

1. “烧饼帅哥”现象出现的原因是什么？
2. 请分析“被明星”行为与个人隐私权保护之间的关系。

第四节　时评红人林家小妹

随着人们生活步骤的加快，网络日益成为不可或缺的工具，越来越多的网络人物也纷纷走入人们的视野。从最初的痞子蔡、芙蓉姐姐，到胡戈，再到如今最红的林家小妹，网络红人以各种各样的姿态向我们展示生活的另一面。在这个文化多元化的时代，传统的、单纯的电影、电视剧、音乐等已无法满足人们多种多样的需要。网络红人的兴起，他们以自己某个方面的特长给人们的生活带来新鲜的色彩，满足了业余娱乐的需要。然而想要在众多的网络人物中脱颖而出，则需要与众不同的能力。林家小妹在新一代的网络红人中无疑是最耀眼的一个，她翩翩起舞的身影，神秘清新的气质，灵动可爱的表情……无一不吸引着人们的眼球。她到底是何人？凭借着什么赢得成功？她的成功给后来的网络人物的成功带来了什么启示？下面我将做详细分析。

林家小妹“鬼”话开篇

作为新一代的网络红人——2008年底出道的林家小妹，凭借着个人魅力，出道仅一个月便荣登央视网2008年年度网络红人和新浪网十大网络红人第一名，取得令人骄傲的成绩。而如今她已成为互联网人气最高的新一代网络红人：在百度贴吧有其fans建立的以其名字命名的贴吧，每天吸引着络绎不绝的人来访；在属于她自己的个人网站上列出了她的视频、歌曲、照片等，每天都有很高的点击率，这些无疑都证明了林家小妹的成功。林家小妹到底是何人呢？

林家小妹原名林依，西安人，2008年底，林家小妹凭借系列视频短片《林家小妹——遇鬼篇》迅速走红网络，之后的《我想找对象》、《索马里美女海盗》、方言版《不差钱》等大量原创视频更是受到众网友的追捧，林家小妹凭借其火爆的人气入选新浪网“2008年年度十大网络红人”。2009年，林家小妹推出三首原创单曲《我想抱着你》、《不可以太想我》、《给心情放假》，在电视台以及许多大型演出中演唱。视频方面也是新作不断，《校园篇》、《才艺篇》、《新说三十六计》等视频专辑纷纷推出，点击率居高不下，被网友评价为“最多才多艺的网络红人”。能歌善舞、能讲鬼故事、能演小品再加上清纯靓丽的外表吸引了广大网民的眼球，谱写了另一个网络红人的传奇。

林家小妹钟情网络

林家小妹走红于2008年年底。2008年发生了很多重大的事情，如汶川地震、北京奥运会等，民族自尊心和自豪感迅速膨胀，林家小妹在这个时候在网上发表了一系列歌颂党和美好生活的幽默视频，引起人们的疯狂点击，积累了一定的人气。随后又发表了一些与人们的日常生活息息相关的、简单的、朗朗上口的歌曲和视频，内容幽默搞笑，获得了人们的喜爱。

林家小妹成名于网络，她为什么选择网络这一媒介呢？

相比于传统的媒体如电视广播报纸等，互联网显示出了独特的便利性，它被称为继报纸、广播、电视三大传统媒体之后的“第四媒体”。基于互联网的网络媒体集三大传统媒体的诸多优势为一体，它是跨媒介的数字化媒体。作为兼具了即时性、海量性、全球性等特点的网络媒体，它最大化地方便人们查阅信息，得到各个方面的最新新闻……同时网络媒体新闻传播是媒体与受众、受众与受众之间的多向性、互动性传播。网络论坛、讨论区、留言板、聊天室、电子邮件、ICQ及MSN等，吸引着大量网民积极参与传播信息、评论和讨论新闻话题等活动，极大地提高了网络新闻传播的社会影响力，这些都为林家小妹在网上的成名提供了有利的外部条件。网络所拥有的另一大特性是多媒体性，它使网络媒体有能力在技术上实现多媒体传播。网络传播的多媒体性是指互联网运用数字技术，兼容报纸、广播和电视多种媒体的传播手段，全面刺激受众的多种感官。网络传播采取文字、图片、音频、视频、FLASH动画等多种形式，在信息的交流和传播方面更加形象生动，为人们的生活提供了更多的可能。

网络本身在全球性的交流上显示了日益显著的优越性，在国内时事大事的报道上大胆快速，在曝光信息、更新信息等方面即时迅捷，提高了人们对于网络的关注度和信任度。网络的日益发展，也为网络红人的成名制造了有力的外部条件。人们可以自由地在网上发表评论，阅读各式各样的信息，建立属于自己的“部落”，成为滋润网络红人最好的土壤。同时相比于其他传播媒体，网络无疑是成本最低廉、效果最显著的。

纵观近几年来流行走红的绝大多数歌曲全部通过一个途径——网络！从几年前的《老鼠爱大米》、《2002年的第一场雪》、《两只蝴蝶》、《童话》等到现如今的《求佛》、《QQ爱》、《秋天不回来》、《女人如烟》等，这些浅显易懂、朗朗上口的歌曲几乎都来源于网络，走红于网络。遵循于有歌才有人的规律，更涌现出了刀郎、庞龙、杨臣刚、魏佳艺等一大批国内一线、二线歌手。得民心者得天下，网络属于大家，属于你我，属于所有人……网络音乐“快”、“奇”、“张扬”、“自我”……赢得了广大音乐爱好者的喜爱。网络上音乐流通之快、覆盖面之广、停留时间之长等是传统的宣传方式不能比拟的，相信它在其他方面的宣传作用也会令人非常满意，因此选择网络作为林家小妹最主要的宣传工具是十分明智的。

林家小妹借助网络成功，在其成功之初，主要是在土豆网上发布视频。之所以选择土豆网，是因为它是中国最早和最大的视频分享平台，用户可以通过该平台轻松发布、浏览和分享视频作品。土豆网于2005年4月15日正式上线，很快成为世界上最大的视频分享网站之一。土豆网提供了一个属于自己的个人主页。在这个固定的页面上，你的观众可以在一个容易记忆的固定地址找到你所制作的所有节目。在土豆网上，你有一个可以和你的听众自由交流的场所。你也可以把你的朋友加入到你的联系人中，每次你上传新制作的节目，都可以很容易地通知你的朋友来下载收看。同时，你还可以向特定的频道和专题上传节目。种种便利的措施促使林家小妹选择其作为主要的宣传手段。土豆网作为中国最大的视频分享平台，其独立的个人视频符合林家小妹传播所需要的种种条件，进而成为其选择的最佳媒介载体。

林家小妹在其成名后接受媒体采访时透露了她的成名经历，本名林依的林家小妹原是一家文化传播公司的文员，后来这位邻家小妹被公司发掘出来了，转型为这家公司的一名演员。通过公司（西安梧桐文化信息传播有限公司）背后的策划部创意，邻家小妹摇身变成“林家小妹”，并开始在网络上发布一系列搞怪视频，讲故事的，唱歌跳舞的，演小品的，进行另类专题报道的，等等，进入了人们的视线以及生活。林家小妹借助西安梧桐文化信息传播有限公司的地理、人才、专业、宣传等方面的力量把自己打造成网络红人，她的成功可以说是集体智慧的结晶。

难道具备这样的外部条件就可以成名了吗？不，林家小妹的成功还与其独特才华有关。在网络上红起来的人必定会有一技之长，而林家小妹作为多才多艺的网络红人，其最拿手的便是讲“鬼故事”。在林家小妹的成名视频《遇鬼篇》中，青绿阴森的灯光将气氛弄得鬼里鬼气的，只有她在对着镜头讲着搞笑的鬼故事。她还不是只讲一个鬼故事，她还用十多个视频讲一系列的搞笑鬼故事。外貌清纯的女生讲了那么多阴森而搞笑的故事，自然引起了一些网友的注意。累积了一定关注度之后，由她主持的其他类型视频也相继冒了出来，模仿小沈阳的《不差钱》等小品，谈论星座明星的《星八卦》系列娱乐节目，评论时事新闻的视频节目……在这些视频里，林家小妹当过小品演员、主持、记者、歌手，甚至还出了《我想抱着你》等三首原创歌曲。在网络红人中，就数林家小妹的作品产量最多，题材最多了，各种题材的视频节目看得大家眼花缭乱，也无怪乎一些网友给她贴上“多才多艺”的标签。

其实，林家小妹的成功也与当今中国大众娱乐文化的发展有关。现如今，文化的发展和表现方式多种多样，不仅仅局限于影视和音乐。单一的娱乐方式不能满足人们的需要，他们想要丰富多彩的娱乐活动填补生活的各个方面。如今的社会也是一个功利性社会，越来越多的人想要成名，达到名利双收的目的。各种选秀娱乐活动的兴起，活跃了广大民众的视线，也为一些蠢蠢欲动的人士提供了很好的范例，鼓舞了他们。相对于电视选秀的复杂，也有人选择简单、方便的网络来实现自己的成名。林家小妹便是这支生力军中的一员，并综合各方面的优势取得了巨大的成功（图 11-2）。

图 11-2　林家小妹照片

林家小妹“红”的道理

林家小妹红了，她给我们带来了很多的启示，到底怎样才能成为网络红人呢？我们认为有以下几点：

第一，从自身来讲，要想成为网络红人必须具有良好的个人素质。一个人要想红可以有很多种方式，但若想一直红下去则需要自身拥有较高的文化素质和底蕴。如以每段时间的热点话题为议题，展开关于自己观点的论述；若是写文章则需要幽默与知识性结合在一起，让读者在愉快的氛围中了解事情的来龙去脉，并知道自己的观点；若是用发表视频的手段则需要在内容方面改造创新，在众多视频中脱颖而出。网络人物要想成名还需要有标新立异的观点，在不断的努力中形成属于自己的与众不同的“特色”，当然这种特色需要在人们的接受范围之内。林家小妹多才多艺，拿得出手的绝活令人眼花缭乱，每次出场都给人带来不同寻常的震撼，社会对于她的接受度也相对较高。而同样作为网络红人的芙蓉姐姐，由于其独立于社会正常接受范围之外的行为使她在赢得网络知名度的同时，也受到了人们的非议。网络红人要想始终保持新鲜感，需要与一般艺人一样不断地丰富自己、超越自己。

第二，网络红人不能随便就红，她（他）需要在了解人们生活的基础上开展活动，契合人们的日常生活，因为日常生活与人们息息相关，最能引起人们的关注。历史告诉我们，任何违背人们意志的行为都是错误的，都将被人们所抛弃。因此网络人物在成名的道路上应该顺应时代潮流，做出适应整个社会环境的行为。林家小妹在这方面做得就比较好，她根据自身实际条件和社会环境的变化制作了丰富多彩的视频，例如，在改革开放30周年之际制作了许多关于新旧生活对比的视频，同时结合自身情况告诉女生如何防公交色狼。

第三，网络红人要想红还需要外部条件的配合，如媒体等。媒体可以使一个人红，也可以使一个人灭，与媒体搞好关系，同时合理地利用其为自己服务是最好的选择。作为网络红人，最应该处理好的便是与网络的关系。网络红人应充分利用各种网站的优势，扬长避短。

第四，从林家小妹的例子中，我们也可以看到集体智慧的力量，林家小妹的背后支持单位梧桐文化信息传播有限公司在她的成名路上发挥了重大作用。有着公司在创意、策划、实施、宣传方面的强大力量为后盾，网络人物可以以更快的速度成为红人。

小结

网络红人是新时期的名词，它属于这个网络飞速发展的时代。网络红人要想在这个节奏极快的社会占据属于自己的一方天地，有属于自己的受众群，需要坚持不懈地努力；同时设计出符合自己的独特形象，让人耳目一新，扩大自己的影响力，在舞台上散发出个人魅力。

（郭俏俏）

◎思考题：

1. 网络时代新闻时评呈现出什么发展趋势？
2. 网络红人时评的法律底线是什么？

第十二章　网络销售广告

专业导航：网络销售

随着互联网以及电脑技术的快速发展，电子商务正在改变企业经营的面貌，并逐步渗透到人们的生活中。电子商务涵盖业务很广，主要包括信息交换、销售、售前售后服务、电子支付、物流、组建虚拟商店或企业等。

一、网络销售的类型

网络销售，又称电子商务，通常是指在全球各地广泛的商业贸易活动中，在因特网开放的网络环境下，基于浏览器/服务器应用方式，买卖双方不谋面地进行各种商贸活动，实现消费者的网上购物、商户之间的网上交易和在线电子支付以及各种商务活动、交易活动、金融活动和相关的综合服务活动的一种新型商业运营模式。按照交易对象的不同，网络销售可以分为 B2B、B2C、C2C、B2M、M2C、B2A 和 C2A 七类电子商务模式。下面对前 4 个最为常见的类型进行介绍。

第一，B2B 指的是 Business to Business。企业对企业的电子商务，即企业与企业之间通过互联网进行产品、服务及信息的交换。通俗的说法是指进行电子商务交易的供需双方都是商家（企业、公司），它们使用 Internet 的技术或各种商务网络平台，完成商务交易的过程。这些过程包括：发布供求信息，订货及确认订货，支付过程及票据的签发、传送和接收，确定配送方案并监控配送过程等。有时写做 B-to-B，但为了简便，干脆用其谐音 B2B（2 即 to）。B2B 的典型是阿里巴巴、慧聪网等。

第二，B2C 即 Business to Customer。B2C 模式是我国最早产生的电子商务模式，以 8848 网上商城正式运营为标志。B2C 即企业通过互联网为消费者提供一个新型的购物环境——网上商店，消费者通过网络在网上购物、支付。由于这种模式节省了客户和企业的时间和空间，大大提高了交易效率，特别对于工作忙碌的上班族，这种模式可以为其节省宝贵的时间。

第三，C2C 即 Consumer To Consumer。C2C 同 B2B、B2C 一样，都是电子商务的一种模式。不同的是 C2C 是用户对用户的模式，C2C 商务平台就是通过为买卖双方提供一个在线交易平台，使卖方可以主动提供商品上网拍卖，而买方可以自行选择商品进行竞价。C2C 的典型代表是淘宝网等。

第四，B2M 指的是 Business to Manager。B2M 相对于 B2B、B2C、C2C 的电子商务模式而言，是一种全新的电子商务模式。这种电子商务相对于以上三种有着本质的不同，其根本的区别在于目标客户群的性质不同，前三者的目标客户群都是作为一种消费者的身份出现，而 B2M 所针对的客户群是该企业或者该产品的销售者或者为其工作者，而不是最终消费者。企业通过网络平台发布该企业的产品或者服务，职业经理人通过网络获取该企业的产品或者服务信息，并且为该企业提供产品销售或者提供企业服务，企业通过经理人的服务达到销售产品或者获得服务的目的。职业经理人通过为企业提供服务而获取佣金。

二、网络销售的特征

与这种传统的商业销售方式相比，网络销售体现出了下述诸多特性：

第一，低成本性。交易成本的节省体现在企业和客户两个方面。对企业来说，尽管企业上网需要一定的投资，但与其他销售渠道相比，交易成本已经大大地降低了，其交易成本的降低主要包括通信费用、促销成本和采购成本的降低。据国外研究，企业网上促销的成本只相当于直接邮寄广告花费的 1/10，而销售量可以增加 10 倍。对消费者来说，网络的信息传输速度非常快，跨国贸易在网络上几分钟即可成交。

第二，互动性。互联网上的促销是一对一的、理性的、消费者主导的、非强迫性的、循序渐进式的，是一种低成本与人性化的促销，避免推销员强势推销的干扰，并通过信息提供与交互式交谈与消费者建立长期良好的关系。网络是一个主动式信息传输渠道，与商场传统营销方式比较，商场可在网络上主动发布商场信息，主动发出电子邮件的广告宣传，顾客在家中发出问讯或购买信息而实现双向互动完成商场销售交易。

第三，全时空性。由于互联网络具有超越时间约束和空间限制进行信息交换的特征，因此使得脱离时空限制达成交易成为可能，企业能有更多时间和更大的空间进行营销。在网络上商店可为顾客提供 24 小时的购物服务，没有时间的限制，这是商场传统的规定营业时间售货所不可比拟的。同时，互联网从根本上突破了地域和国界的限制，企业只要设立网站，进行网络销售，它所面对的顾客就分布在世界各国和地区，企业的商业辐射范围是全球性的。

三、网络销售的前景

网络销售是网络发展的衍生服务，随着1995年亚马逊网上书店取得巨大成功，缔造了一个网络销售的现代神话，网络销售便成了人们不懈追求的理想购物方式。在我国，网络销售已经逐渐进入一个快速发展的阶段，8848网、淘宝网等一批网络销售先锋极大地改变了大众的购物观念，提升了人们对于网络购物的欲望和需求，对人类的思维方式、经济活动方式、工作方式和生活方式都有着巨大的影响。虽然网络销售还面临着诸如配套设置落后、网络安全和信用体系危机等问题，但网络销售给人们带来的空间便捷性、舒适性已经深深植入人们的意识，尤其是随着以手机为载体的移动电子商务的运行，网络销售的前景变得越来越令人振奋。

第一节 “我的衣柜”创业项目

“我的衣柜”项目是一个结合电子商务原理和计算机软件技术，为解决网络购物的缺陷、网络购衣的弊端和网络购衣消费者的心理需求而打造的专业性网络销售服饰的软件和网站。“我的衣柜”网站顺应了未来电子商务网站所呈现的专业化、纵深化、个性化和服务化的趋势，是一个有远大发展前景的大学生创业项目。

“我的衣柜”项目概述

(一)“我的衣柜”项目背景

作为河南省服装界多年的研究成果，“我的衣柜”项目的提出是基于：社会环境的发展与变化，特别是信息技术的进步与发展对服装的设计、生产、销售、购买产生着越来越大的影响，从而导致服装市场的供给与需求形态产生了根本性的转变。

着装是个人时时刻刻要涉及的一件事。如何充实自己的“衣柜”并管理好自己的“衣柜”，使自己穿着舒适得体，已普遍成为人们增强自信、提高生活品位、获得赞美所必须面对的问题。将服装冠以“时尚”是出于营销的目的。我们已无法回避这样一个事实：人们对着装的态度已发生了根本的转变。这种转变表现为：人们已把服装看作自己的第二肌肤。所以服装学不单单是量体裁衣的问题，它是美学、心理学、社会学和经济学所共同关心的问题，着装问题必须放在这些学科的相关问题上加以考虑。人们着装意识的形成与成熟，是其自身价值观生成与成熟的直接反映。人们对时尚的追求以及在追求中生成的着装风格，又充分体现了当今的社会形态。因此，经济学家与社会学家已把衡量裙子的长短作为他们评价经济与社会发展的指标。

由于服装的消费与供给越来越向时尚化与个性化发展，服装产业必然呈现零散性分布。我们既要满足品牌化、时尚化、个性化的市场需求，又要考虑服装销售受季节、地域、渠道、品牌认知、目标客户的定位与信息传递等因素的影响与限制。服装市场经营环境的变化，造成服装企业经营风险的加剧。面对人人要穿衣和服装市场需求总量的客观现实，服装企业特别是时装企业所关心的核心问题是：如何通过有效的信息传递以达到并实现目标客户群体的有效购买。

作为个人，在整个人生过程中就其着装意识上呈现三个基本形态：第一，无意识期（婴幼儿期）。婴幼儿以其被动与无意识的着装为其基本表现形态。这一时期是以其家长的着装观与审美观为主导，以满足健康、安全、可爱为基本着装要素。婴幼儿作为着装主体，是无意识和被动地接受。第二，模仿期（青少年期）。处于模仿期的青少年，以其社会、生活环境、文化因素为模型进行有针对性的模仿。在社会文化主导现象的影响下，主动的模仿与被动的接受形成了对青少年价值观的引导与灌输，这种影响也会反映处在模仿期青少年的着装风格。第三，成熟期。成熟期是一个自我发现与自我满足的着装风格形成时期。随着成长与阅历的丰富，更为重要的是自我价值观和审美观的形成，必然形成个人自我发现的着装需求。这一时期的着装需求表现为一个"定位"的过程。因为，每个人的着装风格都是以"视错"的过程来丰富和完成的。成熟期的男女都有意识或无意识地在搜寻与管理符合自己审美观与价值观的着装风格与着装要素。

所以，"我的衣柜"项目的提出是基于市场供给与需求形态的核心要素加以确立的，即针对目标消费群体的着装要素进行集中归类与信息传递，并与目标消费群体着装要素进行对位，以此有效地满足服装市场的需求与供给。通过对目标消费群体的着装要素定位与供给对位，来实现消费者对自我着装要素有意识的管理，以满足个人着装需求和提高自我着装质量。

衣柜项目利用互联网为核心的信息平台，将信息收集与传递、自助性的选择服务集于一身。同时，将目标消费群体的着装要素与各个服装销售企业的产品进行有效的对位，通过趣味性的方式和友好的信息界面，建立产品与目标消费者的直接接触。

衣柜项目以信息服务为核心要素，将战略目标放在解决服装市场供给与需求之间存在的瓶颈与矛盾上来，致力于建立信息时代服装消费新规则，并以此促进服装市场供给与需求的繁荣与协调发展。

（二）网络购衣存在的问题

相对比其他商品的网购方式，网络购衣由于其自身的复杂性，一直是网络购物领域的鸡肋。它与其他商品在网络购物上有如此区别：

第一，买方身材多样性。每个人的身材各有不同，身形任何一个部分的差异都有可能导致衣不合身。传统购衣方式的好处就是可以现场试穿，而网络购衣最大的缺陷就在于虚拟交易，接触不到实体。网络购衣经常发生买方按照自己惯常的尺码选购衣服，收到货物之后发现衣不合身，从而发生消费浪费。

第二，衣服尺码多样性。尽管现在国内的品牌服饰都按照 L\M\S 分类尺码或者均码，但是每个款式之间仍有很大的差异，每个尺码所包含的肩宽、胸围、腰围、衣长等因素也会因为款式的不同而有所差异，这就导致尺码无法作为衡量衣服大小的唯一标准。在无法试穿的情况下，衣服的合身度是无法衡量的，这成为网络购衣的最大壁垒。

第三，图片成像障碍。除了衣不合身的问题，还导致购衣退货的因素是材质和颜色的预想差异。网络购衣的挑选方式只能通过卖家上传的图片，由于卖家鱼龙混杂，所以上传的图片也各不相同。衣服在户外和室内成像会有差异，在不同光线下会有差异，模特试穿和实物摆拍也会有差异，这些差异导致买方无法确知服饰的颜色和材质，从而造成购买失败的经历。

第四，真假难辨。淘宝以其 C2C 的方式吸引了许多卖家，而假货的问题却愈演愈烈，仅仅依靠诚信度评价始终无法杜绝假货横行。卓越网和当当网凭借其 B2C 的营销模式在假货的问题上显得轻松许多。上网购衣的消费者谁也不愿意用真品的价格买一个仿制品，该需求的增多就需一个完全能够保证是正品品牌服饰的网站存在。

“我的衣柜”项目核心内容

（一）“我的衣柜”软件概述

“我的衣柜”项目可分为前后期两部分，前期是软件开发，后期是网站运营。我的衣柜软件就是专门针对网络购衣的弊端而开发的软件，试图解决个体身材差异和单件成衣差异所造成的购衣障碍。

1. 买方输入自身信息

我的衣柜软件既可以作为网站的购衣辅助软件使用，也可以供单个用户下载作为单机家庭模拟衣柜使用。用户需要做的就是精确测量好自己的身高、体重、肩宽、三维、胳膊和腿的长度，输入软件中，软件根据用户提供的数据自动合成一个和用户身材相当的模拟人。

家庭模拟衣柜：很多人尤其是女性，都会遇到这样的问题，大量的衣物囤积堆放在衣柜中，疏于打理，明明每年都购买很多服饰，出门时却不知如何搭配。家中的衣物总压在箱底，无法进行有效的利用。对用户来说，使用该软件则帮助其一劳永逸。用户只需要将自己所拥有的服饰品牌和号码输入软件，软件就会自动帮助用户从各加盟品牌的服饰中提取用户所输入的该款服饰。用户将自己所有的品牌服饰都输入软件之后，软件自动将其进行分类，如内衣、衬衣、风衣、上衣、牛仔裤、休闲裤、运动鞋、皮鞋等，并根据软件自身的智能分析功能，将用户的衣服自动搭配，帮助用户合成一身完美的服装。用户只需要打开软件，就能知道自己拥有哪些上衣、裤子或鞋子，根据软件的推荐选择今日出行所需要的服饰搭配效果，衣服总压箱底的低效率状况会彻底得到改变。

网络购衣辅助功能：拥有网络购衣需求的用户，在注册过该软件之后，也就拥有自己的模拟人。强大而精准的网络搜衣功能是“我的衣柜”软件的主要竞争力。用户选中某款服饰之后，软件自动根据用户身材，推荐合适的尺码，或告知是否拥有合适的尺码。再根据用户之前所有的购买经历，分析出用户青睐的风格和所能接受的价位，给出更多的服饰推荐。还可以根据用户已经购买的产品，推荐尚未购买的合适的搭配服饰。该软件力图彻底杜绝网络购衣衣不合身的失败经历。

2. 卖方输入产品信息

整个软件的核心部分就是加盟品牌输入产品信息，这需要软件的开发人员辅助其完成。每件服饰可分为 M \ S \ L \ XL 各尺码或均码。各尺码又包括肩宽、衣长、袖长、胸围等信息。凡加盟品牌，开发人员将辅助其丈量并输入每个产品的细节信息，包括肩宽、袖长、裤长、三维等信息，并特别记录每个产品的特别之处，比如尺码偏大还是偏小，某个部位制作偏紧，洗涤说明，质地说明以及颜色说明等，力图将每个产品的每个细节都体现出来，让消费者身临其境地了解自己要选购的产品。“我的衣柜”最特别之处在于利用特殊的摄像技术，360°立体成像，运用统一的直观的呈现方式展示所有品牌的产品。用户近距离可观衣服颜色材质细节，远观可见整体效果，统一的成像方式目的是为了避免因图片成像差异所带来的视觉误差，帮助消费者更理性地挑选衣服等。

3. 完善的推荐与搜索系统

百度战胜谷歌最大的竞争力就是它完善的中文字词句搜索系统，“我的衣柜”的最大竞争力也在于它全智能的推荐搜索系统。如前所述，“我的衣柜”根据用户提供的自身身材信息，首先推荐适合用户身材的产品；其次再根据用户之前的购物经历，分析出用户倾向的风格、材质以及价位等信息，根据这些信息推荐适合用户的品牌产品，然后根据用户已经购买的产品或收藏的产品，推荐合理的搭配服饰，并推荐减价信息最优搭配，帮用户省钱；最后“我的衣柜”帮助用户整理已购买的所有产品，合理分类，根据已有产品以及软件自身的颜色、款式智能搭配系统，帮助用户搭配自家衣柜里的所有服饰，力图达到物尽其用。

（二）“我的衣柜”项目所能解决的网络购衣缺陷

一是解决衣不合身的问题。根据将用户提供的身材信息与商家提供的产品信息相对比，告知用户该款服饰是否有适合其身材的尺码，或者推荐其购买某个尺码。

二是解决图片差异。每个品牌、每种款式都采用统一的360°产品成像，更直观、更细致地观察产品，达到眼见为实的效果，避免因图片呈现方式不同所带来的视觉差异。

三是解决繁琐复杂的搜索方式。用户输入详细的希望购买的产品信息，软件会自动推荐最符合用户要求的诸多产品，避免鱼龙混杂，力求精确合理推荐。

（三）“我的衣柜”项目所能解决的电子商务安全问题

电子商务的安全主要体现在有效性、真实性、完整性、可靠性、不可抵赖性和可控性等方面。

第一，有效性、真实性，即能对信息、实体的有效性、真实性进行鉴别。电子商务以电子形式取代了纸张，如何保证这种电子形式的贸易信息的有效性和真实性？这是开展电子商务的前提。电子商务作为贸易的一种形式，其信息的有效性和真实性将直接关系到个人、企业或国家的经济利益和声誉。因此，要对网络故障、操作错误、应用程序错误、硬件故障、系统软件错误及计算机病毒所产生的潜在威胁加以控制和预防，以保证贸易数据在确定的时刻、确定的地点是有效而真实的。“我的衣柜”是通过正规渠道选取品牌加盟商，采用网络直销的方式，避免了淘宝经营过程中由于各代理商或者仿造品贩卖商作为卖方带来的虚假信息和信息不全面的缺陷。统一由品牌的总经销商输入产品信息，以此确保产品的真实性、有效性。

第二，完整性，要求能保证数据的一致性，防止数据被非法授权建立、修改和破坏。电子商务简化了贸易过程，减少了人为的干预，同时也带来如何维护商业信息的完整、统一的问题。由于数据输入时的意外差错或欺诈行为，可能导致贸易各方信息的差异。此外，数据传输过程中信息的丢失、信息重复或信息传送的次序差异也会导致贸易各方信息的不同。贸易各方信息的完整性将影响到贸易各方的交易和经营策略，保持贸易各方信息的完整性是电子商务应用的基础。因此，要预防信息的随意生成、修改和删除，同时要防止数据传送过程中信息的丢失和重复，并保证信息传送次序的统一。“我的衣柜”软件由“我的衣柜”工作人员运用统一的方式采集和输入信息，凭借软件自带的整合系统梳理产品数据，避免了因卖方直接输入所带来的信息错误和不完整的缺陷，保证了信息的完整性和信息运用过程的安全合理性。

第三，可靠性，要求能保证合法用户对信息和资源的使用不会被不正当地拒绝。不可否认，这要求建立有效的责任机制，防止实体否认其行为。可控性要求能控制使用资源的人或实体的使用方式。电子商务直接关系到贸易双方的商业交易，如何确定要进行交易的贸易方？这一问题是保证电子商务顺利进行的关键。在传统的贸易中，贸易双方通过在交易合同、契约或贸易单据等书面文件上手写签名或签章来鉴别贸易伙伴，确定合同、契约、单据的可靠性，并预防抵赖行为的发生。这也就是人们常说的“白纸黑字”，一旦交易开展后便不可撤销。交易中的任何一方都不得否认其在该交易中的作用。这将确保任何一方都无法伪造提供或接受的报价。“我的衣柜”网站不仅对加盟商严格筛选，对注册用户也严格把控，必须是实名制注册，注册信息如身份证号码、真实姓名等信息通过与公安系统联网，直接进行网络比对，只有在公安系统中证实其身份证号与本人相符，才允许注册。其次，我的衣柜与淘宝网相同，都采用诚信度的方式，不仅约束卖方诚信，也对买方诚信进行评价，一旦发现冒用他人信息或者不诚信的交易行为，根据情节采取警告、扣分或者拉入黑名单等方式，以保证网站运营的可靠性和可控性（图12-1）。

图12-1　网络购物主题漫画

“我的衣柜”项目的市场开拓方案

（一）联合高校软件学院开发专用软件

“我的衣柜”软件的开发与制作是“我的衣柜”项目的核心，该项目投入运营前的准备工作是庞大而繁琐的，其中最重要的工作就是软件的开发，以及软件制作成功之后邀请加盟商输入产品信息的过程。

此项目为大学生创业项目，所以关于软件的开发也是尽量让在校的或者应届的大学生来完成。初步的设想是与大学的软件学院联合制作该软件。

（二）“我的衣柜”项目所依托的电子商务网站

网络站点的建设有两种模式：一种是自己建立网站，另一种是外购整体网络服务。

完整的电子商务运作过程是指通过网络来实现从原材料的查询、采购、产品的展示、定购到出品、储运以及电子支付等一系列贸易活动。利用先进的网络技术实现完整的电子商务过程，对提高企业的业务处理速度、降低运营成本、扩大应用领域、帮助企业解决一些棘手的问题，提高企业内部的工作效率等都有很大的益处。它还可以推动商家与供应商更紧密地联系，更快地满足客户的需求，也可以让商家在全球范围内选择最佳供应商，在全球市场上销售产品。但要实现这样一个完整的电子商务全过程，网络站点投资选择将面临资金问题、技术问题。其中，技术问题将退居次要地位。如果企业规模较大，资金充足，而且有大量的信息需要和外界交流，那么，选择自己建立独立网站，实现电子商务的全过程是比较理想的。如果企业资金有限，则可以考虑建立自己的独立网站，先实现电子商务的部分功能，然后逐步完善，或者整体外购网络服务来实现部分电子商务的功能。“我的衣柜”项目的最理想方式是拥有自己的专业化销售服饰的网站，但是也可以依托现有的电子商务网站，为其提供软件服务。依托现有的电子商务网站就是将如上提到的“我的衣柜”软件的使用权卖给电子商务网站，帮助其管理运营并从中获取利润。

(三) 品牌入驻方式

第一，前期的非规范化运营。万事开头难，“我的衣柜”项目的产品资料输入程序是一个繁杂的过程。前期网站客源少，知名度低，品牌入驻相对困难，尤其是知名品牌的入驻必须要等到网站成熟之后才能做到。前期预想是，利用郑州作为商贸城和交通枢纽的优势，从郑州众多的售衣商户入手。具体过程是“我的衣柜”销售人员与郑州的一些品牌代理商洽谈，向其宣传“我的衣柜”网站。如果对方对该网站感兴趣，其加盟方式是网站协助其输入商户所代理的品牌产品的所有信息，并用专用的软件呈现在网站上。被选中的商户必须是正规品牌的正规代理商（有齐全的法律证明文件），经品牌总部许可之后，以类似于淘宝 C2C 的方式在网站经销服饰。

第二，中期非规范化向规范化转变。前期的运营模式类似于淘宝商家 C2C 的方式，这违背了建立“我的衣柜”网站的初衷。“我的衣柜”网站是致力于专业化的网络售衣 B2C 网站，就是为了区别于淘宝网鱼龙混杂的销售方式，但是由于网站建立前期在资金和知名度上的限制，所以选择由郑州的代理商首先加盟的方式，随着客户的增加，逐渐邀请各品牌的总部加盟。总部区别于代理商的好处是，能够更全面、更完整地输入某个品牌全部的产品信息，使消费者获得更丰富的商品选择和更低廉的价格。

第三，后期的专业化规范化运营。“我的衣柜”网站的理想模式是作为各品牌展示新品，推荐商品的平台，也是消费者了解最新品牌动态，最全面地了解品牌的所有商品，以及最方便的货比三家的平台。“我的衣柜”网站成熟之后就相当于一个虚拟的会展中心，24 小时展示商品，不断更新信息，以其方便的平台和低廉的价格吸引商家入驻，更吸引消费者前来挑选服饰。

小结

B2C模式是电子商务领域的中流砥柱，“我的衣柜”项目是以B2C为运营方式，联合高校软件学院开发的，专门解决电子虚拟服饰收藏的有效性、差异性等问题的“我的衣柜”项目专用软件。它顺应未来电子商务网站发展的专业化、个性化、纵深化、服务化等趋势，打造专业化的品牌服饰销售网站，凭借其独具核心竞争力的软件操作系统和专业化、细致化的网站运作方式，力图成为继当当、凡客诚品、卓越等B2C知名网站之后，国内第一家专业化品牌服饰销售网站。“我的衣柜”的发展愿景是：让网络购衣改变网民传统的消费习惯，使虚拟衣柜成为每个网民必备的电脑软件，使我的衣柜网站成为各大服饰品牌产品推广的主要渠道。

◎思考题：

1. “我的衣柜”创业项目运作模式有什么特点？
2. 在网络销售中网络编辑的角色是什么？

第二节　VANCL凡客诚品

VANCL凡客诚品已经是被公众所熟知的名字，通过搜索竞价排名，在百度、搜狗等搜索引擎中无论是搜索“衬衫”还是“服装直销”，都能看到VANCL凡客诚品的相关链接，并且在各大门户网站如网易、搜狐以及一些客户终端，都能看到VANCL凡客诚品的身影。而在PPG退居二线之后，VANCL凡客诚品更是风光无限，并且VANCL凡客诚品半年的销售业绩也令业界咋舌。

VANCL的强势崛起

VANCL凡客诚品是由卓越网创始人之一陈年先生创办，联创策源、IDGVC、软银赛富、启明创投等联合投资成立的，正式运营于2007年10月18日。在其2008年8月5日获得第三轮风险投资后，正式称雄服装

B2C 行业。VANCL 凡客诚品是一个由互联网成就的服饰家居时尚用品品牌，坚持国际一线品质，中产阶级合理价位，提倡简约、纵深、自在、环保。VANCL 起先以男士衬衫为主打产品，发展到现在已不再单纯地将目标放在男士衬衫的销售上，而是将产品线延伸拓展至男装、女装、童装、鞋、家纺和家具六大类。

现今 VANCL 凡客诚品铺天盖地的网络宣传，已成为司空见惯的事情，无论是各大门户网站还是许多客户终端，都能看到其不断更新的相关促销信息，并且通过在官方网站投放 VANCL 凡客诚品优惠券相关信息的方式赚取人气。而昔日开辟 B2C 网络衬衫直销的龙头老大 PPG 早已销声匿迹，风光不再。是什么让 PPG 这一行业巨头轰然倒塌？又是什么让 VANCL 凡客诚品异军突起却并未步 PPG 后尘？其中的原因的确令人深思。

往日的行业开拓者 PPG 已气势不再，而 VANCL 凡客诚品这一后起新秀，虽然也是采用 B2C 网络直销的模式，却能突然崛起且取得令人瞩目的成绩，不得不令人刮目相看。同样的营销模式却结局不同，是偶然还是必然？是真的换汤不换药还是有所创新？我们认为，这些令人瞩目的成绩是必然的结果，因为 VANCL 凡客诚品其自身具有 PPG 并不具备的种种优势。正如辩证法所言：内因是事物变化发展的根据，外因是事物变化发展的条件，外因通过内因起作用。相近的外部条件，同样是标榜网络直销，但结局却大不相同，寻找原因的源头只能是两者之间的内部因素。

VANCL 的成功之因

正是 VANCL 凡客诚品的内在优势使得其能够在变化多端、硝烟弥漫的网络直销竞技中脱颖而出，与 PPG 相比，主要归功于三个因素。

其一是 VANCL 凡客诚品的人力资源。由原卓越网创始人陈年先生创立，VANCL 运营所属之凡客诚品（北京）科技有限公司，主体运作者均系原卓越网骨干班底，这些精英已经经历过各种磨练，对相关情况的掌控程度也非一般人所能匹敌。尽管众所周知，网络市场确实是利润颇丰的市场，但在这个巨大的市场中蕴藏着无数的商机，人人垂涎却不敢轻易下手，这到底是为何？并且随着网民数量的猛增，网民整体素质的不断提升，中国作为全球最大的网络用户所在地，网络市场正在不断地壮大，然而想要在这个市场中游刃有余，而不至于失足，丰富的经验必不可少，只有善于利用者才能从中获利。而 VANCL 凡客诚品的运作团队拥有多年的互联网从业经验，能够更好地掌控利用网络各种资源，使这些极难掌控的因素为己所用，所谓知己知彼，这不能不说是一大先天优势。只有对网络营销方式的充分掌握才能在虚拟的空间中把握商机，求得生存。

其二是 VANCL 凡客诚品不断丰富的产品。对产品的重视应当作为最基本的条件，没有质量的商品无论广告如何宣传，也无法实现企业的长远发展。VANCL 凡客诚品由著名设计师领衔企划，集结顶级男装品牌经典款式之精华，同时参考亚洲男士体型特点，精选高支面料贴身制作，标准化定制，确保产品质量。只有对产品质量把关，才能赢得顾客的青睐。而这一点 PPG 则相对有些偏废，其过分重视营销，但对于生产环节以及物流服务质量的控制则有些忽略，使得 PPG 在发展过程中，有关产品质量的负面新闻层出不穷，资金链断裂更是雪上加霜。因此，对产品质量的把关一定不能松懈。VANCL 凡客诚品就目前来说表现尚佳，使用者对 VANCL 凡客诚品产品的良好体验分享，使得其人气不断上涨，也赚得了更多的回头客。

其三是 VANCL 凡客诚品的网络营销策略。即在不断的探索、重新组合的过程中最终产生出的一套稳定的适合 VANCL 凡客诚品自身发展的网络营销策略，从而整合企业及网络资源，有针对性地开展网络推广，并达到高效益、低成本的商业目的（图 12-2）。

图 12-2　凡客诚品宣传广告

VANCL的网络营销

正如陈年在接受《财富人生》采访时表示，VANCL与PPG最大的区别是，PPG其实不是一个互联网公司，而VANCL却真正发挥了互联网的威力。

对于网络直销而言，数据库无疑起着至关重要的作用，有着无可匹敌的优越性，掌握了潜在购买者的数据库就意味着再次抓住了商机，能够更好地挖掘潜在消费者的消费欲望并加以满足。凡客诚品通过IT系统与数据集成分析能力，建立了一个集体终端客户、制造商、运输商、库存都联结在一起的流水线系统，将各个环节紧密连接。并且只有运用数据库实时进行数据收集、更新，才能更好地掌握投资强度、资金周转等情况，保证企业正常运作。

VANCL凡客诚品的数据库更新时间为每周六凌晨，主要包括增量数据库和总量数据库。而数据库营销系统的最主要功能在于储存客户资源，与消费者进行互动。它的独特价值体现在动态更新、顾客主动加入、改善顾客关系上。VANCL凡客诚品在产品交易买卖过程中不断收集、形成的各种顾客资料，不仅是保持现有顾客资源的重要手段，也是制订营销策略的依据，它可以配合品牌的直邮广告、电话营销等活动以增加促销力度，及时更新信息，以达到对顾客的维系。

数据库的缺失对于PPC而言无疑是其失败的一个重要原因。而同是从事B2C服装行业的VANCL凡客诚品，虽然营销模式是对PPG的复制，也采用网络直销，但是却摒弃了那些不适应的因素，如PPG对传统媒介的依重，而是真正凸现网络的力量，从而超越PPG。

首先，大打低价牌，从而使其打响头炮。VANCL凡客诚品是通过网站联盟和网店联盟与博客、网站、网店来合作的，铺天盖地的VANCL 68元POLO衬衫“初体验”广告使得其点击率大大提高，也为VANCL凡客诚品打响了一定的知名度，并在消费者心中确立了“简单得体的生活方式”的品牌形象。低价从来都是吸引顾客初次购买的一个较为有效的方法，但打低价牌却并不意味着档次低，性价比高使得消费者打破了潜在客户群的心理底价，也切合了消费者潜意识里网络购物比线下购物便宜的心态，正是VANCL凡客诚品给了客户一个立刻购买的理由，也只有消费者愿意尝试才能再进一步维系顾客的粘度，才能走得更长远。

其次，采取体验营销赚取人气。体验经济为人所重视之时，VANCL凡客诚品也紧紧抓住这一机会采取消费者体验的方式，并将其作为营销手段的灵魂。顾客对于VANCL凡客诚品的第一印象无疑是最直接的体验，相对于PPG而言，VANCL凡客诚品的名字已经让人有更深的好感，也给人更真诚的感觉。而其官方网页也更加简洁大方，易于操作，首页显示详细的产品分类、鲜明的促销打折信息以及已经购买者的体验分享等，给接触者最直接的视觉感受，而这些是PPG所不具备的。当然，名称和网页设计都只是感觉印象的第一步，最被看重的无疑是产品的真实体验。例如2009年5—8月，VANCL凡客诚品推出“全场免运费政策”，虽然这一举措使得运营成本提高，但却改善了VANCL凡客诚品的用户体验策略。客户相信最真实的体验，而真实的客户体验决定着VANCL凡客诚品的低价促销广告是一次吸引还是多次吸引，也同时会影响口碑营销的效果。如果客户的初次体验给客户留下较好印象，那么意味着顾客回头率可能提升，这对于企业长远的发展无疑起着促进作用。VANCL凡客诚品体验营销正是为了累积良好的口碑，它对企业的长远发展起着铺垫的作用。

最后，网络口碑营销无疑有着独一无二、至关重要的作用。当社区日渐深入人心之时，消费者选择网络购物之前总会在社区内搜寻相关产品的使用信息，这些有关用户体验的分享信息对于消费者购买意向的左右程度是不可估计的，陈年团队当然深刻了解口碑的作用，因此博客营销被重视并且有效利用。例如，早些时候其策划的一个向企业高管赠送衬衫的活动，让他们在博客上写下自己穿VANCL衬衫的感受。这些高管的真实感受对于消费者而言无疑起着意见领袖的作用，左右着他们的购买动机及行为。并且顾客体验也能够获得相应的数据库，能够更精准地投放VANCL凡客诚品近期的促销信息，以维系顾客的忠诚，这种策略多采用投放电子邮箱广告的形式。而电子邮箱直投的广告意味着VANCL凡客诚品能够针对目标消费者更精准地投放相应的信息。随着微博的日益红火，相应的公司微博也已诞生，它们吸引着一大批的关注者，并且对其产生潜移默化的影响，而关注度曝光率越高也就意味着销售的机会也越大。VANCL当然不会放过任何机会，在各大门户网站如凤凰网、迅雷、搜狐网上的网络广告，搜索引擎优化，广告联盟，网站联盟等方式的推广，无疑对于VANCL凡客诚品点击量和销量的增长起着重要作用。

VANCL的网络广告

VANCL凡客诚品对各种策略的使用并非蜻蜓点水般地略微试探，而是充分利用，并向顾客发起猛烈攻势，使得VANCL凡客诚品一经出现便引起很高的关注度。而大手笔的广告投放对于任何公司的生产成本都会产生一定的压力，正如前车之鉴PPG一样，经调查PPG在2007年投入的广告费高达2.3亿元，并且因拖欠广告费陷入债务纠纷之中，最终因资金链断裂而失败。不论是投放传统媒介，还是网络媒介，都会产生或多或少的压力。而网络广告投放效果的不确定性，也使得要想摆脱广告"不投放，订单降"的网络自有品牌服装营销的怪圈，尚需要继续优化盈利模式。

VANCL凡客诚品主要采用的是网站联盟的营销方式，以期获得对成本利润较为精准的控制。联盟营销，通常指网络联盟营销，也称联属网络营销，起源于亚马逊。联盟营销包括三要素：广告主、联盟会员和联盟营销平台。广告主按照网络广告的实际效果（如销售额、引导数等）向联盟会员支付合理的广告费用，以期节约营销开支，提高营销质量，即利用CPS（Cost Per Sale，按销售情况付费），使得广告与销售的投入产出比得到重视，也因此可以大大降低风险。各大网站通过此种方式为VANCL迅速打响品牌，使得VANCL网络广告迅速覆盖网络。而且广告价格与每单买卖都直接挂钩，数据精准，透明分账，不需支付额外广告费用，通过将分散的网站流量积聚，同时通过相关衡量技术，也大大降低了投放费用，即成本降低。而这种方式的可检测性以及准确性的确也受到业界相当大的追捧。

联盟营销确实是优势颇多，但却仍有一些需要注意之处。各个联盟网站不论将VANCL凡客诚品广告发布多久，所得盈利并不按照时间计费，而是采用与买卖挂钩，抽取销售提成，广告收入并不稳定，看似对双方透明、公开、公正，但这种公正也只是建立在VANCL凡客诚品可以有源源不断的顾客的基础上，当然也需要各个网站自己的人气不断累积。但换个方向看，如果将广告位卖给固定支付广告费用的广告主，收费相对来说则较为稳定。不过这也因情况不同而效果不一。无论如何VANCL凡客诚品的这种借鉴在当下的B2C行业，都是效果良好，毕竟确实能够达到相互双赢。

数据显示，VANCL凡客诚品成立至今，每天接到的订单已经高达

6000多单，服装销售更是高达1.5万件，2008年销售额接近5亿元。而随着淘宝网不断壮大，支付宝这一线上付款方式已经被普遍使用，VANCL凡客诚品采用第三方支付手段，不仅避免了线下资金流通的麻烦，也因此吸引一大批支付宝用户的青睐。这些数据昭显的是VANCL凡客诚品这几年的战绩，同时显现的也是B2C市场的巨大潜力。

小结

通过对VANCL凡客诚品网络营销案例的分析，无论是人力资源的配置、对自身产品生产配送的严格把关，还是其团队对网络营销的精准把握，种种因素都对VANCL凡客诚品时至今日的成绩起了功不可没的作用，同时VANCL凡客诚品的成功也在于其对PPG前车之鉴的仔细研究，方能少走很多的弯路，也使得VANCL凡客诚品能够继续向前。而VANCL凡客诚品不拘泥于固有模式，开拓创新的经营也应当被重视，以此推动B2C行业继续向前发展。

（刘洁臣）

◎思考题：

1. 凡客诚品网络营销的特点是什么？
2. 请分析网络销售B2C模式的发展趋势。

第三节　内文关键字广告应用模式

2010年1月15日，亚洲最大的网络零售商圈淘宝网宣布，淘宝网应用商店——“淘宝箱”正式对外发布。此次推出的淘宝箱所涉及的产品可以分为卖家工具、买家工具、社区插件、淘客工具和手机应用等几大类，以满足电子商务中各类人群的需求。其中，卖家工具帮助卖家优化店铺管理，满足卖家后台功能上的各种个性化要求。对于买家，提供购物搜索、商品咨询等服务，轻松优化购物体验。此外，淘宝网也鼓励开发者开发外部所有网站使用的应用服务。比如，淘宝箱中的简淘网就是面向广大的论坛主、博客主及其他新闻、社区类网站。通过页面插件形式为其网站提供页内关键字广告，投放淘宝推广商品，使网站主直接将流量转化为销量。内文关键字广告不同于以往的横幅、对联、通栏、窄告等各种形式的网络广告，这些网络广告形式都是以独立的广告单元出现，是强迫用户浏览，不过许多用户往往都视而不见。而内文关键字广告则放在读者感兴趣的文章中，并且是以用户主动浏览的方式出现，对文章排版也不构成影响，因此用户满意度高。淘宝网通过内文关键字广告的应用实现了亿元进账，不得不承认，内文关键字广告是一种极为有效的广告形式。

内文关键字广告的优势

淘宝网的内文关键字广告并不十分复杂，它完全通过计算机识别文章内部关键词和文章特性，并根据这些数据在鼠标滑过关键词的时候滑出相对关键的淘宝商品广告，匹配好的关键词将由下画线标出。它可以实时分析网页内文，根据文章内容的相关性自动标记关键词，将淘宝商品广告放入消费者正在阅读的文字中（眼睛专注的地方）；当鼠标移到关键词上时，广告自动展示出来，准确地将广告、内容、浏览者三者紧密结合在一起，是一种崭新、温和，完全由消费者触发的广告形式。

淘宝网内文广告的成功使我们看到了内文关键字广告的巨大潜力，与传统网络广告相比，内文关键字广告无疑具有传统广告无法比拟的优势。

优势一：无需广告位。对于门户网站来说，内容是生存的根本。为了最大限度地提升每一个网页的广告价值，就得充分利用页面中的每个元素，如图片、广告位、文字等。具有特色的广告位需要占去页面一定的面积，然而一个页面的设置是有限的，这就决定了网页广告的有限，况且操作起来不是那么方便。内文关键字广告是互联网智能化的广告模式。它主要在文章中以文字链接和触发的方式实现超文本链接，当用户的鼠标悬停在网页的某些特定关键字上时，就会弹出相关的广告和信息窗口，引导用户点击广告。这种采用文内广告联盟自动提取内容里面的关键词，对内容进行广告化处理的广告方式，提升了广告价值。它不占用广告位，不仅节省了页面空间，而且简化了页面设置。这无疑减轻了门户网站的负担，同时又提升了页面的广告价值。

优势二：操作便捷。内文关键字广告拥有功能完善的后台支持，应用文章语义分析技术、关键字匹配技术、行为定向技术，将广告主投放的广告展现给最相关的消费者群。内文关键字广告同时还可以为用户提供自动竞价服务，用户可根据预算额度通过设定竞价上线实现自动操控，用户只要填写广告内容、选择合适的广告形式与浮窗，即可轻松完成广告投放与管理。

优势三：形式新颖。内文关键字广告播放完全由受众鼠标触发、浮窗展示，设计精美的浮窗与文字、图片、轮播、Flash、视频等多种广告形式相映生辉，使广告成为受众关注的焦点。全新模式的内文广告，借由鼠标触发关键词引发富媒体效果，一方面有效激发消费者的购买意识，另一方面兼顾用户的网络体验，这是该广告的一大亮点。网页中每篇文章都蕴含着无限商机，借由文章内关键词，广告覆盖面将无限增长。

优势四：传播广泛。内文关键字广告可以拥有众多的合作媒体资源，不仅可以投放到新浪、网易、腾讯、奇虎等大型门户网站，还可以出现在数千家各类网站媒体之中，可以使广告内容得到最广泛的传播。

优势五：费用合理。内文关键字广告实时跟踪网民行为，精准记录每一个关键词的展示数、点击数及展示时间，为用户提供精细、可靠的数据，用户可根据展示、点击数按实效付费，最大程度节约了广告成本。由于是添加在内容性的文章中，在网民进行阅读活动的过程中，其曝光率非常高，而且它并不是依据曝光量收费，而是按照点击数收费，所以从某种意义上说是“便宜”众多广告主的一种广告模式。

上述这些其实仅仅只是内文关键字广告几个相对比较明显的优势，网络广告在实质上的进步绝对不止这些。如今的网络现状是为数众多的广告主都在为无效点击产生的“效果”付费。所谓无效点击是指网站主点击其网站上的广告提高他们的收入，或企业点击竞争对手的广告蚕食对方的广告预算，这些点击行为其目的并不是出于对于广告本身兴趣而产生的，所以是小型广告主广告经费的无效点击行为。这是一个令所有搜索引擎竞价排名服务商连连摇头的现状，他们认为仅仅通过技术支持很难解决这个问题，竞价广告信息越是排名靠前，类似的无效点击率就越明显。但是当内文关键字广告出现时，我们惊奇地发现这样一种现象得到了有效的遏制。因为是靠鼠标在关键字上的停留才产生广告效果，浏览者在已经展示的广告面前很清楚地知道自己在干什么，知道自己下一步的点击行为会产生什么样的效果。这样一种点击是在知道该点击页面是一个广告链接的情况下进行的，所以不会存在无效点击。对于任何广告商而言这都是一种精确而且效率极高的广告模式，它的针对性极强，根本不会存在所谓的无效点击，从而有效地扼杀了无效点击，避免企业广告资金的浪费，对于那些资金本来就不充裕的中小企业也就是我们现在常说的“长尾群”而言是再合适不过的广告模式。

内文关键字广告还有这样的优点，内文关键字广告针对的受众群体质量更高。同时，内文关键字广告是在做文中广告，这完全避免了对浏览者的干扰，而且浏览者在阅读内容型文章时精神集中，如此对于广告的记忆效果达到了最大值。内文关键字广告的表现形式丰富，可以把各种网络广告的表现形式全部都运用上，还有内文关键字广告的定向性强，可选择与自己品牌相关的关键词，加深对消费者的消费印象。另外，它数量巨大，可以覆盖上万家网站，并且统计方便，能精确统计曝光率和点击率，可以作为下次投放的参考。

内文关键字广告的发展前景

内文广告作为一种新型的网络广告模式，具有广阔的发展前景。在网络高速发展的今天，一项最新统计显示，网络广告自傲中国形成了前所未有的高峰，北京召开的2007—2008年年度中国互联网市场年度数据第二次发布会上，《Netguide2008中国网络广告市场调查研究报告》显示：2007年中国网络广告整体市场规模增至76.8亿元人民币（不含搜索引擎关键字广告），较2006年增长54.2%，增长的原因在于网民增长的拉动以及品牌广告主对网络营销的重视和拉动。随着网民的快速增长，更多的传统行业广告主对网络营销的重视程度进一步提高，北京奥运的强势拉动，2008年中国网络广告市场规模增至121.7亿元，2008年相对于2007年的增长率为58.5%，增长势头良好。

2007年中国网络广告市场高度细分，市场竞争与分流加剧，从2007年各细分领域的市场规模占有率和未来一年的增长率来看，网络广告各细分领域呈现四大阵营：

2007年中国网络广告各细分领域所占市场份额仍以综合门户为主，比例为40.6%。垂直、专业网站广告已经在广告效果和对受众购买行为的影响力方面显现出较强竞争力，在网络广告市场中的相对份额增至25.9%；联盟广告与广告交易平台2007年占网络广告市场相对份额只有13.8%；游戏内置广告和社区广告在整体网络广告市场份额中比例较小，分别仅占1%和5.4%；电子邮件营销为补阙类市场。

与此同时，我们也注意到，在中国互联网发展统计调查中，用户最反感的就是弹出式广告，它类似于病毒，确让网民反感。其次就是网络入侵。网络病毒和网络入侵攻击都可以看作是对上网电脑的入侵，而弹出式窗口与垃圾邮件主要是增加用户的麻烦程度才引起用户反感。

大多数网民上网的主要目的是为了获取信息，但其所占比例呈下降趋势，以娱乐为主的网民正稳步上升，由此看来休闲娱乐已成为网民上网的主要目的。在这样的趋势引导下，网络广告必须改变，重点是提升网民的接受度和好感度，而不是过分追求强制性的注意力，否则真正的广告就没有了。

当那些文字、音频、视频广告逐渐发展成熟后，人们已经不再注意这种类型的广告了，随着技术和创意的不断提高出现了一些新的网络广告模式，内文广告越来越开始符合受众心理，逐步被网民接受和喜爱，它是网络广告的新亮点，是网络广告传统模式的突破。内文关键字广告，是带有下画线的关键字，当你把鼠标移动到它上面，就会出现广告。内文关键字广告形式新颖，完全以消费者触发的形式出现，不占网页空间，也不占浏览网页的速度，它准确地将广告、内容、浏览者三者结合在一起。网站的任何空间和文字都能变成盈利来源，为合作网站提供了全新的利润增长空间。从盈利进而转资到网站推广计划，从而获得更大的访问量。

此外，网络广告媒体联盟的形式也为内文关键字广告提供了一个大的网络广告平台，内文关键字广告的发展前景极为广阔。

小结

内文关键字广告带给我们的不仅仅是一种新颖的广告模式或是丰富多变的广告表现形式，更是一种新的概念。内文关键字广告向前迈进的一小步对于整个网络广告业界可谓是相当大的一步，对未来网络广告的发展将会有举足轻重的影响力。

（胡晓璐）

◎思考题：

1. 请分析内文关键字广告模式的传播优势。
2. 目前 C2C 网站运作模式存在什么问题？

第四节　淘　宝　网

淘宝网是国内领先的个人交易网上平台，由全球最佳 B2B 公司阿里巴巴投资 4.5 亿元创办，致力于成就全球最大的个人交易网站。“淘宝网”，顾名思义，没有淘不到的宝贝，没有卖不出的宝贝。淘宝网自成立以来，坚持诚信为本的原则，从零做起，短短的 2 年时间，迅速占领了国内个人交易市场的领先位置，约占中国网络购物74.7%的市场份额，创造了互联网企业发展的奇迹，真正成为有志于网上交易的个人的最佳网络创业平台。回顾淘宝网的发展历史，既是一个创新公司的传奇经历，也是中国消费市场急速释放的历史，更是中国人个性淋漓尽致体现的过程。淘宝网的创立，为国内互联网用户提供了更好的个人交易平台，淘宝网凭借其迅猛的发展势头以及在个人交易领域的独特文化，荣获了《财经时报》与搜狐公司2003年评选的“国内10大最佳投资”称号。

淘宝网在艰难中脱颖而出

免费的午餐。易趣当时在中国的确做得很大，但它有很多弱点。客户对它的抱怨很多，其中重要一点是易趣坚持的收费原则。在瞅准对手的弱点之后，马云马上行动，2003年5月10日，阿里巴巴正式宣布投资4.5亿元开办淘宝网。有阿里巴巴做后盾，淘宝有了强大的财力支持，优秀的管理团队和技术人员，了解中国市场，熟知中国人的消费习惯和爱好，等等，而且淘宝网宣布免费，其网上的所有商品都称做“宝贝”，商品的定价都是卖家自主定的。早在2003年8月，淘宝网就对外宣布，前10万名经过身份认证并在淘宝上有过一次买卖经历的会员，将享受3年内不收取交易服务费的优惠。而目前，其网上的注册会员已远远超越这个数字，但淘宝网依然没有收费的打算。淘宝网凭借其免费策略迅速切入市场，推出支付宝，支持安全交易，并根据条件变化进行阶段推广和战略联盟。而且淘宝网交易过程中有类似QQ的即时交易沟通工具“淘宝旺旺”，目的是让交易双方更加方便快捷地进行网上交易。淘宝网还提供留言管理、站内信件、淘宝社区等非即时的会员交流、协商方式。淘宝社区作为一个反馈论坛，有专人管理，回应淘友的发帖。

农村包围城市的广告运动。在淘宝网创建之初，未知的前景使其看似光明的路上充满荆棘。因为在国内没有类似的网络运营平台，所以人们不了解其经营模式，知名度、信誉度都受到极高的挑战。人们担心网上购物的安全性、质量好坏、客户信息是否保密等诸多问题。没有经验，很多东西都需要摸索。低起点需要更大的投入和更新的思维才能把网络交易做好。而且随着国家立法的完善，各种问题层出不穷，各种社会评论也此起彼伏，所以淘宝网的社会压力也很大。网站成立初期如何让尽可能多的个人用户知道淘宝网呢？新生的淘宝网一开始就遇到了难以想象的困境。凭借一份数目不菲的广告合同，易趣与中国的三大门户网站（新浪、搜狐和网易）签署了排他性协议，以阻止其他个人电子商务公司在上述三家网站发布广告。当时的三大门户网占据了中国网站流量的绝大多数，对于淘宝网这样一个新生儿，被排除在三大门户网的广告平台之外，无疑是个沉重的打击。“既然大的网站不能做广告，我们就做小网站的广告。”孙彤宇（淘宝网前总经理）的策略是以较低的成本，在成百上千个小网站上投放淘宝网的广告，而这些网站是强悍的易趣无法顾及的。正是这些不起眼的小网站使得淘宝网名声远扬。除了利用网站发送广告，淘宝网也做了众多创造性的推广。首先，淘宝网和《天下无贼》进行合作，进行广告贴片、海报宣传、新闻发布等宣传活动，还在影视副产品、网络合作开发和网络增值方面建立了伙伴关系。其次，新浪和搜狐都已经与易趣解除了排他性协议，淘宝网又和搜狐宣布成为战略联盟，这样淘宝网可以在搜狐上发布自己的广告信息。当一切步入正轨时，淘宝网借助“电子商务前景一片美好”这个时机，赢得政府的大力支持，获得政策、税收等方面的优惠。

B2C与C2C之间的抉择。首先，淘宝网现在以不收费方式吸引用户，可是淘宝网依然要面临这样的挑战：如果淘宝网在未来也采取收费模式，是否会造成会员的严重流失，从而让易趣、拍拍等其他新兴的个人电子商务公司有机可乘。其次，由于淘宝网属于新兴产业，人们存有诸多疑问、猜忌和怀疑，人们会质疑它的盈利模式、信誉、安全性、质量等。随着国家法律的不断完善，这个新兴产业会受到诸多法律方面的约束。现在淘宝网的常驻资金非常大，主要包括客户保证金、用户储存金。这笔钱由中国工商银行代管，在国家政策明确之前，这块资金始终不能动。现在的风险在于，目前国内从事第三方支付像淘宝网这样的公司不多，一旦有谁出了事，国家就可能严厉打击整个行业，这也是淘宝网所担心的。淘宝网起初在C2C模式下运营，提供服务的消费者与需求服务的消费者私下达成交易，这种电子商务网站可让销售范围推广到以前无法接触到的领域，并可让消费者感受到无所不在的服务，却不需花费太多的成本，确实是一种很便捷的交易方式。现在淘宝网从C2C向新B2C模式转型，新的B2C模式将帮助商家直接充当卖方角色，把商家直接推到与消费者面对面的前台，让生产商获得更多的利润，将更多的资金投入到技术和产品创新上，最终让广大消费者获益。淘宝网全新B2C模式的目的就是帮助厂商赚钱，帮消费者省钱，最大限度压缩中间环节成本，最终达到厂商和消费者双双受益的结果。马云表示，传统 B2C 模式需要投入巨资建立仓储、配送中心，中间成本极大，利润则仅可维持在 5% 左右，而融合了 B2B 及 C2C 模式的淘宝网 B2C 新模式则不存在物流、配送、支付等瓶颈，这样淘宝网的未来就将无可限量。

“淘客”的天地。淘宝网宣布推出一项按成交付费的新网络营销模式“淘客推广”，通过“淘客推广”平台，网民可帮淘宝网商销售商品并从中赚取佣金。“淘客推广”是 2008 年 9 月淘宝网合并阿里妈妈网并启动大淘宝战略以来，官方推出的首个结合二者资源的新业务。得益于淘宝网交易平台和广告平台资源的整合，新淘宝开始为网络零售商提供从渠道到营销的整合服务。淘宝网称，淘客业务除了提供新的互联网创业机会外，也为老牌垂直行业网站提供新的盈利机遇。加入淘客平台，这些专业导购资讯网站不仅能够为用户提供专业的导购信息，还同时提供一键到位的便捷购物体验；通过淘客业务赚取的“按成交付费”收入，也正在成为垂直网站群除广告收入外的另一个盈利模式。目前淘宝网上的主要网民集中于 18～35 岁的人群，他们追求时尚和个性，又有较高的消费能力，仅在 2009 年可统计的消费金额就有 80 亿元，2010 年有望突破 140 亿元，相当于 280 个沃尔玛门店。巨大的消费能力、海量的商品信息、高忠诚度的消费群体、诚信可靠的购物社区以及安全快捷的支付方式，是其他网络销售平台无法比拟的（图 12-3）。

图 12-3　淘宝网形象海报

淘宝网在繁华中用心经营

进入淘宝网的新主页，首先可以看到其左上角是淘宝网的标志，并且注明“2010消费者年”。这更加突出了淘宝网始终坚持以顾客为中心的原则。页面上还有“手机充值、水电煤缴费、信用卡还款、机票购买……”这样为消费者带来了更多的便利。淘宝网以白色为背景，字体颜色以蓝色为主，热门的搜索字体为橘色，看上去非常清晰。淘宝中的类目分排得特别清楚（数码、美容、服装、配饰、家居、食品等），让人能非常方便地看到各种宝贝的分类，以方便消费者更快地找到自己想要购买的宝贝。页面中有很多个版块，采用图文并茂的排列方式，看上去一目了然，使整个页面显得非常亮丽。在页面的最下方，罗列出淘宝网的安全保障及付款方式，这样，新的会员就能更快地了解淘宝网。

淘宝网的内容更新很快。在首页，有热卖宝贝、特价商品、创意商品、二手、淘宝活动等，对于这些内容，几乎每天都在变。淘宝网的新页面加上了规则、安全保障和公益板块。淘宝网的规则包括：规则内容，规则变更通知，规则走进客户活动等。安全保障板块中列出了一些被骗的案例，帮助消费者认清骗子的面目，注意防范。公益板块把淘宝网和淘友所做的公益事件公布出来，这样拉近了淘宝网和会员之间的距离，更让淘友们感到家庭式的文化氛围。还有就是公告栏，时时发布信息，让用户及时了解淘宝网的一些活动和规则。另外，淘宝网还有店小二、客服，及时处理用户的一些问题、建议及投诉。淘宝网还有一个网络服务系统：(1)淘宝旺旺。使得与顾客的沟通更及时，服务更贴心，交易更快捷。(2)电子邮件系统。淘宝网的电子邮件，及时提醒您交易的动态，保证每一笔交易都不会漏掉。当然这对于消费者来说，也是有好处的，如果遇到什么问题，可以及时与卖家联系，寻求解决的方案。(3)手机注册。用手机注册淘宝网会员，这样，顾客的交易都会通过短信告知，这样使交易更加安全。因此，淘宝网已经成为越来越多网民网上创业、购物和以商会友的优先选择。当然，除了淘宝网精心的网页设计外，以下4方面的运营策略更为其快速发展增添了动力：

一是淘宝网的广告策略。淘宝网起初利用小网站进行广告推广，完全依靠口口相传，这种方式给淘宝网的进一步发展打下了坚实的基础，接下来淘宝网采用“农村包围城市”的策略。随着淘宝网的迅速发展，淘宝网已经由一个名不见经传的网站，逐步声名鹊起，在这个传播过程中，广告策略功不可没。淘宝网主要针对中小型网站和个人网站做大规模的推广。正是这些不起眼的小网站成就了淘宝网的“名声远扬”。除了在线上，当时生存空间狭小的淘宝网也在线下做了很多创造性的推广。2004年4月2日，淘宝网和《天下无贼》进行合作，除了常见的广告贴片、海报宣传、新闻发布等宣传推广手法外，双方还在影视副产品、网络合作开发和网络增值方面建立了伙伴关系。不仅如此，淘宝网还在全国各地的地铁站和公共汽车车身上，甚至价格高昂的电视媒体上投放大量的广告。而且当新浪和搜狐与易趣解除了排他性协议后，淘宝网又和搜狐宣布成为战略联盟，这样淘宝网可以在搜狐网站上发布自己的广告信息。正是这些灵活的、具有针对性的广告策略使其能够脱颖而出，彰显特性，从而迅速占有市场份额。

二是淘宝网的顾客策略。“宝可不淘，信不能弃”，——这是淘宝网一贯的做事准则，为创建一个诚信、充满活力的网上交易平台而努力。在为淘宝会员打造更安全高效的商品交易平台的同时，也全心营造和倡导了互帮互助、轻松活泼的家庭式文化氛围。通过淘宝旺旺的交流，让每位在淘宝网进行交易的会员，交易更加安心，更加高效，而且在交易的同时，可以交到更多的朋友。淘宝网成为越来越多网民网上创业和以商会友的最佳选择。

三是淘宝网的运营策略。淘宝网在中国C2C电子商务市场上之所以能够爆发，免费是一个重要的驱动因素。实际上，中国C2C电子商务的本土特征应该是平民参与、大众参与，只有便宜才会得到大家的认同，最大限度地节省消费者成本。淘宝网的免费策略可以说是C2C市场的一剂强心剂。据艾瑞咨询的统计数据显示，目前淘宝网每天的用户增长数达19025名。淘宝网作为一种全新的购物方式，需要给人们一个适应的过程，通过用户的不断体验和感受，培育起用户的感情、习惯以及对服务的信赖，之后要赢利就易如反掌了。但是受制于客户资源总量和现有商业模式，淘宝网的狂飚突进运动会慢慢变缓，用免费高速圈地的“副作用”也将会慢慢凸现出来，新的变革已为期不远。

四是淘宝网的定价策略。网络购物价格不再是由厂商单方面制定，而是通过商品拍卖让定价主动权转移到消费者的手中。根据eBay的统计分析，在网上拍卖定价产品，只有20%产品的拍卖价格低于卖者的预期价格，50%产品的拍卖价格略高于卖者的预期价格，剩下30%产品的拍卖价格与卖者的预期价格相吻合，在所有拍卖成交产品中有95%的产品成交价格卖主比较满意。因此淘宝网应利用庞大的数据资源和记录，指导商家定价，这样消费者得到实惠，也增加了其信任度，同时也对卖家起到很好的鼓励作用，吸引更多的买家和卖家进入平台交易，逐渐建立起顾客忠诚。

淘宝网在整合中推广自己

淘宝网作为一个网络的急先锋，在推广自己的品牌和服务中，可谓用尽了网络的各种手段和方法。淘宝网的推广策略主要有以下4个方面：

一是淘宝网的企业网站。在所有的网络营销工具中，企业网站是最基本、最重要的一个信息传播、品牌推广平台。没有企业网站，许多网络营销方法也将无用武之地，企业的网络营销也将大打折扣。而淘宝网正是以其网站为交易平台，通过企业网站来传递各种交易信息，并灵活地向用户展示产品说明的文字、图片等。淘宝网还建立了网络社区，网购的用户可以交流心得体会、分享商品信息等，而且淘宝网通过企业网站为顾客提供各种在线服务和帮助信息，例如：常见问题回答、电子邮件咨询、在线表单（用户注册、在线联系、在线调查表等），或者通过阿里旺旺在线即时回答顾客的咨询等。这样不仅为顾客提供了方便，也提高了顾客服务效率，节省了服务成本。淘宝网这种具有在线产品销售功能的企业网站由于涉及支付、订单管理、用户管理、商品配送等环节，一般比信息发布型网站更为复杂，并且网站的经营重点有一定的差异。除了一般的网络营销目的之外，获得直接的收入也是主要目的之一。

二是搜索引擎的"关键字（词）"广告。搜索引擎是常用的互联网络服务之一，搜索引擎的基本功能是为用户查询信息提供方便。就我们常用的搜索引擎而言，如百度、Google等，同样具有不同的特征，同一关键词在不同的搜索引擎中得到的结果是不同的，不仅反馈信息数量不同，排列位置也有一定的差异。如输入"淘宝"这一关键词，百度一下，找到相关网页约45800000篇，用时0.001秒。在百度风云榜中，"淘宝"这一关键词排名第12位，历史搜索总量为27343817，TOP上榜天数为1002天，日平均搜索量为27290，淘宝创始人马云在百度风云榜十大人物中排名第十位。在Google搜索中，约有97200000项符合"淘宝"的查询结果。搜索引擎的合理利用，使淘宝网能够迅速地进入顾客的眼球，更有利于顾客的查询和翻阅，从而深入了解淘宝网，了解更多的信息。这使得淘宝网能够进一步扩大客户资源，占有更广阔的市场份额。

三是E-DM，即电子邮件直投广告。电子邮件是最常用的互联网服务之一，电子邮件不仅作为一种个人交流工具，同时也日益与企业经营活动密不可分，因此E-mail成为有效的网络营销信息传递工具之一，在网络营销中具有极重要的作用。淘宝主要通过电子邮件进行在线市场调查、产品服务推广和在线顾客服务。在淘宝网公布的联系方式以及在线帮助信息中，电子邮件地址都是必不可少的一项内容，用户注册、支付宝账户，都少不了它。通过电子邮件开展顾客服务，不仅节约了顾客服务成本，而且增进顾客关系，提高顾客服务质量，还增加顾客忠诚度。可见，运用电子邮件也是与顾客沟通的良好渠道。

四是成功的广告手段——即时通信，指可以在线实时交流的工具，也就是通常所说的在线聊天工具。淘宝的在线交流工具主要是阿里旺旺。阿里旺旺将原先的淘宝旺旺与阿里巴巴贸易通整合在一起，是淘宝网和阿里巴巴为商人量身定做的免费网上商务沟通软件，它能帮网民轻松找客户，发布、管理商业信息，及时把握商机，随时洽谈生意。这个品牌分为阿里旺旺淘宝版与阿里旺旺贸易通版两个版本。这两个版本之间支持用户互通交流。但是，如果你想同时使用与淘宝网和阿里巴巴中文网站相关的功能，仍然需要同时启动阿里旺旺淘宝版和阿里旺旺贸易通版。目前贸易通账号需要登录阿里旺旺贸易通版，淘宝账号需要登录阿里旺旺淘宝版。阿里旺旺淘宝版用户新增互通聊天、动态表情、截屏发图等新功能，阿里旺旺贸易通用户可以用原来的用户名直接登录使用。阿里旺旺贸易通版是以前贸易通的升级版本，在原来贸易通的基础上，新增了群组和阿里旺旺六大特色功能：可以随时联系客户、进行海量商机搜索、快速批量发送信息、丰富的系统功能、多方商务洽谈、免费商务服务，极大地方便了客户的网络沟通和信息交流。

小结

淘宝网的成功经验是值得我们借鉴的。初期的淘宝网并没有被内在的困难和外在的压力击倒，而是通过自我分析与对外分析，以己之长攻人之短，以彼之长补己之不足，让自己有发展的机会，有拓展市场的能力。随着自身的发展，淘宝网的商品数目明显增加，业务范围明显扩大，从汽车、电脑到服饰、家居用品，分类齐全，全方位，深层次，宽领域。一切以顾客的消费为工作出发点和落脚点，依靠广告推广，消费拉动，提高顾客满意度，提高市场占有份额，力图实现双赢。淘宝之所以成功不仅是因为其大胆、适时突击、推陈出新的策略赢得顾客的忠诚和市场的扩大，更是因为其与时俱进的品质，因时、因地、因人灵活改变策略，以诚为本才能不断披荆斩棘，最终走上康庄大道。它的发展使买家与卖家在最优策略下选择最低成本获得最大效益，实现了共赢、互赢。

（吴新华）

◎思考题：

1. 请分析淘宝网运作的特点。

2. C2C 网站如何建立交易诚信体系？

第十三章 手机广告

专业导航：手机广告

手机媒体是指以手机为终端的个性化信息载体。手机媒体不再是一种简单的通信工具，而被认为是继报刊媒体、广播媒体、电视媒体和网络媒体之后的“第五媒体”。

一、手机媒体的传播特征

（1）移动性。手机媒体是伴随性媒体，用户可以在任何地点使用手机媒体，不受使用空间的限制。

（2）私密性。报刊、广播、电视和网络四大媒体具有一定的公共性特征，而手机媒体是私人媒体，终端与内容往往仅为个人所有。

（3）互动性。手机媒体既是通信网的终端，又是移动互联网的终端，用户可以使用手机随时随地与传播主体进行互动。

（4）泛众性。手机媒体是使用最为广泛的传播媒体，是国家应急信息系统的重要组成部分，可以实现最为广泛的大众传播。

（5）分众性。手机媒体由于是实名制注册，其受众市场容易细分，可以实现窄众传播和精确营销，减少广告浪费。

（6）实时性。手机媒体的随身性很强，用户不仅可以在任何时间使用手机媒体，而且可以实现即时与传播主题互动。

（7）立体性。在传播方式上，手机媒体既有语音业务，又有数据业务，可以实现语音、文字、图片、声音和视频传播。

（8）娱乐性。手机媒体不仅可以作为商务媒体，而且可以成为生活媒体。随着手机上网和手机电视等技术的不断成熟，手机媒体的娱乐性越来越强。

（9）经济性。在数据分析的基础上，手机媒体可以实现“一对一”传播，这提高了广告投放效率，降低了广告宣传成本。

(10) 扩展性。伴随着家电信息化和办公自动化，手机媒体可以实现与电脑、电视和投影仪等数字媒体实现互联，克服了屏幕小所带来的限制。

(11) 自由性。随着手机媒体的智能化，手机媒体可以安装越来越多的应用程序，满足生活、工作和学习等各方面的需求。

二、手机媒体的广告经营

手机广告是指利用手机为主要传播平台，直接向目标受众定向和精确地传递个性化即时信息的营销手段，通过与消费者的信息互动达到市场沟通的目标。手机广告既可以包含传统媒体的广告样式，也出现了手机二维码等新兴广告形式。

(1) 短信广告。短信广告是指以短信息 SMS 为主要承载形式，将纯文本的广告信息（≤70 个字符）传递至目标用户手机上，实现精准高覆盖投放的广告形式。短信广告传递简洁顺畅，占用受众时间少，广告成本低廉，是最常见的手机广告形式。

(2) 彩信广告。彩信广告是指以多媒体信息 MMS 为主要承载形式，将文本、图片、动画、音乐、铃声、震动等多媒体信息（≤50KB）传递至目标用户手机上，实现精准高覆盖投放的广告形式。该产品信息承载量大，表现丰富多彩，能够极好地诠释产品、强化品牌，颇受受众喜爱。

(3) WAP 广告。WAP 广告是指以 WAP 网站作为媒体，广告主根据传播需求选择特定频道的广告位，向目标手机用户精准展示广告的一种广告形式，常见类型有文字链接广告和 Banner 广告。

(4) WAP 建站。广告主通过建立一个互动性强、可随时更新、内容无限扩充、含多媒体信息的综合性企业 WAP 网站或业务页面，并通过 WAP PUSH 将该站点或业务的链接以文本形式发送到可登录 WAP 网站的目标用户手机上，用户只需点击文本中的链接，即可直接访问 WAP 网站或相关页面。

(5) 彩铃广告。它是指在固定电话用户或手机用户的彩铃前插入广告，或者以整首彩铃作为广告的广告形式。

(6) IVR 广告。IVR 广告又称互动式语音应答广告。手机用户可主动用电话进入服务中心，根据操作提示收听手机娱乐产品或服务促销信息；也可被动接收广告主传递的音乐、铃声、录音等语音形式的产品或服务信息。

(7) 定位广告。它是指通过获得手机用户的位置变动状态信息，利用小区广播信道将广告信息传递到某特定区域的用户手机上，实现在特定的时间为特定地点的特定客户群提供特定频次的个性化信息的广告形式。

(8) 二维码广告。它是指用某种特定几何图形按一定规律在平面上分布的黑白相间的图形来记录数据符号信息，承担数据载体功能。用户通过手机照相镜头扫描此二维码，或输入二维码号，或输入文字，即可访问WAP网站、下载图铃和优惠券等广告形式。

(9) 游戏广告。它是指在手机游戏中出现、内嵌在游戏程序之中的广告形式。它以手机游戏的用户群为基础，在游戏中的恰当时间、适当位置出现的手机广告形式。

(10) 置入广告。它是指将广告信息内置在手机产品中的一种特殊的手机广告形式，分为永久性置入广告和客户端置入广告。表现形式主要包括手机屏保、壁纸、视频、音乐、JAVA程序、游戏等。一般来说，手机内置广告是在手机销售之前就已经完成的，消费者购买手机后，打开手机就可观赏和使用的内置文件，它具有很高的到达率。手机内置广告还有一种演变的形式，在内置的同时，定制手机的外观，使某一批手机有明显的冠名厂商的视觉表现。

2009年1月7日，工业和信息化部为中国移动、中国电信和中国联通发放3张第三代移动通信（3G）牌照，此举标志着我国正式进入3G时代。其中批准中国移动增加基于TD-SCDMA技术制式的3G牌照，中国电信增加基于CDMA2000技术制式的3G牌照，中国联通增加基于WCDMA技术制式的3G牌照。3G牌照的正式颁发，使中国移动通信正式进入3G时代。在3G时代，数据业务将超过语音业务，手机的媒体特性将更加突出，手机广告经营将拥有更为广阔的市场空间。

第一节 3.15分众“短信门”事件

2008年，在“3·15晚会”上，中央电视台对垃圾短信制造内幕进行了媒体曝光，同时对分众传媒旗下分众无线传媒技术有限公司进行了重点曝光和暗访，称其为垃圾短信重要源头以及泄露手机机主个人资料的罪魁祸首。该报道称，短信群发业务公司之一分众无线传媒技术有限公司掌握了中国5亿多手机用户中一半手机用户的个人信息，其中仅郑州分众无线传媒技术有限公司的短信日发送量就达到2亿条。

继“3.15晚会”首度曝光后，中央电视台又连续几天在“新闻联播”和“晚间新闻”等新闻节目中，跟踪报道分众无线传媒技术有限公司相关信息。这些报道主题如一，认为分众无线传媒技术有限公司掌握了两个亿手机用户的使用数据，并通过垃圾短信对手机用户进行骚扰，侵犯了普通消费者的隐私权，存在着极大的信息安全隐患。高居中国消费者投诉排行榜前列的垃圾短信问题，在中央电视台对分众传媒旗下的分众无线传媒技术有限公司曝光后，再次引起消费者的广泛关注，分众无线传媒技术有限公司的品牌形象受到损害。

分众传媒低调认错

2008 年 3 月 16 日，分众传媒新闻发言人对媒体承认，发送垃圾短信的公司为其收购的子公司，并称这些子公司“鱼龙混杂”，公司治理有待进一步改善。

2008 年 3 月 18 日，分众传媒副总裁兼发言人嵇海荣接受媒体采访，称“分众传媒的数据库完全是通过合法渠道获得，并不涉及个人用户隐私，也并没有买卖无线数据库”。嵇海荣表示，“今后，分众传媒会更重视对收购公司的管理，并更注重技术开发，更偏重精准性广告应用”。嵇海荣承认，此次事件也暴露出分众传媒在收购整合过程中的一些疏漏，包括“子公司”在执行过程中的一些问题，“我们以后会严禁未经许可而通过分众平台发送的信息”。

2008 年 3 月 18 日晚，分众传媒董事局主席江南春首度公开直接回应“短信门”事件，并称分众传媒相关直属部门及其下属公司已经停止了短信广告业务，并保证以后分众传媒将确保短信广告在用户定制或许可后发送。

2008 年 3 月 26 日，分众传媒董事局主席江南春接受媒体专访时称，“短信门”事件为分众传媒敲响了警钟，这件事引发他和分众深刻反思，并坦言“这是分众传媒很大的一次危机公关”。同时，江南春表示，在“短信门”事件被曝光之后，分众传媒已采取了措施对内消除员工疑虑和对外稳定资本市场，并以积极主动的姿态面对媒体及公众。另外，他也呼吁短信行业能引以为戒，加强自律，重塑行业形象。

移动运营商高调表态

“短信门”事件爆发后，各地工商部门严查短信群发器销售，而大部分群发短信公司的业务也都被移动运营商紧急叫停。

2008 年 3 月 19 日，中国移动表示，对于在中央电视台“3·15 晚会”上被曝光的北京易通无线、北京世纪众凯、郑州美和、深圳巨澜、深圳精准分众、广州玄武、深圳分信七家公司的短信业务端口予以关闭。中国移动市场经营部总经理徐达对中央电视台表示，作为移动运营商，对治理垃圾短信，中国移动有不可推卸的责任。

随后，中国移动与中国联通宣布将加大对垃圾短信的治理力度，两家运营商同时再次公布了垃圾短信的投诉号码。中国移动用户如果收到垃圾短信，可以转发至“10086999”，或拨打“10086”举报；中国联通用户如果收到垃圾短信，可以转发至“10010”短信投诉举报平台。并且两家公司均表示，用户转发短信完全免费。

2008年3月20日，国家通信管理局表示，2008年将重点打击IVR语音媒体互动陷阱和垃圾短信，并将敦促运营商对涉嫌群发垃圾短信的端口进行屏蔽。

2008年3月23日，山西联通宣布，如果某一联通手机号码在1小时内发送短信数量超过100条，山西联通将停止此号码的短信功能，24小时之后才能自行恢复。

2008年3月26日，已明确将并入工业和信息化部的国家信息产业部发出公告：我国首部《通信短信息服务管理规定》已于日前拟定，目前正在报批程序中。据透露，《通信短信息服务管理规定》对短信息服务和管理问题进行了系统规范，将明确禁止发送违法内容和违规发送垃圾短信行为。据悉，除制定《通信短信息服务管理规定》外，有关部门还将陆续出台相关技术标准，从技术上给用户提供垃圾短信管理平台。

2008年3月27日，中国移动成立专项工作组，在集团内部执行“七大策略”，对不良信息集中治理。

垃圾短信的本质及类型

由分众传媒引发的“短信门事件”，成了中国移动商务发展史上的一道明显的分水岭。一时之间，社会公众掀起了维权和谴责的浪潮。短信在加强人们沟通和创造社会利益的同时，被一些投机分子钻空子，使短信环境乌烟瘴气，垃圾短信俯拾皆是。那么什么是垃圾短信？哪些内容属于垃圾短信的范畴？

关于“垃圾短信”，在“垃圾短信过滤标准”中对其有明确的界定：垃圾短信是在内容上违法违规，在主观上违背手机用户主观意志，并且在客观上对手机用户工作和生活造成骚扰或者权益侵害的短消息。手机作为一种个人媒体，与个人隐私密切相关。垃圾短信无论是从法律还是道德层面上来讲，无疑都是对公众隐私权的一种伤害。

垃圾短信花式多样，就我国而言，目前主要有以下几种类型：第一类是骚扰型短信。此类短信内容多为一些无聊的恶作剧，或者散布一些谣言、色情和恐怖信息等违法违规信息。第二类是欺诈型短信。此类短信多是想通过短信骗取用户钱财，如发送中奖信息等诈骗信息。第三类是非法广告短信，如出售黑车、麻醉枪和色情用品等销售信息。第四类是短信业务提供商违规群发短信，误导用户订制短信业务，发送号码多为短信业务提供商接入代码。垃圾短信以非法和非道德的形式骚扰和欺诈手机用户，既扰乱了接受者的工作生活，也侵犯了手机用户通信自由（图 13-1）。

图 13-1　网民恶搞江南春

精确营销的滥觞

传统媒体发布的广告属于“一对多”传播，广告到达率高，但目标消费者却不明确，不能针对各类消费者需求为其提供个性化信息服务。而手机一般属于个人媒体，故利用手机号码能准确定位受众，可以与受众进行一对一的个人化信息交流，因此通过手机发送的广告信息和商业信息比传统媒体更有针对性。

作为一种大众化的个人媒体，手机因其“一对一”精确投放受到越来越多广告商的青睐。截至“短信门”事件被曝光，分众无线传媒技术有限公司已经建立了庞大的手机用户数据库，可以根据手机用户的身份特征、消费特点和居住环境等进行多达上千项的细分，能够在广告投放时有的放矢。而这个庞大数据库的背后，也伴随着出现手机用户不断遭遇垃圾短信骚扰和个人信息莫名被交易等状况。因此，短信广告不断地陷入信任危机。

但如果所有的商业短信广告都被定性为垃圾短信，整个短信业将会遭遇灭顶之灾。一方面，商业短信广告存在漏洞、虚假和欺骗等情况，而另一方面，商业短信广告又为人们在琳琅满目的商品选择中节省了时间与精力。因此，商业短信何去何从，这还是一个待解的难题。

垃圾短信成因

首先，无法可依是根本。在分众无线传媒技术有限公司“短信门”事件曝光前，相关法律不仅对“垃圾短信”没有一个明确的界定，甚至《中华人民共和国电信条例》和《互联网信息服务管理办法》等一些综合性法规也对垃圾短信缺乏明确的惩治措施。这暴露了我国在新媒体管理上无法可依的混乱局面。

其次，运营商管理漏洞是基础。消费者在市面上购买手机号，缺乏统一而正规的途径，甚至不需提供任何身份证明，只要预存一定话费，就可以获得手机号码。购买需要身份证明的手机卡时，用户也可以提供假证件。

再次，行业自律缺失是条件。在手机短信一对一的精确投放中，商业广告信息针对性强，效果显著，利润丰厚，为了实现利益最大化，很多短信提供商不惜铤而走险。

最后，公众保护手机号码保护意识欠缺。当前不法分子获取公众手机号码主要通过四个途径：一是通过一些街头的社会调查获取，因为这些社会调查都会要求被调查者填写手机号码；二是参与一些消费活动进行会员注册登记留下手机号码；三是一些网站在注册时要求填写手机号码；四是利用不法途径一次即可购买到上万个有效的手机号码。除去第四条是属于公众无能为力而被迫成为受害者外，前三条应该都是公众在没有隐私保护意识下自己埋下了隐患。

小结

在2008年3月18日，分众传媒董事局主席江南春首度公开直接回应“短信门”事件中称：今后公司将确保短信广告均为用户定制或许可后发送。用户定制广告，改变了传统的广告传播方式，手机用户可以对广告自主选择，让一些符合自己需求、个性的广告信息通过手机予以传递，而部分用户不需要的广告信息，也可以通过互动方式取消以后的定向发送。这样手机用户就可以对自己所接收到的信息进行选择，过滤，广告商也可以进行真正精确的广告投放，可谓是实现了彼此的“双赢”。

（申蕊）

◎思考题：

1. 如何评价“短信门”事件？
2. 手机短信广告的发展趋势是什么？

第二节　集团彩铃

伴随着信息时代的来临，电话和手机已经成为人际交往的重要组成部分，因此通信媒介也成为受广告主青睐的新兴广告载体，其中集团彩铃就是一种应用较为成熟的广告形式。

传播企业形象，凝聚员工力量

集团彩铃，也叫企业彩铃，是指企业通过定制自己企业的回铃音，让主叫客户在接通等待时收听到统一定制的音乐和语音，从而展现企业的风采。集团彩铃已经成为企业宣传的新窗口，不但可以让集团内每个申请集团彩铃的客户将集团铃音设为个人铃音，而且也可以让员工分时段和分来话群自由定制集团统一彩铃内容。集团彩铃在“一打一接”中轻松传递企业形象，可以让企业与员工、企业与客户的沟通更为紧密。

集团彩铃从本质上讲是一种声讯传播形式，其传播内容广泛，可以是企业的简介，也可以是企业重要产品的介绍；可以是企业近期重大活动的告知，也可以是企业的新闻信息发布等内容。由于通话等待时间较短，因此对集团彩铃的内容要求较为严格，一般要求简短精悍，把所要传达的企业和产品信息简洁地传递出去。有些集团彩铃采用音乐的形式，当来电者听到这些优美的乐曲时，不仅给客户带来愉悦的心情，还能让客户与企业拉近距离，让客户初步了解企业的形象和业务情况，从而对企业留下深刻印象。

虽然集团彩铃多则一分钟，少则几秒钟，但运用这短暂时间为企业形象做广告，不仅能为客户与企业的交往成功做铺垫，而且能让客户在简短的时间里对企业有个大概的印象和了解。在无形中，集团彩铃也成了企业的“有声名片”。这个“有声名片”为冰冷的通信工具增加了一些人文因素，让人感到亲切而友善。

集团彩铃传播范围具有针对性、强化记忆特性，任何拨叫该集团的人员均可听到，无论工作时间还是下班时间每次拨打都可收听，这将使企业的宣传推介融入日常商务沟通。另外，集团彩铃使用成本很低，一个人员为100人的集团，使用集团彩铃宣传单位形象每月仅需要800~1000元，加入人数越多，人均成本越低，因为集团彩铃一般的收费标准是按照每个号码月功能费8~10元来计收的，甚至可以优惠到5元。这远远低于在电视、广播和报纸等媒体上发布广告。

集团彩铃的使用很方便，它不需要任何辅助软硬件设施设备，只需手机即可。集团彩铃采用互联网界面操作，集团管理员只要能够登录互联网，访问相应的网页就可以完成对集团彩铃的设置。集团管理员可以根据企业的变化而任意改变铃音。集团彩铃还可以根据自己的想法和需要做个性化设置。个性化设置的彩铃播放优先级高于集团彩铃，如果员工想为特定的人播放自己的个人彩铃，比如为自己的父母和爱人设置特定的彩铃，可以在12530彩铃平台进行个性化设置，这样当员工父母、爱人给员工手机号码来电时，即便是在集团彩铃的设置播放时间段内，仍然播放的是员工个性化设置的个人彩铃。这样会让人感觉很温馨，虽然和亲人相隔甚远，但是通过手机就可以拉近彼此间的距离。

服务企业发展，强化品牌个性

集团彩铃具有一企一音、新颖时尚、影响广泛和费用低廉等特点。集团彩铃形式多样，拥有多种类型，每个企业可以根据自身特点进行设置。集团彩铃可以分为企业文化类、有声名片类、各类致辞类、产品和服务类、企业歌曲类、秘书转接类、节日祝福类和政府服务类等多种类型。行政单位可以利用集团彩铃宣传政府和公务员形象；企事业单位可以彰显企业理念和品牌形象；服务性企业可以统一服务标准和提升服务形象。

集团铃音可分时段、分曲目进行播放。集团客户可根据需要，在每天的某一时段，设定为集团彩铃播放时段，并设定多首铃音播放形式，节假日还可以进行自定义设置，以配合节庆需要。

企业可根据自身的发展来改变铃音。如在企业刚开始发展的初级阶段，可以使用有声名片类铃音，或者产品和服务类铃音，让顾客对该企业有初步的了解和认识，获悉企业地点、企业名称和企业性质等基本信息。在进一步的发展中，企业可以用企业文化类或者企业歌曲类铃音，还可根据节假日来制定节日祝福类的铃音，让顾客对该企业的印象进一步加深，从而产生更多的好感。到企业发展比较壮大的时候，可以选择秘书转接类铃音，其亲切温柔的声音甜而不腻，既大方又时尚。

企业还可根据业务的发展变化而改变铃音，也就是集团彩铃的产品和服务类，如移动公司经常推出一些新业务，因此其员工的手机铃声也经常变换，让顾客在不经意间就能快速而及时地知道并了解新业务，也就很轻松地完成了对新业务的宣传工作（图 13-2）。

图 13-2　集团彩铃宣传海报

创新传播模式，更新服务理念

作为一种新兴的传播方式，集团彩铃的传播媒介是手机，它打破了传统的宣传模式，开辟了另一个新颖而个性的宣传模式。它不受时间、地点和环境的限制，面对客户和合作伙伴可直接展开宣传，并且成本较低，因此受到很多企业的青睐。例如，如果手机用户在工作时间拨打南方航空公司员工的手机号码，都会听到“南方航空，您的空中之家……”等语音彩铃。

与传统宣传模式相比，集团彩铃让企业在沟通的人性化上胜人一筹，它在冰冷的通信工具中加入了人性化色彩，很容易在感情上赢得客户对企业的好感。并且集团彩铃使企业的每个员工都是企业的宣传者，它增加了企业员工对企业文化的认同感和对企业产品的信赖感，让所有员工感觉到自己和公司之间的零距离，感觉到身为企业一员的自豪感。例如，宿州市法律援助中心与宿州移动公司合作，创新宣传模式，开通了宿州法律援助集团彩铃。彩铃将宿州市法律援助中心公开承诺的服务内容以及法律援助咨询热线电话，录入集团彩铃的语音，并以“超女”李宇春演唱的流行歌曲《和你一样》为背景音乐。彩铃的语音内容与背景音乐相得益彰，浑然一体，给人带来一种无私奉献的爱的力量，也让受援人看到了希望。该彩铃一经开通使用，就得到了消费者的拥护，也得到了社会各界的高度赞扬，这为宣传法律援助制度，提升宿州市法律援助中心的形象起到了积极的促进作用。

由于集团彩铃的独特传播优势，越来越多的企业选择使用集团彩铃。目前使用集团彩铃的客户已由旅游、航空、商业、电力等行业，扩展到政府等事业单位。随着集团彩铃在各行各业的广泛应用，会有更多人感受到它的魅力。再加上其成本低廉，使用方便快捷，会有更多的企业选择这种宣传模式。

小结

集团彩铃是随着新手机媒体的广泛使用而出现的新兴传播方式，它具有更多发挥的潜质，具有更多可挖掘的功能。随着3G和4G通信时代的到来，视频通话也将成为可能，集团彩铃可以进一步通过影视广告来展示企业形象。在信息大爆炸时代，单一的广告投放媒体的功效只会越来越小，集团彩铃作为一种新的传播渠道，更需要的是与企业其他传播渠道相互配合，使企业的整体媒体组合传播效果发挥得更好。

（段仁媛）

◎思考题：

1. 集团彩铃广告具有什么营销价值？
2. 请分析集团彩铃的伦理和法律底线。

第三节　手机域名

手机作为人与人交往沟通的工具，其功能已经不单是即时通信工具，手机与互联网的联姻则是手机功能改革中的一大突破，而手机互联网的巨大突破就在于手机域名的诞生。如何让用户更加快捷方便地使用手机互联网查找需要的信息，是各大网络运营商以及手机开发商共同关注的问题。诺基亚、微软和T-Mobile等几家主要移动电话和技术公司发起了以“. mobi”为手机域名后缀的行动，并于2004年12月14日被互联网管理机构ICANN初步认可为瞄准移动服务的新域名后缀。2005年7月11日，互联网域名与地址管理机构ICANN正式批准了“. mobi”域名，从而为手机互联网的推广打开了方便之门。此后，“. mobi”域名将同“. com”、“. net”、“. org”等顶级域名共同运行。

首次手机域名抢注风波

“. mobi”手机域名的诞生，创新了手机互联网运营方式，可以使手机用户更方便快捷地找到所需要的信息。手机域名以其独特的优势，很快赢得了商家和手机用户的青睐，手机域名注册竞争迅速展开。

手机域名注册在启动时期共分为4个阶段：“限制行业优先注册期”，2006年5月22日到5月29日；“商标优先注册期”，2006年6月12日到8月21日；“优先注册期”，2006年8月28日到9月10日；“正式注册期”，自2006年9月14日正式启动。

在预注册的首轮域名抢注大战中，获得“中国第一注”殊荣的是中国移动。中国移动不仅在第一时间申请了“. mobi”域名，而且一口气注册了19个“. mobi”域名。中国移动之所以拿到首个抢注机会得益于它是国际GSM协会的会员这个特殊的身份。毕竟拥有中国手机用户最多的中国移动，在获得了首个域名注册机会后，可以引起更多的企业和个人对手机域名的关注。中国移动的注册行为，引来了一股疯狂抢注的热潮。在刚开始预注册的时候，由于同时在线提交预注册的人数过多，注册网站甚至出现了“网络塞车”现象。

虽然手机域名在正式注册启动以后，迎来了一次疯狂抢注，可是这个抢注的现象并没持续发生。初期抢购的群体主要是大型企业和米农（大量注册手机域名而后用其做交易的人）。但是中小企业对此只是采取观望态度，积极性不高。中国最大的手机域名注册机构万新网的注册数据表明，中国企业注册数量在2007年上半年并没有达到该网站预期的数量。

前期疯狂抢注的都是跨国公司这样有实力的企业，大多数中小企业只是域名注册的潜在顾客。注册手机域名，要求企业网站的网页设计适合手机浏览的页面。然而对许多中小企业来说，调整企业网页为适合手机用户阅览的模式，在操作上还不是很熟练，再加上中小企业对手机域名注册重要性的认识不足，更是减缓了手机域名的普及速率。

2008年4月1日，中国移动面向北京、天津、上海等8个城市正式启动TD-SCDM社会业务化测试和商用测试。中国移动将157作为3G试放号段。这预示着3G将要逐步走进中国的市场。3G主要拓宽了带宽，提高到了兆级，访问速度提升了。原来在固定视频中体现出来的东西，现在也能在移动视频中体现出来。人们不用再担心上网的速度和费用，快速省时的上网条件将在3G时代为人们创造更人性化的网络生活。为了赶上这次巨大的变革浪潮，一些中小企业也认识到了手机这个作为第五媒体的宣传媒介的巨大魅力。毕竟中国使用手机的用户多于使用互联网的人数，面对这么巨大的潜在消费群体，怎能不诱惑企业加入。各大中小企业纷纷为3G的到来准备好移动商务，注册手机域名又迎来了一个崭新的春天，而这个春天将会是美丽的。

手机域名的市场特征

手机域名“.mobi”域名是全球范围内统一的“面向手机及移动设备寻址的域名”，致力于将互联网内容传送到移动设备。手机域名“.mobi”域名是目前唯一一个专门为手机互联网设计的专业域名，也是全球顶级域名之一。“.mobi”域名是专门为小显示屏以及有限的带宽和存储容量的移动设备设计的。“.mobi”域名的管理者是总部位于爱尔兰都柏林的DOTMOBI公司，这家公司是由爱立信、GSM协会、Google、微软和诺基亚等全球顶级知名手机厂商和相关行业协会一起投资建立的。“.mobi”域名创建的原因是手机用户的激增以及手机移动互联网市场的巨大潜力。目前，在中国被授权手机域名注册的代理商有万新网、时代互联、35互联和锋众网。手机域名具有众多市场优势，具有广阔市场发展前景。

首先，手机域名具有唯一性特征。手机域名“.mobi”最大的优点就是全球唯一性。它是真正意义上的手机域名，并且这个域名形式在很长一段时间内是不会更改的，注册过的用户可以长久使用，也免去了因更换域名而带来的相应麻烦。

其次，手机域名更容易使用。“.mobi”手机域名的另外一个价值就是体现在其简单方便上。以往企业只能通过冗长的WAP地址访问移动互联网，而手机域名出现后，每个“.mobi”域名背后都将对应一个WAP地址，这样就会使用户访问移动互联网的门槛降低很多。

再次，手机域名降低了企业手机网站建站的难度。在“.mobi”手机域名诞生以前，手机用户访问互联网的方式一般是通过访问WAP网站查询，而且通过此域名浏览的该网站的网页也不一定适合手机阅读。“.mobi”的出现为互联网用户更加快捷地查询到网站提供了捷径，而且伴随着手机域名注册的火爆，各大域名注册机构也纷纷推出了结合“.mobi”域名的WAP网站建站平台模式，这样更加方便了注册用户，一方面他们不必另外购买WAP网站，另一方面他们也不需要另请一些WAP网站的专业技术人员，可以实现注册用户轻松建立网站信息内容。

最后，手机域名具有经济适用的特点。在手机域名出现之前，企业或个人通过手机了解商业信息的方式就是发送短信网址，或发送短信到“50120”，就可收到一个短信形式的企业“袖珍网页”，“网页”的内容主要为企业简介。短信网址的最大缺点是企业信息不全面，对于用户来说阅读起来也不是很方便，而且注册费用相比“.mobi”要高。由于注册“.mobi”手机域名，必须提供可供手机和PDA等移动设备访问的页面，否则将可能被停止解析服务。因此，“.mobi”域名的WAP网站页面都是经过特殊优化的，文字比较精简，图片也比较小，非常适合在手机上浏览，符合人们正常的视觉习惯。另一方面就是为人们省去了大量时间和金钱，因为“.mobi”域名所指向的网站都是WAP2.0规范的、专门的地址页面，用户在使用的时候不用担心打开传统互联网网站而白白花费很多流量费。

手机域名的市场商机

随着手机互联网的普及程度越来越高，及早抓住这个新兴媒介进行广告宣传是明智之举。互联网域名留给我们的经验就是域名注册得越早信任度也就越高，那么企业的价值也就越容易实现。

作为目前被ICANN批准的首个手机互联网域名“.mobi”，企业通过注册手机域名，就能够充分利用全球高达21.4亿用户的资源优势，让目标人群通过手机上网随时、随地找到企业的最新信息，进行“立体式”的企业营销。手机互联网已经被看作是手机广告商的巨大潜力市场。谁能在手机互联网上闯出自己的广告新天地，谁就能及时了解到用户的需要，更精准地抓住商业客户，才能更大范围地网罗消费者的心。认识到手机域名商业广告的重要性后，企业应该好好利用手机域名为自己的品牌创造出更加突出的商业标志，利用好这个商业的移动名片，创造更多的商业机会。“.mobi“不仅可以作为企业宣传的明片，企业注册手机域名也是对自己企业的品牌资产保护。由于“.mobi”手机域名具有唯一性和不可替代性，很多企业快速抢占手机互联网地址资源，这使得域名抢注事件一件接一件，许多知名企业的域名被抢注。

个人手机域名注册主要是指“米农”们对手机域名的注册。“米农”是指在互联网和手机互联网发展的带动下，催生的一批新行业从业人员。由于“域名”的谐音与“玉米”比较相似，因此“玉米”就成了“域名”的代名词。“米农”就是种植“玉米”的人，或者被称为域名注册投资人，他们就像农民一样爱护着自己的庄稼，每天精心照顾自己的“玉米”以期增值，正是这样他们才戏称自己为“米农”。“米农”们正是凭借着敏锐的洞察力和胆识，不断抢注有前景的域名，并对域名进行投资。手机域名的诞生也为专职“米农”提供了一个新的商机。由于在手机域名注册的初期阶段，政策上给了极大的优惠，每个人都有注册的机会，并且是实时注册，实时开通。有的手机域名注册公司还提供了注册手机域名赠送 WML 页面，方便用户用手机顺利访问该域名页面，这样的便利条件使得“米农”们更是疯狂地抢注手机域名。

手机域名的社会影响

在传统互联网走入人们的生活以来，人们已经渐渐改变了获取信息的方式，上网已经成为人们生活中必不可少的生活习惯。人们从一睁眼的那一刻起，就不自觉地打开电脑浏览最新发生的事件和与自己有关的信息。网络就像吗啡一样侵入人们的身体，让人们欲罢不能。可是随着科技的进步和人们生活节奏的加速，时间的碎片化已经成为困扰当今人类的问题。人们不再集中很多的时间专心做一件事，很多事情都是需要在瞬间完成，如何更好地利用好这些碎片化的时间成为人们必须解决的问题。既然网络是那么的必不可少，网络的无处不在当然也成为人们利用闲暇时间的最佳手段，手机互联网因此必然成为网络发展的不可阻挡的趋势。手机互联网确实以其神奇的魔力得到了商界人士、白领、学生等各个阶层的青睐。正是因为有了更为方便快捷的手机域名“.mobi”，使人们利用手机互联网的热情更加高涨。无论是在商界精英的汽车里，还是在学生乘坐的公交车里，抑或是在他们行走的路上，手机互联网都可以帮助他们更好地利用这些看似碎片实则如金子般的珍贵时间。手机互联网帮助人们随时随地上网，每一秒都让人们在“信息场”的包围之中与世界互动。

手机作为新的人际交往的媒介，不仅是人与人之间即时信息的传送载体，同时也是广告信息即时传送的手段。但是由于垃圾短信过多，通过短信方式传达广告信息已经成为令人生厌的方式。手机互联网的出现，则是为手机的功能披上了广告新装，手机互联网已成为广告商家掘金的新起点。企业也不会放过“. mobi”带给移动互联网革新的时机，面对 . mobi 给企业建立手机网站带来的便利，它们加入到手机域名注册的行列之中，将网站建立得更适合于手机阅读和浏览，从而使商业信息更加快速畅通地到达消费者眼中。另外，借助手机互联网的广告新平台，企业就可以根据手机话费以及网络使用流量将手机用户分类，有针对性地、精准地将广告信息传达给不同的手机用户，不至于浪费广告资源。

3G时代的手机域名

“3G”或“三代”是第三代移动通信技术的简称，是指支持高速数据传输的蜂窝移动通信技术。3G 服务最大的特点就是能够以最快的速度同时传送声音及数据信息。不仅如此，它还能在全球范围内实现无线漫游，并且能够以多媒体形式将图像、声音和文字做细致化处理，使 3G 传送的信息更加清晰，便于浏览，同时也提供包括网页浏览、电话会议和电子商务等多种信息服务。2009 年 1 月 7 日，工业和信息化部为中国移动、中国电信和中国联通发放 3G 牌照：中国移动获得 TD-SCDMA 牌照，中国联通和中国电信分别获得 WCDMA 和 CDMA2000 牌照。这标志着我国将正式进入 3G 时代，中国将迎来手机互联网产业发展的崭新起点和机遇。3G 时代的来临无疑是为手机互联网的发展注入了新鲜的血液，拓宽了宽带，也提高了手机上网的兆速，也就吸引了更多的手机互联网使用用户。“. mobi”的注册量在 3G 的带动下也出现了翻倍的大好形势。

3G 上网本的出现是对手机域名的一个巨大挑战。3G 上网本是笔记本电脑的缩小版，一般利用 3G 技术实现无线上网，它是可以满足人们随时随地上网的一个更为强大的无线上网工具。3G 上网本与笔记本电脑相比，最大的优势就是轻巧的机身和携带的方便性，虽然性能和配置还是不如笔记本强大，但是对于普通电脑用户来说基本上可以满足其对于网上冲浪、听音乐、看照片、观看流媒体、即时聊天、收发电子邮件和玩网络游戏的需要。3G上网本具有与电脑相似的功能，同时又比手机上网更为方便且便于浏览的优势，它也在移动互联网的市场上试图与手机互联网分割这个大蛋糕。3G上网本凭借较小的身躯深受商界精英、白领以及时代潮人的偏爱，它的屏幕通常只有10英寸大小，很容易放进衣服口袋或是公文包里，携带方便。手机虽然也有轻巧、方便携带的优势，但毕竟小屏幕还是不便于浏览信息，这对手机域名的发展也提出了一定的挑战。

小结

手机域名是伴随着手机互联网的出现而产生的新兴事物，但是面对媒介融合所产生的“超级终端”，手机域名的发展也出现了一些困惑。如何处理好传统互联网和移动互联网之间的关系，将成为影响手机域名市场发展的关键。

（秦胜南）

◎思考题：

1. 手机域名抢注风波的本质是什么？
2. 在媒介融合时代，应如何处理好手机域名和网络域名之间的关系？

第四节 大话G游

3G门户网由广州久邦数码科技有限公司开发创建，美国著名风险投资公司IDG注资。自2004年3月上线后，短短几个月时间，注册用户即超过100万，到2006年年初则超过了1000万用户，现在拥有超过2200万的用户。独特的交互式设计和焕然一新的体验方式，使3G门户网成为国内最大的无线互联网门户网站。

文化经典的时尚演绎

2006年10月20日，为答谢广大用户对3G门户网的支持，3G门户网投资300万元，邀请著名闪客老蒋作监制，由3G门户网动画创作团队“1408”工作室历时一年精心打造了《大话G游》，这是国内FLASH领域史无前例的大制作。《大话G游》是搞笑版的《大话西游》，也是动漫版的《大话西游》。

《大话G游》是为宣传3G手机而推出的一款内容丰富、语言幽默、画面清晰的动漫Flash作品。《大话G游》内容以《大话西游》的故事为主线，围绕一些社会热点增加了更多的笑料，让手机用户再次回味了《大话西游》的经典故事情节和经典台词。《大话G游》让手机用户在获得更多的欢乐的同时，也了解和感受到3G手机的强大功能。

《大话G游》名字的意思就是让在快节奏生活中穿梭忙碌的手机用户畅游于3G世界，尽享放松的乐趣。同时，《大话G游》以清晰的画面和逼真的声音，将3G手机的强大功能淋漓尽致地表现出来。《大话G游》以动漫电影大片的形式，植入品牌形象，创新了3G门户网宣传方式。

独具特色的传播模式

3G门户网是中国手机上网免费模式的开创者，是目前国内最大的免费WAP门户网站，开创了无线互联网独立免费WAP模式，为用户提供各种手机上网的免费娱乐。2006年，3G门户网推出动漫大片《大话G游》，通过手机和网络的免费下载观看，《大话G游》创造了惊人的传播效果。《大话G游》一经完成，即在新浪和搜狐等多家门户网站专题推出和全线播映，并在CCTV-6和东方卫视等20多家电视台播放，同时还在国内众多高校播放视频。

各大媒体的同时演绎，掀起了一个流行经典文化回归的热潮。《大话G游》上线3天后，3G门户网就有20万人下载，十大互联网的下载人数达到800万。10天后，3G门户网的下载人数达29万，十大互联网的下载量也达到1100万。网络媒体的实效性和共享性特征，为《大话G游》的传播提供了广阔空间，声势浩大的《大话G游》热，使3G门户网的宣传，取得了四两拨千斤的效果，并且这种影响还将持续下去（图13-3）。

深度介入的品牌体验

从作品本身来看，《大话G游》既是对经典电影《大话西游》的一次再度演绎，也是对深受《大话西游》影响的一代人的经典记忆的回放。从动漫的形式上看，《大话G游》是对原版电影《大话西游》的形式创

图 13-3　《大话 G 游》宣传画

新，而创新的背后折射出的是技术进步带来的泛信息化社会消费特点。《大话西游》作为一个时代的文化符号已拥有了自己的一席之地，《大话 G 游》则作为一种文化娱乐精神的传承，在经典基础上创新，开创了一种全新的娱乐方式，也成为流行文化的新经典。《大话 G 游》中的广告宣传极富幽默性，与直白式的说服广告有着本质区别，不易让人们产生逆反心理和排斥情绪。

3G 门户网将其产品置入《大话 G 游》17 个片段里的人物、场景、道具的创意与制作中，并在片头片尾嵌入广告，这样既保证了剧情的完整性和娱乐性，也使 3G 品牌巧妙地与目标受众进行了沟通。另外，G 门户网结合本次动漫，在无线网络中配套多种互动活动和促销活动，并在全国 20 多所高校就此动漫片配合做推广活动。此外 3G 门户网的时尚化特征也在此次活动中体现得淋漓尽致，主题动漫的主要爱好者是年轻人，而 3G 门户网的注册用户正是目标消费者，通过将品牌信息无缝嵌入影片的细节当中，强化了年轻人对品牌的感受和体验。

媒介创新就是营销创新

《大话 G 游》，利用对经典电影动漫化演绎，紧随文化潮流，巧妙地进行品牌植入，带来了全新的营销体验。《大话G游》跳出了传统媒体的运营思维，重新审视新媒体的价值，很好地理解媒介化思维的本质，无疑走在了新媒体营销的前列。《大话G游》的成功证明，网络广告成功运营需要五个关键步骤，第一步是对媒体价值的真正理解，第二步是价值的细化，第三步是以用户为核心的正确推广，第四步是与传统营销相结合，第五步是坚持以效果为导向。走好了每一步，才能在互联网媒体营销中稳健前行。

当前媒介环境和消费行为，再一次印证了“媒介创新就是营销创新”的论断，进一步证明了在中国“营销的问题就是媒介的问题”。而对新媒体的运用和理解，不仅需要勇气，更需要智慧和远见。3G门户网的网络广告模式，打造了一个新的营销时代，是中国时尚品牌营销的升级。在信息爆炸时代，如何把品牌信息有效地传播到目标消费者手中，是做品牌传播时首先要考虑的问题。通过3G门户网这个平台，可以达到个性、精准、互动和即时的传播效果，让广告更精准地量化，真正实现广告投资高效化。

《大话G游》作为一个独具特色的广告传播，预示着无线营销时代的全面到来。首先，动漫形式的网络广告，将是无线营销全新的方向之一。《大话G游》抛弃了短信群发的这个初级广告形式，避免了对消费者的干扰，主要通过内容的娱乐性和趣味性拉动消费者主动观看。其次，巧妙地整合媒体，从而使传播效果得到了无限的放大和延续，广告也因此具备了强大的传播生命力。3G门户网与网络媒体的这次珠联璧合的演绎，不仅是简单的网络传播，更引领着第五媒体的行业应用方向，在相当长的一段时间内，《大话G游》将成为行业应用的经典范本。

小结

当前新媒体层出不穷，给市场营销的环境带来了空前的挑战，以第五媒体为代表的新媒体将对整个营销市场的格局带来巨大的冲击。3G门户网的《大话G游》内置广告作为中国第一个真正意义上的网络广告和无线营销相结合的实战案例，其成功是一种营销思维的成功，“媒介即营销，营销即媒介”将成为我们思考的新方向。

（刘宁）

◎思考题：

1. 请分析《大话G游》宣传模式的特点。
2. 在3G时代手机门户网站的发展趋势是什么。

第五节 手机电视

随着通信行业3G革命的推进和3G技术在全球市场的逐步成熟，传媒行业正在经历从模拟广播到数字广播的变革时期。对于电信和传媒两大行业来说，移动流媒体业务蕴藏着巨大的商机。继娱乐短信互动平台后，移动数字多媒体广播业务越来越受到人们的关注。从业务功能上看，手机电视业务本身就是移动通信产业与广电传媒行业相互融合的结果。手机电视是利用手机等便携式移动终端收看电视节目的新兴多媒体业务，它使电视广播从面向固定、家庭接收，扩展到面向移动、个体接收，用户可以在任何时间、任何地点接收手机电视节目，并且按照自己的喜好选择节目内容，真正实现了节目内容接收的个性化和互动化。手机电视带给用户的不仅仅是具体的节目内容，更是一种令人震撼的全新体验，手机电视也将为内容提供商、网络运营商和手机终端厂商开创广阔的新兴市场。

广电与电信的跨界合作

2006年12月11日，中央电视台联手中国移动和中国联通两大移动通信运营商，共同开通了CCTV手机电视业务。中央电视台和中国移动、中国联通合作的切入点，并没有选择CMMB标准，而是仍然走GPRS、CDMA1X的移动通信通道。中央电视台电视节目将通过移动网络传输方式向大众传播，并提供直播、点播、下载等个性服务。

CCTV手机电视是CCTV重要的新媒体业务之一。中央电视台的新媒体业务依托CCTV强大的品牌影响力和内容资源优势，以及先进的无线网络通信技术，将传统电视应用推到新的阶段。凭借现有的内容、平台、渠道等优势，CCTV准备像打造电视品牌一样打造CCTV手机电视品牌。

CCTV手机电视作为CCTV在新媒体领域的延伸，具有独有的资源、品牌以及营销优势。400多个电视栏目、平均每年170余场大型活动及丰富的独家版权节目，将通过中国移动、中国联通的网络传输陆续呈现给广大用户，在依托CCTV优势资源的基础上，逐步开拓特色服务、个性服务和品牌服务。在提供用户直播、点播服务的同时，也提供下载、互动及新闻、娱乐、电视指南等的推送定制服务，着力打造一个满足用户多方位需求的手机媒体业务平台。

随着手机的业务形态和功能的不断拓展，特别是与互联网和广播电视的结合，使手机发展成为多媒体的信息终端成为可能。中央电视台作为中国电视领域的龙头，能够与中国移动、中国联通两大无线通信业务运营商共同合作推出手机电视业务，必将对新媒体产业产生深远影响。自2004年移动运营商推出手机电视业务以来，产业环境日趋成熟，2009年，3G手机终端、相关标准的发展、庞大的市场需求和产业链各方的积极推动，使手机电视产业步入快速发展阶段，CMMB和TMMB手机电视全国推广效果显著。

创新产业链合作模式

根据合作协议，由中国移动和中国联通负责提供手机电视业务所需的网络设备、业务平台、用户服务、营销渠道和技术保障等方面的支持，包括计费和客服等工作，中央电视台则负责手机电视业务相关内容集成、播控、管理平台的开发、设计、维护，并负责内容的审核等。

在运营网络方面，我国手机电视采取“电视广播网络+移动网络”的方式。这种方式通过卫星网络下传高带宽的数字广播电视，而上传信号则利用现有的无线网络，这样既实现了高清晰电视节目的传送，同时也可利用现有的移动网络实现视频点播等多种增值业务。目前，中央电视台CCTV1、CCTV2、CCTV4、CCTV国际等十余个频道开始为手机电视提供内容。

在产业链方面，移动通信与广播电视行业彼此融合是我国未来手机电视业务的发展趋势。因此，我国要构建手机电视的商业化运作模式，需要整个产业链中的内容提供商、广电运营商、移动运营商、播放软件开发商以及终端制造商在合理的利润分成的推动下，既专注于自己所擅长的领域，又能相互联系，让产业链中各环节顺畅发展，开拓新的盈利模式，并且使各方都能从中获利。同时，在产业链的各环节，也应该尽快形成具有自主知识产权的技术研发能力和制造能力，以共同打造我国的新媒体产业。

在视讯内容方面，从用户需求上讲，用户既需要廉价、高质的广播式服务，也需要个性化的、价格可以承受的交互式服务，这两种服务应该通过一种途径来提供。因此，中国的手机电视要获得用户的认同和迅速的推广，推广“公共化+差异化”的视讯内容是关键。这一方面需要广电运营商对电视节目以顾客需要为导向，进行挑选和整合；另一方面需要更多的视讯节目集成开发商，开发出更多的个性化节目（图 13-4）。

图 13-4 手机电视截图

打造全新手机电视节目

手机电视，可以通过定制，在自己需要的时间收到含有节目链接的短信，随时点看。定制节目主要有两种方式：一是直播定制。在手机电视的目录页面上，罗列了当天直播频道的节目表，观众定制完要看的节目，在节目开始前几分钟，就会收到节目链接短信。二是节目定制。观众可以根据自己的需求，在相关可以定制的栏目中定制节目，这样就可以随时收到有关该节目的动向。而手机电话的内容来源主要分为三种类型：

第一种，为手机定制的传统内容。这种生产方式主要是依赖传统电视节目的内容，是对传统内容进行平移或改编。通常对现有的电视节目进行重新编排，删去节目中的大部分元素，只留一个爆发点，然后进行数字化处理，转码后以适应手机播放。这是目前手机电视内容生产的主要方式，但是由于原来的节目内容本身具有一定的叙事机制和逻辑性，在转换为手机电视内容时，难免会在剪辑中丢失部分重要内容，造成节目的不完整。此外，传统电视节目的镜头运用也是考虑到电视屏幕的特点，如果直接平移到手机屏幕上，也会导致观众收看的不适应感。因此，这种模式只能作为从传统电视到手机电视的过渡。另一种是手机电视节目与传统电视节目形成相互补充的机制。传统电视媒体的线性编排往往给观众在收视上带来局限，如错过现场直播的体育比赛和明星演出等，这些都可以通过手机电视进行完全个性化的搜索和补充收视。但是，这些节目在制作上同样面临上述的剪辑、取景和光线等问题。因此，仅仅依靠这些内容也不足以支撑手机电视的内容平台。

第二种，为手机定制的新内容。新媒体内容不能仅仅依靠传统媒体内容的简单平移，而是需要产品形态的变革。因此，手机电视亟需属于自己的原创内容，制作者要遵循手机媒体技术和平台的内在规律，针对手机媒体形态设计出有特色的精品，这样才能更好地发挥手机媒体的优势。这种模式对传统媒体内容制作者提出了新的要求，不仅要了解手机媒体与传统媒体的差别，把握手机电视的媒介特征，也要了解手机电视的受众特征，并具有开放性和创新性的思维方式。

第三种，完全跨媒体的节目内容。在网络媒体兴起时，业界就充分认识到对跨媒体内容探索与实践的重要性，媒体内容的衍生与互动能够创造出“1+1>2”的传播效果与价值收入，这一点在手机媒体的内容开发上也应得到重视与应用。如美国 ABC 电视网制作的手机版《迷失》，主要人物没有在电视版出现过，但是又和电视版的人物、情节有着千丝万缕的联系，这使得手机电视节目突破了简单的传统电视节目格局，而《迷失》也成了跨媒体节目的成功典范。随着手机媒体技术的不断进步与创新，各种丰富的内容和形式都可以在手机上得以表现。手机电视节目可以整合电视、广播、网络等各种媒介的丰富资源，运用多种传播手段来提高传播效果。CCTV 手机电视凭借品牌影响力和优异表现，吸引了越来越多的地方电视台和传媒机构前来洽谈合作。许多机构递交了合作申请和节目测试单，希望在 CCTV 手机电视平台中播出，内容涉及科技、体育、影视、娱乐、动漫和生活等多个领域。另外，美国 Google、Youtube 和 My space 等著名节目提供商和新媒体机构也表达了合作意愿。

传统电视机构的手机化生存

数字技术、网络技术和存储技术的突飞猛进，使传统电视的生存环境、栏目内容和节目形态不断变化，三网融合、IP电视、手机电视、移动电视与新媒体的“联姻”，成为传统电视媒体的必然选择。

作为大众传播媒介，手机电视不论采用何种运营模式和技术标准，最终还是要回到内容产品上来。未来的手机媒体承载的真正有商业价值的内容，一定是为它们量体裁衣的独特内容。未来内容提供商的较量，在很大程度上将是制作优秀新内容能力的较量。

对于内容提供商来说，手机电视的内容并不是以量取胜，手机小屏幕和伴随性的特点决定了内容必须短小精悍，这就需要对节目进行改造。从美国推广手机电视的经验来看，最受欢迎的十类手机电视视频内容是：电影预告、音乐、体育节目或新闻、喜剧视频、天气信息、娱乐或明星新闻、地方或国家或国际新闻、电视剧或电影视频、电视焦点内容、动画或卡通片。从日、韩的经验来看，时效性较高的晚会和重大体育赛事等节目的直播是最受用户欢迎的，其次是综艺娱乐类节目，如演唱会和笑话等。据艾瑞市场咨询公司（iReserach）发布的《2007年手机电视研究报告》显示，新闻、电影、娱乐和音乐是中国手机用户首要选择的节目类型，用户的提及率均在60%以上；另外，用户希望通过手机看电视剧、天气预报、综合节目和体育节目等。

目前，电视依旧是中国的第一大媒体，创造了数额最大的广告收入。电视机构发展新媒体更多的是出于竞争的需要，是为了做大蛋糕，扩大战果。由于电视声画兼具的媒介特性，人们不必集中精神，也能从交通工具耳濡目染地获得广告信息。但久而久之，人们也会逐渐厌弃被动地接受低质量的户外电视节目，而主动地利用手机、移动电视终端等获得自己感兴趣的电视节目。但是，我国电视和新媒体的融合一般都停留在传统电视机构所提供的内容和新兴通信运营商提供的技术互相配合上，没有实现真正的融合。手机电视的产业链不仅包括移动运营商和广电运营商，还需要视讯内容提供商、手机终端制造商和播放软件开发商等的参与。目前，国内产业链各环节的厂商还较少，同时产业链各环节的合理利润分成模式也还未建立。

我国传统电视机构发展电视新媒体的优势在于自主版权，制作实力较为专业雄厚；劣势在于节目形式尚不符合新媒介流通形式的需要，传播渠道的技术能力稍逊色；民营电视机构掌握了楼宇电视和公共交通工具上的电视，能够见缝插针地进行传播，但是成也萧何败也萧何，电视广告内容过多，节目内容本身质量较低，只能在低层次上满足受众的需求；通信服务运营商的优势在于技术实力雄厚，能够充分实现最先进的传播理念，缺点在于自身并不具备制作电视内容的能力。我们的传统电视机构要在竞争中取得胜算，需要建立“库”的概念，拓展媒介功能，并创新品牌形象，大力发展手机电视和播客等开放度较高的融合模式。在现阶段，手机电视的视讯内容主要来源是传统电视内容的流媒体播放，这些视讯内容与平常的电视内容没有较大的差异，很难体现手机作为第五代媒体的媒介特质。因此，开发适合手机电视的短剧、MV 等，将成为开发该业务的重点。

小结

手机作为一个私人化的工具，不仅担负着信息的接受与传送功能，更是一个人感情与工作不可缺少的工具，尤其是 3G 时代的到来，手机与网络的接轨，更让个人的试听感受发挥到极限，通过手机，可以了解到任何信息，科技的发展赋予了手机很多新的功能。随着科技的进一步发展，手机用户的不断增多，手机电视也会有更大的市场。手机电视作为 3G 时代的重要应用需要产业、管制和技术等共同提供推动力，目前中国的手机电视市场仍处于发展的初级阶段，存在着大规模商业化的障碍。但是手机电视由于自身具有的互动性和移动性等特质，伴随着生活节奏的加快以及消费观念和习惯的改变，手机电视业务市场将会进一步走向成熟，将带给产业链各环节巨大的商机，同时也将以其独特的魅力成为传播媒介的一颗新星。

（张鑫）

◎思考题：

1. 手机电视广告与传统电视广告有什么区别？
2. 请分析 TMMB 和 CMMB 运营模式的不同之处。

参考文献

[1] 陈刚．新媒体与广告［M］．中国轻工业出版社，2002（8）．

[2] 彭兰．中国网络媒体的第一个十年［M］．清华大学出版社，2005（7）．

[3] 朱海松．第五媒体：无线营销下的分众传媒与定向传播［M］．广东经济出版社，2005（9）．

[4]［美］阿尔·里斯，劳拉·里斯．互联网商规 11 条：摩根士丹利所推崇的商业战略思想［M］．上海人民出版社，2006（1）．

[5] 朱海松．无线营销：第五媒体的互动适应性［M］．广东经济出版社，2006（6）．

[6] 匡文波．手机媒体概论［M］．中国人民大学出版社，2006（9）．

[7] 陆悦，幸玮，傅桦．手机版图［M］．光明日报出版社，2006（10）．

[8] 钟瑛，刘瑛．中国互联网管理与体制创新［M］．南方日报出版社，2006（12）．

[9] 梁诚．Google 与百度：全球两大搜索巨头的技术创新与盈利模式［M］．中国经济出版社，2007（1）．

[10] 谢渊明．你也可以成为博客高手［M］．中国纺织出版社，2007（4）．

[11] 王菲．媒介大融合［M］．南方日报出版社，2007（5）．

[12] 杜俊飞．中国网络广告考察报告［M］．社会科学文献出版社，2007（7）．

[13] 魏晶泫．网络游戏产业发展战略［M］．清华大学出版社，2008（10）．

[14]［美］兰德尔．斯特罗斯，星球 Google［M］．中华工商联合出版社，2009（1）．

[15] [美] 克里斯·安德森. 长尾理论 2.0 [M]. 中信出版社, 2009 (4).

[16] [美] 杰夫·豪. 众包: 大众力量缘何推动商业未来 [M]. 中信出版社, 2009 (6).

[17] [美] 克里斯·安德森. 免费: 商业的未来 [M]. 中信出版社, 2009 (9).

[18] 喻国明, 陈永. 营销革命: 新媒介时代营销案例精粹 [M]. 中国人民大学出版社, 2009 (10).

[19] 西门柳上, 马国良, 刘清华. 正在爆发的互联网革命 [M]. 机械工业出版社, 2009 (10).

[20] [美] 哈筱盈, 理查德·甘那. 全球网播: 新媒介商业运营模式 [M]. 清华大学出版社, 2009 (12).

[21] [美] 查伦·李, 乔希·贝诺夫. 公众风潮: 互联网海啸 [M]. 机械工业出版社, 2010 (1).

[22] [美] 约翰·巴特尔. 搜 [M]. 中信出版社, 2010 (3).

[23] 李翔昊. SNS 浪潮: 拥抱社会化网络的新变革 [M]. 人民邮电出版社, 2010 (4).

[24] 彭兰. 网络传播案例教程 [M]. 中国人民大学出版社, 2010 (7).

后记

数字技术、网络技术和存储技术的发展，使得网络媒体日新月异。面对精彩纷呈的网络媒体，我们常常陷入“我们是谁？我们从哪里来？我们到哪里去？”的沉思。如果说电视媒体的产生推动了“电视人”群体的形成，那么伴随着网络媒体的演进而成长起来的“80后”们，则可以被称为“网络人”。我们上网，故我们存在。网络化生活、网络化工作、网络化娱乐、网络化爱情、网络化死亡……是网络媒体成就了我们，还是我们造就了网络媒体？也许我们和互联网的关系，就是“镜中我”和“我”之间的关系，你即是我，我即是你。这是网络沉迷，还是网络化生存？在《骇客帝国》的遐想中，人类迷失了自己，网即是人，人即是网。

当我们试图用自己“80后”的心智，去思量网络媒体进化史和新人类进化史时，发现它们的演进路径正在重合。我们把网络媒体与网民之间的交互史分为Web1.0、Web2.0和Web3.0三个阶段。

在Web1.0时期，网络媒体发展的核心命题是“人与信息”之间的关系，官方网站、网络论坛、门户网站和搜索引擎把传统媒体的使命转移到互联网上，此时的网络媒体只是传统媒体在互联网上的延伸和优化。

在Web2.0时期，网络媒体发展的核心命题是“人与人”之间的关系，博（播）客、即时通信、社交性网络和网络游戏首次把人类社会的情感关系和社交关系通过媒体呈现出来，网络媒体的人性化特征越发突出。

在Web3.0时期，网络媒体发展的核心命题是“人与自然”之间的关系，电子政务、电子商务、威客网和物联网则把人类社会的生活关系和工作关系转嫁到互联网上，网络媒体成为信息社会的核心，社会网络化和网络社会化相得益彰。

在网络媒体的演化地图上，其主角不仅包含政府和企业等组织机构，而且包含每一个社会公民，他们的自娱自乐、他们的精心策划和他们的呼朋唤友，成就了网络媒体一个个精彩篇章。因此，记录网络媒体每个精彩瞬间，成为我们编撰这本书的初衷。

虽然是与互联网一起成长的资深网民，虽然较早从事网络媒体的学习、研究和教学，但是在网络广告尚不成熟且存在众多争议的情况下，不免诚惶诚恐。我们面临的首要问题就是网络广告的界定问题。在网络媒体的冲击下，广告概念界定受到许多挑战。在学术自强和学术创新的引领下，国内许多著名学者都对该问题提出了自己的看法，比如北京大学陈刚教授提出的“创意传播管理理论”，厦门大学陈培爱教授和中国传媒大学丁俊杰教授关注的“文化创意产业理论”，武汉大学张金海教授关注的“整合营销传播理论”，中国传媒大学黄升民教授提出的“广告资讯化”的观点，河南大学杨海军教授提出的“广告舆论”和“广告场”理论等，都从不同视角指出了广告概念的现代性困境。行业已经在改变，概念也亟需创新，但众多概念的成熟和沉淀尚需时日。因此，在征求多方意见的前提下，我们依然把本书命名为《网络广告案例评析》。

正如《连线》主编克里斯·安德森在《长尾理论》一书中所言，众人拾材火焰高，互联网同样是学术创新平台，其开放性和共享性也使我们受益匪浅。在确定了书名之后，我们多方查阅，确定了142个案例的写作计划，也得到了众多业界和学界人士的支持，他们为本书提供了大量写作材料，甚至撰写了初稿。经过反复筛选，我们最终选定55个案例。然后在此基础上，我们在语言、结构、理论等方面进行了统一修改，添加了小结和专业导航，并设置了拓展性思考题。

在本书资料收集和初稿整理中，翟志远、焦向荣和周小杰做了大量工作。本书的写作也得到了众多学界和业界人士的支持，他们的前沿性视角和新锐性观点让我们受益匪浅。武汉大学出版社和河南大学新闻与传播学院为本书的出版提供了条件，在此一并感谢。

作　者

2011年6月